Un nouvel art de vivre

Du même auteur :

Le hasard n'existe pas : Éd. Astra, Paris
La voie de la perfection : Éd. Astra, Paris
Le secret du bonheur : Éd. Astra, Paris
Nous vivons plus d'une fois : Éd. Astra, Paris
L'âme et l'atome : Éd. Astra, Paris

À paraître :

Un nouvel art de vivre, Tome deux : Éd. Astra, Paris/du Roseau,
Montréal

Édition pour le Canada :
Éd. du Roseau, Montréal
ISBN 2-920083-26-0

Dépôt légal 1er trimestre 1987
            Bibliothèque nationale du Québec
            Bibliothèque nationale du Canada

Distributeur : Diffusion Raffin
            7870 Fleuricourt
            St-Léonard, Québec
            H1R 2L3

Un nouvel art de vivre

art de vivre

Tome Un

K.O. Schmidt

Semaines 1 à 26

Cours d'un an d'hygiène physique, intellectuelle et spirituelle

COMMENT ETUDIER AVEC PROFIT
LA NOUVELLE SCIENCE DE LA VIE

Le programme présenté ici comprend une sorte de cours d'une durée d'un an et divisé en deux semestres. Le premier est consacré à l'étude de la maîtrise de soi, autrement dit, à *l'art de forger son âme*. Le second sera consacré à l'art de forger son destin ou de maîtriser sa vie.

Chacune des vingt-six leçons comprises dans le premier semestre est basée sur la précédente, si bien qu'à la fin du volume, le nouvel édifice de notre vie se dresse devant nous complètement achevé.

Mais avant de commencer cet enseignement nous devons savoir nettement ce que nous pouvons attendre de ce cours de la Science de la Vie, et quelle est la façon la plus efficace de l'étudier.

Il existe de nombreuses et invariables règles de l'art de réussir sa vie, que nous apprendrons peu à peu à connaître ici. La vie elle-même nous les enseigne aussi, mais au prix de quels efforts, désillusions et sacrifices ! La Science de la Vie nous les enseigne, pour ainsi dire, comme les règles d'un jeu dont le succès serait l'enjeu.

L'auteur de ces lignes travaille lui-même d'après les principes essentiels de ce cours. Ses expériences personnelles, et les succès remportés jusqu'ici dans sa vie, confirment la sûreté et l'efficacité de cette méthode. Il acquitte, en écrivant le présent livre, une partie de sa dette envers tous ceux dont l'enthousiasme, provoqué par les succès remportés en appliquant ses méthodes, a été pour lui au cours de ces récentes années, une source quotidienne de joie et d'encouragement.

Les enseignements de la Science de la Vie sont fondés sur

les expériences convaincantes de milliers de gens qui ont suivi cette discipline, et non sur l'opinion ou la conviction d'un seul. Les expériences concrètes faites au cours d'une dizaine d'années sont résumées ici, et condensées en un cours annuel. Etudiées méthodiquement, elles donneront de nombreuses années de prospérité croissante à ceux qui suivent ces indications. Bien souvent, une seule d'entre les nombreuses règles de réussite comprises dans ce programme aura suffi pour déclencher le succès dans la vie d'une personne. Là où d'autres ont eu du succès, vous ne pouvez manquer d'en avoir. Cette certitude doit vous inciter à avancer courageusement, pas à pas, et à progresser joyeusement de réussite en réussite.

L'âge et le moment où vous commencerez votre apprentissage de la vie n'ont aucune importance. Que vous respectiez plus ou moins strictement l'horaire indiqué dans le programme, n'importe pas non plus. La *seule chose qui compte* c'est que vous n'abordiez aucune des leçons hebdomadaires avant d'avoir bien assimilé et incorporé pour ainsi dire dans votre vie le sens profond de la précédente.

Nous parlons ici d'un programme annuel, comprenant cinquante-deux chapitres, soit deux volumes de vingt-six chapitres chacun. Ceci veut dire que chaque cours représente normalement une semaine d'étude. Mais il n'est nullement nécessaire de se conformer strictement à cet emploi du temps. Pour comprendre à fond les leçons de la Science de la Vie, les uns mettront moins de temps que d'autres auxquels plusieurs années seront nécessaires pour s'assimiler complètement cet enseignement.

Ce qui importe seulement c'est que chaque question soit étudiée à fond, comprise, appliquée, et que les règles du programme soient incorporées de plus en plus consciemment chaque semaine dans les pensées et les actions du lecteur.

Le manœuvre, comme l'ouvrier spécialisé, le simple paysan, le petit artisan, comme l'homme d'affaires expérimenté, l'employé comme le fonctionnaire, tous peuvent étudier à fond et avec profit la Science de la Vie. Chacun d'eux est assuré d'un progrès tangible et visible lorsqu'il aura terminé ce cours, et constatera certainement, en l'étudiant une seconde fois plus sérieusement, les incalculables bienfaits qu'il en aura retirés. A chaque nouvelle étude et mise en pratique des données enseignées ici, de nouvelles perspectives correspondant à son développement intérieur se découvriront au lecteur, de nouveaux trésors lui seront révélés ainsi que de nouvelles possibilités à exploiter.

*
* *

Il s'agit de discerner séparément dans chaque chapitre le sens et les règles de la leçon et le but de ce qu'elle enseigne, d'assimiler ce but dans notre être intérieur et de le vérifier en l'appliquant désormais à nos pensées, à nos activités quotidiennes, afin de ne pas nous contenter de succès médiocres, mais de viser toujours plus haut.

Il est très important aussi de méditer chaque fois, pendant la lecture de la leçon, sur les diverses possibilités d'appliquer ses règles et ses directives à notre travail quotidien, à notre métier et aux circonstances de notre vie personnelle.

Si le lecteur néglige de le faire, maintes règles resteront pour lui lettre morte et s'avéreront stériles, alors qu'en appliquant et en pratiquant d'une façon consciente, ne fût-ce qu'un petit nombre d'entre elles, il s'assurera du succès dans son travail et son métier. Nous nous efforcerons donc de prendre l'habitude d'illustrer sur-le-champ, mentalement, chaque règle de ce cours par un exemple concret tiré de notre vie et de notre métier, afin que ces règles restent bien gravées dans notre mémoire.

Mieux chaque leçon du programme annuel sera étudiée à fond, plus aisée deviendra l'étude de la suivante, plus tangibles les succès au degré supérieur du deuxième semestre. L'effort toujours croissant demandé au lecteur, n'est tel qu'en apparence. En réalité chaque règle, chaque exercice ne l'occuperont qu'un temps limité, jusqu'à ce qu'ils deviennent pour lui une seconde nature. Ceci fait, il s'y conformera automatiquement, sans l'aide de son moi conscient, lequel, libéré, pourra préparer de nouveaux succès.

De cette façon se crée assez rapidement, au cours du programme annuel, un complexe d'habitudes de la réussite qui supprime automatiquement toute pensée ou habitude contraire à celle-ci.

Il est extrêmement instructif d'observer combien les grands hommes doivent, en fin de compte, leur réussite aux habitudes positives de l'éducation de la pensée et de l'acte justes. Toutes les forces en nous sont encore primitives et incultes. Il est fort probable que l'homme futur s'étonnera de notre gaucherie et de notre lourdeur spirituelles, et qu'il arrivera à accomplir, avec les forces infiniment plus subtiles de son âme, des choses qui actuellement nous semblent irréalisables.

Et pourtant, le germe de cet homme existe en chacun de nous et nul ne peut préciser la limite jusqu'à laquelle nous pouvons développer en nous, dès maintenant, cet homme futur. De nous seuls dépend ce que nous arrivons à faire de nous-mêmes.

A côté de l'invitation à pratiquer les exercices indiqués, se trouve toujours le conseil de ne *jamais exagérer* cette pratique, car tout ce qui est utile et bon peut devenir, si l'on exagère, nuisible et pernicieux. Exagérer veut dire dépasser le but, le manquer même, faire en somme le contraire de ce que l'on devrait faire.

Chaque exagération fait jouer la *loi des contraires* et aboutit à l'opposé de ce que nous nous efforçons de réaliser, et ceci dans tous les domaines de la vie, chaque fois que nous dépassons la mesure, même dans le bien.

Le sport pratiqué avec modération fortifie les muscles du cœur et des poumons. Pratiqué d'une façon exagérée ses bienfaits se muent en désastres ! Le cœur est fatigué, les muscles surmenés, et le sportif est finalement à bout de forces. Les exercices respiratoires, pratiqués normalement, sont eux aussi salutaires mais néfastes lorsque l'on en abuse. Trop de quoi que ce soit provoque immanquablement une réaction dans un sens contraire : trop dormir, trop manger, etc...

Il ne faut jamais croire, en ce qui concerne les règles de la Science de la Vie, que lorsque *peu est bien*, beaucoup serait *mieux*. Notons dès maintenant les règles biologiques énoncées par Arndt : « *Les stimulants faibles sollicitent l'activité vitale, les moyens l'accélèrent, les forts la freinent, les puissants l'arrêtent.* »

Schulz applique ces règles à la pharmacodynamique, c'est-à-dire à l'action des remèdes sur l'organisme humain. Nous l'appliquerons ici à la biodynamique en général.

La révision calme et constante de ce qui a été appris est infiniment meilleure qu'un effort exagéré qu'un zèle excessif.

On attend bien entendu du lecteur, qu'il récapitule après

chaque nouvelle leçon ce qu'il a appris la semaine précédente, et qu'il continue à s'y exercer et à développer ainsi ses forces nouvellement acquises, afin qu'elles ne retombent pas dans l'inertie antérieure.

La vie entière est une école, mais c'est au lecteur de faire de l'année qu'il commence non seulement la plus intéressante mais aussi la plus fructueuse qu'il ait jamais vécu. Différent en cela de toute œuvre de ce genre que vous avez lue jusqu'ici, la Nouvelle Science de la Vie exige que vous consacriez un an à son étude. Elle vous donne en revanche l'assurance formelle que vous serez un autre être, plus heureux, plus fort, plus grand moralement, une fois que vous aurez atteint le but indiqué par cet enseignement.

La valeur des directives de la Nouvelle Science de la Vie a été vérifiée en observant pendant près de vingt ans leur application pratique. Cette longue expérience nous permet donc d'affirmer que des résultats tangibles de l'enseignement apparaissent déjà après un an de travail individuel et méthodique d'après le plan du cours annuel. Vous serez plus calme, plus détendu, qu'au début de l'année. Vos forces spirituelles, votre productivité, votre entrain au travail seront notablement accrus. Vous serez plus maître de votre corps, et vous aurez du succès — alors que vous en étiez, peut-être, privé jusqu'ici —. Vous sentirez palpiter en vous, intensifiée, la sensation d'être bien vivant, et de vivre avec une joie nouvelle. Vous pourrez, à la fin de l'année, confirmer cette prédiction et, très probablement, constater bien plus de succès que vous n'osez l'espérer aujourd'hui !

JOURNAL QUOTIDIEN DES RESULTATS OBTENUS

La surveillance constante de soi et des succès obtenus joue un rôle prépondérant dans le programme du cours annuel. L'expérience prouve qu'il est non seulement utile de récapiler à la fin de chaque chapitre ce qui a été appris jusque-là, mais aussi et surtout, de noter par écrit le résultat de cet examen.

Le lecteur consignera donc par écrit, au jour le jour, sous forme de *Journal* intime, les succès obtenus. Mais il faut avoir une idée très nette sur la rédaction de ce journal avant de commencer cette éducation. Ce journal n'est d'ailleurs prévu que pour la durée du cours annuel, mais la plupart des lecteurs le trouveront tellement utile et pratique qu'ils garderont l'habitude d'enregistrer leurs victoires.

L'utilité de cette notation quotidienne est la suivante : nous inscrirons, jour après jour, ou semaine après semaine, chacun de nos succès, si minime soit-il, chaque progrès intérieur ou extérieur, chaque victoire remportée sur un défaut ou une faiblesse, chaque accroissement en force et en sagesse, afin de nous créer une base solide et sûre en nous-mêmes et de renforcer ainsi notre certitude de remporter le succès désiré.

Si vous suivez consciencieusement et à fond notre cours annuel, et si vous consignez par écrit chacun de vos succès, vous serez stupéfait de voir combien les pages de votre journal se rempliront rapidement. Vous serez ainsi en mesure d'examiner à tout moment, par rapport à vos succès, quelles fautes sont à éviter, quelles lacunes à combler, quelles faiblesses à transformer en forces, quelles nouvelles aptitudes à développer, quelles nouvelles joies à créer pour soi et pour autrui, quel nouveau but il faut se proposer et s'efforcer d'atteindre.

Cette notation est une espèce de vérification hebdomadaire ou quotidienne des victoires remportées dans notre lutte pour la vie. Elle n'a aucun rapport avec les carnets de notes habituelles et doit être une incitation à mener notre vie avec la conviction toujours croissante de réussir tout ce que nous entreprenons ; elle est, par conséquent, exclusivement le mémorandum des points culminants de nos journées, autrement dit, de nos excursions sur les sommets.

Nous constaterons plus tard que la rédaction minutieuse de ce journal nous sera d'un grand secours pour l'hygiène de notre âme et de notre esprit, en créant un lien d'un effort à l'autre. Il doit être le compte rendu de faits positifs, des progrès et des succès quotidiens. Nous établirons ainsi un document unique de l'évolution progressive et victorieuse de notre Moi intérieur, évolution qui est pour tout homme d'une importance capitale.

L'organisation matérielle de ce mémorandum est des plus simples. Nous commencerons à rédiger notre journal le jour où débutera le cours annuel. Nous inscrirons notre nom en haut à gauche de la première page et au-dessous, environ au milieu de celle-ci : « Mémorandum de mes victoires en l'année 19... », et au-dessus l'affirmation de notre succès à peu près dans ces termes :

« *A partir de ce jour j'aurai à tous égards et constamment du succès !* »

L'en-tête de la page suivante portera la date du premier jour du cours annuel et cette déclaration :

« *Une nouvelle vie commence ici !* »

Cela fait, nous commencerons à inscrire nos victoires.

*
* *

Ne croyez surtout pas que cette inscription soit futile et sans intérêt ; elle est en réalité l'ordre impératif que nous nous donnons de nous engager dans une vie nouvelle. Le premier instant d'un jour nouveau détermine notre état d'âme pendant toutes les heures à venir de la journée. Un esprit ferme, résolu, sûr d'atteindre son but, ayant confiance en lui et en son destin, doit, de même, animer le premier instant de notre vie nouvelle et déterminer notre état d'âme au cours de celle-ci.

Toutes les notations qui suivront devront, tout comme la première, nous faire saisir, d'une façon sensible, que nous avançons et progressons quotidiennement. Il est, par conséquent, très important que, *dans l'agenda, chaque mention des succès soit positive, et que chaque succès soit noté par écrit.*

Nous n'aurons pas, dès le début, à inscrire journellement des réussites, mais sous peu, nous nous rendrons compte du nombre croissant de succès quotidiens, et serons finalement obligés d'en inscrire tous les soirs.

Cette comptabilité des succès remportés renforce très efficacement chez le lecteur son pouvoir de réussir et sa persévérance. Un succès que l'on voit sans cesse, noté noir sur blanc, a une force suggestive tout autre que celui qui n'est enregistré que dans la mémoire, d'où il peut être délogé trop facilement par des impressions nouvelles, souvent peu importantes, sinon même négatives. Nous arriverons à nous faire, de plus en plus, une idée claire et nette de nous-mêmes, de nos possibilités et de nos forces. Nous apporterons à notre vie une activité mentale concentrée sur un but déterminé. Nous prendrons mieux conscience de notre force, nous rehausserons le sentiment de notre propre valeur, de notre aptitude créatrice, et supprimerons ainsi, de plus en plus, les causes de notre complexe d'infériorité d'antan — car l'ombre se retire là où pénètre la lumière. Nous ne noterons donc jamais, par principe, des faiblesses ou des erreurs, car la moindre concentration sur celles-ci ne fait que les renforcer.

Nous ne pourrons jamais, en revanche, accorder trop d'attention à nos succès. Plus nous les mettons en valeur, plus ils nous incitent à remporter de nouvelles victoires. Un des principes les plus importants de la psychodynamique dans La Science de la Vie est de vaincre les complexes d'infériorité au moyen d'un sentiment d'efficacité, car selon le vieil adage, rien n'attire la réussite comme la réussite.

L'avantage pratique de cette comptabilité de nos succès est donc l'orientation de notre vie vers le succès, un sensible accroissement de notre assurance, une intervention toujours plus opportune de nos forces, des nouveaux succès qu'attirent ceux déjà remportés, un approfondissement et un enrichissement de toute notre vie.

Et maintenant, commençons cette vie nouvelle qui nous mènera toujours plus haut !

PROGRAMME ANNUEL

L'ART DE FORGER SON AME

> « *Il s'agit ici de la révolution de l'esprit humain.* »
>
> H. IBSEN.

La Nouvelle Science de la Vie comprend deux volumes et 52 chapitres. Le lecteur apprendra dans le premier volume à construire le gros œuvre du nouvel édifice de sa vie. L'achèvement et l'agencement intérieur de cet édifice sera expliqué dans le second volume.

Le premier volume nous familiarise avec les règles de l'art de forger notre âme, le deuxième nous enseigne à forger notre destin.

La Nouvelle Science de la Vie, à l'instar de la vie elle-même, fait passer la maîtrise de soi avant la maîtrise de la vie, car ainsi que l'a dit Rückert : « Funeste est pour toi tout ce qui affranchit ton esprit sans te donner en même temps la maîtrise de toi-même ».

L'homme domine d'innombrables éléments, la terre, la force des machines, l'électricité, l'air, les choses les plus proches comme les plus lointaines, mais non ce qui est le plus proche de lui, c'est-à-dire, lui-même. C'est pour cela que sa vie, en dépit du progrès, est pleine de contradictions, de faiblesses, de détresses et d'insuccès.

La lutte pour la domination sur les affaires du monde qui nous entoure commence dans notre *propre âme*. Celui qui aspire à maîtriser réellement sa vie, doit d'abord se dominer lui-même. Un être harmonisé intérieurement, éveillé à lui-même, transforme l'aspect du monde qui l'entoure à l'image de son moi intérieur.

En revanche, l'être non encore libéré et déchiré intérieurement s'aliène les êtres et les choses du monde extérieur, et ne subit que des échecs là où l'être harmonisé et uni intérieurement, ne remporte que des succès.

Si nous atteignons à la fin du premier semestre à l'ordre et à l'harmonie intérieure, le monde qui nous entoure se transformera, lui aussi, au cours du deuxième semestre, en ordre et harmonie.

La plus importante et la plus décisive est, en premier lieu, la victoire sur soi-même, selon la parole de Bouddha, « La plus importante, la plus héroïque des victoires qu'on puisse remporter c'est de maîtriser son moi ».

RECONSTRUIRE SA VIE

> « *Le seul moyen de donner à la vie une valeur positive consiste à la rendre aussi substantielle que possible, et à lui donner un but aussi élevé que possible. La véritable philosophie prise hautement le but. et méprise la vie en elle-même.* »
>
> Emmanuel Kant.

« *A partir d'ici commence une nouvelle vie* ». Cette parole de Dante doit exprimer notre résolution d'appliquer avec profit et confiance en nous-mêmes, le programme annuel de la Nouvelle Science de la Vie. Nous voulons, en ce jour, commencer une nouvelle vie comme si nous venions de naître, comme si tout notre passé appartenait à une autre vie infiniment lointaine, dont la mort nous aurait séparés.

C'est un renouveau total, et peu importe ce que fut notre vie jusqu'ici. Nous commençons dès maintenant la construction d'un nouvel édifice qui, de marche en marche, nous fait monter de plus en plus haut.

A quoi bon s'obstiner à vivre comme nous l'avons fait jusqu'ici. A chaque instant nous pouvons mettre un point final à notre mode de vie, et commencer une existence nouvelle, remplie de possibilités et de succès de toute sorte. Nous pouvons à n'importe quel âge, et dans n'importe quelles circonstances, creuser un fossé entre notre passé et nous, et nous engager dans une voie nouvelle et meilleure.

Nous devons faire disparaître les décombres de l'ancienne vie afin de déblayer le terrain sur lequel nous allons reconstruire à neuf ; nous devons oublier tout le passé, pardonner là où nous détestions, refaire ce que nous avions gâché, et maintenir les yeux fixés sur l'avenir.

« Tout début est difficile », est une de ces innombrables banalités dont on nous rebat sans cesse les oreilles, quoi qu'elle soit entièrement fausse. En réalité, le commencement est facile ou ardu uniquement selon la façon dont nous nous le représentons. Celui qui l'envisage comme facile le rend, par cela même, facile.

Que personne ne croie qu'il est *trop tard* pour être heureux et édifier une vie nouvelle. Que personne ne se dise qu'il est « trop vieux ». Chacun a l'âge qu'il sent avoir. On peut être jeune à 90 ans, et vieux, le cœur flétri, à 25. « *Ne t'occupe pas de tes années et elles ne s'occuperont pas de toi !* »

Que personne ne se dise qu'il n'a plus la force de tout recommencer. La force d'un être ne diminue jamais, mais reste toujours pareille et inépuisable. Nous avons en nous d'insondables abîmes, l'homme nouveau qui est en puissance en nous surgit de ces profondeurs insoupçonnées. Rien de ce qui nous permet de dompter notre destin ne nous vient du dehors, tout provient des profondeurs de notre propre âme. Prenons donc notre destin en main. Rendons-nous compte de nos réserves de force. Mettons-les consciemment, lucidement, à notre service pour transformer notre destin selon notre vouloir. « *Nous devons arriver à nous aider nous-mêmes, à nous libérer nous-mêmes, à entreprendre nous-mêmes la lutte pour notre accomplissement, à saisir nous-mêmes le gouvernail de notre vie, à conquérir nous-mêmes le royaume des cieux !*

Nous allons donc commencer dans un état d'esprit positif et conscient, car « ce qui est bien commencé est déjà à moitié accompli ». La pensée avec laquelle nous commençons notre instruction décide de son issue favorable, car les choses se terminent toujours comme elles ont commencé.

PREMIER PRINCIPE : EN TOI EST LA FORCE !

Lorsqu'on veut ériger un nouvel édifice, on s'assure d'abord que l'on est en état de le faire, que l'on est pourvu des matériaux et des forces nécessaires.

Où en sommes-nous à cet égard ? *Quels sont nos moyens, et où sont-ils ?* Nous nous trouvons dans la situation la meilleure qui soit. Tous les moyens de reconstruire notre vie sont en nous. Nous n'avons nul besoin de faire un emprunt quel qu'il soit, à l'extérieur. La conviction que toute force est en nous est la base de l'enseignement que donne la Nouvelle Science de la Vie. Nous sommes plus que nous semblons être, et pouvons plus que nous ne croyons. Nous n'avons éveillé et utilisé qu'une infime partie des forces qui sommeillent en nous, et nous désirons apprendre le moyen d'exploiter à fond ces ressources d'énergie.

En chaque homme existe le désir de s'élever toujours plus haut. Cette aspiration lui a été conférée par la nature qui, en même temps, lui a donné les aptitudes nécessaires pour la satisfaire. Car il y a en lui d'immenses et innombrables talents, forces et possibilités qui n'attendent que d'être développés et multipliés.

Rien n'a atteint son point culminant, tout peut être rehaussé, et l'homme plus que tout autre chose. L'homme actuel n'est que l'embryon de l'homme parfait qu'il sera un jour. Le sens de ces paroles de Gœthe, « Nous attribuons les diverses conditions de notre vie, tantôt à Dieu, tantôt au diable, et chaque. fois nous nous trompons, car l'énigme est en nous qui sommes engendrés par deux mondes contraires », devient toujours plus clair sur le chemin de notre perfectionnement progressif.

La cause principale du développement médiocre de la majorité des gens, c'est qu'ils ne laissent aucune place dans leur cœur et leurs pensées aux possibilités les plus élevées qui sont en eux. Ils se mésestiment ainsi que leur vie, la rendant ainsi pauvre et étriquée. Mais celui-là grandit qui pense que sa force est illimitée et inépuisable.

Apprenons à nos pensées et à nos espérances à avoir la certitude de n'être qu'un avec l'abondance universelle. Apprenons à exprimer d'une façon vivante, non seulement par nos pensées, nos désirs, mais aussi par notre volonté, notre attitude et nos actes, notre consciente identification avec notre force. Sachons enfin faire de nous-mêmes quelque chose de plus grand que ce que nous sommes actuellement. Rendons-nous compte que des dons et des possibilités que nous n'aurions pu imaginer dans nos rêves les plus hardis, sommeillent dans les profondeurs de notre être. Nous avons en nous, en germe, le pouvoir d'atteindre tout ce à quoi nous aspirons. Nous sommes prédestinés à développer ces germes et à les utiliser. Nous sommes les trésoriers d'innombrables succès. Nous devons nous ouvrir à nous-mêmes, et monnayer cet or en pensant et en agissant judicieusement.

Songez aux grands hommes couronnés de gloire. Eux aussi ne se doutaient pas, avant de réussir, des immenses possibilités qui sommeillaient en eux jusqu'à ce que celles-ci leur fussent soudain révélées.

Vous êtes dans la même situation au début de ce cours annuel. A la fin de celui-ci vous pouvez être aussi avancés que ceux qui ont dompté la chance, parce qu'ils avaient compris qu'en eux existait la force de réussir. Le fait que vous avez commencé à lire ce traité prouve que vous aussi êtes poussés par ces forces intérieures qui vous incitent à agir et à vous hausser au-dessus de votre condition actuelle. Car si vos forces étaient encore assoupies, vous ne rechercheriez pas de nouvelles possibilités de vous élever dans la vie et ne seriez pas venus à l'enseignement de la Nouvelle Science de la Vie.

Tout ce que vous ambitionnez se trouve déjà en vous. En vous se trouve cette force et ce secours sur lesquels vous pouvez toujours compter, et qui jamais ne vous abandonneront ; en vous est une puissance supérieure dont l'aide vous est toujours assurée, un sauveur invisible qui se tient à vos côtés, prévoyant vos désirs et attendant votre confiance.

La force en nous, c'est la première et la plus grande puissance qui soit. La force est le principe fondamental du mouvement, or le mouvement est la vie. La force est en nous, nous possédons par conséquent la faculté de mettre en mouvement les choses et les événements dans le sens le plus propice à notre élévation.

Le but de ce Cours est d'activer cette force en nous, de la développer, et de la mettre au service de cette vie nouvelle que nous voulons commencer.

Nous entendons littéralement par développer : déployer ce qui est originairement enveloppé, et caché en nous. Le développement, selon la Science de la Vie, n'est autre que la réalisation progressive de notre être intérieur par l'épanouissement graduel des forces de notre âme.

Chacun de nous est un géant assoupi, chacun a en soi la

force de commencer sur-le-champ la reconstruction de sa vie, il lui suffit de faire courageusement le premier pas, et de cheminer joyeusement, sans se tromper de direction, sur la route qui mène vers la vie nouvelle, pour devenir un être transformé, un autre homme. Là où jadis se tenait un nain débile se dressera alors un géant conscient de sa force intérieure.

Cette force en nous est aussi indiscutable que notre conscience du *JE*, car la force intérieure n'est autre que l'être, la forme apparente du « Je ». Elle croît constamment, parce que nous en prenons de plus en plus conscience au long de notre progressive maturation.

Ici s'appliquent les paroles du divin Platon : « Vous pourrez arriver à vivre d'une façon infiniment plus sage lorsque vous apprendrez à vous connaître et à vous perfectionner vous-même, mais vous n'êtes pas encore conscients de votre propre puissance ».

Nous sommes venus au monde indigents et nus seulement en apparence. En réalité, le mendiant comme le millionnaire, l'ouvrier comme le capitaliste, le négociant comme le poète, tous ont été dotés en naissant des dons et des forces voulues pour se faire une vie heureuse et riche. On ne pouvait deviner chez aucun ce qui était en lui et prévoir sa future et vertigineuse ascension, car celle-ci dépendait déjà, et dépend toujours uniquement, à quel point ils ont utilisé et développé les aptitudes qui sommeillaient en eux.

La misère a développé chez d'innombrables enfants pauvres la prise de conscience de cette force intérieure, si bien qu'ils ont appris à avoir confiance en eux, ont gravi courageusement les échelons d'une vie ascendante, et sont devenus des millionnaires matériellement et spirituellement.

Voulez-vous sortir vainqueur du combat de la vie ? Voulez-vous surpasser votre concurrent, atteindre un but élevé, réaliser vos désirs et vos ambitions ? L'accomplissement de vos désirs ne dépend nullement des hasards du destin, de circonstances extérieures ou d'un caprice de la chance, mais uniquement de vous-même.

Le plus souvent l'on n'arrive à rien, car l'on n'a fait aucun effort pour atteindre son but ! C'est avec raison que la Science de la Vie parle « de vos forces en sommeil ». *Chaque lecteur de la Science de la Vie est en puissance maître de sa vie. Le point d'où il saisira l'idée de sa perfection dépend unique-*

ment de lui. Son désir d'y atteindre est, pour ainsi dire, le héraut qui annonce la réalité naissante en lui. Il est déjà réellement l'homme triomphant qu'il aspire à devenir. Il ne s'agit plus pour lui que d'extérioriser cette réalité intérieure !

*
* *

Chacun peut-il atteindre les buts indiqués ici, fût-il le plus humble, le plus divisé, le plus désespéré, le plus pessimiste des hommes ?

Oui, chacun. Il n'existe pas de force au monde qui puisse, à la longue, arrêter un homme conscient de sa force et sain d'esprit, lorsqu'il veut sérieusement et réellement aller de l'avant ! Il lui suffit pour atteindre son but d'affirmer sa force et de persister, confiant en son guide intérieur, de suivre courageusement son chemin, les yeux fixés sur son but, sans regarder ni en arrière, ni à droite, ni à gauche.

Tout ce que nous admirons chez les grands hommes de tous les temps — leur indomptable volonté, leurs dons exceptiontels, leurs grandioses réalisations, la suprême largeur de leurs vues, leur inépuisable savoir, leur riche inspiration, leur invincible force de résistance face aux tempêtes de la vie — tout cela se trouve en puissance dans chacun de nous et n'attend que d'être développé et utilisé.

Il s'agit d'obtenir de nous-mêmes plus que nous ne l'avons fait jusqu'ici, et d'apprendre à penser et à vivre en maîtres.

Comment se fait-il qu'avec des forces en apparence identiques, les uns ont un rendement trois fois supérieur à celui des autres ? Tout simplement parce qu'ils ont plus de confiance en eux-mêmes, qu'ils se sont plus concentrés sur leur but et emploient leurs forces plus judicieusement. Chacun peut — si haut soit-il déjà parvenu — multiplier son rendement et sa réussite par une bonne utilisation de ses forces.

Chacun de nous est un souverain qui s'ignore et que son royaume attend depuis longtemps. Chacun de nous possède un trésor royal d'une infinie richesse qu'il n'utilise pas. Chacun de nous a en soi un fidèle trésorier — son aide intérieur — et n'y prête aucune attention.

La vie est infiniment riche. Seuls nos actes et nos pensées erronées l'ont appauvrie et nous empêchent de puiser dans ses richesses. Chacun de nous nage dans un océan de possibilités insoupçonnées, et sombre lentement dans l'idée fixe de son indigence. Ouvrons enfin les yeux, voyons les faits tels qu'ils sont, et agissons, car jusqu'ici nous ne nous sommes pas rendu compte de nos réelles possibilités et, à plus forte raison, ne les avons pas épuisées. Nous ne vivons tous qu'avec un fragment de notre force et tous, nous l'employons insuffisamment alors que nous pourrions atteindre des résultats bien supérieurs, grâce à notre activité sans cesse accrue.

Les limites que l'homme voit autour de lui sont illusoires. Elles reculent à l'infini à mesure que s'élargit son champ visuel. Nul ne peut donc dire qu'il a déjà développé toutes les forces qui sont en lui. Chaque situation nouvelle éveille en lui des forces nouvelles. « Nous avons à peine effleuré, dit Mitford, la lisière de notre vie, et commençons à peine à entrevoir ce que veut dire réellement le mot « vivre ».

Savons-nous seulement combien de futures possibilités en germe sommeillent en nous prêtes à se faire jour ? Ce n'est qu'en nous retirant dans le calme et le silence, en regardant en nous-mêmes que nous pouvons comprendre le sens profond de ces paroles de Hebel, « L'homme est déjà ce qu'il est capable de devenir ».

L'homme supérieur que vous allez devenir existe déjà en vous, et vous apprendrez à partir de maintenant, toujours plus conscient de votre but, à réveiller ce géant jusqu'à ce qu'il bouge, s'étire et se lève.

Vos forces intérieures ne sont d'aucune valeur pour vous, comme si elles n'existaient pas, tant que vous les laissez en friche, et c'est là l'erreur dont la plupart des gens sont les victimes inconscientes ; n'ayant pas éveillé leurs forces, et n'ayant, par conséquent, pu les sentir, ils s'imaginent ne pas les avoir.

Ignorant tout de la vie et se sentant faibles, ils en concluent que ces forces intérieures n'existent pas, alors que le sage en conclut logiquement qu'elles ne sont pas utilisées.

Nous sommes tous en réalité riches de millions de possibilités de succès et nos forces intérieures sont invincibles. Tous, nous devons apprendre à affirmer hardiment ce que nous sommes potentiellement, et transformer nos possibilités en réalités tangibles. Henry Ford compare d'une façon pertinente l'homme à une source : « Il y a, dit-il, infiniment de choses en lui, mais il faut les faire jaillir des profondeurs de son âme ».

Aucune puissance matérielle ne surpasse notre force intérieure. Nous allons partir de ce principe, et sur cette base, commencer avec assurance la reconstruction de notre vie, de cette nouvelle vie qui mène toujours plus haut.

Notre force intérieure nous permet de ne pas être déterminés par la vie mais au contraire de *déterminer celle-ci*. « Les Grands hommes sont ceux qui reconnaissent que les forces spirituelles sont plus puissantes que les forces matérielles, et que ce sont les pensées qui régissent le monde ». Emerson ne conseille-t-il pas, par ces paroles, de libérer consciemment les forces qui sommeillent en nous, richesses cachées, puissance intérieure qui aspirent à se développer, et de les amener ainsi à agir efficacement ?

De même qu'une seule vague contient tous les sels de la mer, nous possédons dans notre être, image en petit de l'univers, les forces du Grand Tout et avons le devoir de les amener à leur développement suprême dans le cadre de notre vie. Chacun de nous est une vague dans l'océan infini de la Vie ; elle court avec les autres sur la surface de la mer, mais toutes sont unies dans la masse unique de la profondeur. La même force qui vit dans les profondeurs de l'océan vit aussi dans la vague, et la porte. La même force qui agit dans le Grand Tout agit aussi en nous.

Toute force qui agit en nous n'est autre que la force du Grand Tout, tout esprit qui s'épanouit par nous n'est autre que l'esprit infini de la vie. En affirmant la force en nous, nous affirmons notre union avec l'Esprit de la vie.

CONDITION PREMIERE :

FAITES SAUTER TOUS LES PONTS DERRIERE VOUS !

La nouvelle vie commence avec une autre orientation. En avant ! Vers la lumière, vers le soleil !

Nous mettons un point final à tout ce qui appartient au passé. Nous ne conserverons de lui que ce qui nous stimule, nous réjouit et nous rend heureux. Aucun de nos lecteurs ne doit traîner son passé comme un boulet de forçat, souffrir de ce passé et finalement en périr.

Il ne doit pas non plus ressembler à ceux qui se repaissent d'un passé brillant et pensent s'être ainsi assurés de la paix pour toujours. Les deux sont également nuisibles. Un passé, fut-il terne ou brillant, n'est nullement un motif de regarder en arrière, mais tout au plus une incitation à se créer un avenir meilleur.

On ne doit pas non plus se laisser dérouter par la nostalgie des temps révolus. Il n'existe qu'une seule nostalgie créatrice, celle de l'avenir et de ce que nous voudrions créer. L'attachement au passé nous empêche absolument de saisir vraiment ce qui est nouveau, et de le réaliser. Tout ce qui *fut* est corrompu et ne concerne plus le vivant qui va de l'avant.

Oublions aussi tout ce que nous avons perdu, car notre chagrin est incapable de nous le rendre, alors que notre volonté de reconstruire notre vie, notre confiance en notre force intérieure et en l'esprit de la vie, nous apporte plus et mieux que tout ce que nous possédions auparavant.

Et si la mort nous a ravi ceux que nous aimions le plus au monde ? Ecartons cette peine-là aussi. Regardons devant nous vers cet avenir infiniment lumineux où nous ne ferons de nouveau plus qu'un avec tous ceux que nous avons aimés et que nous aimons. Nous aidons le mieux à cette réunion en pensant avec amour à ceux que nous avons aimés, avec la certitude de notre constante union intérieure avec eux. S'irriter contre le destin est une attitude nuisible, stérile et rétrograde.

Que le lecteur prépare son âme à admettre qu'il n'y a pas de hasard aveugle, mais au contraire d'immuables lois naturelles, dont son ignorance seule l'a empêché jusqu'ici de se rendre maître. A partir de maintenant, il ne s'agit plus pour lui que de reconnaître et d'observer scrupuleusement ces lois du destin.

Nous devons jeter par-dessus bord le lest de notre passé quand s'ouvrent les ailes de notre âme pour nous porter vers les sommets de l'existence. Chacun a le passé comme l'avenir qu'il mérite. Mais alors que nous ne pouvons plus modifier notre passé, la formation de notre avenir nous appartient entièrement.

Aucune limite ne nous est imposée dans ce domaine. Chacun a la possibilité d'atteindre ce qu'il désire. Mais il lui faut pour cela se libérer de toute entrave intérieure et extérieure, ne jamais perdre de vue son but, et faire sauter tous les ponts qui le relient au passé.

*
* *

Franchissons en pensée le pont qui, par-dessus le fleuve de l'oubli, relie ce rivage à la vie nouvelle, et démolissons ensuite le pont, pierre par pierre, jusqu'à ce que le fleuve entraîne avec lui la dernière arche, et rende ainsi le retour impossible.

Ceci fait, nous n'avons plus qu'un choix : aller de l'avant !

Nous avons ainsi supprimé la raison d'être de la bonne moitié des misères et des soucis dûs à notre pusillanimité et à notre irrésolution. Maintenant nous pouvons regarder le soleil en face et déclarer : « *Une nouvelle vie commence maintenant pour moi, une vie qui mène toujours plus haut. J'aurai en tout et pour tout, à partir d'aujourd'hui, de plus en plus de victoires !* »

Et maintenant empoignons sans hésitation, ni crainte, la nouvelle vie, car dorénavant chaque pas nous rapprochera de notre but.

N'ayons aucun remords d'avoir brûlé le pont derrière nous, car tous les obstacles qui se dressent encore devant nous ont perdu ainsi leur caractère invincible. Notre âme a pris le dessus, et de ce fait, notre force intérieure est toujours en mesure de vaincre n'importe quel obstacle.

Nous ne commençons pas la nouvelle vie démunis de tout, mais *pourvus au contraire de toutes les possibilités voulues pour atteindre les sommets les plus élevés.* Les même forces, et les mêmes possibilités avec lesquelles les plus grands et les plus favorisés des hommes commencèrent leur marche triomphale, sont à notre disposition. Nous suivons le même chemin qu'eux, le chemin sur lequel nous guide et nous accompagne, pas à pas, l'esprit de la vie. A partir de ce moment nous n'avons plus de passé ! Nous n'avons plus qu'un avenir — un avenir qui, chaque jour, devient de plus en plus un merveilleux présent. Car en nous ne vivent plus que la volonté de vaincre et la certitude que nous atteindrons le but suprême de notre vie !

Nous ne connaissons plus qu'une vérité : « Je suis, donc je *peux !* » Nous n'avons plus qu'une possibilité : « Vaincre! »

PREVOIR UN EMPLOI DU TEMPS RATIONNEL POUR CHAQUE JOURNEE !

Arrivés de l'autre côté du fleuve, la première chose à faire est de nous rendre compte de la direction que nous voulons prendre dans le nouveau pays qui s'étale devant nous. Le mieux est de *nous fixer un but provisoire.* Le choix du but définitif ne pourra se faire que lorsque nous connaîtrons mieux le nouveau royaume que nous avons atteint. Ce sera après la dixième semaine d'étude de la Nouvelle Science de la Vie.

Le but provisoire consiste avant tout à donner à chaque jour une nouvelle destination, un nouvel esprit. Une vie réussie est la somme, ou plutôt le produit, de journées réussies, qui se composent à leur tour d'heures fructueuses. Nous commencerons donc par donner une forme parfaite à l'heure présente, à notre journée, et à leur imposer un rythme nouveau.

Ce qui nous semblera peut-être difficile la première fois sera déjà plus facile le lendemain et encore plus le surlendemain. Nous nous découvrirons après quelques semaines un certain penchant pour cette nouvelle façon de vivre, et après quelques semaines ce goût deviendra une *habitude,* après quelques mois une *seconde nature,* et notre *première nature* à la fin du Cours.

Ainsi nous aurons posé la pierre angulaire du succès de chacune de nos journées et en même temps du succès de notre vie entière.

Le jour présent est le point de départ d'une vie couronnée de succès. Lui seul nous appartient entièrement. Ce qui est derrière nous est perdu à jamais ; ce qui est devant nous n'est pas encore là, et échappe à notre influence. Seules les quelques heures qui nous restent encore du jour présent peuvent être réglées par nous sur-le-champ.

Que le lecteur ne s'attende pas à trouver ici un emploi du temps tout tracé. Ce qui doit être renouvelé n'est pas la journée extérieure mais bien la journée intérieure.

Une nouvelle attitude envers tout ce que les 24 heures de la journée contiennent de tâches doit ennoblir notre vie quotidienne, l'ensoleiller, l'animer, et en faire une source jaillissante de joies.

Nous verrons qu'il ne faut pas plus d'efforts pour faire une chose bien et volontiers que pour la faire à contrecœur et mal, et cela rapporte dix fois plus !

Et maintenant jetons un coup d'œil sur la nouvelle journée de l'homme nouveau.

Sa journée ne débute pas au réveil, mais déjà la *veille au soir,* par une bonne et rationnelle organisation du jour à venir et la fixation d'un but défini. Il s'agit là d'une *attitude mentale nouvelle,* dont nous avons signalé, sans cesse, depuis des années, la grande importance.

Lorsque le jour tombe, que nous revenons d'une promenade ou que nous avons quitté une réunion d'amis chers, ou encore l'enchantement d'un bon livre, le rythme de la journée fait place au rythme nocturne. Nous ne nous occupons plus maintenant que de nous-mêmes, de notre journée, et de notre vie intérieure. Nous revoyons en pensée toute notre journée et songeons à tout ce qu'elle nous a apporté de bon, et à tout ce que nous lui avons donné en retour. Nous inscrivons ensuite le résultat de nos succès du jour dans le carnet de notes qui leur est consacré.

Nous terminerons cet aperçu en rendant grâce à l'esprit de la vie pour tous les bienfaits que nous a apportés cette journée et avec la résolution de donner à notre vie une forme encore plus harmonieuse et heureuse. Car nous savons que rien ne réveille plus sûrement les forces qui sommeillent en nous qu'un sentiment de reconnaissance pour les dons reçus.

Comme suite à cette résolution, nous passons à l'organisation consciente de la journée suivante et de ses diverses tâches, laquelle débute par le choix du but à poursuivre. Nous apprendrons en détail, dans le deuxième chapitre de la Nouvelle Science de la Vie, la façon de choisir un but.

Lorsque nous serons couchés et immédiatement avant de nous endormir, nous nous donnerons un ordre positif qui consistera dans l'affirmation consciente de nos succès au cours du jour suivant, et dans l'abandon de nous-mêmes à l'esprit infini du bien qui nous mène pas à pas vers les sommets.

Puis, laissons-nous aller à la douceur de la paix intérieure et livrons-nous entièrement au flot infini du bienfaisant silence.

*
* *

Le lecteur apprendra, au cours de la IV\ :sup:`e` semaine, de façon détaillée, la bonne manière de s'endormir, de dormir et de se réveiller, ce qui veut dire avant tout : se réveiller à l'heure. La Science de la Vie enseigne, à la suite d'une longue expérience, que les heures qui précèdent minuit sont plus propices au sommeil, et qu'après un sommeil commencé de bonne heure, on est, le matin, merveilleusement rafraîchi et chargé à bloc de magnétisme vital. Une heure de travail matinal vaut donc facilement deux heures de travail vespéral. En nous levant le matin, ne fût-ce qu'une heure plus tôt que d'habitude, nous augmentons notre vie annuellement de 360 précieuses heures, soit un mois et demi de travail mensuel, et avec la journée de huit heures ce n'est pas un gain méprisable pour quelqu'un d'ambitieux !

La Nouvelle Science de la Vie donne donc, avec raison, le conseil de se lever de bonne heure, de se lever dispos, conscient et lucide, car le jour continue tel qu'il a commencé.

On demande à quelqu'un qui, dès le matin, est grognon, s'il s'est levé du pied gauche. Notre lecteur se lève au contraire toujours du pied droit. Il ne modifie jamais son rythme ne fût-ce que pour un instant. Il fixe dans son subconscient, particulièrement réceptif au réveil, la pensée suivante :

« *J'entre du pied droit dans une nouvelle journée et toute cette journée obéira à ce rythme premier. Je réussirai aujourd'hui tout ce que j'entreprendrai* ».

Il ne traîne pas au lit après s'être réveillé mais s'étire à fond et bondit dans la nouvelle journée. Il avale peut-être une gorgée d'eau fraîche, ouvre toutes grandes, si le temps le permet, les fenêtres de sa chambre afin d'y faire entrer à flot l'air matinal ; il fait, pour réveiller ses forces vitales, quelques mouvements de gymnastique en aspirant consciemment l'air pur du matin, tout en se disant : « J'aspire de la force et je rejette les scories de la nuit ! La force du jour nouveau coule à flots à travers toutes les cellules de mon corps. Je me sens renaître ! »

Les ablutions suivent les exercices de gymnastique, elles doivent se faire consciemment comme tous les actes d'une journée bien réussie. Il faut également s'habiller en pensant à ce qu'on fait, et ne pas laisser ses pensées vagabonder de tous côtés. Il nous faut, *pour avoir du succès en tout,* nous astreindre à faire toujours tout ce que nous faisons consciemment et exclusivement, sans penser à autre chose.

L'habitude de faire tout consciemment augmente et favorise sérieusement nos facultés de concentration et nous permet de concentrer notre attention sur des objectifs plus sérieux et de les réaliser parfaitement et complètement. Commençons dès maintenant à nous débarrasser d'une des causes les plus fréquentes de nos échecs qui consiste à laisser vaguer notre pensée au hasard, à manquer de concentration, d'unité intérieure et d'aspiration à un but précis. Evitons toute hâte inutile en nous habillant, car les actes les plus simples demandent à être accomplis avec calme et amour. En agissant de la sorte nous accomplirons et mènerons à bonne fin, avec la même sûreté, toutes les autres activités de notre journée.

*
* *

Ces règles s'appliquent aussi à nos repas. Evitons au cours du petit déjeuner toute digression de nos pensées vers des travaux en cours et encore moins vers des choses désagréables, car une nourriture absorbée distraitement, hâtivement, ou avec mauvaise humeur, nous est plus nuisible qu'utile.

Nous devons toujours faire volontiers tout ce que nous faisons si nous voulons en tirer profit. Efforçons-nous donc d'être de bonne humeur au petit déjeuner comme à tous les autres repas. Ne soyons pas avares de propos aimables qui rehaussent la bonne humeur générale autour de la table, ce qui favorise la bonne digestion. Louons la bonne chère, ce qui la fera apprécier encore plus et incitera la maîtresse de maison à préparer les repas avec un zèle redoublé, car le bien que nous pensons d'autrui et lui disons nous portera toujours bonheur.

Accordons-nous, après le déjeuner, autant que possible, une pause de deux minutes et transportons-nous, pendant cette pause, dans l'atmosphère du travail que nous allons commencer ; habituons-nous à le considérer sous l'angle de l'éternité, en nous souvenant de notre unité avec l'esprit infini de la vie et avec la certitude que nous sommes de plus en plus destinés à être maîtres de notre sort. Si l'endroit où nous travaillons n'est pas trop éloigné, allons-y à pied.

Et maintenant commence le travail proprement dit. Nous nous occuperons plus à fond de la manière la plus pratique et efficace de l'accomplir au cours de l'année, et plus spécialement pendant les cinquième et sixième semaines.

Adoptons également pour notre travail une mentalité nouvelle qui élève tout ce que nous faisons au-dessus du train-train quotidien et lui confère joie et beauté.

Ayons au repas de midi la même attitude mentale qu'au petit déjeuner. Il est bon de nous retirer un instant dans le silence avant de nous mettre à table, pour permettre à nos sens de se préparer à l'acte d'absorber de la nourriture, acte qui doit, lui aussi, être fait consciemment. Nous apprendrons ce que cela veut dire au juste dans la troisième semaine de ce Cours.

Prenons après le repas un court moment de repos pendant lequel nous penserons aux créatures qui souffrent, nous réfléchirons à ce que nous pourrions faire pour alléger le sort des hommes et des bêtes, et déciderons de faire quelque chose pour les aider. Rassasiés nous-mêmes, soyons généreux, car plus nous donnerons, plus grande sera l'abondance qui affluera vers nous.

*
* *

L'après-midi sera de nouveau consacré au travail ou au repos. Pour ranimer nos forces défaillantes, rappelons-nous que tout ce que nous faisons sert d'entraînement pour réussir dans notre vie. Grâce à cela nous éviterons les échecs, les désillusions, les contrariétés de la vie quotidienne qui nous détraquent, nous mettent de mauvaise humeur, voire même nous intoxiquent.

En considérant les obstacles qui se dressent sur notre route comme faisant partie de nos exercices d'entraînement, nous les franchirons plus facilement, car nous savons que notre force augmente à mesure que nous nous entraînons, que les obstacles diminuent en nombre comme en importance, et que la victoire finale est nôtre.

Nous rendons notre journée plus longue et plus riche en succès si nous la vivons de la sorte. Nous aurons beau être fatigués physiquement, notre âme sera réjouie, car elle sera consciente d'avoir bien rempli sa journée. Nous pourrons alors nous adonner, sans scrupules ni soucis, au plaisir du délassement, aux amicales réunions avec de sympathiques camarades, aux lectures instructives, ou à la détente dans la nature, aux jeux ou aux sports.

Quand nous rentrerons le soir nous ferons plaisir aux nôtres par un petit cadeau, une figure souriante, une humeur harmonieuse, et une parole aimable.

Nous nous efforcerons de ne pas attirer l'attention des êtres qui nous sont chers sur les choses qui pourraient les décourager ou éveiller en eux des sentiments négatifs, mais uniquement sur celles qui donnent de la joie et du bonheur, favorisent l'harmonie ou élèvent l'esprit.

Celui qui a passé ainsi sa journée a reçu quelque chose de celle-ci. Il a possédé sa journée et n'a pas été possédé par elle, comme c'est le cas chez la plupart des gens. Sa journée devient, pour lui, une joie au lieu d'être une corvée. Il ne subira plus sa vie, il la *vivra*.

Il s'agit ensuite de vivre ainsi le lendemain et le surlendemain, et tous les jours qui suivent et de gravir, semaine après semaine, mois après mois, le chemin ascendant qui mène aux sommets de la vie à laquelle nous aspirons, et plus haut encore que nous n'osions l'espérer.

La grande tâche de gouverner une vie fructueuse commence avec les choses les plus ordinaires, les menus travaux en apparence futiles de la vie quotidienne, car le tout est pareil à la partie, et celui qui est maître de l'instant présent, sans se soucier de l'avenir, est maître de sa journée, et finalement de sa vie entière.

Personne ne doit donc mépriser les petites choses, car la réussite d'une vie se compose de petits succès partiels, ou présumés tels. Il s'agit donc de commencer par dompter les petits riens dont se compose une grande partie de la vie, et qui sont, en fait, pour beaucoup de gens, un véritable enfer.

Pour maîtriser les choses il faut les aimer — seul l'amour vient à bout de la vie.

En nous fâchant contre quelque chose nous le rendons encore plus irritant, mais tout nous sourit et devient pour nous une source de joie sereine si nous l'approchons avec amitié et amabilité.

Toute notre vie est faite de « petits riens ». La plupart des gens sont engagés dans une constante guérilla contre la sournoiserie et la méchanceté des objets, et finissent par y succomber, car lorsque nous nous fâchons contre ces riens, ceux-ci se mettent non seulement au travers de notre *chemin,* mais aussi de notre *estomac,* et leur poids n'opprime pas seulement notre âme, mais aussi notre corps, et nous rend prématurément nerveux, fatigués et vieillis. Celui que la bêtise des choses exaspère se prive de ce que la vie a de meilleur — sa supériorité sur elles.

L'art de la vie consiste à être maître des plus petites choses, à leur être supérieur et à savoir en profiter. Au lieu d'être exaspérés le matin de ce que le savon ne se trouve pas à sa place, occupons-nous le soir de mettre de l'ordre dans nos affaires de toilette.

Habituons-nous à avoir de l'ordre et les petites choses se disciplineront en même temps que nous, car leur malice n'est que l'incarnation de nos propres pensées désordonnées.

Ce qui nous agace ne provient pas des choses mais bien dans nos pensées indisciplinées. Tout désordre commence dans notre propre tête et s'étend de là sur toute la vie. Les « difficultés » qui nous viennent des objets sont de nature mentale, leur source est en nous et si nous ne commençons pas à modifier notre caractère et nous-mêmes, les choses empoisonneront notre vie jusqu'au bout.

Au lieu de continuer de faire des objets notre bouc émissaire, efforçons-nous d'abord de mettre *chaque idée à sa place.* Tandis que nous ordonnons nos pensées, les choses s'ordonnent suivant un plan raisonnable que nous leur imposons en pensant logiquement. En chassant hors de nous les pensées étrangères et malencontreuses, nous bannissons en même temps de notre vie, les choses qui la troublent.

Il faut de la gaieté et de la patience, outre une sérieuse discipline, pour être juste envers les choses. Apprenons à ne rien faire sans joie. La mauvaise humeur avec laquelle nous nous débarrassons des petites choses se répand comme un gaz empoisonné, et gâte l'atmosphère de toute une journée.

On peut accomplir la tâche la plus infime sur le plan de l'éternité et faire entrer ainsi dans sa vie l'esprit de la victoire. N'oublions jamais que la vie quotidienne est le champ de bataille où se déroulent les combats les plus importants, et que rien n'est trop infime pour être le germe de la force et de l'abondance future !

Apprenons à voir grand dans les petites choses, car nous nous délivrons ainsi de toute mesquinerie et de toute étroitesse de pensée. Apprenons aussi à tirer un enseignement des choses les plus infimes, afin d'en faire le point de départ de futurs succès. Nous nous habituons ainsi à attendre toujours le maximum de la vie, et à saisir promptement les bonnes occasions lorsqu'elles se présentent à nous.

DEUXIÈME SEMAINE

LA PARFAITE MAITRISE DE SOI, CLE DE LA MAITRISE DE LA VIE

> « *Le véritable disciple apprend à découvrir l'inconnu dans le connu, et se rapproche ainsi du Maître.* »
>
> GŒTHE.

L'organisation préalable du cours de la journée dépend étroitement d'une bonne détermination personnelle, laquelle implique à son tour une juste définition de la vie et du destin.

La condition de la maîtrise de soi est à son tour la maîtrise des pensées, désirs, penchants et passions, elle est la clé de notre supériorité sur les objets. La plupart des gens sont victimes de l'illusion qu'ils peuvent dominer le monde extérieur sans avoir maîtrisé au préalable leur monde intérieur : leur propre moi, or celui qui n'est pas maître dans sa maison, ne sera jamais le maître du monde qui l'entoure, mais au contraire l'esclave des choses.

Seul celui qui a su donner une nouvelle direction à ses pensées donne également à sa vie un nouveau but et une substance nouvelle. La Nouvelle Science de la Vie enseigne cette façon de penser juste. L'homme nouveau est issu de cette discipline intellectuelle : son corps, son esprit et son âme fortifiés par elle, il repose fermement sur lui-même. Il est conscient de son unité avec l'esprit de la vie ; il sait qu'en lui l'esprit est plus fort que la matière, et que par conséquent l'homme est plus fort que le monde qui l'environne. Ce n'est jamais un concours de circonstances, ni les « temps désastreux » qui empêchent l'homme d'être heureux, mais bien ce qui est en lui. Prenez deux hommes — chacun réagit d'une façon totalement différente dans des circonstances identiques. L'un se laisse abattre, il stagne dans les bas-fonds de l'existence, anéanti par l'idée, fausse, de sa propre impuissance. L'autre se met sur la défensive : toute résistance augmente sa force et lui apprend à maîtriser la situation. Il force son destin et s'élance jusqu'aux étoiles.

Les conditions étaient pourtant identiques au début, mais ces hommes différaient dans leur attitude envers la vie, leur confiance en leur force intérieure — et par conséquent, le résultat fut tout différent.

Nous aurons toujours à nouveau, en étudiant la Nouvelle Science de la Vie, l'occasion de constater les possibilités de développement des facultés de l'être humain et de voir ainsi, toujours plus clairement, ce que l'homme, en apparence le plus dépourvu, parvient à faire de sa vie quand il déploie et affirme ses forces intérieures.

Dès que nous sommes persuadés que notre vie est ce que nous en faisons, nous avons en main un levier pour soulever le monde et nous avons remporté une grande victoire lorsque cette certitude est bien ancrée en nous.

Les choses en elles-mêmes ne sont ni joie ni peine. C'est notre pensée qui en fait l'une ou l'autre. Notre bonheur dépend par conséquent de la direction de notre pensée. Devenir heureux et rendre heureux est pourtant le sens même de notre vie. C'est pour cela que la Nouvelle Science de la Vie enseigne que nous pouvons devenir aussi heureux que nous le voulons, si nous savons affirmer ce que nous voulons.

Tout ce que nous attendons de la vie peut devenir nôtre, mais uniquement *par nous-mêmes* en tant que résultat de notre manière d'agir et de penser correctement. Apprenons à considérer notre univers comme une création de notre esprit. Son influence sur nous dépend de notre prise de position vis-à-vis de lui. L'univers que nous influençons, et qui nous influence à son tour, est conditionné par notre attitude mentale. Nous sommes le sujet, l'univers est l'objet de notre pensée et de notre action.

La plupart des gens considèrent les circonstances de leur vie comme quelque chose de *fixe*, de *stable*, leur entourage comme quelque chose d'*immuable*. Ils se sentent conditionnés, liés par leur ambiance, car ils considèrent l'extérieur visible, étendu dans l'espace, comme plus vaste que l'invisible domaine intérieur qu'ils croient limité à leur corps.

Vous devez penser autrement et apprendre à voir les choses sous leur véritable aspect.

Vous devez comprendre que les circonstances sont soumises à l'homme et non l'homme aux circonstances.

En réalité, ce qui nous entoure n'est nullement une *donnée* immuable, mais une *occasion* d'en faire ce que nous voulons, en agissant sagement. Nous sommes comme des émigrants transportés sur un territoire en friche mais extrêmement fertile, et qui se mettent courageusement à l'ouvrage. Un an après, le désert est transformé en terre de rapport, dont les exploitants tirent un important bénéfice. Il en sera de même pour nous, au bout d'un an, en ce qui concerne notre ambiance et nos conditions de vie si nous apprenons à les cultiver selon le plan exposé ici et si nous confions au sol de notre âme, la semence de bonnes pensées et d'actions judicieuses.

Beaucoup de gens aiment à se transporter en rêve vers une lointaine planète où la vie serait facile, où la nature offrirait tout en abondance et où le sol recèlerait des trésors. Or cette lointaine planète est notre terre où nous avons été placés par notre naissance. Notre planète nous offre en abondance tout ce dont nous avons besoin, et sur tous nos chemins traînent des trésors. Nous n'avons qu'à *ouvrir les yeux*, les reconnaître, les ramasser, et les monnayer. Mais si nous ne dirigeons notre regard que sur les objets qui nous entourent, sur les difficultés, au lieu de le diriger sur nous-mêmes, il ne faut pas nous étonner si le chemin menant au succès est raboteux et semé d'épines. Nous rendons une chose difficile si nous ne pensons qu'à sa difficulté au lieu de ne penser qu'à sa facilité. Ce qui se dresse devant nous d'une manière hostile ou nuisible a ses racines en nous et doit être vaincu en nous. Alors seulement nous en sommes débarrassés.

C'est ainsi que doit agir le lecteur de la Nouvelle Science de la Vie. Il n'est pas l'esclave de son entourage, ni le prisonnier des circonstances, mais leur maître. Il reconnaît qu'il n'y a pas de « force des circonstances », si ce n'est celle qu'il leur accorde par une façon de penser erronée, car les circonstances sont ce qui l'entoure, ce qui est autour de lui. Peu importe que ce soit lui ou d'autres qui les ont disposées ainsi, ou si elles existaient depuis toujours. Leur influence sur lui dépend

de son attitude envers elles. Mais cette attitude peut être négative ou positive, c'est-à-dire qu'il peut en attendre du mal
ou du bien, et qu'elles se modifieront en conséquence.

Pour atteindre la pente ensoleillée de la vie, il nous faut
changer d'orientation, nous *retourner,* car nous sommes tous
exposés au soleil, mais la plupart tournent le dos à ses rayons
et ne voient que leur propre ombre...

Les choses en elles-mêmes ne sont ni bonnes ni mauvaises,
c'est nos pensées seules qui leur donnent un caractère amical
ou hostile. Nous estimons les choses et leur donnons leur
valeur.

La *loi des causes et effets* est valable pour tout dans la vie.
Il en résulte que nous ne pouvons accuser personne de nos
échecs que nous-mêmes. Toute destinée est voulue par nous
et créée par nous-mêmes.

En partant de cette notion, nous arrivons à une tout autre
appréciation des causes qui ont déterminé jusqu'ici nos succès
ou nos échecs. A partir de maintenant nous n'attendrons plus
que nos succès viennent du dehors, mais les ferons surgir de
nous-mêmes en les organisant méthodiquement par une façon
de penser rationnelle.

Nous observerons toujours plus attentivement les lois de la
vie afin de conquérir ainsi des succès grandissants, nous penserons et agirons correctement, et *sèmerons du bonheur pour
récolter des succès !*

Nous devons pourtant aller jusqu'au fond des choses pour
reconnaître nettement que la vie est ce que nous en faisons.

Celui qui se considère comme un « pauvre pécheur » ne
voit autour de lui que des occasions de commettre des péchés,
et sera finalement étouffé par ceux-ci. En revanche, celui qui
affirme l'étincelle vivante et éternelle de son âme s'élèvera
au-dessus des erreurs et des égarements, et atteindra l'harmonie et la perfection, il accomplira ainsi la parole du Christ :
« Devenez parfaits comme est parfait votre Père qui est aux
cieux ».

Chacun trouve dans sa vie ce qu'il y cherche, ce qui fait
partie de sa « vision ». Le chien trouve des os, le pessimiste
des ennuis, notre lecteur des possibilités de réussites. Celui
qui n'attend du monde que des déceptions sera rarement déçu ! Mais ne sera pas déçu non plus, celui qui a confiance

dans les qualités de son prochain, car il éveillera ce qu'il affirme.

Chaque homme est un diamant vivant. Sa sertissure, c'est-à-dire ses conditions de vie, son destin, correspondent à sa qualité. Une règle de vie, formulée d'après cette définition, serait la suivante : *Les conditions de vie d'un homme dépendent de son attitude face à la vie.* Chacun attire ce qui lui est conforme. L'aimant attire la limaille de fer, mais non le sable. Mais l'homme est constitué plus admirablement : il peut adapter l'aimant de son âme à toute espèce d'objets, de forces et d'êtres, et attirera toujours ce vers quoi il dirige sa pensée. Il en résulte la possibilité de changer les circonstances qui nous entourent par un changement d'attitude à leur égard. Nous étudierons cet art à fond au cours des divers chapitres de la Nouvelle Science de Vie.

Tout ce qui nous arrive a d'abord été extériorisé par nous mentalement et nous est « renvoyé » par les êtres et les choses, amplifié et renforcé. Notre vie est la matérialisation de ce que nous avons pensé jusqu'ici. Tout ce qui nous entoure est la matérialisation, manquée ou réussie, d'une de nos pensées.

Le comportement des choses à notre endroit est déterminé par notre façon de penser. Ainsi, toute chose est en réalité déterminée, et c'est nous qui la déterminons.

Que celui qui considère les circonstances comme des faits irrévocables se garde de tomber dans une nouvelle erreur : le lecteur de la Nouvelle Science de la Vie sait bien qu'il ne rencontre jamais de « faits accomplis » que ceux qu'il a *accomplis en fait,* lui-même. Ce ne sont pas les faits qui sont décisifs, mais leurs causes, et celles-ci sont en nous. Nous sommes la cause de tous les faits survenus dans notre vie, et toute transformation de ces faits doit donc commencer en nous-mêmes.

Celui qui recherche des « conditions de vie meilleures », ou cherche à changer de métier, n'a pas encore saisi le principe du succès. Prenez deux hommes vivant dans un milieu identique, et transportez-les dans une nouvelle ambiance également identique. L'un sera heureux et complètement transformé, l'autre restera ce qu'il était. Le premier prospérera dans ces nouvelles conditions parce qu'il se renouvellera lui-même et arrivera à créer, en tant qu'homme nouveau, de nouvelles valeurs. L'autre restera au contraire ce qu'il était et ses nouvelles conditions de vie ressembleront sous peu aux anciennes.

Ce n'est donc pas le changement de milieu qui est décisif, mais la transformation de notre attitude morale, la rénovation de la pensée.

Celui qui se laisse incommoder ou décourager par une ambiance, fût-elle ancienne ou nouvelle, n'arrivera pas à s'élever. Celui qui devient conscient de sa force intérieure maîtrise ses conditions de vie dans n'importe quelles circonstances.

Changer d'ambiance ne signifie rien si la pensée ne se renouvelle pas. Si nous pensons faussement, les conditions les plus favorables ne signifieront rien pour nous, et nous laisseront insatisfaits. Si nous pensons correctement, nous apporterons aux conditions de vie les plus misérables l'esprit d'abondance, et commencerons à les transformer peu à peu, sur le plan spirituel, jusqu'à ce qu'elles nous apportent richesse, force, joie à profusion. *Nous ne pouvons attirer aucune chose à nous si nous n'avons en nous ce qui lui correspond.*

Pour sortir de conditions de vie pénibles nous devons diriger nos pensées exclusivement et tenacement sur d'autres conditions meilleures. Nous devons nous détourner de nous-mêmes, de nos conditions de vie actuelles, conséquences de notre ancienne façon de penser erronée, et concentrer toutes nos forces mentales, nos sentiments, désirs et aspirations, sur les conditions nouvelles que nous désirons nous créer.

Tout ce qui est, existait d'abord dans l'esprit, dans la pensée.

Les « meilleures conditions de vie » auxquelles nous aspirons doivent donc, elles aussi, être devenues une réalité dans nos pensées, et en nous-mêmes. C'est alors seulement qu'elles deviendront extérieures en vertu du vieil adage « dehors comme dedans ».

Nous devons créer dans notre esprit *l'image idéale des conditions de vie* que nous souhaiterions. Nous devons ensuite animer sans cesse ces images dans notre cœur. Nous devons sentir qu'elles sont déjà une réalité en nous, et en même temps, *agir* et nous comporter *comme si* elles étaient déjà devenues une réalité extérieure.

En pensant, en agissant et en sentant correctement, nous faisons descendre l'idéal au niveau de la réalité, nous transformons nos conditions de vie selon leur image en nous, que nous affirmons constamment en paroles et en actions. Nous les attirons ainsi hors du domaine des réalités de l'esprit dans celui des réalités perceptibles et tangibles.

*
* *

Notre vie est un jardin, nos conditions de vie en sont les arbres et les fleurs, et nous en sommes les jardiniers. Si le jardin de notre vie n'est pas beau ce n'est pas la faute des arbres et des fleurs mais du jardinier, c'est-à-dire de nous-mêmes qui n'avons pas fait de notre jardin ce que nous aurions pu en faire, car tout jardin, fût-il un maquis rempli de ronces, peut être transformé en un paradis bien soigné. Ce que nous voulons obtenir des conditions qui nous entourent, nous devons l'y mettre tout d'abord. Nous ne pouvons pas nous attendre à réussir si nous projetons autour de nous des pensées de doute, de méfiance, de découragement ou de désespoir. La *loi de l'attraction* est valable pour tout, et nous attirons ce que nous pensons.

L'histoire de tout homme dont la vie est une brillante réussite en est la preuve. Il sent, veut et accomplit seulement ce qui lui apporte joie et bonheur. Ce « seulement » est ce qui empêche l'aiguille aimantée de son âme d'osciller, qui écarte de lui toute hésitation et lui permet d'atteindre son but avec certitude.

Aucune époque n'a eu davantage besoin d'hommes de cette sorte, que la nôtre. Des hommes capables, de courageux combattants d'avant-garde, sont plus que jamais nécessaires dans tous les domaines de la vie et de l'économie générale. Celui qui arrive actuellement à développer ses meilleures forces a plus que jamais des possibilités de réussir et de s'élever rapidement.

Il dépend de nous à quel point nous saurons saisir et utiliser les occasions qui se présenteront à nous. Nous pouvons atteindre les buts les plus élevés, nous pouvons faire tout ce que nous désirons de notre vie, nous n'avons qu'à mobiliser nos forces intérieures et être décidés à réussir, nous n'avons qu'à vouloir nous élever !

Les conditions de vie ne signifient rien pour celui qui sait ce qu'il veut. Elles ne sont pour lui que le mortier et les pierres avec lesquels il bâtit la maison de ses rêves, d'après l'image vivant en lui.

Pour l'homme qui croit à sa victoire, son ambiance devient une aide et un stimulant, à moins que sa volonté d'affirmation ne l'entraîne d'emblée là où ses aspirations pourront se réaliser le plus parfaitement.

Ainsi notre vie est ce que nous arrivons à en faire par nos sentiments, nos désirs, nos volontés et nos actes : « *Tout dépend de l'homme et non des circonstances* ».

« FAIS DE TA VIE TON CHEF-D'ŒUVRE ! »

Plus nous avons une vision large de notre vie, plus elle devient riche. Tous les grands de ce monde devinrent invincibles par la foi en la grandeur de leur vie, et par la confiance qu'ils avaient en leur force intérieure, tandis que la conviction d'être incapable, l'idée fixe de « ne pas pouvoir », a empêché plus d'hommes de réussir que tous les obstacles du monde.

Rendez-vous compte que la nature ne connaît pas la pénurie, et que chacune de ses œuvres témoigne de sa richesse. Créons en nous, mentalement, l'image idéale de la vie que nous avons décidé de mener à partir de maintenant. Soignons et entretenons cet idéal sans arrêt, en posant notre but quotidien comme une vivante vision du devenir, affirmons cette image en tant que réalité intérieure, et rendons-là de plus en plus objective, jusqu'à ce que le monde extérieur commence à devenir conforme à l'image intérieure.

Reconnaissons que tout existe pour nous, et que nous existons pour le tout, que nous existons par la volonté du Grand Tout, et pareillement que Celui-ci n'existe que pour nous, que l'un ne peut être sans l'autre, et que dans l'un comme dans l'autre, réside et agit l'unique force de l'esprit infini de la vie. Reconnaissons-nous enfants de cet Esprit, affirmons sa force en nous et elle deviendra nôtre.

Que nous soyons ici dans cette vie, à cet endroit, à cette époque, c'est l'esprit de la vie qui l'exige de nous. A nous de reconnaître notre mission et de la remplir *ici et maintenant*. Nous avons en nous toutes les forces et qualités voulues pour accomplir notre tâche dans la vie.

Que personne ne considère sa vie comme un tout achevé. Ce qui est n'est jamais que le point de départ d'une plus grande perfection, et celui qui doit créer cette superperfection n'est autre que nous-mêmes, car la force et le pouvoir de le faire est en nous. Notre vocation est de faire de notre vie notre chef-d'œuvre. Si nous faisons de cette notion l'idée maîtresse de notre vie, afin qu'elle détermine et anime nos actes, pensées et initiatives, notre vie deviendra de plus en plus un chef-d'œuvre.

*
* *

L'homme moyen est le plus souvent aveugle d'âme. L'organe qui lui permettrait de comprendre la régularité des lois de la vie ne lui manque pourtant pas, mais il sommeille. Son sens du destin ne réagit pas, ou faiblement. Il se heurte sans cesse à d'invisibles murailles, à des résistances, des infortunes, des accidents, des chagrins. La porte de son cachot ne s'ouvre pour lui à la liberté que lorsque, son sens du destin étant éveillé, il se reconnaît comme l'artisan intérieur de son destin et s'aperçoit que ce qui est, doit d'abord avoir été une réalité en lui et avoir pris vie dans sa conscience pour devenir une réalité extérieure.

Alors seulement, de tels hommes saisissent soudain la notion de la vie parfaite qui mène toujours plus haut, et ils commencent à réaliser en eux cette idée créatrice. Ils se pénètrent de cette idée, jusqu'à ce qu'elle commence à remplir et à transformer aussi leur vie extérieure.

Autre chose est encore indispensable : c'est *la confiance en notre force intérieure*, car cette force est notre guide intérieur qui nous conduit à la plénitude de la vie parfaite. C'est elle qui donne un nouvel aspect aux objets qui nous entourent, change nos conditions de vie, et transforme toute opposition en une marche ascendante. C'est elle qui déclenche la loi de l'abondance que notre cœur affirme, matin et soir, quand nous nous endormons et nous réveillons avec la pensée que voici :

« *Je fais de ma vie un chef-d'œuvre, grâce à la force qui est en moi ! Tout ce que j'entreprends tourne à mon profit !* ». Bientôt nous sentirons combien notre façon juste de penser fait accourir de tous côtés, des aides invisibles qui deviennent nos collaborateurs dans la reconstruction de notre vie.

Nous apprenons à maîtriser la matière sans plier devant elle, sans devenir pour cela « matérialistes », car le matérialiste n'est pas le maître de la matière, mais son valet. La Nouvelle Science de la Vie enseigne, au contraire, à diriger le monde des sens par une bonne ordonnance de la vie intérieure. L'homme n'est pas l'esclave de l'argent, ni le valet des choses qui ne vivent que grâce à lui, mais leur maître. Il a su trouver dans son âme une source de forces inépuisable lui permettant de réaliser tout ce à quoi son cœur aspire.

Il se sait indépendant des circonstances et des choses, de la pauvreté comme de la richesse, de l'hostilité comme de l'aide du dehors. Il considère l'asservissement de l'homme comme volontaire, car il sait que l'esclavage cesse dès que l'homme se sait libre et capable de recommencer une vie nouvelle et meilleure.

Nous ne pouvons jamais trop exiger de nous-mêmes, car personne n'a jamais pu dépasser les limites de ses forces. Celui qui arrive à éveiller en soi une connaissance des forces de l'esprit pareille à celle qui vivait dans le Christ, qui s'élève au-dessus du doute et des craintes pusillanimes, celui-là arrive à ses fins, l'univers fût-il plein de démons ! Car le destin, comme Gœthe l'exprimait jadis, « Aime celui qui aspire à l'impossible », et il s'incline toujours devant le plus fort qui le défie courageusement, devant le supérieur, devant le maître.

La Nouvelle Science de la Vie enseigne à créer sa destinée en soi-même et à ordonner sa vie avec ses propres forces. Notre lecteur fait de sa vie un chef-d'œuvre en lui conférant un sens élevé, en affirmant constamment ce sens et en agissant conformément à celui-ci.

Ce fait comporte un avertissement : il ne suffit absolument pas de s'asseoir confortablement, d'entretenir en nous des pensées de plénitude, et d'attendre sans plus que l'abondance vienne à nous. Pour obtenir le succès il nous faut agir simultanément sur deux plans : sur le plan spirituel en pensant d'une façons juste, sur le plan matériel en agissant utilement.

Bien penser ne rend nullement inutile de bien agir. Nous devons travailler, après comme avant, mais le fait de bien penser fera que notre travail ne sera jamais stérile et nous apportera au contraire des richesses toujours plus abondantes.

Bien penser *sans* agir nous prive de 60 pour cent de nos succès. Les deux réunis nous assurent le succès total de notre vie.

C'est ce qui distingue le sage du non éveillé, car chez le premier agir et penser ne font qu'un.

LA CULTURE DU CORPS

> « *Un esprit alerte influence tous les mouvements du corps, et arrive même à modifier par la puissance du jeu des sympathies les formes de la nature les plus stables et les plus inaccessibles à la volonté. Tout en lui devient finalement caractère et âme.* »
>
> Schiller.

Nous avons posé les fondations spirituelles du nouvel édifice de notre vie au cours des deux premières semaines de notre enseignement et nous nous sommes fait une idée claire et nette des conditions essentielles de la réussite dans la vie. Nous pouvons commencer maintenant à examiner les détails du nouvel édifice.

Commençons par rénover l'instrument de notre âme : notre corps, et tout ce qui concerne son entretien en bon état. Car le corps aussi doit être rénové en partant de l'esprit : sa santé, sa résistance, sa capacité de travail, sont les facteurs les plus importants de durables succès ; seul un organisme sain est à même de fournir la somme d'énergie dont nous avons constamment besoin pour saisir et utiliser avec fruit toutes les occasions de progresser. La santé est aussi une des conditions du bonheur, car la plus grande richesse compte fort peu pour un malade.

L'esprit n'est évidemment pas affecté par l'état du corps, mais celui-ci est plus ou moins capable de faire agir au maximum les forces de celui-là — tout comme le courant électrique n'est pas affecté par le mauvais état d'une ampoule, quoiqu'il lui soit impossible de se manifester au moyen de celle-ci.

Rien ne doit donc nous sembler superflu lorsqu'il s'agit de maintenir et de fortifier la santé de notre corps.

Notre corps est sain lorsque nous ne le sentons pas. Qui se sent malade a besoin de l'aide du médecin spirituel qui est en lui, ainsi que des conseils de son médecin traitant.

Nous verrons ensuite comment maintenir la santé de notre corps au moyen d'une bonne nourriture, d'une façon consciente de manger, de respirer, de dormir, et d'une hygiène corporelle bien comprise. Une fois de plus nous n'accorderons pas ici toute notre attention à la *pensée de l'hygiène,* mais plutôt à l'*hygiène de la pensée,* car ce qui est décisif ne consiste pas à suivre une manière de vivre et de se nourrir plutôt qu'une autre, mais uniquement une bonne direction de la pensée.

L'homme concentré sur sa tâche, le zélé travailleur, est en général infiniment mieux portant que celui qui se laisse aller, et surtout que l'homme oisif qui n'a pas de but dans la vie — et ce, non seulement parce que ses humeurs restent plus pures du fait qu'il élimine plus abondamment et qu'il mange sobrement, mais aussi parce qu'il n'a ni le temps ni l'occasion de s'occuper des idées de maladie.

Bien des maladies s'écartent de l'homme actif dont l'esprit est constamment en mouvement alors qu'elles s'emparent de l'apathique désœuvré. Plus l'esprit est actif et positif, mieux le corps lui obéit, en général. L'esprit et la pensée sont toujours à la base de toute chose. Un état d'âme joyeux écarte bien des petites misères, par exemple les troubles digestifs que nous pouvons constater chez les personnes irritables, et bien d'autres maux. Les pensées ne sont pas déterminées par la maladie, mais la maladie l'est souvent par la pensée !

Notre corps est surtout, et avant tout, ce que nous *pensons.* Nos imaginations, désirs et sentiments lui donnent l'*armature spirituelle* d'après laquelle nos habitudes de vie achèvent de le construire. Comment notre corps pourrait-il être sain et alerte si nos pensées sont paresseuses, pesantes et tristes ?

L'homme extérieur est l'image physique exacte de l'homme intérieur. Chacune de nos pensées s'incarne en nous et devient une partie de notre corps. Chaque cellule de notre corps est, au point de vue psychobiologique, l'incarnation d'une pensée ; elle est saturée de l'esprit de celui qui l'a créée et de son état d'âme lorsqu'elle naquit.

*
* *

Le corps de la plupart des gens est chargé des résidus de pensées négatives, des toxines de la peur et de la mauvaise humeur déposées dans ses cellules. C'est pourquoi beaucoup de gens ont plus de tendances à devenir malades qu'à rester en bonne santé. Les cellules sur lesquelles se fixent les pensées négatives perdent peu à peu leurs forces vitales, se désagrègent lentement et cèdent la place à d'autres cellules encore remplies de l'esprit de la vie.

Celui qui s'occupe constamment de ses malaises, qui se plaint sans cesse de ses douleurs, « jouit » généralement de la mauvaise santé correspondant à son idée, ou bien il en sème le germe. Cette constatation souligne la nécessité de s'endurcir physiquement et moralement. Maints petits malaises quotidiens disparaissent d'eux-mêmes si on n'y fait pas attention. S'ils persistent c'est alors au médecin d'en faire le diagnostic et de décider du traitement à suivre.

Apprenons à déceler dans la plupart de nos maux les suites de pensées erronées et de mauvais comportements, à vivre comme il se doit, en suivant notre instinct naturel et en évitant tout ce qui nous est nuisible. Apprenons aussi à susciter dans chacun de nos organismes : corporel, psychique et spirituel, la volonté de santé qui l'habite en affirmant sa force. Le meilleur des médecins ne peut faire autre chose que d'éveiller la volonté de guérir qui demeure en chaque homme. Toute guérison est une autoguérison, ou n'est qu'une apparence de guérison.

Le meilleur moyen pour éveiller et intensifier la volonté intérieure de guérir est donc l'éducation de la pensée et de la volonté. Nous savons que lorsqu'un homme dirige sa pensée vers des tâches et des idéaux élevés, l'activité des cellules augmente et devient automatiquement plus vivante, la composition de son sang plus pure, il réclame une nourriture plus noble, et la santé de tout son organisme est meilleure.

Nous savons, d'autre part, que des pensées négatives telles que la colère, la peur, le souci, l'envie, la haine, l'égoïsme intoxiquent notre sang. Des pensées pures et nobles produisent, en revanche, un sang pur et sain.

Celui qui veut passer de la maladie à la santé et veut encore fortifier celle-ci — car il existe bien des degrés de santé — doit apprendre à se réaliser du dedans au dehors en pensant correctement. La santé est d'essence spirituelle et la résultante de pensées et d'actes justes, elle est un produit de notre mentalité car, selon la règle de la Nouvelle Science de la Vie, *« raisonner sainement veut dire être sain ! »*

Raisonner sainement consiste à reconnaître que la source de notre santé est notre force intérieure et à compter sur elle en tant que notre « médecin intérieur » pour opérer notre guérison lorsque nous sommes malades. Il s'agit de reconnaître clairement que c'est l'esprit qui a créé le corps et qu'il est capable de le remettre en bon état quand nous faisons agir la force bienfaisante de l'esprit, en l'affirmant efficacement.

Le fait de penser juste peut accomplir de grandes choses. « L'esprit ne doit jamais céder au corps », exige Gœthe. L'esprit en nous ignore peines et maladies, il est éternellement jeune et vigoureux. Et nous aussi, nous en sommes libérés dans la mesure où nous nous souvenons de cette force en nous. L'esprit en nous est éternellement jeune et fort, et nous aussi devenons jeunes et vigoureux lorsque nous nous unissons à lui. Le corps est le principal instrument de travail de l'esprit, le réalisateur de ses pensées.

Il est incontestable que le corps est aussi soumis aux lois de la matière et doit payer son tribut naturel au circuit de la vie, mais les frontières des possibilités biologiques peuvent être reculées très loin. Il s'agit donc d'apprendre à laisser agir l'esprit en nous, librement, à ne pas obstruer son chemin par des pensées de peur, de doute, de découragement, de souci. L'esprit en nous deviendra alors l'« esprit guérisseur » à l'aide duquel nous pourrons à chaque instant faire appel. Non seulement il nous guérira, mais préviendra d'éventuelles maladies.

Nous pouvons faire totalement confiance à ce médecin spirituel et le charger de notre guérison. Plus nous serons convaincus de son pouvoir guérisseur, plus rapide et total sera notre retour à la santé. Il est le sage artisan et le guide de notre corps, il est la force salutaire autonome de ses cellules. C'est lui qui sait le mieux ce dont notre corps a besoin.

Afin de solliciter sa force de façon efficace, nous devons créer dans notre esprit une image idéale de notre corps, tel que nous voudrions qu'il soit réellement et affirmer constamment cet idéal. Le corps visible s'en rapprochera alors peu à peu et ressemblera finalement à l'image intérieure que nous nous faisons de lui.

L'affirmation de cette force salutaire de l'esprit se fait par un fréquent appel aux idées suivantes :

« *Je suis, selon mon être réel, exempt de faiblesse, de maladies et de misères. Mon être intérieur ne sera jamais touché par elles. L'esprit est maître du corps. Le flot de ma force spirituelle traverse tout mon corps et remplit chacune de ses cellules de forces vitales renouvelées et de santé. Je serai bien portant, l'esprit en moi me rend bien portant, je suis bien portant !* »

Si nous nous sentons, en répétant cette formule, vivifiés, et si nous ressentons comment, en vérité, chaque cellule de notre corps se renouvelle et se fortifie, notre corps deviendra, de plus en plus, ce à quoi il est destiné, c'est-à-dire, un temple digne de l'esprit qui l'habite.

SAVOIR SE NOURRIR

Le lecteur de la Nouvelle Science de la Vie s'efforcera de faire de son corps un temple lumineux de l'esprit non seulement par une nourriture rationnelle, mais aussi en pensant d'une façon juste. Mais dès maintenant, il doit être prévenu du danger des partis pris et des exagérations qui produisent l'effet contraire à notre intention.

Il ne s'agit pas de donner à l'alimentation une importance plus grande qu'elle n'a en réalité, on ne doit pas en faire un rite religieux. Apporter une attention exagérée à la question nourriture peut susciter, ainsi que l'a prouvé une longue expérience, des désordres du système digestif qui se traduisent par des états de dépression nerveuse, suite d'une appréciation erronée des effets de l'alimentation.

Il faut dominer la question alimentaire pour la résoudre d'une manière correcte. La Nouvelle Science de la Vie ne lui accorde ni trop ni trop peu d'importance. La nécessité de se nourrir n'est ni un mal inévitable, ni l'objet principal de la vie, mais un plaisir destiné à maintenir le corps vigoureux et en bonne santé. Nous mangeons pour apporter à notre corps les éléments dont il a besoin pour rester fort. La nature a doté, avec une sage prévoyance, les divers aliments de l'homme d'attraits différents, et a fait de leur consommation une satisfaction. Nous ne devons pas enlever ce caractère à l'acte de manger et pour cela nous devons réapprendre à *manger d'une façon consciente* afin d'éviter que ce plaisir ne devienne un but en soi et nous incite à manger trop.

Ce que l'on mange est relativement de peu d'importance en comparaison de notre attitude mentale vis-à-vis de la nourriture. Il s'agit avant tout, au cours d'un repas, de donner au corps les « vitamines de l'âme », les matières stimulantes d'une disposition d'esprit joyeuse, car elles comptent finalement bien plus pour la digestion que le nombre de calories, ou de vitamines que l'on absorbe.

La Nouvelle Science de la Vie ne prône nullement un genre de nourriture spéciale, mais insiste sur la nécessité de réveiller nos instincts naturels et de leur faire reconnaître ce qui nous convient ou ne nous convient pas. Nous devons trouver notre propre rythme vital et cesser de suivre celui des autres qui ne peuvent savoir ce qui est le meilleur et le plus utile pour nous. Laissons les théories alimentaires qui ne résultent pas de nos expériences personnelles.

La Nouvelle Science de la Vie ne prescrit aucun régime en particulier, et recommande simplement une alimentation naturelle, en avertissant le lecteur du danger des « systèmes » qui peuvent être salutaires pour un court traitement, mais sont nuisibles si on les prolonge indéfiniment. Nulle part le changement n'est aussi indispensable que dans l'alimentation.

La Nouvelle Science de la Vie n'indique ici que les règles de base d'une alimentation rationnelle dont la principale est la suivante : « Eliminez toute nourriture n'ayant pas une importance vitale, car il s'agit avant tout de ne pas être l'esclave de son estomac, mais son maître. Prouvez-le par votre sobriété.

La mesure est en effet la vertu maîtresse en matière de nourriture. La base d'une bonne santé consiste à reconnaître la loi des excès : tout excès — et la plupart des gens mangent trop ! — aboutit au contraire de ce qu'on recherche. Cette loi, Democrite l'a formulée jadis : « Lorsque l'on dépasse la mesure, le plus grand plaisir devient le plus grand déplaisir ! »

Il est aussi très important de s'habituer à *manger lentement,* car manger vite pousse à la voracité, et partant à mal manger. Il faut donc arriver à manger plus raisonnablement, moins et plus simplement, mais toutefois avec beaucoup de variété. Il faudra en outre, s'habituer à manger toujours aux mêmes heures, mais le nombre et le volume des repas dépendra de la faim de chacun et non de sa gourmandise. Qui n'a pas faim ne devrait pas manger, ou fort peu de chose. Plus on remplit l'estomac, moins il travaille. C'est un serviteur fidèle mais enclin à la paresse, ce qui rend la modération alimentaire obligatoire.

Moins nous mangeons, plus nous profitons et jouissons de notre nourriture. Celui qui mange plus de trois fois par jour se rend lentement mais sûrement malade. Deux repas sont même suffisants. Personne ne doit, d'autre part, s'entraîner à avoir faim, car cela changerait une fois de plus un bien en mal. Il est bon, en revanche, de s'exercer à se maîtriser, car celui qui n'arrive même pas à dominer sa gourmandise et son appétit, comment pourrait-il arriver à être maître de lui-même et de sa vie ?

*
* *

Et maintenant : *que* devons-nous manger ? Nous pouvons manger tout ce que notre corps désire et qui plaît à notre goût. Nous devons par ailleurs éviter de manger ce qui nous répugne ou ce que nous savons nous être nuisible.

Notre mode d'alimentation n'a nullement besoin d'être réformé. C'est notre façon de penser qui en a besoin. Une fois la pensée rénovée, tout le reste se rationalisera et s'améliorera de soi-même. Le fondateur du Christianisme lui-même a enseigné que ce n'est pas ce qui entre dans la bouche qui souille l'homme, mais bien ce qui en sort — ce qu'il dit de malveillant et de bas. Celui qui est rempli de l'esprit nouveau, c'est-à-dire celui dont les pensées sont élevées, tournées vers le bien, celui qui se sent *un* avec l'esprit de la vie, et qui est en harmonie avec ses loi, celui-là transformera imperceptiblement, par sa façon de penser, ses besoins alimentaires : son instinct pour ce qui lui est propice se réveillera, il recherchera des saveurs plus subtiles, commencera à perdre le goût de certains aliments et à leur en préférer d'autres ; il retrouvera ainsi son instinct naturel pour ce qui lui convient et est profitable à son corps.

De nouvelles habitudes mentales créent de nouvelles habitudes alimentaires. L'homme harmonisé a besoin d'autres aliments que l'homme intérieurement désaccordé, l'homme spiritualisé a d'autres besoins que le sensuel. De nouvelles affinités électives dues à la transformation de la pensée se créent entre l'homme et les divers aliments.

Puisque chacun doit s'efforcer d'éveiller, en toute chose, le sentiment de ses nécessités biologiques, il n'est pas nécessaire de donner ici des indications détaillées sur la nourriture. Chacun peut continuer à se nourrir comme auparavant. Un changement surviendra, s'il est nécessaire, en temps voulu, tout à fait de lui-même, et d'autant plus rapidement si l'on a suivi les quelques règles du bien manger données dans le prochain paragraphe.

Mais voici d'abord quelques brèves indications à ce sujet :

1) *Ayez soin de varier votre nourriture !* Toute alimentation uniforme épuise à la longue les forces vitales. Le corps a besoin d'un peu de tout, et il faut arriver à découvrir nous-mêmes ce qui nous est le plus nécessaire à un moment donné.

2) *Mangez de préférence des aliments à l'état naturel !* car plus ils sont vivants, plus ils sont salutaires, et le moins possible de mets trop raffinés et dénaturés par une trop longue cuisson. Mangez le plus de crudités possible. Faites cuire à la vapeur ce qui s'y prête. Faites bouillir les pommes de terre dans leur peau. Faites cuire ce qui ne peut pas se passer de cuisson, à part cela, changez le moins possible la nature organique de vos aliments.

3) *Mangez surtout des denrées fraîches !* Les fruits et les légumes frais doivent occuper une place prépondérante dans vos menus, et être si possible consommés crus, ainsi que les produits laitiers.

4) *Mangez des aliments durs.* L'entretien des dents est de la plus haute importance pour maintenir la santé du corps. Mais les dents se conservent avec ce qui les fait travailler ferme. Mangez donc du pain dur, du pain noir rustique, du pain complet. Plus il est dur, mieux cela vaut. Si les dents sont déjà en train de se détériorer, ayez soin de faire, pour

les conserver, de fréquents mouvements de mastication et de les habituer lentement à des aliments de plus en plus durs.

5) *Evitez les toxiques !* N'usez que très modérément, ou pas du tout, de l'alcool, du tabac ou autres produits analogues. C'est une erreur de penser que ces excitants augmentent le plaisir de vivre. Ils paralysent et affaiblissent, au contraire, les nerfs et les forces cérébrales les plus nobles. En toute petite quantité, ils stimulent, en petite quantité ils excitent, en grande quantité ils nuisent, et en très grande quantité ils tuent. Ils donnent un coup de fouet au début, mais la fatigue se fait sentir d'autant plus vite, et la productivité tombe au-dessous de la moyenne. Il en est de même de la nourriture carnée.

6) *Surveillez la régularité de votre digestion !* Les troubles de la digestion rendent engourdi, apathique, irritable. Il faut donc dresser les intestins à faire leur devoir en variant plus fréquemment la nourriture avec des matières grasses. On peut y arriver également en se disant, le soir avant de se coucher et le matin en se réveillant, que l'intestin doit être évacué le matin au lever. Il faut fixer l'heure exacte de cet ordre dans notre subconscient, auquel nous avons confié la mission de nous réveiller à une certaine heure. Au bout de peu de temps l'intestin réagit à l'ordre donné.

« MANGER INTELLIGEMMENT »

La manière de manger est infiniment plus importante que ce qu'on mange. La Nouvelle Science de la Vie donne à ce sujet quelques règles expérimentées :

Prenez votre temps pour manger ! Si vous ne l'avez pas, reculez l'heure de votre repas, car manger hâtivement revient à manger mal, ce qui est pire que de ne pas mangr du tout.

Un instant de silence est recommandé avant le repas, une détente de l'esprit, une harmonisation intérieure et aussi une pensée vers le repas à venir.

Tâchez d'être tranquille et calme pendant le repas ! Le bruit dérange la digestion alors que le silence la favorise. On a raison de choisir pour salle à manger la pièce la plus tranquille et la plus plaisante de la maison. Elle doit aussi être très claire, car son rayonnement sera transmis par les sens, au moyen des nerfs, aux organes de la digestion.

Efforcez-vous d'être toujours de bonne humeur en mangeant ! car un état d'esprit joyeux augmente la bonne saveur et l'agrément des mets. Il ne faut se mettre à table que de bonne humeur et créer celle-ci volontairement si elle n'est pas spontanée. Chaque repas doit être un joyeux moment de repos, c'est alors seulement qu'il est bénéfique. Une attitude aimable envers la nourriture intensifie le plaisir qu'elle procure, augmente son efficacité, et favorise la bonne santé.

Ne lisez pas en mangeant ! La lecture attire le sang au cerveau et diminue la capacité digestive de l'estomac en le décongestionnant. Bavardez, au contraire, gaiement et adaptez votre conversation aux goûts de vos convives, en évitant autant que possible les thèmes sérieux ou épineux, tels que la politique, les questions confessionnelles ou personnelles, les discussions d'affaires qui, toutes, risquent de s'envenimer et de perturber la sécrétion des sucs gastriques, entravant ainsi la digestion.

Evitez toute contrariété au cours du repas. Chaque contrariété arrête instantanément la salivation en asséchant la sécrétion des glandes salivaires. Les aliments ingérés alors ne seront d'aucune utilité à l'organisme. Si l'on « perd l'appétit », il ne faut jamais se forcer à manger quand même. Une tartine mangée en joyeuse compagnie profite plus que le plus savoureux repas pris avec mauvaise humeur ou tristesse.

Il faut manger tranquillement, paisiblement. L'appréhension même d'une future agitation doit être évitée. Manger hâtivement fait perdre peu à peu tout le plaisir que procure la nourriture, et finalement aussi le plaisir de la vie tout court. Ainsi la joie de vivre dépend d'une bonne façon de manger, comme Mulford l'explique : « Chaque bouchée est un moyen matériel de conduire la vie à l'esprit, car nous absorbons avec la nourriture que l'œil ne peut voir, les éléments de la santé, de la force, de la tranquillité ».

Le psychique joue un rôle très important dans notre alimentation. Pendant que nous mangeons, nos pensées sont infiniment plus déterminantes que la nature des aliments que nous absorbons. La même nourriture sera ensalivée, triturée et utilisée de façon toute différente selon l'humeur de celui qui l'absorbe et le degré de conscience qu'il apporte à cette opération.

Manger comme il faut, veut dire — et nous touchons ici un point très important — *manger d'une façon consciente,* concentrer notre attention sur les mets que nous prenons, sur leur saveur en général, et sur les nuances de celle-ci en particulier, dont nous prenons conscience en mastiquant; grâce à quoi nous pouvons dire sciemment : « Cela me plaît, cela me fait du bien ».

Ce que nous mangeons consciemment et avec plaisir nous procure du plaisir à son tour. Pour nous éduquer à manger d'une façon consciente, exerçons-nous un certain temps en nous disant à peu près ceci :

« La force contenue dans ces mets se dissout complètement en moi et imprègne toutes les parties de mon corps. Je prépare soigneusement, en les mâchant lentement, toutes les particules de ma nourriture afin qu'elles soient bien digérées. Je savoure ces mets et ils me font plaisir ».

On sait actuellement que ce n'est ni la mastication ni les stimulants chimiques contenus dans la nourriture qui provoquent la sécrétion des sucs gastriques, mais bien l'appétit et le plaisir de manger, c'est-à-dire, quelque chose d'origine psychique. Plus on a de plaisir à manger, plus abondante devient la sécrétion, plus s'intensifie la capacité digestive de l'estomac et plus complète et fructueuse s'avère l'utilisation de la nourriture.

L'art de bien manger consiste à activer la sécrétion des glandes salivaires et autres, nécessaires à la digestion. Plus savoureux nous nous représentons les mets de notre repas, plus active sera la sécrétion de ces glandes et plus nous profiterons de la nourriture.

L'aspect soigné d'une table dressée pour le repas, les couverts bien mis, quelques fleurs, une présentation appétissante et attrayante des mets, font également partie de l'art culinaire.

Pourquoi la maîtresse de maison décore-t-elle certains plats ? Pour que leur seul aspect stimule déjà l'appétit et le plaisir de les manger. Une bonne maîtresse de maison sait instinctivement que les yeux et l'estomac sont en étroite liaison, et qu'un mets d'aspect plaisant semble plus savoureux et se digère mieux. L'appétit dépend autant des yeux que de l'estomac. La nourriture doit être présentée de telle sorte qu'un seul coup d'œil suffise pour activer les fonctions des glandes et des organes de la digestion.

L'aspect attrayant d'une table, la fraîcheur de la nappe, l'éclat de l'argenterie, de la vaisselle, le scintillement des cristaux, servent aux mêmes fins, et l'on peut arriver à produire le même effet avec des moyens extrêmement modestes.

On dit très justement d'une maîtresse de maison qui prête attention à ce genre de choses qu'elle « a du goût », car elle sait éveiller le goût et le désir de manger ! Observez pendant quelque temps les règles indiquées ici jusqu'à ce qu'elles deviennent une habitude. Vous découvrirez alors, en mangeant, d'innombrables degrés et nuances dans les saveurs que vous aviez à peine remarqués jusqu'ici et vous deviendrez un « gourmet » dans le sens le plus élevé du mot.

Votre estomac vous remerciera en même temps de ces nouvelles habitudes gastronomiques. Votre digestion s'améliorera, vous assimilerez mieux les matières nutritives, et d'autant plus vite que vous aurez en mangeant le sentiment d'acquérir des nerfs nouveaux, de la force musculaire et un afflux de vitalité. Vous ressentirez, en outre, bientôt que vous avez besoin de moins de nourriture qu'auparavant pour vous maintenir en bonne forme et que, par conséquent, vous dépensez moins, tout en retirant plus d'agrément de votre nourriture.

L'habitude de manger consciemment est non seulement une condition de santé pour l'estomac et les dents, mais tout l'appareil digestif est ainsi préparé à élaborer consciencieusement les aliments ingérés. Mâcher soigneusement favorise aussi l'habitude d'approfondir sa pensée, car le corps, l'âme et l'esprit sont une vivante unité.

LES SOINS CORPORELS

Les soins nécessaires pour maintenir le corps vigoureux et en bonne santé sont aussi importants que l'art de bien manger.

La Nouvelle Science de la Vie renonce aussi, en raison des multiples différences entre l'organisme de chacun, à imposer des lois générales. D'une part, elle laisse à chacun le soin de choisir les exercices corporels qui lui semblent les plus appropriés, et lui conseille, d'autre part, de s'adresser pour cela à la personne la plus qualifiée : à un médecin, ou à un professeur de culture physique.

Selon notre métier, certains groupes de muscles sont appelés à fonctionner moins que d'autres. Il s'agit alors de les arracher à leur inertie par des exercices appropriés. D'autre part, lorsque notre travail nous paraîtra trop dur physiquement, nous fortifierons notre corps en lui faisant faire de la gymnastique, afin qu'il devienne capable d'accomplir des tâches toujours plus importantes et de supporter des travaux de plus en plus pénibles. Tous ces exercices sont de la gymnastique consciente, comme nous le verrons tout à l'heure. Il faut se faire un programme d'exercices aussi intéressant que possible afin d'être certains de faire justement *ceux* dont nous avons besoin. Il faut aussi les varier car des exercices monotones lassent au lieu de tonifier. Le temps que nous employons à faire de la gymnastique doit être bien employé.

Mais la gymnastique à domicile ne doit pas nous faire oublier le plus important, c'est-à-dire *l'exercice quotidien en plein air*. Des exercices exécutés en tenue légère en pleine nature, sont infiniment plus bénéfiques que ceux qu'on fait chez soi entre quatre murs. Les excursions, la course à pied, le canotage et toute autre activité en plein air permettant un intense entraînement des organes et des muscles, sans surmener aucunement l'âme ou le cœur, sont très avantageux. Chacun, selon ses moyens, devrait faire de l'exercice en plein air, au moins une heure par jour, et faire, une fois par semaine, une randonnée de plusieurs heures à travers la campagne, ou en montagne. Plus consciemment nous nous livrons, avec tous nos sens en éveil, à l'influence vivifiante de la nature, mieux nous sommes pénétrés de son effet régénérateur. Si nous nous abandonnons entièrement à cette emprise, si nous nous livrons entièrement aux pures et saines forces de la nature, nous nous sentirons complètement identifiés avec elles !

Nous abordons là le point le plus important. Les exercices de culture physique et autres ne sont pour nous d'un intérêt durable, et ne nous procurent une constante et croissante sensation de bien-être, que s'ils sont exécutés d'une manière *consciente,* avec des pensées positives correspondantes, un bon esprit et une attitude morale appropriée.

C'est l'esprit qui fortifie le corps. Certains hommes n'ont pas quitté, pour ainsi dire, leur table de travail pendant des dizaines d'années, et sont restés, malgré cela, physiquement solides et résistants, du fait que leur esprit, alerte et sans cesse en mouvement, entraînait constamment avec lui les cellules et les organes de leur corps, car la tâche qu'ils accomplissaient avec un total dévouement les maintenait à la fois vivants et vigoureux.

Nous savons, d'autre part, que les exercices de culture physique ne signifient pas grand-chose pour l'entretien de la santé et la bonne forme physique s'ils sont faits sans plaisir, sinon avec ennui. Ce sont les pensées qui les accompagnent qui décident du résultat.

Tout ce qui est physique dépend du mental et du spirituel. Seul est destiné à vaincre celui qui reste en contact conscient avec ses muscles, dont l'esprit règne sur le corps et dont la faculté de se concentrer surpasse celle de son adversaire.

Celui qui fait tout consciemment est toujours au point culminant de sa force, toujours dispos et prêt à agir. Il ne perd jamais la tête, n'est jamais déconcerté, et arrive toujours à tirer ce qu'il y a de meilleur en chaque situation. Il n'accroît pas seulement sa force musculaire, mais aussi son endurance, sa résistance et sa faculté de profiter efficacement et au moment voulu, des possibilités que lui offre le sport comme la vie, et d'aller ainsi de succès en succès.

Les grands sportifs sont toujours des hommes maîtres d'eux-mêmes. Ils sont maîtres de leurs pensées, de leurs nerfs et de leurs muscles, de là leur supériorité.

*
* *

Les exercices de culture physique servent à réveiller chez celui qui les pratique — et ce n'est pas là leur moindre mérite — la vivante conscience de sa force intérieure. Il en est de l'exercice comme de la nourriture, l'important n'est pas ce à quoi on s'exerce mais bien *comment* on s'exerce, avec quelles pensées et quels sentiments. Celui qui se rend compte de cela a plus de résultats avec quelques exercices qu'un autre avec dix fois plus d'entraînement.

Nous ne donnons ici que quelques exemples pratiques :

Exercice I. — Se tenir debout, les jambes écartées, les bras étendus en avant, parallèlement. Se concentrer ensuite sur la respiration. Expirer l'air à fond, aspirer ensuite lentement, profondément, laisser tomber les bras, les ramener en arrière, les laisser un instant immobiles dans cette position en raidissant les muscles, ramener les bras en avant en expirant l'air. Répéter plusieurs fois cet exercice.

Et où sont nos *pensées* pendant ce temps ? Voici : en aspirant et en laissant retomber les bras, toutes nos pensées sont concentrées sur le sentiment de la *force*. Nous sentons la force vivifiante affluer en nous. En retenant notre souffle, et en raidissant les muscles, nous nous sentons renouvelés par cette force qui anime tous nos membres. Puis nous rejetons hors de nous en expirant toute idée de maladie ou de faiblesse.

Exercice II. — Se tenir debout très droit. Pencher lentement le torse en avant, tendre les bras en bas et, si possible, jusqu'à ce que les doigts touchent le sol. Laisser les genoux tendus. Nous nous inclinerons ainsi *en pensée*, devant la toute-puissance de la vie, et vers la terre qui donne vie et santé. Ensuite, se redresser lentement, élever les bras, toujours tendus, et aspirer profondément. Nous attirons par là *en pensée* le courant des forces du Grand Tout, et les absorbons, pour ainsi dire, par les antennes de nos doigts, et de nos cheveux. Nous nous dressons ensuite sur la pointe des pieds, les bras et tout le corps étirés vers le ciel, nous nous élançons ainsi en pensée vers les sommets en triomphant de tout ce qui cherche à nous retenir et à nous opprimer. Ensuite, expirer l'air et reprendre la position du début.

Exercice III. — Se tenir debout détendu. S'étirer, bailler à fond et respirer profondément, tendre et détendre tous les muscles. Concentrer toutes les pensées sur la joie de libérer ses sentiments de plaisir et de force. Sentir vivement combien, en s'étirant ainsi, on devient plus vif, plus décontracté intérieurement, et aussi plus libre, plus confiant, et plein d'entrain. Ces exercices chassent des muscles les toxines provoquées par la fatigue, et permettent au courant sanguin de les emporter. Ils font ainsi disparaître toute sensation de lourdeur cérébrale et devraient être répétés plusieurs fois au cours d'un travail difficile. Tant mieux s'ils nous obligent, en outre, à bailler — cela indique que nous avons encore besoin de quelques profondes aspirations d'air.

Exercice IV. — S'asseoir, le torse droit. Serrer les poings et les élever à la hauteur de la poitrine, les appuyer l'un contre l'autre de toute sa force. Raidir les muscles du bras et pousser chacun des poings alternativement à droite et à gauche. Concentrer en même temps nos pensées sur notre force de volonté toujours croissante, que nous laissons agir à son gré, et avec laquelle nous pouvons écarter à droite et à gauche les obstacles qui encombrent notre vie. Détendre ensuite les muscles, abaisser les mains, secouer énergiquement bras et mains, fixer sa pensée sur la détente de tous les muscles. Il s'agit, dans cet exercice de décontraction, de nous sentir réellement détendus, et de nous affaisser peu à peu sur notre chaise, comme un ballon qui se dégonfle.

Il faut veiller dans tout exercice destiné à accroître notre capacité de travail, à ce qu'une détente complète suive une forte tension. Nous devons toujours *sentir,* en nous exerçant, comment se résout en même temps la tension de nos muscles, la contraction de notre corps et toutes nos crispations intérieures ; nous devons sentir la tranquillité, la paix, la quiétude entrer en nous.

Exercice V. — S'étendre sur le dos, les bras et les mains le long du corps. Elever lentement les jambes, aspirer, abaisser les jambes, expirer. Puis aspirer profondément et expirer. Ensuite soulever lentement le torse et le rabaisser tout aussi lentement. Pendant l'effort qu'exige cet exercice, représentons-nous, d'une façon vivante, combien notre volonté est intensifiée et raffermie par cet exercice. Chaque mouvement doit être pour nous l'expression vivante de l'accroissement de notre volonté et de notre empire sur nous-mêmes. Nous devons faire preuve d'une même concentration mentale dans n'importe quel autre exercice : en sautant, en penchant le torse en avant et en arrière, en courant, en piétinant sur place, et en nous redressant d'un bon, si nous sommes couchés, etc., etc.

Nous profiterons de même de chaque occasion en faisant de la gymnastique avec tout l'attirail voulu — barre fixe, trapèze, anneaux, etc. — pour nous concentrer sur l'idée de notre force de volonté et de notre résistance, les ressentir vivement, et par là les intensifier. La pensée : « Je suis force, je suis fort, ma force de résistance augmente », voilà qui durcit nos muscles et les fortifie. Il ne faut donc pas parler en premier lieu de la force musculaire mais de la force spirituelle. Les muscles se développent par une multiplication des tissus musculaires, mais l'accroissement de la force est d'origine mentale ou, comme le dit Mulford : « La force de nos muscles, ce sont nos pensées ».

LA RESPIRATION, SOURCE DE FORCE

L'homme peut vivre des semaines sans nourriture solide, mais sans air il meurt asphyxié en quelques minutes. La respiration est la plus importante fonction du corps. La façon dont on respire, consciemment ou non, n'est nullement indifférente. Seule une manière consciente de respirer nous rafraîchit, nous fortifie, et nous donne la vigueur nécessaire pour nous affirmer dans la vie et braver toutes ses tempêtes.

Bien respirer implique pas mal de choses : respirer *à fond*, respirer *rythmiquement,* respirer d'une *manière détendue,* respirer *consciemment.* En respirant ainsi, toutes les parties du poumon sont également et complètement utilisées, et nous puisons dans l'air le maximum de forces vivifiantes.

Bien respirer donne force et calme, confère la maîtrise du corps, de la santé, de la pensée, de l'âme et de la Vie ! Bien respirer augmente le pouvoir d'atteindre au succès, intensifie la joie de vivre et la confiance en la réussite, et chasse la crainte et le doute.

Il existe une réelle corrélation entre la respiration et la volonté, entre la respiration et la pensée, et pareillement entre la respiration et le succès. De même que la plupart des gens respirent incomplètement, la plupart aussi n'utilisent qu'avec une partie de leur force. Plus un homme est désespéré, pessimiste, désemparé, plus son souffle est court.

Le malade respire irrégulièrement, l'homme bien portant respire rythmiquement. Le lâche a un souffle faible, le vaillant a une respiration profonde. Nombreux sont ceux qui ont une respiration de « pauvres diables », ils se considèrent comme de misérables ratés, impuissants, abandonnés de tous, persécutés par le malheur, et ils respirent comme ils pensent. Ou bien leur souffle est-il si faible parce qu'ils ont une si misérable opinion d'eux-mêmes ? Il existe de toute manière, une étroite corrélation entre la respiration et la pensée. Celui qui respire insuffisamment, pense insuffisamment — et inversement. L'un peut être augmenté ou diminué par l'autre. La plupart des gens respirent non seulement insuffisamment, mais *mal*. Leur respiration est aussi médiocre que leurs pensées, et ils sont par conséquent, plus malades que bien portants. Ils s'étonneraient d'ailleurs si on leur disait que leur mauvaise façon de respirer est cause de ce qu'ils se fatiguent vite et facilement, deviennent affaiblis, irritables, indifférents, oppressés, et que cette respiration à peine suffisante pour les maintenir en vie, entraîne de l'asthénie, de la faiblesse d'esprit, des migraines, de la mauvaise humeur, de l'oppression, de l'anémie, etc.

Plus nous respirons mal, plus nous sommes en inharmonie avec la nature et ses forces. Plus nous respirons librement, et pleinement, plus nous nous libérons intérieurement. Plus nous aspirons à fond, plus pénétrante, plus claire devient notre pensée. Celui dont le souffle est bref est généralement nerveux, irritable, et de courte vue en ce qui concerne ses actes et ses décisions. Il faut respirer largement pour avoir des vues larges. Un souffle court rend mesquin, c'est la respiration de l'avare qui préférerait ne pas respirer du tout. Une respiration large rend généreux et sincère. Qui respire profondément capte de profondes inspirations, car « inspiration » veut dire exactement « aspirer ». Une ample respiration est le propre de tous les grands hommes, autrement dit, les hommes qui respirent profondément sont les hommes des grandes réussites.

Qui modifie sa façon de penser, modifie également sa respiration, et celui qui modifie sa respiration influence sa pensée d'une façon analogue. Apprenons donc à bien respirer pour stimuler notre vitalité. Qui veut atteindre les sommets doit avoir un souffle puissant, savoir reprendre haleine et aspirer de la force. Regarder vers les hauteurs fait respirer plus largement, et la force augmente en se tournant vers la lumière.

Néanmoins, respirer correctement n'est pas une panacée universelle, mais une condition physiologique importante en ce qui concerne le succès dans la vie.

Et pourquoi cela ?

Chaque respiration profonde détruit dans notre corps des résidus nuisibles, nous permet d'absorber plus d'oxygène que d'habitude, tout en débarrassant notre sang du gaz carbonique, et en le saturant d'oxygène. Bien respirer améliore la santé à chaque respiration consciente, et rend en même temps la pensée plus active et plus claire, du fait qu'un cerveau nourri de sang pur abrite des pensées plus saines, plus fécondes.

En outre, nous n'aspirons pas seulement de l'oxygène, mais aussi quelque chose qui pourrait se nommer « matière vitale », et cela d'autant plus que nous respirons plus consciemment.

*
* *

Nous arrivons maintenant à la pratique de la respiration rationnelle qui comprend trois étapes :

I) Respiration profonde du diaphragme, qui remplit d'air les parties inférieures du poumon,

II) Respiration moyenne au niveau des côtes,

III) Respiration supérieure au niveau des clavicules, qui remplit d'air les parties supérieures du poumon.

Ce ne sont pas seulement quelques parties de la surface respiratoire de notre poumon qui sont intéressées dans la respiration dite totale, mais bien le poumon tout entier.

Voici la façon de s'y entraîner : s'asseoir, le torse bien droit ; d'abord *expirer* l'air lentement et à fond, ensuite *aspirer* lentement et profondément, et ceci :

a) dans les parties *inférieures* des poumons en dilatant le diaphragme, afin que la paroi de l'abdomen soit légèrement poussée en avant ;

b) dans la partie *médiane* du poumon, afin que les côtes inférieures et le thorax se soulèvent vers l'extérieur ;

c) dans la partie *supérieure* du poumon, afin que la partie supérieure de la poitrine se dilate et se soulève, alors que la paroi abdominale s'affaisse légèrement en dedans.

Cela soutiendra les poumons et les aidera à remplir d'air leurs sommets.

Cela ne doit pourtant pas être accompli en trois mouvements distincts, mais d'*un seul trait*. La respiration sera retenue pendant quelques secondes. Ensuite expirer de nouveau, lentement et graduellement. Le thorax maintiendra pendant quelques secondes sa position. L'abdomen sera un peu infléchi en dedans. Lorsque tout l'air sera expulsé des poumons, l'abdomen et la poitrine se détendront.

Cette respiration, dite totale, doit devenir naturelle à force d'être répétée. Elle est si importante que nous sommes obligés de dire encore quelques mots concernant l'expiration, la rétention du souffle et l'aspiration de l'air.

Expiration : La respiration totale commence toujours par une profonde *expiration* qui est bien plus importante que l'aspiration, car il va de soi que lorsqu'on expulse tout l'air de ses poumons, on respire tout de suite plus à fond. L'exercice respiratoire commencé ainsi sera d'autre part beaucoup plus aisé et libérateur.

L'air doit toujours être expiré sans effort, sans contraction ni crispation des muscles, d'une façon paisible, détendue, lente et profonde. L'expiration du début se fait exceptionnellement par la bouche, et ceci avec un léger sifflement. A part cela il faut toujours aspirer et expirer l'air par le nez.

Il faut, en expirant l'air des poumons, pencher le corps légèrement en avant et concentrer ses pensées sur l'idée qu'on expulse de son corps le gaz carbonique, la vapeur d'eau, et d'autres résidus, ainsi que les états d'âme négatifs, les inhibitions et autres intoxications psychiques.

Aspiration : Il ne faut pas aspirer l'air par à-coups, mais d'une façon égale, tranquille et rythmée. La durée de l'aspiration doit être pareille à celle de l'expiration. Pencher, en aspirant, la tête et le torse un peu en arrière, afin de permettre aux poumons de se dilater. On peut, pour approfondir le souffle et remplir à fond les poumons, étendre en aspirant les bras de côté, au niveau des épaules, et les baisser en expirant. Mais l'essentiel, c'est de respirer d'une façon consciente. Il faut avaler à pleines gorgées l'air et les forces vitales, comme si l'on voulait avaler l'univers entier et toute sa joie.

L'on ressentira alors vivement l'afflux des forces nouvelles, de la santé et de la vie se répandre à travers ses veines et ses nerfs.

La Rétention du souffle : ne doit pas être prolongée outre mesure, ni être accomplie violemment, toute compression du souffle est à éviter. La respiration peut être retenue sans danger et sans crispation, mais tout au plus pendant une durée égale à la moitié de la durée de l'aspiration.

La rétention du souffle sert à développer et à fortifier le système musculaire respiratoire, ainsi que la cage thoracique. Il faut, lorsqu'on retient sa respiration, le faire d'une façon consciente, et concentrer toute sa pensée sur l'idée que l'on est en train de puiser et d'assimiler toutes les forces vitales de l'air. On sentira alors nettement à travers tout son corps, les pulsations d'une force nouvelle se répartir entre le sang, les nerfs, le cerveau, et tous les autres organes, intensifiant partout leur force et leur vitalité. L'expiration reprend de nouveau après cette pause.

*
* *

Les règles suivantes doivent être strictement observées pendant les exercices respiratoires :

La respiration doit être constamment calme et rythmée. Un souffle rapide, agité, irrégulier est un signe de détraquement nerveux. On arrive à vaincre l'agitation intérieure en se concentrant sur le rythme respiratoire. Il faut faire ses exercices respiratoires devant une fenêtre ouverte, ou mieux encore, en plein air, en étant vêtu aussi peu que possible, même pas du tout. La respiration ne doit pas être gênée ou entravée par des vêtements, et il est important que le corps soit aussi détendu que possible. Il faut se tenir debout, ou bien sur son siège habituel, sur une chaise, les mains posées sur les genoux, et regarder devant soi, ou encore fermer les yeux. Aucune sensation physique ne doit gêner la respiration ni en détourner la pensée.

Il faut toujours respirer par le nez, jamais par la bouche. Seul le nez nettoie l'air de ses impuretés, le réchauffe et le sature de vapeur d'eau, ce qui empêche l'irritation des muqueuses, les catarres et les refroidissements, sans compter que respirer par la bouche, expose davantage aux maladies contagieuses.

Il faudrait pouvoir très souvent passer quelques moments dans les bois, afin de remplir ses poumons de l'air sylvestre, aromatique et salutaire. Ceux qui travaillent tous les jours en plein air n'ont besoin d'aucun exercice respiratoire, car les mouvements qu'ils font les obligent à respirer profondément, mais il serait néanmoins bon pour eux de s'exercer à respirer consciemment. Il faut d'autre part, éviter toute exagération au cours de ces exercices, et tout surmenage. Une respiration précipitée ou exagérément profonde provoque parfois de l'oppression. Ceci n'a d'ailleurs rien d'inquiétant, mais prouve qu'il faut y aller plus doucement. Il est bon aussi pour les malades de s'éduquer à respirer consciemment, sauf en cas d'hémopthysie, où tout exercice respiratoire doit être interdit.

Ces règles doivent, pour être bien assimilées, être suivies pendant quelque temps, journellement. Il ne faut cesser les exercices respiratoires que lorsqu'ils sont devenus une habitude ancrée en nous. Il faut avant tout s'efforcer de respirer consciemment.

Mais, en somme, qu'est-ce que *respirer consciemment* ? On respire en général inconsciemment, involontairement, automatiquement. Le système central qui détermine cet automatisme et règle la contraction et la détente des muscles est relié à la dure-mère, si bien que nous pouvons parfaitement régler à volonté notre respiration. L'oxygène inhalé dans une profonde respiration supprime de lui-même la fatigue et le manque d'énergie.

Mais si la respiration est consciente, volontaire, rythmée, ample et profonde, elle produit en outre la suppression totale des faiblesses et le manque de zèle et d'entrain. Elle élargit la poitrine et aussi la vision mentale, elle renforce la volonté.

Nous pouvons aspirer la force et expirer la faiblesse, non seulement comme une réalité mentale et psychologique, mais comme une réalité matérielle et physiologique.

Celui qui respire consciemment, qui maintient ses pensées et ses sentiments centrés sur la respiration, sent le flot de la force vitale couler à travers ses membres et ses organes, briser tous les obstacles et le libérer. La respiration consciente réveille en même temps toutes les forces plus subtiles de son âme qui soutiennent sa vigueur nouvelle et son aptitude à réussir.

La respiration consciente libère de la nervosité, de la mélancolie, fortifie la mémoire, et augmente la faculté de concentration. Elle est une excellente thérapeutique nerveuse et glandulaire, et une merveilleuse source d'énergie.

Lorsque nous sommes las, écrasés de soucis, lorsque tout en nous aspire à être encouragé, réconforté, nous pouvons nous remettre d'aplomb en respirant consciemment. Fermons les yeux, recueillons-nous intérieurement, aspirons l'air d'une façon détendue, rythmée et consciente, et abandonnons-nous entièrement à la sensation d'éprouver un regain de force.

De même nous attirons en nous, en respirant consciemment, de nouvelles forces lorsque nous sommes accablés de soucis, ou bouleversés par des événements imprévus : nous respirons d'une façon détendue, rythmée, à grands traits, conscients d'apaiser toutes les vagues orageuses de notre âme. Nous sentons combien cette respiration consciente nous magnétise et nous rend souples et forts. Respirer consciemment libère et chasse toute oppression, crainte ou tension. Chaque aspiration d'air nous relie davantage à l'infini et à ses forces, et cette liaison se fait toujours plus consciente, créatrice et dispensatrice de bonheur.

LA VERTU DU SOMMEIL

> « *Le sommeil ferme en quelque sorte les yeux au chagrin, décharge l'homme d'Etat du lourd fardeau du gouvernement, verse de la force vitale dans les veines du malade et du repos dans son âme déchirée. Le sommeil enterre tous les fardeaux et les soucis des êtres humains, remet tout en équilibre, pourvoit chacun de forces nouvelles pour supporter les joies et les peines du jour à venir. »*
>
> SCHILLER.

De même que la nature s'endort l'hiver, et que le nénuphar referme ses pétales à la tombée de la nuit, l'être humain ferme le soir la porte de ses sens, se retire en lui-même et s'endort.

Le sommeil est plus important pour l'homme que la nourriture. Il peut rester affamé pendant des semaines, mais survit à peine huit jours, au manque total de sommeil. Dans l'ancienne Chine, la peine capitale des grands criminels consistait à les maintenir éveillés nuit et jour, et à les tuer ainsi par manque de sommeil.

Chacun sait qu'un sommeil insuffisant ou fréquemment troublé est la source de désordres nerveux, d'une rapide perte de forces, d'irritabilité et d'humeurs chagrines. Ces maux disparaissent d'eux-même si l'on s'habitue à dormir bien et convenablement.

Qui dort mal n'est que la moitié de lui-même et est incapable de s'élever jusqu'aux sommets d'une vie réussie.

Celui qui au réveil n'est pas détendu et reposé, n'est pas à la hauteur de sa tâche quotidienne. Il arrivera à l'arrière-garde dans le combat de la vie. Mais, s'il apprend à bien dormir, il se sentira journellement fortifié, plus vif, plus libre, et accomplira bien des choses qui lui apparaissaient impossibles auparavant.

Les Grecs anciens parlaient avec raison « du sommeil qui délie les membres », car le sommeil relaxe et détend tous les muscles, calme et harmonise l'esprit. Les tensions et les problèmes de la journée se résolvent dans le sommeil.

Le sommeil est ainsi le plus naturel des moyens que nous connaissions, celui qui s'y abandonne consciemment, se détend totalement. Nous retournons en dormant dans la patrie de l'âme et y trouvons la paix, la guérison et la réalisation de nos aspirations. C'est pourquoi savoir bien dormir est une des principales exigences de l'hygiène corporelle et spirituelle.

Combien d'heures faut-il dormir ? est la première question à laquelle nous tenons à répondre.

On considère généralement les temps suivants comme bien adaptés à l'être humain : *nourrissons,* 20 à 22 heures par jour ; enfant de *2 ans,* 18 heures ; *3 à 5 ans,* 12 à 14 heures ; *6 à 18 ans,* 10 heures ; *19 à 50 ans,* 7 à 8 heures ; *51 à 65 ans,* 5 à 7 heures ; *66 à 90 ans,* 3 à 4 heures. Les chiffres indiqués ici ne sont pas une norme absolue pour les adultes et les personnes âgées. Les uns ont besoin de beaucoup plus de sommeil que d'autres pour se sentir vraiment reposés, sans compter qu'il y a aussi les dormeurs du matin, et ceux du soir, tout comme il y a les travailleurs du soir qui sont plus dynamiques et actifs en fin de journée, et les travailleurs du matin qui sont plus actifs, plus créateurs et aptes à réussir ce qu'ils entreprennent dans le calme matinal.

Chacun a son propre rythme et sa durée de sommeil qu'il doit arriver à découvrir lui-même.

La durée du sommeil nocturne dépend surtout du degré de tension de nos nerfs et de nos muscles durant la journée. Nous avons besoin, si elle a été très forte, d'un sommeil relativement plus long que d'habitude ; si elle a été très faible nous dormirons longtemps aussi, mais d'un sommeil léger. Et lorsque nous aurons appris à bien dormir, nous tirerons plus de profit de cinq heures de sommeil que d'autres de neuf heures, pour la raison que l'action salutaire et régénératrice du sommeil dépend moins de sa durée que de sa qualité. **Plus le sommeil est profond, plus il peut être bref.**

En observant les règles exposées ici, on peut atteindre rapidement une appréciable amélioration de son sommeil, laquelle se manifestera le matin par une sensation croissante de délassement et de vigueur ; en outre, abréger la durée du sommeil, nous fera gagner un temps précieux.

Le sommeil est le plus profond une ou deux heures après qu'on s'est endormi, il reste égal jusqu'à minuit, et devient lentement de moins en moins profond à l'approche de l'aube.

*
* *

Quelles sont les heures les plus propices au sommeil ? Disons tout de suite qu'il est impossible là aussi, d'établir une règle valable pour tous. Il est entendu, en général, qu'on devrait se coucher lorsque l'on a sommeil et de ne pas se forcer à rester debout lorsqu'on ne se sent plus alerte.

Un moyen de bien dormir consiste, pour la plupart des gens, à se coucher de bonne heure. C'est chose bien connue que les névrosés se couchent généralement tard et se lèvent également tard et avec peine. Ils font la « grasse matinée », et veulent dormir tout leur content, ce qui veut dire, s'ils sont honnêtes avec eux-mêmes, qu'ils voudraient dormir la plus grande partie du jour, afin d'être le moins possible obligés d'affronter leurs problèmes...

Tout autre est l'attitude de l'optimiste qui affirme la vie et réussit tout ce qu'il entreprend. Ayant un but à atteindre, il a déjà accompli une partie de sa tâche quotidienne à l'heure où le grand dormeur se lève enfin, péniblement. D'année en année il vérifie la profonde vérité du vieux proverbe : « Tôt levé et tôt couché prolonge de ta vie la durée ! »

Le fait de se lever et de se coucher tôt a un triple avantage. *Premièrement :* le corps et l'esprit se maintiennent frais et dispos, ou le deviennent davantage. *Deuxièmement :* les couche-tôt sont au maximum de leur dynamisme le matin, et font à ce moment-là le double de la besogne qu'ils feraient l'après-midi. *Troisièmement :* ils ont gagné du temps en se levant de bonne heure et la certitude d'être de quelques heures en avance sur les autres, augmente leur estime de soi, leur sentiment de supériorité, leur donne plus d'entrain au travail et plus de sûreté : « L'heure du matin est d'or » dit un vieil adage.

Faites l'essai de vous lever, à partir de demain, une heure plus tôt que d'habitude. Dans quinze jours, être matinal sera déjà devenu pour vous une nécessité, plus encore, une habitude que vous ne voudrez plus perdre, car vous aurez reconnu son utilité. Recommencez, si possible, plusieurs fois à avancer l'heure de votre lever et de votre coucher d'une demi-heure, jusqu'à ce que vous sentiez que vous avez atteint, entre vos heures de veille et de sommeil, l'équilibre parfait nécessaire au bien-être de votre corps. Ces exercices ne peuvent que vous faire du bien, car la plupart des gens dorment mal et à contre-temps.

On peut dire que le sommeil avant minuit est le plus favorable pour presque tout le monde. Chaque heure d'avant minuit vaut environ deux heures d'après minuit. L'expérience a confirmé que plus nous nous couchons tôt, avant minuit, plus rapidement nous nous délassons et moins nous avons besoin de prolonger le temps du sommeil.

Mais si vous n'apprenez pas à apporter dans tout ce que vous faites une attention consciente, en l'étendant aussi au *sommeil,* si paradoxal que cela puisse paraître, l'observation de ces directives s'avèrera fort peu utile dans la pratique.

Il est donc nécessaire que nous apprenions à bien nous *endormir,* à bien *dormir,* à bien nous *réveiller,* pour nous élancer joyeusement dans le jour nouveau. C'est donc de ces trois points que nous allons nous occuper.

BIEN S'ENDORMIR

C'est le commencement qui est le plus important en toute chose, même pour le sommeil. Bien dormir suppose que nous nous endormons, naturellement, normalement. Interrogez-vous à ce propos. Comment vous endormez-vous ? Dans quel état d'âme, avec quelles inquiétudes, quels soucis ? Comment dormez-vous et comment vous éveillez-vous ?

Nous pouvons employer pour bien nous endormir, une série de méthodes physiologiques et psychologiques qui nous apprendrons en même temps, à vaincre l'insomnie.

Règles physiologiques

1. — Ne pas consommer le soir tard une nourriture trop substantielle, afin que l'estomac ne soit pas surchargé durant la nuit. Beaucoup de cauchemars sont d'origine gastrique. Il faut, lorsqu'on aime manger quelque chose avant de se coucher, ne prendre que des aliments légers : fruits, pain, lait caillé, et autres mets analogues, et les mastiquer à fond.

2. — Eviter, avant de se coucher, alcool, tabac et autres excitants, ainsi qu'un travail intellectuel trop ardu.

3. — Faire le soir une petite promenade à pied, qui fatigue légèrement et favorise en général beaucoup le sommeil, ou bien un peu de gymnastique, mais surtout sans exagération ni surmenage qui sont causes d'insomnie.

4. — Que la chambre à coucher soit la pièce la plus aérée de votre habitation, laisser entrer autant de soleil que possible, et bien l'aérer, ainsi que la literie. Il n'est absolument pas nécessaire de dormir la fenêtre ouverte ; les paysans ferment généralement leurs fenêtres, et les chiens se glissent, si possible, sous les couvertures, et cherchent à s'isoler de l'air extérieur. Mais chacun doit suivre en cela son propre instinct.

5. — Faire dominer autant que possible la couleur bleue, dans la chambre à coucher, avec des rideaux, lambrequins, tentures, tapis de cette couleur. Le bleu a un effet calmant, reposant et appelle le sommeil. Le vert est également favorable au sommeil, alors que le jaune stimule, le rouge excite, le noir ou le gris dépriment.

6. — Eviter autant que possible le bruit au moyen de lourdes tentures et de bandes feutrées aux jointures des portes. Même si les bruits ne nous réveillent pas toujours, ils provoquent sûrement, ainsi que l'expérience l'a prouvé, une tension musculaire et une légère hausse de la pression artérielle. Tout ce qui excite les sens : lumière, bruit, froid, sujets intéressants, problèmes moraux, soucis, etc., doit disparaître de notre horizon physique et spirituel, à ce moment-là.

7. — Ne pas se couvrir plus qu'il ne faut pour ne pas avoir froid. Le lit doit être, autant que possible, perméable à l'air afin de ne pas empêcher la respiration de l'épiderme.

8. — Il est bon de se familiariser avec les somnifères éprouvés et naturels, par exemple les bains de pieds alternativement chauds et froids, ainsi que des bandes molletières bien serrées pour la nuit, les bains d'infusion d'aiguilles de pin à la température du corps pris un quart d'heure avant de se coucher, ou encore manger une pomme, du lait caillé, ou boire un verre d'eau sucrée avec quelques gouttes de valériane.

9. — On peut aussi essayer l'effet apaisant de quelques gouttes d'un parfum agréable quelconque, eau de Cologne, essence de lavande, de menthe, d'eucalyptus, répandues sur l'oreiller ou sur la chemise de nuit notamment sur la région de la poitrine. La chaleur du corps fera s'évaporer lentement le parfum qui pénétrera ainsi par le nez, la bouche et la peau, et produira son effet calmant favorisant ainsi le sommeil.

10. — Il faut également prêter attention à la position du lit et s'arranger pour que la tête du lit soit au nord. Des insomnies peuvent être supprimées en le plaçant dans cette direction. Des gens sensibles assurent que la position de la tête vers le nord, c'est-à-dire, dans la direction de la bousole leur est plus agréable et salutaire. Pour d'autres c'est la direction de l'Est, c'est-à-dire suivant le mouvement rotatoire de la terre. Il est bon également de prendre consciemment au lit la position précise dans laquelle nous dormons le mieux, le corps agréablement détendu, l'esprit arrêté sur l'image de la paix, de l'harmonie, et de la totale sécurité.

Cela nous amène à parler *des règles psychologiques* en ce qui concerne le sommeil.

L'entrée dans le sommeil ne s'effectue pas brusquement, mais peu à peu. D'abord apparaît la fatigue suivie par l'obscurcissement progressif de la conscience d'être éveillé. La fatigue se mue en somnolence, les membres se relâchent, les muscles se détendent. La conscience du monde extérieur devient floue. Les sens arrêtent peu à peu leur activité. D'abord la vue, puis le toucher, le goût, l'odorat, et finalement l'ouïe.

L'horizon visuel spirituel se transforme de la même façon. Les images du jour sont remplacées par les images de la nuit, et nous entrons enfin dans le domaine sybillin du rêve. La coordination consciente des idées cesse et le jeu des pensées se fait plus libre jusqu'à ce que, finalement, l'inconscient s'empare des rêves et impose ses lois au mental.

Pendant ce temps, se produit dans le corps une diminution de la pression artérielle, un affaiblissement de l'activité cardiaque, un ralentissement du pouls, du rythme respiratoire et de la circulation du sang.

Que pouvons-nous faire du côté psychique pour favoriser ce processus naturel ? Enormément ! Bien s'endormir dépend en grande partie du mode de penser. Le sommeil n'a en somme que peu à faire avec les résidus de la fatigue et une quelconque usure du corps. C'est plutôt un phénomène naturel et périodique, comme le jour et la nuit, le flux et le reflux, qui appartiennent à notre existence planétaire actuelle, et il convient de distinguer le sommeil naturel de l'épuisement. Nos muscles restent contractés tant que nous continuons à réfléchir, à nous creuser la tête, à penser à nos soucis et à nos tâches. Le sommeil s'éloigne naturellement de nous, parce que son essence même est la détente. Sans la détente nous tomberions dans un de ces demi-sommeils agités dont nous sortons le matin comme roués de coups, et plus fatigués qu'en nous endormant la veille.

Il en résulte l'absolue nécessité, avant de nous endormir, de réduire nos pensées au silence, de détendre consciemment nos muscles et notre âme, d'apaiser nos sens, de nous décontracter aussi bien physiquement que psychiquement. Nous pouvons également arriver à nous sentir fatigués en nous représentant aussi plastiquement que possible les processus du sommeil tels que décrits plus haut, et ressentir ainsi l'alourdissement des membres, la décontraction des muscles, l'affaissement du corps qui ne se raidit plus, le flottement des images du jour, et leur disparition, etc., jusqu'à ce que nous sombrions dans le sommeil.

Il est nécessaire, néanmoins, d'avoir fait auparavant table rase de tout ce qui occupe notre moi conscient. Pour bien nous endormir et dormir paisiblement, nous devons faire à fond le « ménage » de notre moi intérieur. Le sommeil nous fuit tant que nous sommes encore, si peu que ce soit, intéressés à quelque chose. Nous devons nous débarrasser de toute pensée, de tout intérêt, car l'essence même du sommeil est la totale indifférence envers ce qui nous entoure.

Le plus important est de chasser la pensée de nos soucis,

— car les soucis chassent le sommeil, — les pensées de crainte, d'appréhension, de dépit, d'inquiétude, ou d'autres de ce genre, et d'être tout à fait détendus. Nous devons entrer dans le grand silence de la nuit, déchargés de tout, et devons être nous-mêmes d'abord impassibles et paisibles avant que la paix nocturne nous entoure et nous rende des forces nouvelles.

Pour nous réveiller frais et dispos, nous devons accéder au sommeil, allégés, ailés et souriants. Il est confirmé par l'expérience que les optimistes dorment généralement bien, alors que les pessimistes dorment mal et d'un sommeil agité, car ils s'imaginent être constamment entourés de dangers et de soucis de toutes sortes.

*
* *

Il s'agit maintenant de répondre à quelques questions et de donner quelques indications spécialement pratiques et utiles.

Premièrement, lisez-vous au lit le soir ? La lecture au lit avant de s'endormir contrarie généralement le sommeil, mais cela dépend en grande partie de ce qu'on lit. Les lectures excitantes et d'un intérêt dit « passionnant » sont, en tout cas, à éviter, alors que les lectures distrayantes — de même que les lectures philosophiques, religieuses et édifiantes sont, dans certains cas, à recommander.

Les psychologues considèrent le sommeil comme un retour aux circonstances primordiales de l'enfance de l'humanité. Un des meilleurs remèdes contre l'insomnie consiste d'ailleurs à se plonger dans d'agréables souvenirs de la première enfance. Ceci a été confirmé par l'expérience. Chacun a des souvenirs heureux de son enfance. Chacun peut donc s'endormir plus facilement en les évoquant. Essayez-le.

Autre question : Est-il possible de susciter le sommeil par un effort de volonté ? Non, car le principe de la volonté et celui du sommeil s'opposent l'un à l'autre. L'action de la volonté bannit le sommeil, car un effort de volonté est une tension, et le sommeil une détente, et elles s'excluent l'une l'autre, alors que si l'attention se porte sans tension aucune sur des représentations imaginaires de la fatigue, elle favorise au sommeil.

Faites l'essai suivant : concentrez vos pensées sur vos pieds, et votre attention sur le fait qu'ils sont en train de se réchauffer de plus en plus. Le fait de diriger votre pensée sur vos pieds intensifie l'afflux du sang vers eux, et d'autant mieux si vous vous représentez ce processus d'une façon vivante, et le ressentez physiquement. Le cerveau sera délesté en proportion, la tête sera plus fraîche, et ceci vous permettra de vous endormir plus facilement.

Evitez tout effort d'imagination créatrice au cours de ce jeu. La sensation de chaleur et de lourdeur des pieds, ainsi que celle de détente et de fraîcheur dans la tête ne s'en manifestera que plus facilement. Il arrive qu'on s'endorme avant d'avoir terminé cet exercice !

Un autre excellent moyen de s'endormir consiste à se donner des ordres à soi-même, sous la forme d'un texte suspendu à son chevet comme une devise familière qui pourrait être rédigée comme ceci : « Je dormirai tranquillement cette nuit, mon souffle sera égal et harmonieux, et me donnera de nouvelles forces. Je me lèverai demain frais et dispos, et irai à la rencontre du jour nouveau, joyeux et certain de ma victoire ».

Ou bien, pénétrons-nous, au moment de nous endormir, de l'idée que le sommeil nous délassera et nous remplira de forces nouvelles. Tout de suite après nous nous concentrerons sur la respiration jusqu'à ce qu'elle devienne absolument égale. Nous décontracterons alors tous nos muscles, et nous nous dirons à peu près ceci : « Je suis fatigué. Je dormirai profondément et me réveillerai demain matin joyeux, dispos, et plein de forces nouvelles. Je suis fatigué, mes membres sont lourds comme du plomb, lourds comme du plomb. Je dors, je dors, je dors... »

Nous sentirons en même temps le sommeil nous envahir, l'obscurité nous entourer, et l'esprit de la vie qui est en nous et agit par nous, nous prendre dans ses bras comme une mère prend son enfant.

*
* *

Les insomnies et toutes leurs causes sont, avant tout, surmontées par une façon de penser juste, car elles proviennent directement d'idées et d'un mode de vie erronés, et ne peuvent, par conséquent, être supprimées par des somnifères. Bon nombre de ceux-ci ne provoquent pas un vrai sommeil, ils étourdissent seulement, et certains d'entre eux sont des poisons pour les nerfs, ou ont d'autres effets nocifs secondaires. La guérison des nerfs ne peut être effectuée par des somnifères. Ils peuvent être une aide momentanée, parfois même nécessaire, mais il faut prendre en considération que les somnifères diminuent en général la capacité de sommeil naturel, surtout lorsqu'ils sont devenus une néfaste habitude, et « qu'on ne peut plus dormir sans en prendre ».

Que celui qui est momentanément persuadé ne pouvoir se passer de somnifères, essaie d'employer des moyens soporifiques naturels et inoffensifs, au lieu de narcotiques.

Nous verrons au cours de notre autoéducation que les moyens extérieurs ne sont pas indispensables, et que ce sont plutôt les pensées qui ont le dernier mot en la matière.

Celui qui a découvert la bonne attitude à prendre pour dormir, est maître de lui, il arrive à tirer un grand repos, même d'un sommeil de courte durée et à se sentir rénové en quelques heures. Il apprendra à s'harmoniser intérieurement et à écarter les effets des inharmonies et des tensions intérieures, qui sont à l'origine des insomnies.

Il se dépouillera, en outre, de toutes pensées égoïstes, jalouses, avides, qui le crispent et le raidissent, et les remplacera par des sentiments d'amour, d'entraide, il deviendra ainsi plus libre intérieurement et plus détendu. Il découvrira les origines de son sommeil troublé : sentiments inavoués et inconsciemment hostiles qu'il transformera en images joyeuses et bienveillantes.

Le plus grand obstacle au sommeil est la *peur de l'insomnie*, car la peur est une tension des nerfs et toute tension écarte le sommeil. Il y a même ici une surtension : la peur d'être gagnés par la peur de l'insomnie qui nous empêche finalement de dormir.

Celui qui désire bien s'endormir et bien dormir doit éviter de se préoccuper inutilement de son sommeil et de se demander tout le long du jour : « Dormirai-je ou non cette nuit ? ». Qu'il ne pense pas non plus : « Je ne puis pas manger ceci ou faire cela, car cela m'empêcherait de dormir ! — Je n'ai pas observé telle ou telle règle, comment pourrai-je dormir ? — Si seulement cette visite pouvait s'en aller, je suis fatigué et le moment psychologique le plus favorable au sommeil est passé, je ne pourrai plus m'endormir », etc., etc. La crainte de ne pas dormir raidit et maintient éveillé, alors que l'indifférence et l'absence de crainte détendent et favorisent le sommeil. Le manque de foi dans la possibilité de bien dormir est à la base de bien des insomnies alors que la certitude de pouvoir bien dormir n'importe où, à n'importe quel moment est un somnifère de premier choix. Le raidissement de la volonté est lui aussi, à éviter : « Je veux absolument dormir, mais je n'y arrive pas. » Bien entendu, qu'on n'y arrive pas, car le sommeil est l'exception bien connue à la règle qui proclame : Vouloir c'est pouvoir. Le sommeil n'a rien à voir avec la volonté, mais uniquement avec la pensée. C'est en cela que la plupart des gens font fausse route. Ils concentrent leurs pensées sur tout ce qui trouble le sommeil, au lieu de les fixer sur le sommeil lui-même, et au lieu d'appeler en pensée les paisibles images d'un repos total, ils se représentent tous les obstacles imaginaires qui les empêchent d'arriver au sommeil tant désiré.

Les gens nerveux, sujets aux insomnies feraient bien de penser aussi peu que possible au sommeil et de ne pas se demander s'il viendra ou non. L'indifférence est le meilleur et le plus rapide moyen de relâcher les crispations intérieures, afin que le sommeil survienne, sans qu'on s'en doute.

Moins nous prenons au tragique nos heures d'insomnie, plus nous les remplissons tout simplement d'idées agréables et positives, moins elles sont nuisibles, et plus elles se font rares.

Nous n'avons rien à craindre « des suites fâcheuses de l'insomnie ». C'est la peur des insomnies qui est fâcheuse. Des insomnies occasionnelles ne nuisent pas à la santé. Si nous ne dormons pas une nuit entière, notre corps regagnera une autre nuit ce dont il a besoin. Le sommeil est une chose naturelle et survient, comme tout ce qui est naturel, de soi-même, à moins qu'on ne l'en empêche !

Que faire au cours d'éventuelles heures d'insomnie ? Le mieux est de les employer à faire une retraite dans le silence, un retour sur soi, car bien souvent une heure d'insomnie nous apprend que nous avons enfreint une loi de la vie, et nous montre ce que nous devons faire pour réparer le dommage causé par notre erreur.

En de telles heures on se demandera, que devrais-je faire ? Et il se peut qu'alors il nous vienne à l'esprit une chose ou une autre que nous aurions dû faire, ou ne pas faire, ou faire autrement. Ou encore, nous nous souviendrons d'une parole trop dure adressée à quelqu'un, ou d'une colère rentrée, ou d'un problème qui exige d'être éclairci, de quelque chose en nous qui nous harcelle et cherche à se libérer. Nous savons maintenant ce qu'il y a à faire : Nous élucidons la question et remettons notre décision au lendemain. Nous faisons ainsi de nécessité vertu.

Et tandis que nous avons élucidé la cause de notre insomnie, cette cause se trouve dissipée : nous sommes capables de dormir, et le grand silence intérieur devient le silence plus grand encore du sommeil réparateur.

*
* *

Que faire si rien n'a été résolu en nous et que nous voulions, malgré cela, pouvoir enfin dormir ? Rien de plus facile. Le secret consiste à transformer la tension en détente, c'est-à-dire, en sommeil, par le complet abandon de soi.

Abandonnons-nous entièrement à l'idée : « Je suis fatigué ». Laissons-nous aller complètement à cette sensation au lieu de nous répéter : « Je ne puis pas dormir ! ». Retirons notre sensation consciente de tous nos membres, d'abord du pied droit, puis du gauche, de même des jambes, des mains, des bras, de la poitrine, etc. Nous nous comparerons alors à un ballon dont le gaz s'échappe, le ballon étant en l'occurence notre corps. Pendant que le gaz fuit, le corps s'affaisse complètement sur lui-même, soumis à la seule loi de la pesanteur.

Nous ne pouvons plus soulever aucun de nos membres car nous ne sommes plus en eux. Tout notre corps est comme privé de vie.

Celui qui arrive à s'identifier complètement avec cette image créée par son esprit parvient en peu d'instants à trouver un sommeil profond qui le délassera merveilleusement.

DORMIR BIEN ET NORMALEMENT

La nuit du corps est le jour de l'âme. L'état de veille, le sommeil et la mort sont les degrés différents de la même conscience. Chacun est le contraire de l'autre, mais aucun n'est le néant.

Le sommeil n'est pas une forme passive de l'être, mais il est différent de l'état conscient et éveillé. Le travail de la conscience continue ininterrompu au cours du plus profond sommeil. Le libre épanouissement des forces profondes de la conscience ne se manifeste pas seulement par les rêves, mais aussi par d'autres phénomènes.

Le jour est pour la conscience de veille le moment du flux, la nuit celui du reflux. Pour le subconscient, et l'inconscient, la nuit est au conrtaire le moment du flux : les abîmes de l'âme s'ouvrent et les richesses intérieures se révèlent.

Cette marée montante du subconscient, nous la ferons servir consciemment à une direction de vie plus élevée. Nous devons l'employer à ouvrir notre âme, à multiplier nos forces spirituelles, à affermir notre assurance intérieure, à résoudre des questions pendantes, à poursuivre la rénovation commencée durant la journée, à consolider nos succès. Car la force en nous peut agir sans entraves lorsque dorment les sens physiques. L'âme déploie alors ses ailes et recommence à poursuivre et à réaliser les *dernières* idées du jour passé. Ou, plus précisément, la dernière pensée avec laquelle nous nous endormons détermine pendant toute la nuit la direction générale de l'activité de notre inconscient.

Plus cette dernière pensée est noble, joyeuse, affirmative de succès, plus sûrement nous travaillons à notre bonheur pendant la nuit. Comment cela ?

Nous sommes complètement détendus au moment où nous nous endormons. Toutes les causes de troubles sont éliminées, le chemin vers notre moi intérieur est libre. A l'instant où s'éteint la pensée diurne, toute image qui s'illumine dans notre cœur détermine la direction de la volonté et de l'activité de l'inconscient au cours de la nuit. La dernière pensée avant de s'endormir possède la plus grande puissance de réalisation. Il ne faut jamais s'endormir sans avoir posé un problème à son moi nocturne, car ce problème sera résolu le matin, ou sur le point de l'être.

Chacun devrait, immédiatement avant de s'endormir, diriger ses pensées sur ce qui s'est déjà passé, ou doit se passer, sur une tâche du jour suivant, et il s'apercevra qu'elle sera ainsi infiniment facilitée, que les choses et les conjonctures viendront tout simplement au-devant de lui. L'ordre qu'il se donne en s'endormant continue à résonner dans son subconscient, et devient souvent, au cours de la nuit, une tendance à réaliser ce qu'on s'était imaginé. Il n'y a là aucun effort de volonté à fournir. Ce qui est nécessaire c'est une tranquille et confiante affirmation de ce qu'on désire. Essayez-le...

En premier lieu exercez-vous à vous réveiller à une heure précise, que vous vous représentez le soir au moment de vous endormir, bien visiblement sur le cadran d'une horloge géante. Dites-vous : « Je me réveillerai demain, frais et dispos, à telle heure ! » Il est bien rare qu'il faille répéter cela plusieurs fois pour se réveiller au moment voulu.

En cas de non réussite, n'en accusez pas votre subconscient, mais bien le manque de précision et d'énergie de l'ordre que vous vous êtes donné.

*
* *

Nous pouvons donc ainsi nous ennoblir et nous éduquer en dormant ? Parfaitement ! Il s'agit seulement de nous donner à nous-mêmes les ordres voulus. Un simple essai nous convaincra ici aussi de l'utilité de cette méthode.

Dirigez pendant quelques soirs, avant de vous endormir, vos pensées sur cet ordre que vous vous donnerez : « Je serai demain, toute la journée, d'humeur joyeuse ». Très vite votre « baromètre » sera au « beau fixe ». De même vous pouvez vous éduquer à ne jamais perdre votre sang-froid, à devenir plus aimable, plus décidé, ou plus énergique qu'auparavant.

Peu à peu nous arriverons à nous imposer des tâches plus difficiles. Nous chargerons notre moi nocturne de résoudre des questions, non encore résolues, en nous les représentant d'une façon vivante avant de nous endormir et en nous concentrant pleins de confiance, sur la pensée que leur solution nous viendra à l'esprit le matin au réveil, ou encore à l'instant où nous en aurons besoin.

Il faut prendre soin, toutefois, que l'ordre qu'on se donne soit toujours clair, positif et sans équivoque d'aucune sorte, et aussi de ne donner qu'un ordre à la fois à notre subconscient. S'il est indispensable d'affirmer deux ou plusieurs choses à la fois, efforçons-nous de les relier intérieurement entre elles. Nous apprendrons de cette façon à fortifier notre aptitude à réussir, par une éducation consciente de notre subconscient, pendant le sommeil, à faire en quelque sorte, notre bonheur en dormant.

Vous pouvez très souvent aussi, activer l'éveil général de vos forces intérieures en pensant et en éprouvant au moment de vous endormir à peu près ceci : « O Toi, esprit de la vie, donne-moi, tandis que mon corps sommeille, des forces nouvelles et une nouvelle sagesse. Tu me rends capable et me donnes la force de maîtriser ma vie avec amour. Tu exauces mes vœux et fais en sorte que mes désirs les plus chers approchent, pendant la nuit, de leur réalisation ! »

Qu'importe que nous nommions ceci « prière du soir » ou « autosuggestion ? » Plus nous nous adressons à notre moi intérieur avec confiance, plus croît en nous notre force créatrice. Nous plongeons ainsi dans les couches les plus profondes de notre moi nocturne, et ramenons au jour, le lendemain matin, des trésors de sagesse cachée, qui sommeillaient de toute éternité dans les ultimes profondeurs de notre âme.

Comment arrivons-nous pratiquement à faire notre bonheur en dormant, comment devons-nous utiliser le savoir plus étendu de notre superconscient pour parvenir, au cours de la nuit à résoudre des problèmes au sujet desquels notre moi diurne s'est tourmenté en vain ?

Voici : lorsque le corps et la pensée sont immobilisés, lorsque nous ne percevons plus rien que le rythme harmonieux de notre respiration, plaçons la question à résoudre au centre de notre moi conscient et cela fait, exprimons avec ferveur et conviction la pensée suivante :

« La réponse à cette question se formulera en moi, j'y verrai enfin clair. La solution, la certitude m'attendent à mon réveil. »

Quelqu'un de plus entraîné formulera peut-être ainsi la dernière phrase de cet ordre : « Je me réveillerai dès que la solution sera trouvée, » car il sait que son subconscient le réveille souvent au milieu de la nuit tout à la joie de la solution trouvée, et qu'il s'agit seulement d'avoir du papier et un crayon sous la main, afin de noter la réponse et les idées annexes et de se rendormir ensuite, calmement. Nous pouvons aussi nous retirer le matin dans le silence, et guetter confiants et détendus les suggestions à venir. Le plus souvent les solutions nous viennent à l'esprit d'elles-mêmes, solutions d'une simplicité et d'une perfection étonnantes telles que nous les donne notre conseil intérieur. Notre subconscient exige notre confiance ; disons-nous donc : « J'ai confiance en mon subconscient. Il m'a toujours aidé, et m'aide encore maintenant. » Nous l'invitons ainsi à agir pour notre bien et à nous aider à surmonter une difficulté ou une peine.

**

Nous pouvons modifier de maintes façons la méthode sus-indiquée selon le but que nous poursuivons, afin de l'appliquer utilement. Voici quelques occasions où elle peut nous venir en aide d'une façon fort opportune :

Nous avons perdu un objet auquel nous tenons. Notre moi conscient n'a aucune idée de l'endroit où il pourrait se trouver. Il se peut fort bien que notre subconscient, qui perçoit et retient cent fois plus de choses que notre moi conscient, puisse nous aider à le retrouver. Nous appliquerons donc la méthode en question en nous concentrant par exemple sur l'idée suivante : « Mon subconscient me relie avec l'objet perdu, demain matin je saurai où il se trouve. »

Ou encore, nous tenons à réaliser un certain souhait. Nous plaçons alors cette idée au centre de nos pensées en nous disant ceci : « Cette nuit mon subconscient me mettra en rapport direct avec ce que je désire. Je suis certain de pouvoir l'atteindre. Demain en me réveillant, je saurai ce que je devrai faire pour parvenir à mon but. »

Les solutions les plus utilisables nous viennent en tête généralement au moment du réveil, mais aussi parfois au moment où nous avons justement besoin d'elles. Nous avons ainsi la possibilité de faire résoudre à notre subconscient, au cours de notre sommeil, des centaines de problèmes. Nous pouvons exiger de lui ce que nous voulons. Il fera toujours son possible pour répondre à nos désirs, si nous nous adressons à notre être intérieur, ainsi que nous l'avons indiqué.

Un inventeur peut chercher dans le sommeil la solution d'un problème technique et être à même, si elle existe, de la trouver. L'homme de loi peut laisser se concrétiser en lui les points principaux d'une plaidoirie, si bien qu'il n'aura qu'à les noter au réveil et à dicter d'un seul jet le texte complet en arrivant à son bureau. L'étudiant, l'employé désireux de se perfectionner peuvent donner tous les soirs l'ordre à leur subconscient de retenir ce qu'ils ont appris durant la journée et de le leur représenter au réveil. En somme, chacun peut utiliser le sommeil de nombreuses façons afin d'atteindre plus vite son but.

BIEN SE REVEILLER

Le lecteur de ce Nouveau Traité d'Hygiène Physique, Mentale et Spirituelle, n'a besoin ni d'un réveil ni de quelque autre moyen extérieur pour se réveiller à l'heure. Il se réveille tout seul en s'en donnant l'ordre la veille au soir, avant de s'endormir.

Tout le monde a en soi un sens intérieur du temps ; il est plus ou moins développé, mais perfectible.

L'expérience prouve que presque tous ceux qui n'ont pas de montre, ou qui ne la consultent que rarement, savent à une minute près l'heure qu'il est, alors que le sens du temps est plus ou moins atrophié chez ceux qui passent leur temps à consulter leur montre.

Comment peut-on éduquer cette « pendule mentale » que chacun possède en soi ? D'une façon très simple : nous n'avons qu'à nous imaginer plastiquement, au moment de nous endormir, un grand cadran d'horloge dont les aiguilles marquent l'heure à laquelle nous voulons nous réveiller, et nous donner en même temps l'ordre positif correspondant. Si nous voulons nous lever à quatre heures, nous mettons les aiguilles du grand cadran sur quatre heures, et nous pensons ou disons à notre moi intérieur : « Je me réveillerai à quatre heures ; je me lèverai aussitôt et irai à mon travail avec des forces renouvelées. Je me lèverai à quatre heures précises. » Nous ajoutons « et me lèverai aussitôt », car les « lèvetard » se réveillent bien à l'heure dite, mais se tournent de l'autre côté et se rendorment.

Si nous nous concentrons parfaitement sur l'heure du réveil, nous nous réveillerons à la minute précise que nous nous sommes fixée. Plus important encore que de se réveiller à temps, est de bien se réveiller, en se tournant vers le jour nouveau d'une façon consciente et positive. Notre réveil doit ressembler à une naissance, nous devons nous étirer dans tous les sens avec bien-être et plaisir, et chasser ainsi de tous les membres l'engourdissement du sommeil, puis respirer et expirer profondément en aspirant ainsi de la vigueur, et en expirant de la joie. Nous nous ouvrons de la sorte entièrement aux bonnes influences dispensées par la vie matinale aux bonnes pensées, aux connaissances utiles et stimulantes qu'elle apporte avec elle.

Lorsque nous sommes dans cette disposition intérieure la solution des problèmes, des soucis, élaborée durant la nuit, nous vient à l'esprit. Nous savons tout à coup comment organiser tel ou tel travail, maîtriser une tâche, mener à bonne fin une affaire. Nous abordons le jour nouveau plus concentrés, plus sûrs de notre but, armés de force et de persévérance.

La réussite de toute une journée dépend de nos dispositions dans les premières minutes du matin. Notre journée est telle qu'était notre réveil. Celui qui commence sa journée agacé et mécontent du travail qui l'attend, ou assombri par les soucis, se prépare un jour terne et infructueux, alors que celui qui, en ouvrant les yeux, conscient et joyeux, affirme le succès et le bonheur de cette journée, la remplit de l'esprit de réussite. Il se réveille conscient d'avoir été toute la nuit sous la protection de l'esprit infini de la vie, et a toutes les raisons d'être heureux du jour nouveau qui lui a été donné, plein de nouvelles possibilités. Sa première pensée sera celle-ci : « Je salue le jour nouveau et envoie à tous les êtres des pensées d'amour. Aujourd'hui j'aurai du succès en tout et à tous égards. Je veux encore aujourd'hui faire plaisir à quelqu'un, multipliant ainsi le bonheur dans le monde, et par cela même mon propre bonheur. »

Si le destin met à l'épreuve celui qui pense ainsi, qu'il s'efforce alors de confirmer et de tenir ce qu'il s'est promis pour ce jour-là. Souvent ce qu'il a affirmé le matin devient déjà visible le soir.

Un des secrets d'une vie couronnée de succès est l'habitude de commencer bien sa journée, et tous les jours pareillement, jusqu'à ce que cette habitude devienne une seconde nature.

SAVOIR TRAVAILLER

> « *Aucun bienfait n'est pareil à celui du travail, et seul peut dire : « J'ai vécu » celui qui a travaillé sa vie durant.* »
>
> Gœthe.

Bien des gens, et souvent des meilleurs, sont surmenés, constamment fatigués, souffrent de troubles nerveux de toutes sortes et ignorent la joie de vivre. Leur travail intensif les empêche de participer à la vie qui les entoure, à ses soucis, à ses intérêts, et même à ses joies. Il les rend impatients, irritables, et ne leur laisse « pas de temps » même pour les choses les plus nécessaires, il les rend peu réceptifs, incapables même de se détendre et d'élever leur âme à tout moment, au-dessus des trivialités quotidiennes.

De quoi souffrent-ils ? Ils ne connaissent pas la discipline du travail. Les règles suivantes leur seront, à coup sûr, utiles. Ils découvriront qu'une façon de travailler, meilleure et plus consciente, recèle une possibilité de chance et de bonheur durables dans leur vie. Ils apprendront à éviter le surmenage, l'usure, donc à économiser leurs forces, et à arriver, malgré cela à un meilleur résultat.

Sans travail pas de succès. Mais il y a travail et travail ! L'un est, ou paraît pénible, l'autre facile, l'un ne réussit pas, l'autre réussit. Ceci ne dépend pas du travail lui-même, mais de la *façon* dont on l'exécute.

On peut travailler d'une façon judicieuse, ou maladroite. On peut rendre le travail pénible, ou facile. On peut travailler sans succès, avec un succès médiocre ou avec beaucoup de succès. Ce n'est pas seulement le travail qui importe, mais aussi et surtout la façon bonne de s'y prendre.

Mais en quoi consiste cette *façon favorable* ? Voici :

1. — *Penser à son travail.* Celui qui veut tirer profit de son travail doit y réfléchir d'avance, le prévoir et s'en faire une idée juste. Penser à son travail veut dire savoir reconnaître les meilleures conditions de travail pour le corps, l'âme et l'esprit et s'organiser en conséquence.

2. — *Travailler d'une façon consciente.* « La pensée ne devient créatrice que par le travail, ce n'est qu'en pensant avec justesse que notre travail devient une source de bonheur, » disons-nous avec Ruskin : Travailler consciemment veut dire être tout à son travail, avec sa pensée, ses sentiments et sa volonté, faire de chaque action physique également un acte spirituel. Cela supprime de notre vie la dispersion, la fatigue, le manque de volonté, l'absence de but.

3. — *S'intéresser à son travail.* La participation vivante de l'esprit est une indispensable condition de réussite, « Ce qu'on fait avec intérêt, se fait deux fois plus vite et mieux », est une vérité première toujours valable. On réussit sans effort et plus parfaitement en usant moins de forces.

4. — *Se concentrer sur son travail,* c'est faire exclusivement et à fond ce qu'on fait au moment où on le fait, avec toute l'attention dont on est capable, et cela même pour le travail le plus insignifiant. Nos pensées ne doivent être occupées, pendant le travail, d'aucune autre chose, d'aucun autre objet, tâche, pensée, soucis. Chaque pensée oiseuse conduit à l'échec. Le travail nous veut entièrement à lui. Travailler avec concentration c'est augmenter sans cesse sa production.

5. — *Travailler avec amour.* Celui qui travaille avec plaisir et amour transforme une pénible corvée en joyeuse création. Travailler avec amour c'est accomplir sa tâche avec un esprit conscient et créateur, en y mettant son âme, ce qui le facilite. Celui qui agit de la sorte confère un sens et une valeur au travail le plus déplaisant, et en fait une source de joie.

L'amour est un composé d'intérêt et de concentration. Il

est donc une identification complète avec le travail, et la meilleure garantie de son accomplissement.

6. — *Travailler d'une façon positive.* Celui qui est, en travaillant, d'humeur positive et reconnaissante, et qui voit toujours et d'abord le côté ensoleillé des choses, augmente sa joie au travail, sa force et le rendement de son effort. Travailler d'une manière positive consiste à avoir un optimisme raisonné et foi en la réussite, et à bien faire, avec amour et attention, tout ce qu'on fait.

7. — *Travailler avec persévérance.* Le succès suppose toujours de la persévérance. Elle vaut souvent mieux que le génie, car un homme tenace et endurant accomplit plus qu'un homme génial sans persévérance. On peut néanmoins, avec Carlyle, définir le génie « une capacité illimitée de s'astreindre », ou encore, ainsi que le disait Byron : « rien d'autre que le pouvoir de travailler 16 heures par jour. »

8. — *Travailler avec un but précis.* Celui qui accomplit une besogne d'après un plan conçu d'avance, et qui est conscient de son but, travaille plus facilement et avec plus de succès que tel autre qui pense seulement au moment de travailler aux moyens de s'y prendre. Travailler en vue d'un but veut dire aussi travailler de façon pratique et utile, en évitant un effort exagéré. Nous reviendrons là-dessus pendant la onzième semaine.

9. — *Travailler avec la conscience de réussir.* Ceci signifie que l'on fait de son mieux ce que l'on fait, et si consciencieusement que personne n'aurait pu faire mieux. « Faire des choses ordinaires d'une façon extraordinaire est le secret de maints succès », comme l'a dit Rockfeller. Faisons donc de chaque œuvre notre chef-d'œuvre et de chaque but une partie du but suprême de notre vie !

Si nous travaillons ainsi, conscients et joyeux, nous serons bientôt les chevaliers du travail, au lieu d'en être les esclaves, et apprendrons à faire toujours plus et mieux avec moins de peine. Ce que nous faisons doit nous procurer de la joie, être pour nous une sorte de sport. Le chemin le plus court vers le succès est de faire de notre travail, notre « marotte », car tout ce qui se fait avec plaisir n'augmente pas seulement notre joie de vivre, mais aussi notre force et notre aptitude à réussir.

NE PLUS ETRE ESCLAVE DU TRAVAIL

Pour se libérer soi-même de l' « esclavage du travail » qui fait gémir tant de gens, il suffit souvent de changer d'attitude morale envers le travail. L'attitude morale, le point de vue mental, décident du succès ici comme en tout dans la vie.

Si nous envisageons, dès le début, un travail avec mauvaise humeur et découragement, il vaut bien mieux ne pas commencer, car ce travail sera forcément défectueux.

Si nous apprenons, en revanche, à considérer ce travail comme une œuvre d'amour, il nous donnera de la joie et le succès ne manquera pas non plus. Avec le succès augmentent à leur tour, la joie et l'entrain au travail, et avec ceux-ci une production supérieure et de nouveaux succès. Ainsi, une chose résulte d'une autre, sur la spirale de la réussite que gravit l'étudiant de la vie lorsqu'il aura appris à bien travailler.

Les règles du succès sont valables pour tous : pour la ménagère dans sa cuisine, pour l'artisan dans son atelier, pour l'ouvrier dans son chantier, pour construire une maison, ou écrire un livre. Chacun peut extraire de ces règles exactement ce qu'il faut pour rendre son travail plus clair et facile, plus attrayant, meilleur et plus profitable.

Mais tout d'abord, voici quelques indications concernant *l'hygiène du travail :* veiller à ce que le local où l'on travaille soit aussi clair que possible, et toujours bien aéré. La lumière de la fenêtre ou de la lampe doit tomber de la gauche ou de face, sur la table de travail, mais il faut faire attention, dans ce cas, qu'aucune lumière latérale ne vienne frapper l'œil.

La table de travail doit être aussi spacieuse que possible, afin qu'elle ne soit pas entièrement encombrée par le matériel nécessaire, mais qu'on puisse disposer en plus, d'un large espace libre. Plus on est à l'aise sur sa table de travail, mieux s'élargissent et se coordonnent les idées.

Il faut se tenir aussi droit que possible en travaillant, car la poitrine doit toujours être dégagée.

Il faut, en outre, éviter autant que possible d'être dérangé au cours de son travail, et ne pas laisser traîner des travaux inachevés.

La table de travail de l'homme qui fait son chemin, reflète l'ordre qui règne dans sa tête. Elle est toujours parfaitement rangée, et l'on n'y voit que ce qui concerne le travail en cours. Tout ce qui lui est nécessaire : outils, etc., est à la portée de sa main, sans pour cela attirer l'attention. L'amour de l'ordre est le signe distinctif de tous les grands hommes. Il n'y a pas moyen d'atteindre au succès durable avec le désordre, faussement qualifié de « génial ».

Nous nous occuperons plus en détail de l'organisation du travail dans la onzième semaine de ce cours. Examinons maintenant, une autre question tout aussi importante : le meilleur rythme de travail. Le rythme, c'est-à-dire, le mouvement ordonné en une cadence toujours égale avec son battement précis et le retour périodique des changements, est conforme à tout processus biologique. Le rythme est allié à l'harmonie, et comme elle c'est un facteur de succès.

Mieux nos mouvements seront rythmés au cours de notre travail, plus il s'accomplira facilement, et sans heurts. Toute besogne rythmée consciemment devient plus aisée et plus plaisante. Il s'agit d'utiliser ce fait dans notre travail quotidien en faisant en cadence toute besogne pouvant être, tant soit peu, rythmée.

Rien que le rythme de la musique arrive à intensifier la production de certains travaux, sans entraîner pour cela une usure d'énergie plus grande, et de même, le rythme précis d'un bruit quelconque s'il n'est pas gênant.

Tout travail volontairement rythmé, — et il s'agit pour nous d'apprendre à le faire consciemment, — a l'avantage d'être moins fatigant. Tout ce qui est arythmique et irrégulier, fatigue bien plus vite, du fait que la volonté, le moi conscient et l'attention, sont mis plus largement et plus irrégulièrement à contribution.

Il suffit souvent de peu de chose pour remplir de « musique » et de cadence un travail qui semblait pénible et ennuyeux, et le rendre agréable et facile. Ce sont des cantonniers en train de paver une route que j'observais étant enfant qui m'ont fait songer à cela pour la première fois. Ils étaient trois groupes de deux hommes chacun qui faisaient tomber leur pic en cadence sur le pavé. Le premier, puis le deuxième, puis le troisième et ainsi de suite. Comme chaque pavé produisait un bruit différent, il en résultait une sorte d'accord. On pouvait lire sur la figure des ouvriers que cette cadence facilitait leur travail. Ils avaient d'instinct, suivi la règle : Plus les intervalles d'un rythme sont brefs, plus facile devient le travail ; c'est-à-dire le résultat utile.

Il est tout aussi important — car là réside l'essence même du rythme — qu'il reste toujours égal. La joie de travailler en est intensifiée, ainsi que l'élan du travailleur, comme si la joie du rythme avait libéré et aiguillonné sa force intérieure.

Rythmer un travail signifie donc pratiquement, économiser ses mouvements et obtenir un résultat meilleur avec un déploiement de forces égal, sinon moindre, et on se rapproche ainsi de l'idéal du travail : produire davantage avec moins d'efforts.

Ce moyen nous offre encore autre chose : le calme nécessaire pour bien accomplir notre besogne. Il s'agit, pour cela, de pouvoir travailler tranquillement et d'une façon détendue, de ne pas arriver à être « sous pression » (ce qui fait travailler plus vite mais, aussi, plus mal), à moins que ce ne soit une pression volontaire que nous nous imposons à nous-mêmes.

Il faut arriver à travailler d'une façon raisonnée. Un travail raisonné est un travail heureux qui répand de la lumière et de la joie sur son créateur. Un travail précipité, brusqué, est généralement une besogne bâclée.

Il serait bon, en plus, de nous stimuler souvent au cours du travail, en nous représentant d'une façon bien visuelle ce qu'il sera, une fois achevé, la joie qu'il nous causera, combien il sera utile à autrui, de quel succès il sera suivi, combien de bienfaits directs ou indirects il apportera à ceux que nous aimons et dont nous voulons rendre la vie heureuse.

Celui qui, au cours de son travail, pense à la joie qu'il apportera à d'autres, et qui accomplit tout ce qu'il fait sciemment afin que ce soit un bienfait pour autrui, rend son activité joyeuse, facile et féconde.

En somme, travaillons-nous pour nous ou pour les autres ?
— L'égoïste dit « pour nous », l'altruiste, « pour les autres » ! Tous deux ont raison, car nous ne pouvons rien faire pour nous qui ne serve en même temps aux autres, et nous ne pou-

vons rien faire pour les autres qui ne nous soit en même temps personnellement utile. Tout travail est en réalité de l'amour devenu visible et l'amour est le pont entre « toi » et « moi ».

Il résulte de la loi de compensation que l'égoïste travaille en réalité beaucoup plus pour les autres que pour lui-même, et que l'altruiste en revanche retire pour lui-même un bénéfice plus grand du travail qu'il fait pour les autres.

*
* *

En poursuivant cette idée, nous pénétrons au cœur du problème de l'attitude à prendre à l'égard du travail, et nous nous rendons compte, en même temps, que nous devons, pour être heureux, chercher et trouver notre bonheur dans le travail.

Le sens de bonheur, tel que l'envisage la Science de la Vie, nous aide à comprendre cela, car il enseigne à voir le bien en toute chose et crée en nous cette mentalité heureuse, qui puise de la joie dans les faits les plus insignifiants et fait travailler gaiement. Le psychiatre Köplin a fait, un jour, l'essai suivant :

On a annoncé aux ouvriers d'une usine une bonne nouvelle sans qu'ils se doutent qu'il s'agissait d'une expérience. Immédiatement, ce jour-là, le niveau de la production s'est sensiblement élevé. Chacun de nous a probablement déjà fait une telle expérience.

Quelle conséquence pratique retirons-nous de cette constatation ? Avant tout, qu'il faut accomplir notre travail avec plaisir, le rendre joyeux et accroître ainsi notre énergie, notre endurance et notre productivité.

Travailler, c'est vivre, et la vie a besoin de joie pour se déployer dans toute sa plénitude. Chaque sensation de plaisir augmente notre puissance de travail et son efficacité. Chaque besogne accomplie consciemment et avec joie implique une économie de force, un résultat meilleur et une fatigue moindre.

L'expérience a prouvé qu'une corvée de trois heures fatigue plus que dix heures de travail accompli joyeusement. Tout comme les louanges, le désir de réussir, l'amour, favorisent l'entrain au travail et éveillent les forces, tandis que la con-

trainte, les menaces, la colère, les invectives paralysent l'élan.
Nous avons tout profit à mettre dans tout ce que nous faisons
notre espoir, notre joie, notre goût, notre courage, notre amour-
propre, notre certitude de vaincre, et notre foi en notre succès,
car seul, ce que nous accomplissons avec enthousiasme sera
mené à bonne fin.

Nous pouvons constater tous les jours, que nous travaillons
mieux et plus vite lorsque nous travaillons avec plaisir et
que cette activité joyeuse nous est physiquement salutaire.
Grâce à elle tous nos organes fonctionnent mieux et plus activement, notre respiration se fait plus profonde, notre corps
se fatigue moins et ne risque pas l'épuisement du surmenage.

Ce n'est pas seulement atteindre sont but qui donne de la
joie ; celle-ci est déjà dans l'effort nécessaire pour y atteindre,
dans l'action en elle-même, dans le travail bien fait accompli
joyeusement. L'homme vraiment viril y trouve le plaisir de la
lutte, de la compétition, l'aventure du travail créateur. Et ce
bonheur, chacun peut à chaque instant le trouver dans son travail, si ses yeux se désillent et s'il n'oublie pas que le but du
travail est de le rendre heureux.

Personne n'admet mieux cette vérité que le commerçant.
Il sait que le sort d'une affaire dépend de la façon dont on
l'envisage. Il sait qu'un homme d'affaires, d'esprit positif et
joyeusement actif, réussit cent fois mieux qu'un autre d'humeur pessimiste et qui travaille sans joie.

Il s'agit en tout cas de prendre une attitude positive à
l'égard du travail et d'affirmer consciemment son succès en
se disant : « Mon travail réussit et me cause infiniment de joie.
Je n'ai ni trêve ni repos avant d'avoir maîtrisé avec succès la
tâche qui m'incombe. Tout travail me semble facile et me
donne du bonheur et du succès parce que je l'aime... »

LES ENTRAVES AU TRAVAIL

Il en est pour les entraves au travail comme pour les orties.
Si on y touche sans précautions elles vous piquent, mais ne
vous font aucun mal si on les empoigne énergiquement à
pleine main.

1. — L'obstacle le plus fréquent c'est de ne pas arriver à mettre son travail en train. Il faut d'abord surmonter l'imaginaire paralysie causée par l'idée fixe de « ne pas pouvoir commencer », et chercher à percer le mystère de cette illusoire impuissance. Celui qui ne le fait pas ressemble à cet ouvrier qui répond « Je ne peux pas » à ses camarades qui lui demandent « pourquoi ? » : « J'ai les mains dans mes poches ». Les entraves au travail sont souvent de cette sorte. On a les « mains dans ses poches » en esprit, et l'on confond inconsciemment « ne pas pouvoir » avec « ne pas vouloir ». Cette réaction négative se produit le plus souvent en face d'un travail désagréable ou d'apparence difficile, et l'on se persuade qu'on ne *peut* pas faire ce qu'on ne *veut* pas faire.

2. — Nous arrivons à surmonter l'idée fixe de « ne pas pouvoir » ou de « ne plus pouvoir continuer » au cours d'un travail, en nous habituant à accrocher en pensée une nouvelle phase de notre travail au convoi de notre travail quotidien comme nous accrocherions un nouveau wagon à un train. Nous sommes ainsi projetés, par l'élan qui est encore en nous, du dernier travail dans le nouveau, et reprenons immédiatement notre besogne comme si le nouveau travail n'était que la suite de l'ancien. Le point mort sera franchi avant que nous ayons eu le temps de nous en apercevoir.

3. — Nous surmonterons ce genre d'obstacle soi-disant insurmontable en le minimisant. Nous devons le faire en trois étapes : I). analyse et compression de l'obstacle en le dépouillant pertinemment de tout ce qui n'en fait pas essentiellement partie ; II). solution rapide du noyau du problème, — trancher le nœud gordien, immédiatement ; III). utilisation de ce qui ne fait pas partie de l'obstacle comme tremplin pour le surmonter.

Tout ce processus de pensée ne prend que quelques instants. Il s'agit de séparer instantanément l'essentiel du secondaire, de faire immédiatement le secondaire, et de prendre en même temps le reste, d'assaut.

*
* *

Nous arrivons maintenant à un mal plus profond encore qui est l'*aversion du travail*. « Ce travail ne me plait pas actuellement » est une de ces innombrables excuses par lesquelles nous essayons de prévenir les reproches que nous nous faisons à nous-mêmes. Ces faux-fuyants psychologiques, souvent fort subtils, prouvent que nous envisageons faussement le travail en question, et c'est justement cette façon erronée de l'envisager qui nous prive de l'énergie voulue pour en venir à bout immédiatement et sans effort.

La pensée « cela ne me convient pas » veut dire en réalité « je ne peux pas », ou plutôt « cela ne me plaît pas », et elle éveille dans le subconscient des sentiments toujours croissants de déplaisir et d'incapacité, aggravés par le triste souvenir de situations analogues, où nous avons renoncé à faire l'effort voulu, jusqu'à ce que la paralysie de l'âme soit devenue totale.

Il faudra suivre ici une fois de plus le sage conseil d'Ovide : « Résiste dès le début ; la guérison sera impossible si le mal s'est déjà aggravé par suite de trop longues hésitations. »

Mais comment s'y prendre ? Dès que nous ressentons un sentiment d'aversion pour une tâche, disons-nous : « C'est le moment plus que jamais ! Vétille que cette tâche ! Au travail tout de suite ! »

Celui qui agit de la sorte appelle consciemment les pensées positives de son subconscient qui s'opposent aux sentiments négatifs de déplaisir et, grâce à elles, il peut accomplir son travail avec énergie, entrain et facilité. Il surmonte son aversion du travail en *prenant plus d'intérêt* à ce dernier, en essayant de l'aborder avec une mentalité quasi sportive qui le rend ainsi plus plaisant. Il concentre son attention uniquement sur ce qu'il est en train de faire *à l'instant même,* ne s'occupe de rien d'autre et s'habitue ainsi à ne voir dans chaque partie de son travail que ce qu'il y a d'agréable en elle. Cela réussit très bien après quelque exercice. Chaque section de travail devient ainsi facile et par suite, le travail tout entier. Le travail le plus ingrat devient agréable lorsqu'on le décompose de la sorte. Si nous le considérons comme une peine, tout travail devient pénible. Le travail est toujours ce que nous pensons de lui. Pensons donc qu'il est facile et il le deviendra au point de nous enchanter.

Suivons donc cette règle : *Rendons facile chaque partie de notre travail et le tout deviendra aisé.*

Il faut par ailleurs éviter tout surmenage. Un intérêt vivant ne peut être forgé. Il doit être éveillé par l'amour, car là où il y a intérêt croissent la force, l'entrain, la vigueur et la joie au travail ; tout devient aisé et réussit. Nous pouvons toujours envisager et acomplir ce que nous faisons d'une façon différente et en tirer de nouvelles joies.

Nous pouvons également découvrir de nouvelles possibilités dans une besogne fastidieuse et en venir à bout d'une façon plus adroite, plus élégante, meilleure et plus rapide. Nous devons ouvrir les yeux et diriger notre regard avec amour sur notre travail, car alors s'ouvriront les fontaines magiques des profondeurs, et le monde aura un visage nouveau.

*
* *

Il est bien connu que le fait de s'occuper d'une ou de plusieurs marottes amusantes est un utile contrepoids à un travail professionnel monotone. Le philosophe grec Démocrite a déjà fait allusion à cette possibilité lorsqu'il disait : « Un travail libre et gratuit permet de mieux supporter un travail obligatoire ».

Mais les marottes ne sont tout de même que des dérivatifs et des pis-aller. Les chemins directs sont toujours les meilleurs, et il est toujours vrai qu'il faut aimer son travail pour le rendre facile. Tâchons d'aimer notre travail, car ainsi nous opérons, nous aussi, la miraculeuse transformation de la réalité. En effet, la tâche la plus ennuyeuse peut, elle aussi, être une révélation et faire le bonheur de notre vie si nous l'aimons et arrivons à dégager ce qu'il y a de lumineux en elle. Chaque travail recèle en quantité, plaisirs et déplaisirs. Le sage s'efforce d'ignorer les déplaisirs et cherche à y découvrir des sources de joie en accomplissant sa besogne avec amour. Il sait parfaitement qu'il n'existe aucune activité dont on ne puisse tirer du plaisir, et qui ne puisse être le point de départ d'un futur succès.

*
* *

On arrive même à *surmonter la fatigue.* La fatigue provient soit d'une lassitude des muscles, soit d'une organisation défectueuse du travail, ou encore d'une méthode peu rationnelle. Dans ce cas nous parlons toujours de surmenage.

Le surmenage n'est presque jamais le résultat d'un excès de travail, mais presque toujours d'une mauvaise façon de travailler. Le « surmené » travaille sans méthode, sans programme prévu, sans réflexion, sans efficacité, et crée des obstacles là où il n'y en a aucun. Quoi d'étonnant dans ce cas si la *fatigue* se fait sentir, c'est-à-dire cet état où le travail se fait de plus en plus difficilement, avec le sentiment qu'il faut s'y forcer et qu'on réussit de moins en moins.

La fatigue qu'on éprouve comme telle devient peu à peu de l'*épuisement,* c'est-à-dire que l'âme et le corps ne réagissent plus, ce qui se manifeste par la multiplication des fausses manœuvres et des échecs.

Les muscles du corps sont en réalité presque infatigables si on ne leur demande rien d'impossible. Il en est de même pour le cerveau et les nerfs. Notre fatigue ne provient donc pas de notre corps mais bien de notre âme. On arrive en quelques instants à imaginer être tellement fatigué qu'il devient impossible de faire le moindre mouvement. Chacun sait que la fatigue augmente chaque fois qu'on y pense, et qu'elle cesse dès que l'on concentre son esprit sur un sujet qui nous intéresse. Si nous faisons un travail qui nous plait nous pouvons en faire le double en moins de temps que s'il s'agit d'un travail indifférent, parce que nous n'avons pas envisagé un instant la possibilité d'être fatigué.

Mais s'il arrive cependant qu'un travail nous fatigue de temps à autre ? On fait alors des exercices de détente ou bien l'on s'arrange pour varier souvent son travail en intercalant çà et là une autre besogne, ou encore, en prenant le même travail sous un angle différent, ou en variant la méthode d'exécution. Tout changement de besogne détend, stimule et renouvelle le désir de travailler. En détournant consciemment l'attention de la monotonie du travail vers quelque chose qui le rend plus vivant, la tension sera relâchée, il se produira un nouvel afflux d'énergie, qui réveillera la joie du travail.

FAITES COMPLETEMENT CE QUE VOUS FAITES !

Le secret du bonheur ne consiste pas seulement à *faire ce qu'on aime,* mais bien plutôt à *aimer ce qu'on fait.* Plus nous aimons une tâche, et plus nous nous donnons à elle, plus importants seront pour nous les résultats et les profits. C'est chose bien connue que tout ce que l'on fait avec joie et amour, tout entier à son affaire, s'accomplit avec un maximum de facilité et de rapidité. Celui qui a reconnu une fois pour toutes cette vérité se dira à l'avenir :

« J'accomplis avec une concentration et une persévérance infatigables, avec amour et plaisir, chaque tâche qui m'incombe. Je ne pense qu'à mon travail et à son but dans tout ce que je fais. Le travail que je suis en train d'exécuter sera le meilleur que j'aie accompli jusqu'ici ! »

Que nous bêchions la terre de notre jardin, balayions la cuisine, gouvernions un état, soignions un malade, ou enseignions quelque chose — tout ce que nous faisons est utile et digne de notre dévouement. C'est grâce à cette totale concentration de toutes les forces physiques et spirituelles sur un but à atteindre que tous les grands exploits ont été réalisés par des hommes qui n'ont jamais perdu de vue leur but jusqu'au moment où ils l'ont atteint en vainqueurs.

C'est la *qualité* qui importe le plus dans tout travail et celle-là dépend, à son tour, de notre force de concentration. Ford a dit : « On a du succès si l'on se concentre uniquement sur une seule chose à la fois ». Tout ce que l'on fait doit avoir trait à celle-ci, et il faut, avant tout, y consacrer beaucoup de forces spirituelles, de l'imagination et de l'élan intérieur — tout est là.

Mais tout d'abord il faut savoir exactement ce que l'on veut et se mettre ensuite à l'œuvre, ne pas en démordre et l'exécuter de son mieux ! Faire tout ce que l'on fait aussi parfaitement que possible est une règle de vie fondamentale. Toute tâche qu'on entreprend contient tous les éléments essentiels à la construction de l'homme intérieur, car il n'y a pas, en fin de compte, de succès provenant de l'extérieur : tout lui vient de son être intérieur.

Le bonheur consiste à agir et à être entièrement soi-même.

« J'ai fait la connaissance, dit un jour Gœthe à Mme de Stein, de gens vraiment heureux, et ils le sont parce qu'ils sont entièrement eux-mêmes. L'homme le plus modeste peut être heureux et parfait dans son genre s'il est entièrement lui-même. »

Tout travail parfaitement achevé agit d'une façon constructive et stimulante sur le corps, l'âme et la vie ; il éveille la joie qu'on a à constater sa propre valeur, il augmente notre productivité, éveille nos forces les plus nobles, et fait épanouir les côtés les plus précieux de notre être intérieur. Il devient la baguette magique qui fait jaillir de notre âme des sources de forces vives. Il augmente en même temps notre valeur aux yeux du monde qui nous entoure, et de ce fait, nos possibilités de succès.

« Ce que vous faites, faites-le complètement », veut dire aussi, « faites-le bien ». Tout travail doit être exécuté soigneusement comme si c'était notre œuvre capitale. Rappelons-nous cette règle : « Celui qui fait de son mieux, fait ce qui est nécessaire pour avoir du succès, mais qui fait moins, fait trop peu pour en avoir. Qui donne le meilleur de lui-même s'aperçoit avec bonheur qu'il a puisé dans les richesses infinies de son être intérieur. »

*
* *

Faire quelque chose à fond veut dire le faire *consciemment*. Il faut donc s'entraîner tous les jours à accomplir chaque tâche qu'on entreprend, pleinement conscient de ce qu'on fait. Le but de cet ouvrage est d'initier celui qui l'étudie à la façon d'apporter, dans toutes ses occupations quotidiennes et professionnelles, une vivante et consciente lucidité, et d'augmenter ainsi ses possibilités de succès ; ce n'est qu'ainsi qu'il deviendra de plus en plus un homme conscient de lui-même et de sa force.

Examinez votre travail quotidien pendant une semaine et voyez si vous l'avez fait de façon consciente et parfaite. Prenez soin, à partir de maintenant, d'achever complètement le travail même le plus insignifiant. Si d'autres, autour de vous, continuent à ne faire leur tâche qu'à moitié, ne les suivez pas dans cette habitude qui barre la route au succès.

Pendant quelque temps donnez-vous au réveil l'ordre suivant :
« Je m'attacherai dès aujourd'hui, et à l'avenir, à faire complètement et parfaitement tout ce que je fais, et à mener consciemment mon œuvre à bonne fin. »

Rien n'est plus favorable au succès que l'habitude d'accomplir tout travail en se concentrant exclusivement sur lui, qu'il semble négligeable ou important, grand ou petit. Cette habitude nous permet de nous adapter rapidement, à tout moment, à une nouvelle tâche urgente, et de la maîtriser avec succès. « Faites consciemment tout ce que vous faites », est donc une règle de vie importante.

Si nous n'apportons que la moitié de notre cœur à notre travail nous n'atteindrons jamais qu'à un demi-succès. Il faut faire notre tâche de tout notre cœur si nous voulons qu'elle nous rende plus grands, plus heureux, et plus prospères.

Ce n'est pas seulement le but de notre travail mais chaque pas sur le chemin qui nous y conduit, qui doit nous réjouir, chaque étape vers ce but doit déjà nous rendre heureux, à la condition de travailler pleinement conscients de ce que nous faisons. Faire quelque chose consciemment, c'est toujours en même temps le faire avec succès.

*
* *

L'obligation de faire complètement tout ce qu'on fait comporte encore une exigence : c'est de terminer toujours ce qu'on a entrepris.

Puisse la somme fabuleuse de travaux inachevés, dont le monde est rempli, nous y faire songer sans cesse ! Car rien n'est plus néfaste pour le caractère, et le pouvoir de réussir, que la manie de ne faire les choses qu'à moitié.

Le dernier clou d'une charpente est tout aussi important que le premier. Il faut que l'eau bouille à cent degrés, pour cuire des pommes de terre ; 70 ou 90 degrés ne suffisent pas, ni même 99. C'est cent degrés qu'il faut. Il en est exactement de même pour le succès d'un travail. Nous devons le terminer à cent pour cent pour que ce soit une réussite.

C'est souvent le dernier effort qui décide du résultat. Que de travaux ont été abandonnés alors qu'il leur manquait juste un pour cent d'effort. Quelqu'un d'autre survint, reconnut la valeur du travail déjà accompli, y ajouta sans peine ce qui manquait, et récolta tout le succès. Il en a été ainsi pour de nombreuses inventions et découvertes.

Il faut apprendre à vérifier, à la fin de chaque travail, si rien n'a été omis, si tout a été fait aussi parfaitement que possible. Cela se justifie d'autant plus que la vie d'un homme sera le reflet exact de sa façon de travailler. Celui qui ne commence jamais un travail sans avoir d'abord terminé celui qu'il était en train de faire, prouve qu'il est capable d'atteindre au succès. Une façon de travailler négligente et désordonnée est en revanche, le point de départ d'une vie nonchalante, sans intérêt et stérile.

Un travail parfaitement achevé nous remplit de satisfaction, c'est-à-dire du sentiment d'avoir fait le nécessaire pour nous assurer le succès. Celui qui travaille dans cet esprit rend son effort attrayant, et s'attire bonheur, joie et profit.

Que notre travail doive profiter à nous ou à d'autres n'a aucune importance. Nous devons, de toute façon, essayer de faire un chef-d'œuvre de tout ce que nous faisons. Celui qui pense de la sorte et travaille avec cette mentalité, est certain de progresser vers une vie plus large et plus haute.

SAVOIR SE DETENDRE

Le travail est une *tension*. Or, la tension et l'exercice prolongé des forces ne sont possibles que si on les fait suivre d'une indispensable détente et d'un rappel de forces nouvelles. L'une suppose l'autre et aucune ne peut exister sans l'autre.

C'est pourquoi notre Nouvel Art de vivre place la culture du repos à côté de la culture du travail. Il faut apprendre non seulement à s'absorber consciemment dans un travail, mais aussi à en sortir et à se détendre d'une façon tout aussi consciente.

C'est un fait infiniment regrettable que la plupart des gens n'aient pas la possibilité matérielle de se détendre réellement. De là vient que si peu réussissent vraiment dans leur travail. Beaucoup sont constamment tendus, souvent hypertendus. Rien d'étonnant à ce qu'ils soient nerveux, irritables, dorment mal, et ne soient que des moitiés d'hommes auxquels la Fortune se refuse de plus en plus.

Apprenons donc avant toute chose, l'art de nous détendre totalement à n'importe quel moment, art sans lequel tout succès durable est impossible.

Sachons d'abord nous débarrasser de l'esprit pernicieux de la hâte et de la précipitation, et apprenons à nous détendre consciemment, corps et âme, avant et après chaque tâche, car mieux nous sommes détendus, mieux nous sommes à même de nous remettre au travail avec entrain.

Cette détente quotidienne est tellement nécessaire, que nous ne pouvons utiliser qu'une petite partie de nos forces sans ces « pauses créatrices », sans que notre âme puisse reprendre haleine.

Les moments les plus propices à la détente sont le matin de bonne heure avant le travail, vers midi, avant notre repas, et avant de nous remettre à l'œuvre l'après-midi, le soir avant d'aller nous coucher, et aussi parfois, au cours du travail dès que nous en éprouvons le besoin.

Celui qui observe cet horaire, qui se relâche corps et âme et se retire entièrement en lui-même, détaché de la vie extérieure, qui devient entièrement calme, ressentira bientôt les bienfaits et la supériorité de cette façon de vivre par rapport à l'état d'esprit agité et crispé du soi-disant « civilisé » contemporain. C'est à cet art de vivre que nous allons maintenant nous initier.

Nous devons distinguer deux choses en ce qui concerne la détente parfaite ; I). Les exercices de repos proprement dit qui servent à récupérer rapidement les forces pendant ou après une activité fatigante, et II). La récréation ou délassement qui sert de diversion reposante pour le corps, l'âme et l'esprit après un travail de longue haleine.

LA FORCE PAR LE REPOS !

Tout ce qui est grand croît dans le silence et dans le calme. Ce précepte des Anciens est encore plus juste de nos jours, car l'homme agité, de notre temps est bien moins réceptif au bonheur que l'homme réfléchi de jadis. La plupart des gens se précipitent à travers la vie comme des fusées, jusqu'à ce que leur combustible, leur réserve d'énergie, s'épuise, ou qu'un obstacle les fasse exploser. Ils sont toujours tendus à l'excès, toujours sous pression, toujours actifs, toujours possédés par quelque chose, toujours pressés. Et malgré cela ils voudraient être heureux !

Ils ignorent complètement que le principe de l'activité efficace se trouve dans un bon repos. Le repos du sage est en effet un repos actif, et son travail une activité reposante au cours de laquelle rien ne reste inachevé.

Nous n'avons pas besoin de repos tant que notre travail nous procure joie et plaisir, mais nous devons nous détendre aussitôt que faiblit notre intérêt.

Dès que l'*inspiration* se ralentit nous devons nous occuper de renouveler nos forces et nos idées à l'aide de la *respiration,* accorder à notre corps et à notre âme une « pause respiratoire » pendant laquelle ils peuvent se reprendre — sinon le corps se crispe et l'âme a le vertige. L'aspiration et l'expiration, la tension et la détente, doivent alterner comme le flux et le reflux. La force vient avec le calme, le bonheur, dans le repos des sens et de la pensée.

Chaque tension doit être suivie d'une détente correspondante au cours de laquelle on se laisse consciemment pénétrer et fortifier par l'esprit de la Vie. Cette détente est nécessaire afin de permettre à l'esprit de la Vie de charger de nouvelles impulsions toutes les cellules de notre corps, tous nos nerfs, toutes les circonvolutions de notre cerveau, et de maintenir un bon équilibre entre l'âme et l'esprit.

Ne dites surtout pas que vous n'avez « pas le temps » de vous détendre. Vous pourriez bientôt, hélas, n'avoir que trop de temps à votre disposition... Réfléchissez plutôt.

Examinez ceci : Possédez-vous le temps ou est-ce lui qui vous possède ? Le travail est-il votre tyran ou en êtes-vous le maître ? Les choses vous possèdent-elles, ou êtes-vous le maître des choses ? Si vous l'êtes, vous avez le temps de prendre quelques instants nécessaires au calme et au repos, et vous ressentirez bientôt avec satisfaction que chaque quart d'heure que vous consacrez à la détente vous rapporte au moins une heure de travail créateur, vous êtes alors largement remboursé.

*
* *

Nous arrivons aux *exercices de détente* que nous devons faire dans la solitude, tant que nous n'avons pas maîtrisé à fond leur technique. Le débutant ne parvient à se détendre complètement que lorsqu'il peut se retirer entièrement en lui-même, sans être dérangé. La présence d'autres personnes, en général, l'empêche de se calmer, de supprimer toute activité du corps et de l'esprit, et d'être complètement détendu.

La position du corps, qu'on soit assis ou couché, doit être absolument naturelle et paisible. Si l'on est assis, il faut garder le buste bien droit, les pieds posés par terre, afin que chaque muscle puisse bien se relâcher, le dos légèrement appuyé au dossier de la chaise afin que la colonne vertébrale reste bien droite, les mains posées à plat sur les genoux ou légèrement jointes.

L'exercice de détente le plus simple consiste à *se retirer dans le silence*. Nous nous asseyons comme nous venons de l'indiquer, fermons les yeux, détendons le corps, aspirons et expirons profondément, en nous abandonnant de plus en plus au sentiment que toutes les mesquineries journalières, les soucis lancinants, et les contrariétés se dénouent par le rythme de notre respiration et disparaissent.

Nous ne lutterons pas contre les pensées négatives qui surgissent, mais leur retirerons notre attention et partant, notre force. Nous nous tournerons vers des images positives et joyeuses. Le silence se fait en nous, peu à peu, et à mesure qu'il se fait, nous nous tournons consciemment vers le sentiment de notre harmonie avec l'infini, jusqu'à ce que nous commencions à sentir le rythme du Grand Tout devenir notre propre rythme intérieur, jusqu'à ce que nous ne percevions plus rien d'autres en nous que le souffle paisible du Grand Tout...

Pensons et sentons : rythme, harmonie, paix. Abandonnons-nous à ce sentiment aussi longtemps qu'il nous sera possible de le maintenir en nous. Plus profond sera le silence, plus abondant sera le flot de force créatrice qui surgira des profondeurs de notre être et inondera notre corps et notre âme.

Après cela nous ouvrirons les yeux, nous nous lèverons, nous étirerons et retournerons rénovés, à notre travail.

Il faut ajouter que cette *détente consciente*, proprement dite, peut être faite les yeux fermés, debout ou assis. Pour la position assise, le mieux est de choisir un fauteuil, aussi confortable que possible. L'essentiel, dans les exercices de détente, c'est d'éliminer toute pensée troublante, tous sentiments ou désirs qui nous occupent, de décontracter notre volonté, de supprimer toute pensée, de chasser toute sensation de crainte, d'inquiétude, de hâte, de précipitation ; par le fait que nous détendons notre mental nous détendons en même temps notre corps, nos nerfs et nos muscles.

Un des moyens les plus sûrs pour arriver à une rapide détente mentale est de concentrer notre attention sur notre respiration. Nous avons déjà appris au cours de la troisième semaine à expulser consciemment tout ce qui nous gêne mentalement ou psychiquement au cours de notre travail et à aspirer la joie et le calme. Si des pensées importunes s'insinuent dans la conscience noyons-les dans le flot de la respiration, et expirons-les avec le souffle.

Nous devons apprendre à nous abandonner entièrement au bien-être du repos et, tel le moyeu immobile de la roue qui tourne, nous retirer en notre for intérieur, — l'éternel Immobile en nous, — et laisser un moment, le monde continuer sa course sans nous.

Laissons-nous pénétrer entièrement par la paisible et consciente certitude d'être : « Repos, harmonie, silence et force ! » Ainsi préparés, nous pouvons commencer les exercices de détente.

Nous nous sommes assis ou étendus commodément. Nous avons supprimé toute possibilité de diversion causée par une position inconfortable, des vêtements trop serrés, un coussin mal placé, etc. Nous nous sommes d'autre part, préparés à la détente en nous concentrant sur notre respiration et en éliminant toutes pensées importunes.

C'est en décontractant, d'une façon consciente, tous nos muscles, des pieds à la tête, que débute la détente proprement dite. Nous nous relâchons complètement et éliminons de notre corps, peu à peu, toute sensation, toute volonté, toute tension jusqu'à ce que la dernière contraction se relâche et disparaisse.

Cette décontraction commence par les muscles des mains et

des bras. Nous supprimons d'abord le sentiment instinctif que les bras et les mains doivent encore fournir un travail quelconque : ils n'ont rien à faire et doivent se détendre complètement. Nous retirons mentalement toute force à nos muscles jusqu'à ce qu'ils s'affaissent comme un arc que personne ne bande plus. Nous dirigeons en même temps, nos pensées sur la sensation imaginaire d'une pesanteur croissante des extrémités. Le sang afflue alors plus abondamment dans ces régions et elles nous semblent devenir de plus en plus chaudes. Cette sensation de chaleur n'est pas une simple illusion, car une hausse véritabe de température de 1 à 2 degrés se fait effectivement dans les bras et les mains. Nous pouvons intensifier cette sensation en imaginant par exemple qu'un soleil ardent nous envoie ses rayons.

Dès que nous ressentons cette chaleur, les bras et les mains sont détendus. Nous pouvons alors passer aux pieds et aux jambes ; elles n'ont plus rien à soutenir et elles peuvent se laisser aller paisiblement aux lois de la pesanteur. Nous n'en avons plus besoin, elles cessent d'être une partie consciente de nous-mêmes. Nous retirons en pensée, de la même façon, toute force aux muscles du ventre, de la poitrine, du dos, du cou, et finalement du visage et de la tête. Après un peu d'exercice cela devient de plus en plus facile et augmente notre emprise sur notre corps.

La détente du mental que nous avons déjà réalisée partiellement sera complète lorsque le corps sera totalement tranquille et détendu.

Nous nous sommes délestés et débarrassés de tout ce qui nous pesait : obligations, devoirs, intérêts et soucis de l'heure, et nous nous sommes rendus inaccessibles à toute pensée, tout désir, à toute préoccupation et appréhension.

Maintenant, éteignons consciemment la lumière qui éclaire le champ de notre conscience, supprimons en quelque sorte le courant mental, si bien que tout l'appareil d'émission et de réception de notre moi conscient est immobilisé, et que seules subsistent les fonctions vitales du corps : la respiration, les battements du cœur, etc.

Nous ne dépendons plus de rien, rien n'a plus d'importance, nous ne sommes plus reliés à quoi que ce soit. La seule chose dont nous soyons conscients est le sentiment de nous dissoudre dans le calme total qui nous entoure de toute part.

Nous sommes devenus le calme lui-même, une goutte au fond des mers du Silence, sans chaînes, sans liens avec le temps, l'espace et la misère du monde...

... Nous sommes au-delà de la vie quotidienne, dans le jour éternel intérieur, déliés, *libérés*. Il pourrait nous sembler, puisque dans cet empire l'instant et l'éternité ne font qu'un, avoir séjourné une éternité dans cet immobile silence. En réalité, nous n'y restons que cinq minutes, et retournons ensuite lentement à la vie quotidienne...

Nous laissons de nouveau la conscience de nous-mêmes envahir notre corps, nous ouvrons les yeux, nous nous levons, nous étirons afin de ressentir d'une façon vivante notre regain de force et retournons à notre travail avec une énergie et une puissance créatrice nouvelles.

LA RECREATION BIENFAISANTE

Savoir se délasser consciemment est aussi utile que de savoir se détendre. La récréation, — ainsi que l'indique le mot, — ne signifie pas se distraire, mais au contraire se recréer, se reprendre en main, rassembler des forces nouvelles en vue d'une nouvelle œuvre. Se recréer est donc un art que seul peut maîtriser celui qui a appris la vraie façon de vivre et de penser.

Démocrite comparait déjà une vie sans récréation à une traversée sans escale. Notre corps n'est pas une machine qu'on peut faire marcher nuit et jour sans lui accorder un instant de repos, mais un organisme vivant, soumis aux lois de la nature, aux alternances du flux et du reflux, du jour et de la nuit, de la tension et de la détente, de l'action et du repos.

La récréation est aussi importante pour le succès qu'une façon de penser et d'agir, correcte. Elle augmente la tonicité des nerfs, trempe la volonté et prépare le terrain pour de nouveaux travaux. Une bonne récréation implique une façon judicieuse d'envisager la vie, le travail, et la détente. Elle doit être prise avec plaisir et toute consacrée aux joies de l'heure ou du jour.

Aucune irritation ne doit s'insinuer dans notre récréation car cela diminuerait nos possibilités d'amasser des forces et de faire ensuite du bon travail. Aucun changement de lieu ou d'occupation ne peut être salutaire si nous ne sommes pas disposés à la joie. L'art de se réjouir est un des secrets des plus importants de l'art de se recréer. Si nous avons appris à être heureux, nous retirerons de nos fins de semaine, et de nos vacances, le maximum de profit.

Il n'y a pas grand-chose de spécial à dire ici au sujet de l'organisation des vacances. Elle dépend des goûts et des moyens de chacun. L'important c'est qu'elles nous permettent de récolter le plus possible de nouvelles impressions, que nous en profitions pour entrer en contact avec les courants intellectuels de notre époque qui feront naître en nous des idées et des conceptions nouvelles, afin de reprendre notre travail avec une ardeur renouvelée.

Nous devons, avant tout et de préférence, rechercher la nature et apprendre à nous adapter à son rythme. Nous devons réapprendre à aimer les champs et les fleurs, la montagne et la mer et, plus que tout, la forêt. Nous devons nous laisser aller entièrement à notre affinité profonde avec les arbres et les nuages, les rivières et les collines et respirer en accord avec le rythme éternel de la Nature. Et n'oublions pas le soir, d'élever toujours à nouveau nos yeux vers le ciel, pour prendre conscience, dans la contemplation des étoiles, de notre identité avec la puissance vivante du Grand Tout.

Nous puiserons ainsi dans la Nature paix et force, un nouveau courage de vivre, une plus profonde compréhension de la vie, une plus grande harmonie intérieure. Les forces créatrices de notre âme commenceront à s'éveiller et à s'épanouir doucement. En nous promenant à travers la belle nature, nous comprendrons de plus en plus la vérité de cette boutade d'un poète : « Tout marcherait bien mieux si nous marchions davantage ! »

L'ATTITUDE JUSTE DEVANT LA VIE

> *« Je veux apprendre de plus en plus à voir la beauté des choses dans leur nécessité, et devenir ainsi un de ceux qui rendent les choses belles. Je ne veux pas me plaindre, ni plaindre celui qui se plaint. Que ma seule négation soit de détourner mon regard ! Et en tout et pour tout, que je sois un de ceux qui disent « Oui » à la vie ! »*
>
> Nietzsche.

En elle-même la vie est remplie de joie et de bonheur, mais nous devons, pour y participer, reconnaître et affirmer ce bonheur. Or, la majorité des gens fait exactement le contraire : elle prévoit la guigne au lieu de prévoir la chance, la maladie au lieu de la santé, l'échec au lieu du succès. Pensant et vivant ainsi il arrive le plus souvent que les choses se présentent aux gens sous leur aspect le plus sombre. Nous pouvons être certains, si notre vie nous semble pénible et douloureuse, qu'il y a une erreur dans notre façon de l'envisager, car elle nous donne toujours exactement ce que nous en attendons.

Apprenons à contempler la vie avec les yeux de l'âme. De cette façon, nous nous relions avec ce qu'il y a de meilleur en toutes choses, et nous apercevons de plus en plus en elles l'esprit de la vie qui nous regarde, nous sourit amicalement et nous bénit.

Nos pensées prédominantes et notre état d'âme décident de notre bonheur. Sommes-nous craintifs, nous sentons-nous faibles et petits, nous le devenons réellement. Si, au contraire, nous nous estimons grands et vigoureux, destinés par notre force intérieure à remporter des victoires et à nous élever, nous opérons graduellement une transformation totale dans l'évolution de notre destinée.

Nous ne serons plus attachés par des idées fausses à un ensemble de circonstances douloureuses qui nous abaissent et nous diminuent, mais aux sources de la force, du bonheur et de la réussite dont l'énergie affluera en nous et nous portera en avant.

Plus notre état d'âme est positif, plus augmentent nos chances de succès et plus nous devenons conscients des circonstances favorables à notre progrès et savons les utiliser.

La vie sourit et se penche vers celui qui attend en souriant ce qu'il y a de meilleur en elle. Nous devons avoir une attitude aimable envers la vie, si nous désirons connaître son côté aimable. Notre vie dépend de nous-mêmes, car le centre de la roue de notre vie est en nous.

Pourquoi redouter quoi que ce soit puisqu'en nous réside toute la force voulue pour maîtriser la vie ! Pourquoi nous inquiéter puisque tout ce qui nous affecte a son origine en nous ! Pourquoi nous désoler puisque la force qui rend notre vie riche ou misérable est en nous et nulle autre part ! Pourquoi nous tourmenter puisque tout ce qui est bon est déjà nôtre et fait partie de notre âme !

Notre âme recèle des possibilités, des forces et des capacités incalculables, elle est, en même temps, l'instrument de la réalisation de tout ce que nous désirons. La sagesse du Sage consiste à s'abandonner avec confiance à l'esprit de la vie et à affirmer sa force intérieure. Il se rend ainsi réceptif à l'aide du dedans comme à celle d'en Haut. Il se laisse guider et féconder par l'esprit de la vie et laisse mûrir en lui ce qui cherche à prendre forme dans son destin.

Nous nous reconnaissons supérieurs à tout lorsque nous sommes allés à l'esprit de la vie. Pénétrés de celui-ci nous comprenons que tout ce qui nous arrive est bon et nécessaire.

AIMEZ VOTRE DESTIN !

Les notions qui suivent doivent être la base d'une sérieuse prise de conscience de soi et de son destin.

Accuser son destin, se plaindre à Dieu et aux hommes et gémir sur son « sort misérable » est absolument inutile. On croit souvent pouvoir alléger ainsi son cœur d'un poids qui l'opprime alors qu'en réalité on l'alourdit, car celui qui se plaint, tombe toujours plus bas dans l'océan de la vie, au lieu de s'élever vers les sommets.

Pour maîtriser la vie, il faut l'aimer avec tout ce qu'elle contient et nous apporte. Le visage des choses se transforme lorsque nous aimons ; il s'illumine et nous renvoie les rayons de notre cœur ensoleillé.

Chercher lâchement à fuir son destin, c'est renoncer à sa liberté et resserrer des entraves invisibles. Se débattre, c'est affirmer sa faiblesse. Nous devons affronter notre destin courageusement et affirmer la vie, c'est-à-dire affirmer notre force, la libérer et être soulevés par elle au-dessus des soucis du moment.

Les difficultés de la vie ne doivent pas être une cause de jérémiades mais, au contraire, une incitation à prendre conscience de notre force, à engager la bataille et à transformer toute misère en bienfait. Seule notre acceptation de tout, nous rend capables de venir à bout des pires difficultés, de les fouler aux pieds et de passer outre.

Deux possibilités nous sont toujours offertes à tout moment : soit, de nous soumettre à une peine, soit de nous élever au-dessus d'elle avec le sourire.

Il s'agit donc de surmonter chagrins et difficultés et de faire plier notre destin en l'affirmant. Or, *surmonter* quelque chose veut dire littéralement *monter dessus* et, au lieu de le supporter, d'en faire notre support. Mais cette sagesse ne devient vraiment vivante en nous que lorsque nous en faisons l'expérience. Eprouvons donc la justesse de cette affirmation à la première difficulté qui se présentera. Essayons d'accueillir toute chose d'une manière positive et active et non pas plaintive et passive. Celui qui fait joyeusement le nécessaire fait ce qu'il faut pour chasser la douleur. Il se rapproche des sommets lointains en accomplissant résolument l'immédiat et il prépare ainsi l'arrivée dans sa vie de ce qu'il y a de meilleur et de plus grand. Notre devoir consiste justement à faire ce qui se présente à nous et non n'importe quoi d'autre. Il faut aller au-devant de ce devoir d'une manière positive, l'accueillir avec un « oui » sans réticence et non à contre-cœur — en prévoyant de plus grandes difficultés, — mais avec bonne volonté et la résolution d'en venir à bout.

La Nouvelle Science de la Vie enseigne à ne pas éviter les épreuves, mais à aller à leur rencontre courageusement comme vers une aventure, à les surmonter et à passer outre confiants en notre force intérieure devant laquelle aucune misère ne peut subsister car nous sommes notre propre destin. Nous faisons ainsi du malheur la pierre de touche de notre force intérieure, et aspirons à prouver notre résistance, notre indépendance intérieure des contingences extérieures.

*
* *

Le Sage ne considère pas le monde comme une donnée immuable mais comme une tâche à remplir, et tout ce qui lui arrive comme un degré à gravir sur la voie des sommets. De même, l'étudiant du Nouvel Art de Vivre aspire à s'élever par sa réalisation progressive, au-dessus de la misère et de la souffrance, vers le bonheur, la force et le succès, et à devenir de plus en plus un bienfaiteur pour son prochain. Il n'est ni optimiste ni pessimiste à l'excès ; il pratique cet activisme sain qui découvre et affirme le bien en toute chose, et aspire à en tirer le meilleur profit. Il ne repousse pas les problèmes de la vie quotidienne sur le plan métaphysique, n'en accuse ni Dieu, ni le sort, ni le hasard, mais fait d'un succès comme d'un échec une incitation à contribuer, pour sa part, à multiplier le bonheur de tous. Il augmente ses chances et ses possibilités de succès en plaçant sa vie et ce qu'elle contient sous le signe de la joie ; en agissant avec rapidité et décision, il surmonte les difficultés qui paralysent les aveugles d'âme. Seul celui qui reste passif endure la vie et en souffre. La souffrance conduit l'homme actif à la purification de soi et, hors du cachot de la souffrance imposée, vers la liberté sans entraves de son âme.

Il s'agit de reconnaître que *tout ce qui nous arrive constitue un degré dans notre ascension vers les sommets*. Il nous paraît parfois très dur de gravir ce degré, mais c'est le seul chemin pour arriver plus haut et pour atteindre ce qu'il y a de meilleur. Que cette pensée nous réjouisse !

Nous apprenons à ne plus souffrir de ce qui nous atteint, à

ne plus le subir passivement, mais à conserver notre indépendance et à prouver notre supériorité. Plus importante sera la tâche qui nous est imposée par le sort, plus nombreuses et diverses seront les possibilités de nous perfectionner et de grandir.

Nous nageons tous littéralement dans un flot de possibilités. Nous risquons, en restant passifs, de nous y noyer ; nous pouvons lutter contre le courant et gaspiller ainsi nos forces, mais nous pouvons aussi, en aimant la vie, nous laisser porter par le courant, et transformer mille possibilités en mille réalités. Cela distingue l' « actif » du « passif ». Celui qui nie la vie de celui qui l'affirme. Ce qui est redoutable pour l'un est profitable pour l'autre, ce qui est un fardeau pour l'un est un plaisir pour l'autre, éveille ses forces et sa joie créatrice. L'un est l'enclume qui reçoit les coups, l'autre le marteau qui transforme le bloc de fer. Or, cesser d'être l'un pour devenir l'autre, être de plus en plus à la hauteur de notre vie, c'est là notre destination.

SOYEZ COURAGEUX ENVERS VOUS-MEME

La force de vivre notre propre vie, de nous affirmer courageusement, d'avoir confiance en nous-mêmes, et de nous aider nous-mêmes, résulte d'une attitude juste envers la vie. La seconde condition d'une vie réussie s'énonce : sois courageux envers toi-même.

« Quels profits ne retirerions-nous pas de l'habitude d'observer attentivement, ne fût-ce qu'une heure par jour, nos forces, notre cœur et nos penchants. Le pas le plus important vers la perfection est franchi dès que nous arrivons à nous connaître intérieurement » (Schiller). Cette heure d'examen de conscience et d'encouragement est celle où l'on passe en revue la journée écoulée et où l'on fixe le but de la journée à venir. Il en sera parlé dans la onzième semaine de ce Traité. Nous atteignons pendant ces heures à la connaissance de plus en plus approfondie de notre être intérieur et au courage d'être nous-mêmes.

Nous oublierons ainsi peu à peu de nous plaindre de ce que d'autres avancent facilement dans la vie, alors que pour nous le progrès est difficile. Nous apprendrons à nous affirmer, à utiliser et à libérer notre force intérieure, et à nous tremper, car l'homme n'est débile qu'aussi longtemps qu'il manque de courage envers lui-même.

Nous reconnaîtrons alors que nous avons, comme les autres, le devoir et le droit de maîtriser la vie et le bonheur. Des succès de premier ordre s'annonceront dès que nous ne penserons plus en hommes de second rang, mais que nous agirons, penserons et sentirons en « passagers de première classe ». A ce moment-là, nous ne rendrons plus le monde qui nous entoure responsable de notre chance ou de notre échec : nous reconnaîtrons que notre façon de penser jusqu'ici a nécessairement fait de notre destinée ce qu'elle est, mais aussi que nous sommes les forgerons de notre avenir.

C'est pourquoi la Nouvelle Science de la Vie vous adresse cet appel : « Assez de complexes mesquins, assez de sentiments d'infériorité qui vous paralysent et vous freinent. Eveillez-vous enfin à la conscience de votre liberté intérieure ! Vos souffrances ne durent qu'autant que vous les acceptez. Ne permettez donc plus aux pensées de faiblesse et d'impuissance d'occuper votre conscience, ne permettez à personne de vous persuader que votre avenir est sans espoir. Vous ne perdez que ce à quoi vous renoncez vous-même.

Vous n'êtes pas des esclaves, mais des rois. Seule une façon de penser erronée abuse votre esprit. Modifiez votre façon de penser et votre destinée changera également. « Il sera donné à celui qui possède ! ». Si vous avez du courage, vous aurez aussi de la force ! Si vous avez confiance dans la vie et en vous-même, le succès sera à vous.

Vous êtes les créatures de votre pensée et non du monde qui vous entoure. Celui-ci n'a d'autre puissance sur vous que celle que vous lui accordez par une façon de vivre et de penser erronée.

Reprenez-vous en main, rappelez-vous quotidiennement à l'ordre et dites-vous bien : « Je suis libre, je suis maître de moi-même et de ma vie. Je suis seul forgeron de ma destinée ».

Toute libération vient de notre moi intérieur, jamais de l'extérieur. Une façon juste de penser et de vouloir, et une attitude d'âme adéquate nous rendent libres. Tout ce qui survient dans notre vie a pour cause ce qui réside en nous !

En nous est la force de transformer notre vie selon notre

volonté. Retirons-nous donc en nous-mêmes, en notre moi supérieur, dont le rayon visuel dépasse de beaucoup l'horizon étroit d'un jour terrestre.

Prenons comme *modèles de grands hommes,* c'est salutaire et encourageant à condition de ne pas devenir des imitateurs et de pâles copies d'autrui, au lieu de rester nous-mêmes. Nous ne sommes pas destinés à ressembler à d'autres. Chacun de nous doit sauvegarder l'originalité de son être. La Nouvelle Science de la Vie ne veut pas des imitations, mais des créations personnelles. Il faut donc apprendre à vivre sa propre vie, à ne pas vivre à la remorque de l'esprit des autres, mais selon ses propres trésors et les utiliser. Herder exprime la même pensée lorsqu'il conseille à chacun, « d'éviter autant que possible d'être l'esclave d'une destinée étrangère, car chacun doit avoir la sienne propre. »

*
* *

L'étoile « de notre destin est dans notre cœur », nous ne dépendons pas de puissances étrangères, affirme Schiller, ni de mondes lointains. Nous nous déterminons nous-mêmes et il dépend de nous de maîtriser « la Vie » ou non.

Ce que nous ambitionnons, ce que nous désirons ne vient jamais à *nous,* mais toujours *par nous* en s'écoulant à travers nous, du monde des réalités intérieures dans le monde des réalités tangibles.

Et comment y arrivons-nous ? Par notre affirmation, par l'amour de notre destinée, par notre confiance en notre force intérieure, par une façon juste de penser et d'agir.

Nous avons déjà appris dans la première semaine de ce Traité que nous avons en nous la force d'édifier une nouvelle vie. Mais, ce faisant, nous assumons la responsabilité de cette nouvelle Vie. Cela implique un changement fondamental dans notre attitude devant la vie et l'abandon des faiblesses de la plupart des gens ; cela exige de la décision et l'affirmation de soi-même.

Nous devons tâcher de découvrir ce que nous pouvons retirer de bon de l'adversité au lieu de nous lamenter à son sujet. Seul celui qui hésite sera rejeté, alors que celui qui fait immédiatement son possible, qui attend toujours de soi et de la vie le meilleur et le plus grand, sera adopté et béni par l'esprit de la vie. Nous devons avoir le courage de nous élever au-dessus de toute mesquinerie, laquelle n'est qu'un amoindrissement de soi ; et ne pas nous attarder dans les erreurs et les fautes, mais aller de l'avant et monter plus haut. Personne n'est contraint de rester ce qu'il est, chacun peut grandir, il n'a qu'à le vouloir vraiment.

En pensant ainsi, nous apprendrons à être de moins en moins timorés, à oser davantage et à avoir sans cesse les yeux fixés sur la victoire. Nous ne serons pas menés par la vie comme un troupeau de moutons, c'est nous qui la mènerons là où nous voulons. Nous ne nous laisserons plus aller et ne laisserons plus les choses aller à leur gré autour de nous, nous nous déterminerons nous-mêmes, ainsi que ce qui est en nous et autour de nous. Nous nous élèverons au-dessus de toute contrainte et obéirons à notre propre volonté. Nous dominerons tout asservissement et en ferons un élément et un gage de notre liberté. Nous dirons *oui* à nous-mêmes et à tout ce que nous apporte le destin que nous nous sommes fait. Nous amènerons de cette façon notre force intérieure à se déployer de plus en plus librement, et éveillerons notre pouvoir de maîtriser la souffrance.

C'est pourquoi la Nouvelle Science de la Vie ne cesse de nous encourager et de nous dire : « Vous êtes les enfants de l'infini, vous participez à la même force qui palpite et agit dans le Grand Tout.

Vous n'êtes pas seulement des créatures, mais aussi des *créateurs*. Assez donc de l'illusion d'un prétendu esclavage. Vous avez en vous infiniment plus de forces et de possibilités que vous ne soupçonnez. Cherchez votre salut en vous-mêmes ! Allumez en vous l'étincelle Divine en ayant toujours conscience de vous-mêmes et libérez-vous. Reconnaissez que vous pouvez maîtriser votre vie et vous-mêmes par votre force intérieure ! Croyez en votre force ! soyez courageux envers vous-mêmes. Attendez le bonheur et l'épanouissement de votre vie comme une chose qui va de soi, et songez à chaque instant à votre unité avec l'esprit de la Vie qui est la source de toute abondance !

OCCUPEZ-VOUS DE VOS PROPRES AFFAIRES

L'exigence de vivre votre propre vie entraîne comme conséquence de mettre d'abord de l'ordre dans vos affaires avant
de vous mêler des affaires des autres. — Ce qui manque
à la plupart des gens pour arriver à maîtriser la vie c'est
l'indépendance intérieure de celui qui compte sur lui-même,
et sans jamais s'immiscer dans les affaires des autres, songe
avant tout, à mettre de l'ordre dans les siennes. Seul celui qui
s'est amélioré lui-même, a acquis le droit d'exiger des autres
qu'ils suivent son exemple. Mais justement celui-là n'exige
plus rien des autres.

« Que chacun cultive son *propre* jardin, il y a assez à faire »,
conseille un vieux proverbe allemand, ce qui veut dire : aussi
longtemps que l'on n'aura pas réglé ses propres affaires on a
tort de s'occuper de celles des autres. Cela implique, comme
notre lecteur le sait déjà, que nous devons voir, au-delà de
nos fautes, les forces à susciter, les éveiller en les affirmant et
en les mettant à 'œuvre, — ce qui fait disparaître d'eux-mêmes
les défauts. Ces forces, dont nous avons mesuré jusqu'ici,
dont nous avons privé les autres en même temps que nous-
mêmes, nous devons les employer à devenir plus grands et
plus heureux.

Nous devons nous juger nous-mêmes, non dans le sens négatif du mot, en nous frappant la poitrine et en pleurant sur nos
péchés, mais dans le vrai sens, en nous tournant vers ce qui
est juste, en étant sincères envers nous-mêmes, en nous redressant moralement et en soumettant nos actes et nos pensées à
ce qui est bon et noble.

Il s'agit de revenir aux sources de la vie qui coulent en nous,
afin d'y puiser l'abondance. L'esprit infini du bien agit à travers
nous sans arrêt. Sommes-nous conscients de son activité et de
sa présence secourable, alors l'harmonie et l'abondance entrent
dans notre vie.

L'amélioration du monde qui nous entoure commence toujours par nous-mêmes. Toute critique d'autrui est un jugement porté sur nous-mêmes. C'est le sens de l'avertissement
du Sauveur : « Ne jugez pas afin de ne pas être jugés. » Votre
directive la plus sûre sera ici la Règle d'or : « Traitez les gens

comme vous voudriez être traités par eux. » Nombre de petites règles familières peuvent être déduites de cette règle d'or : en voici quelques-unes : « Il faut être un tombeau pour la médisance ». « Tâchons de transformer les propos malveillants qu'on nous débite en propos bienveillants et rétablissons ainsi l'harmonie entre les êtres. »

Attendons toujours le meilleur des autres et suscitons chez chacun la manifestation de ce qu'il y a en lui de plus noble, en suivant les règles de l'équité et des joutes chevaleresques. Ne regardons jamais à l'insignifiance des autres, mais au contraire à leur valeur, à ce qu'ils sont destinés à devenir et deviendront un jour, car s'attarder sur les défauts des autres c'est les provoquer en nous. De même, ébranler la confiance en soi de quelqu'un prépare en nous l'éclosion d'un sentiment d'infériorité.

La Nouvelle Science de la Vie enseigne à suivre la loi d'harmonie et cela exige que nous laissions chacun vivre selon ses tendances et n'obligions personne à imiter notre genre de vie ou toute autre façon de vivre qui lui est étrangère.

Chacun a son propre rythme de vie qu'il doit découvrir et auquel il doit se conformer s'il veut être heureux et donner à la communauté ce qu'il y a de meilleur en lui.

Il ne faut donc jamais exiger des autres ce qu'on n'est pas arrivé d'abord à mener à bout soi-même. Et là encore, il ne faut rien exiger des autres, mais tout de soi-même.

En cherchant à comprendre autrui on se rend soi-même plus compréhensible. En encourageant les autres on réveille son propre courage. En affirmant le bien qu'il y a en toute chose, on le suscite dans sa propre vie. En aidant les autres on s'en fait en même temps, des aides.

PENSER JUSTE

> « *Pour être heureux par la nature, il faut avoir reçu d'elle une sensibilité inaltérée, qui est le plus grand de ses bienfaits, or, bien penser est une condition indispensable pour arriver à bien sentir.* »
>
> WIELAND.

La vie est de la pensée transposée en actes. Nous avons déjà reconnu, par ce que nous avons appris jusqu'ici, que nous ne pouvons pas vivre droitement sans connaître et suivre les règles de la pensée. Nous allons donc nous mettre, sans tarder, à l'étude de ces règles. Nous n'entendons pas le fait de « penser » comme un simple enchaînement des idées, mais comme une façon consciente de diriger celles-ci, d'en régler le cours et d'en être maître, contrairement à la plupart des gens qui semblent aller à la dérive de leur courant mental.

Nous entendons par « *penser juste* » un mode de penser qui nous mène toujours plus haut vers une augmentation constante de notre force, vers le bonheur, la santé, le succès, vers une ascension triomphale dans la vie, vers l'harmonie avec l'univers. La pensée juste est comme le marteau du forgeron de l'âme et son outil le plus important.

Les pensées ne sont donc pas seulement le moyen d'appréhender les choses et les êtres du monde qui nous environne, mais sont aussi des forces à l'aide desquelles nous pouvons agir sur nous-mêmes et sur les choses, en les transformant. Nous nous occuperons donc avant tout ici de la pensée, non comme moyen de *comprendre*, mais de *maîtriser* le monde, et non de son *mécanisme*, mais de son *dynamisme*. Les pensées ne sont pas seulement des moyens de connaissance, elles sont *créatrices*. Nous devons donc apprendre à penser consciemment en créateurs et reconnaître que ce ne sont pas les circonstances extérieures qui déterminent notre bonheur mais bien nos *pensées*. Chaque pensée bonne ou mauvaise influence notre monde intérieur et le monde qui nous entoure. Une façon de penser erronée est cause d'une grande partie des souffrances et des misères humaines. La pensée erronée est pessimiste, incohérente, malsaine, sans but, elle coupe les cheveux en quatre, et mène peu à peu vers le manque d'unité intérieure, de but, d'énergie, de maîtrise de soi, vers l'absence de volonté, le détraquement nerveux, l'agitation, la poltronnerie, l'inquiétude, l'obsession et les échecs.

Penser juste c'est au contraire, : I). *Penser complètement.* La plupart des gens restent à mi-chemin de leur faculté de penser, ils pensent incomplètement, avec une partie seulement de leur cerveau. Penser complètement consiste à penser à la fois avec tout son cœur et tout son cerveau, ainsi qu'avec son âme et son esprit, et non seulement avec notre moi conscient, mais aussi avec notre subconscient.

II). *Penser consciemment — inconsciemment.* Nous devons apprendre à réfléchir de façon rationnelle et intelligente à une question ou à un sujet et, d'autre part, prendre en même temps une attitude intérieure réceptive, c'est-à-dire, attendre activement qu'une intuition nous éclaire, qu'une solution nous vienne en tête, d'elle-même. Nous avons d'une part nettement conscience de penser « *Je pense* ». Nous travaillons avec des notions précises, que nous pouvons puiser à tout moment dans notre mémoire et faisons tout ce qui dépend de la force de notre intellect. D'autre part, nous nous laissons aller docilement aux suggestions de notre esprit et laissons « quelque chose » penser en nous et nous conseiller.

III). *Penser avec conscience de sa force,* La plupart des gens ne pensent qu'avec la moitié de leur force et laissent l'autre moitié s'échapper sans profit, alors qu'il s'agit de penser en étant conscients qu'une force puissante est en nous, laquelle cherche à atteindre des solutions et des réalisations !

IV). *Réfléchir d'avance.* Il faut tâcher d'être dans le vrai sens du mot une espèce de Prométhée, un précurseur. Il faut s'éduquer à réfléchir à une chose *avant* les autres et à la « penser » jusqu'au bout. Une telle réflexion ne donne pas seulement un clair aperçu des choses, mais en même temps une supériorité sur elles, ou sur l'ensemble d'une situation.

V). *Penser d'une façon rationnelle et logique.* Il s'agit avant tout de savoir distinguer par ses propres moyens ce qui est essentiel de ce qui ne l'est pas, de trouver la cause de chaque événement et d'en prévoir les effets. Il s'agit aussi de penser, autant que c'est humainement possible, d'une façon objective et systématique d'après des principes immuables, en contrôlant sans cesse, et en vérifiant les notions utilisées. Cela est inséparable d'une façon de penser fertile en résultats utiles, laquelle prévoit ce qui peut résulter ou non d'une affaire et ce qu'on peut tirer d'une connaissance nouvellement acquise. Penser ainsi c'est penser pratiquement.

VI). *Penser en vue d'un but.* Il faut avoir un but si l'on veut réussir dans la vie, mais il faut aussi savoir prendre l'attitude conforme à ce but, si on tient à l'atteindre. Plus nous savons exactement ce que nous voulons, plus clairement nous saisissons d'un coup d'œil les moyens et le chemin qui mènent à ce but, et plus sûrement nous y parvenons. Penser à un but veut donc dire : ne jamais le perdre de vue, et réfléchir aux moyens de l'atteindre le plus sûrement avec un minimum d'efforts, dans un minimum de temps et sans détours inutiles. Une façon correcte de penser est toujours progressive, joyeuse, constructive et créatrice. La tendance à subtiliser, à ratiociner, à rêvasser, est le caractère de la pensée erronée. La pensée du fantaisiste comme du ratiocineur n'est pas fixée sur un but, elle suit des méandres compliqués, sans direction ni objet précis.

VII). *Penser en images.* Bien penser c'est penser objectivement, plastiquement, en images vivantes et colorées. Penser en images c'est penser intuitivement, en imaginant. La pensée est une vision. Nous pensons toujours en images, mais nous devons apprendre à le faire d'une manière consciente, en remplaçant toutes les images désagréables par des images agréables et plaisantes. Penser en images nous fait pénétrer à travers les choses et les faits jusqu'à leur cause première. C'est une façon de voir juste. Penser visuellement oblige à bien observer, bien comparer, bien conclure et bien agir.

VIII). *Penser d'une façon indépendante* consiste à ne pas laisser les autres penser pour soi, à ne pas accepter sans réflexion les idées de « tout-le-monde » mais à les mettre à l'épreuve, à y réfléchir soi-même, puis à juger, à ne pas se faire l'écho d'idées étrangères, à ne pas se laisser impressionner par des « slogans » destinés à étouffer toute opinion indépendante ; à vérifier le contenu d'une information pour en extraire une connaissance authentique et personnelle, bref, à étendre l'exigence « d'être soi-même » jusqu'à ses pensées et à vivre selon cette exigence.

IX). *Penser d'une façon positive.* Celui dont la pensée est sans cesse occupée par des sentiments de haine, par des idées d'adversité, de maladie, de misère, appelle, suivant la loi d'attraction du même par le même, des événements fâcheux. La Nouvelle Science de la Vie enseigne qu'il faut, au contraire, penser d'une façon positive, et, en affirmant et en attirant le Bien devenir noble et sain, pur, plein d'amour, de foi dans sa victoire et de confiance en son succès. On crée ainsi des champs d'attraction mentale qui attirent ce qu'on se représente.

X). *Penser au côté plaisant des choses.* Penser à l'agrément d'une chose rend cette chose forte et agissante. Le résultat de nos pensées et de nos activités sera conforme à notre attitude mentale pendant que nous y pensions. Ce que nous créons mentalement finira toujours par devenir une réalité palpable. Il s'agit donc d'y penser *avec amour*. Seul jouit de succès durables au cours de sa vie, celui qui accueille en lui avec amour, toutes les forces bienfaisantes, et considère tout ce qu'il rencontre, êtres ou objets, comme destinés à le réjouir et à l'aider. Donc ne penser que ce qui est bon, ne sentir que ce qui jaillit de l'amour, ne dire que ce qui est noble, ne souhaiter et ne faire que ce qui est juste et profitable. Le succès dans la vie viendra alors de lui-même comme un effet des vibrations produites par l'amour.

XI). *Penser d'une manière créatrice.* Un outil, un meuble, un instrument, une machine, un objet d'art, un livre, tout est la matérialisation d'une pensée créatrice. Chaque pensée est une semence bonne ou mauvaise. Nous devons, pour réussir, semer de bonnes pensées et la récolte lèvera d'année en année. Il y a partout des sentiers non battus par lesquels il est possible, avec des pensées créatrices, constructives et ingénieuses, d'arriver à des connaissances et des découvertes nouvelles, de devenir un pionnier du perfectionnement, un guide dans des domaines inconnus et un créateur de nouvelles valeurs. Il s'agit seulement d'ouvrir les yeux, de reconnaître les possibilités qui existent, de savoir relier en un nouvel ensemble des idées en apparence éloignées les unes des autres, de ne pas se laisser arrêter par des idées préconçues et des soi-disant « impossibilités », mais de s'aventurer courageusement dans l'inconnu, l'inexploré, et de changer en réalités positives les possibilités pressenties.

XII). *Penser en agissant.* Le résultat d'une pensée montre jusqu'à quel point on a pensé en images vivantes, autrement dit en actes. Tout comme le travail est le produit de la force, le succès est le produit d'une façon juste de penser et d'agir et l'habitude de penser juste conduit inévitablement à vivre et à agir de même. Mais il ne suffit nullement de se forcer à penser qu'une chose doit être réalisée, puis d'abandonner le reste au hasard. Il est tout aussi important d'avancer pour se rapprocher de son but, que de se concentrer sur celui-ci et sur la connaissance du chemin qui y conduit. Penser et agir justement sont comme des frères siamois qu'on ne peut séparer l'un de l'autre sans les tuer tous les deux. Ils doivent être joints pour former le pont entre l'idéal et la réalité.

De même que nous bâtissons d'abord en esprit la demeure dont nous rêvons, avant de faire intervenir les hommes et les forces nécessaires, nous devons agir en pensant, et penser en agissant en vue de nos ambitions. Il ne suffit pas de savoir que les bonnes pensées attirent le succès, nous devons agir selon cette « connaissance », nous devons vivre notre idéal. Alors les fils du destin formeront un réseau d'âme à âme, et de notre âme aux choses et aux forces qui nous portent en avant.

On ne peut pas, naturellement, apprendre à penser de cette façon parfaite en une semaine. Il faudra s'y exercer quotidiennement, pendant des semaines ou des mois, car il faudra surmonter tous les jours de nouveaux obstacles, abolir d'anciens défauts, des routines gênantes qui s'opposent aux nouvelles habitudes de penser et de vivre. Mais celui qui persévère sera finalement vainqueur.

PUISSANCE DECISIVE DE LA PENSEE

La pensée est le début d'un mouvement, l'origine d'une action, le germe d'un événement. Elle est aussi réelle que quoi que ce soit au monde, car est réel ce qui agit en réalité. Chaque pensée est *force*, une oscillation vivante dans l'éther spirituel. Elle est de l'esprit en mouvement, elle est force transformatrice, aspirant à se dépenser, à se réaliser, à remplir sa destination.

Chaque pensée est un complexe de force, une sorte d' « entité éthérique », dont la vie et la force effectives sont déterminées par la concentration, la précision et le degré de conscience de la pensée. Nous ne pouvons voir cette force, tout au moins avec nos yeux, et nous ne pouvons jusqu'ici la mesurer directement avec aucun appareil, mais nous sentons et éprouvons son effet.

Mais d'où provient la pensée ? Elle ne jaillit pas du cerveau mais bien de l'âme. Ce n'est pas le cerveau qui pense, ni notre subconscient, mais le Penseur en nous. La pensée agissante et créatrice vient des profondeurs de notre moi, telle une impulsion du Penseur en nous, — le subconscient et le cerveau ne sont que des intermédiaires, les outils de sa formation.

De même que l'on peut juger de la force du courant lorsqu'on reçoit un choc électrique, l'on peut constater les effets d'un violent « afflux de pensée » par les divers changements physiologiques qu'il provoque spontanément. Le cœur s'arrête ou bat plus vite, les nerfs tressaillent, les muscles se relâchent ou se raidissent, le sang monte à la tête ou s'en retire, la salive et le sang changent de composition, les glandes travaillent plus lentement ou plus rapidement, la digestion est ralentie ou accélérée, la respiration se ralentit ou se précipite, elle se dérègle.

Nous voulons apprendre à maîtriser la force qui agit ainsi.

*
* *

Tout ce qui est arrivé, et arrive, était d'abord *pensée*. Tout ce qui *nous atteint* résulte d'une ancienne pensée. Tout ce qui est, a d'abord été une *idée*, une réalité intérieure devenue finalement un *fait*, une réalité tangible.

Tout ce qui est, est de la pensée cristallisée. Ce que nous sommes aujourd'hui est le produit de ce que nous avons pensé jusqu'ici, et nous serons plus tard ce que nous pensons aujourd'hui et penserons demain selon la loi : d'abord intérieurement, ensuite extérieurement, d'abord dans l'invisible, puis dans le visible.

La pensée est comme une semence ; une fois pensée elle se met à germer, à fleurir, à mûrir et à fructifier, selon sa force première. Nous confions la graine au sol pour qu'elle y trouve la nourriture dont elle a besoin, et nous nommons « Vie » ce qui fait germer la semence, sans pouvoir, pour autant préciser ce qu'est la Vie.

Nous ne savons pas davantage, ce qui agit sur une pensée pour en faire une réalisation. Il doit nous suffire de confier la bonne semence de notre pensée au champ de notre âme, d'attendre, pleins d'espoir, jusqu'à ce que le germe sorte de terre, grandisse et produise finalement de multiples fruits. De même que la semence se développe dans l'obscurité de la terre et surgit ensuite dans la lumière, pour nourrir nos corps, la semence de la pensée juste lève dans le calme et le silence de l'âme avant de devenir une réalité palpable, qui nourrira de nombreuses âmes.

Tout comme le miniscule gland du chêne tire sa force du sol de la forêt pour devenir un arbre puissant et majestueux, ainsi la pensée tire du sol de l'âme la force de se développer, au point de devenir la pensée maîtresse de millions d'hommes. Dans les deux cas nous sommes saisis de vénération devant les merveilles de la vie.

La richesse de nos pensées est aussi multiforme et variée que la végétation sylvestre, où l'utile et l'agréable, le nuisible et l'hostile forment un mélange hétérogène. De même que le garde forestier dans la forêt, et le jardinier dans son jardin, s'efforcent de favoriser la croissance des plantes utiles, et de détruire les plantes nuisibles, nous devons avoir soin de ne laisser croître dans notre moi conscient que des pensées justes et bonnes ce qui garantit le bonheur, car chacun devient et attire, ce à quoi il pense le plus.

Une *seule* pensée affirmative de force peut déjà avoir une immense importance : elle est semblable à une avalanche spirituelle que nous ferions rouler du haut d'une pente vers un but précis dans la vallée. Il s'agit pour nous, tant qu'elle roulera, de garder constamment les yeux fixés sur le but, de ne penser à rien d'autre, afin que l'avalanche ne dévie pas de sa route. Si une pensée négative nous fait regarder à gauche, l'avalanche mentale tournera aussi à gauche et manquera le but. Il est donc très important que nous affirmions sans arrêt l'objet de nos aspirations.

Le point jusqu'auquel nous utilisons ce pouvoir de transformer les objets et les événements par la pensée dépend uniquement de nous. Toutes les barrières qui semblent nous enserrer n'existent finalement que dans notre esprit, comme dit Marden : « Nous obtenons peu, parce que nous exigeons peu et que nous attendons peu, parce que nous n'osons pas nous emparer de notre héritage, du Royaume de tous les biens. Le flot de l'abondance coule devant notre porte pendant que nous languissons affamés sur ses berges. »

Nous pouvons observer qu'il en a été ainsi pour l'utilisation de la force électrique ! L'électricité a toujours existé mais n'a été reconnue que très tard par l'homme et exploitée graduellement d'une façon toujours plus complète, la force de la pensée est là depuis toujours, mais n'a été reconnue, elle aussi, que très tard, et ce n'est qu'aujourd'hui qu'on commence à s'en servir et à l'utiliser méthodiquement.

Aujourd'hui seulement, nous commençons à soupçonner que la force de la pensée est une partie de la force qui est en nous, et que celle-ci est, à son tour, une partie de l'esprit infini de la Vie. Ainsi toute force de la pensée est au fond d'origine cosmique : plus nous prenons conscience de cette provenance, plus elle nous paraît évidente.

*
* *

Afin de vous convaincre mieux de la force des pensées, faites une expérience : mettez-vous debout, devant un lit de repos, une pile de coussins, ou encore un ami prêt à vous soutenir. Fermez les yeux, détendez vos pensées et vos muscles et concentrez votre sensibilité sur l'idée que vous tombez et dites-vous : « Je tombe ... Je suis tiré en arrière ... je tombe ! » Sentez en même temps que vous tombez peu à peu en arrière.

Vous tomberez plus ou moins vite selon votre pouvoir d'imaginer les choses d'une façon plus ou moins vivante.

Qu'est-ce qui a causé votre chute ? *L'idée de tomber.* Vous pouvez faire la même expérience avec quelqu'un d'autre. Après lui avoir expliqué de quoi il s'agit, faites-le mettre debout, dites-lui de fermer les yeux et de se détendre. Placez-vous ensuite derrière lui pour intercepter sa chute à temps, il faut qu'il sache qu'il ne court aucun danger, ce qui empêcherait la matérialisation de sa pensée, et donnez-lui l'ordre soit mentalement, soit à haute voix de tomber en arrière : « Tombez lentement en arrière... Tombez ! » Prenez soin d'exprimer ces paroles sur un ton péremptoire excluant toute hésitation et préparez-vous à empêcher la chute de votre ami, laquelle ne tardera pas.

Voici encore une expérience des plus simples : fabriquez un pendule avec une bague et un fil de soie, tenez-le dans la main droite, absolument immobile, suspendu au-dessus d'une feuille de papier blanc. Représentez-vous ensuite un grand cercle noir tracé sur ce papier et en pensée faites tourner le pendule sur ce cercle. Après quelques secondes le pendule commencera à osciller et enfin décrira un cercle de plus en plus grand jusqu'à ce qu'il suive le tracé exact du cercle que vous vous êtes représenté. Puis transformez mentalement le cercle en une ellipse. Un instant après le pendule suivra la nouvelle trajectoire et décrira une ellipse.

Qu'est-ce qui force le pendule à suivre la trajectoire représentée ? *Une pensée.*

Les deux exemples suivants choisis entre mille vous persuaderont mieux encore de la force créatrice de la pensée. Le Docteur Lomer, de Hanovre, a rapporté le cas suivant : « On informa un criminel condamné à mort qu'il serait exécuté, par faveur spéciale au moyen d'une saignée. On le déshabilla, on l'attacha et l'on égratigna son dos avec une épingle. On fit en même temps couler de l'eau chaude sur son dos. Au bout de 40 minutes l'homme était mort. » Voici un autre exemple très souvent cité : « Un employé du Transsibérien fut enfermé par mégarde dans un wagon frigorifique. Lorsqu'on ouvrit celui-ci on trouva l'homme étendu par terre, mort. Il avait écrit sur la paroi du wagon un exposé bouleversant des atroces souffrances qu'il allait subir à cause du froid, et qui se terminait par ces mots : « Adieu, je meurs ! » écrits d'une main tremblante. On trouva à l'étonnement de tous, la température du wagon parfaitement normale, car, comme on le découvrit plus tard, le mécanisme du réfrigérateur était en panne ! Le froid n'existait donc que dans l'imagination du malheureux et cette imagination l'avait tué.

Le nombre de ces exemples pénibles pourrait être multiplié à volonté. Ils montrent quel pouvoir formidable peut avoir sur une personne une image intérieure ressentie comme une réalité vécue. Lorsque nous examinons tous les faits connus relatifs à l'influence de la pensée sur le corps, la vie, la destinée de l'homme, nous arrivons à la constatation suivante :

Aucune pensée ne reste sans effet. Qu'elle traverse rapidement le champ de notre conscience ou qu'elle y demeure quelque temps, elle ajoute toujours quelque chose aux bonnes ou mauvaises tendances qui sont en nous et dans notre vie.

La force de la pensée est bipolaire. Selon quelles sont, positives ou négatives, qu'elles attirent ou repoussent, nos pensées nous mènent vers le haut ou vers le bas, et deviennent soit nos auxiliaires invisibles, soit nos secrets ennemis.

Chacune de nos pensées, bonne ou mauvaise, devient une partie de nous-mêmes et transforme légèrement l'ensemble de nos vibrations et le champ de forces de notre âme. Mais ce n'est pas tout : elle nous entraîne en même temps vers les conditions basses ou élevées, les plus propices à son accomplissement. Elle attire selon le degré de sa force et ses affinités des centaines ou des milliers de pensées à tendance analogue. Son action est constructive ou destructive pour notre corps et notre vie, et aussi pour ceux des autres. Des pensées négatives empoisonnent non seulement nous-mêmes, notre humeur, notre corps, notre bonheur, mais aussi les gens qui nous entourent. En revanche, plus nous pensons positivement, plus harmonieux deviendra le monde en nous et autour de nous, plus rapidement nous surmonterons les contrariétés de l'existence et augmenterons la force du bien en nous aussi.

Voici comment on peut représenter la chose schématiquement : *l'orientation de la pensée détermine le caractère de la vie :*

Surtout   consciemment positive = succès, ascension rapide, nombreux auxilliaires.

Surtout   consciemment négative = désastres, chutes, ennemis.

Surtout inconsciemment positive = chance, « hasards
heureux ».

Surtout inconsciemment négative = échecs, « guigne ».

Alternativement positive et négative = alternance de chances
et de désillusions, montagnes russes ».

Cela nous apprend que nous avons raison d'éviter autant que
possible les pensées négatives afin d'échapper à leurs nuisibles
effets sur notre être intérieur et notre entourage, et leur contre-
coup sur notre destinée. Nous ne devons pas oublier un seul
instant, que nous attirons toujours exactement ce que nous
pensons.

Chacun est roi dans le royaume de sa pensée, mais il doit
apprendre à gouverner avec sagesse ses millions de sujets. Il
doit être conscient de sa puissance pour en faire usage. La
science pratique la plus importante est la science de la pensée
correcte, dont nous étudions ici les principaux aspects, car il
n'est rien qui ne soit déterminé, ou influencé décisivement par
la pensée. Celui qui apprend à déterminer ses représentations
au lieu d'être déterminé par elles reste toujours supérieur aux
ennuis, aux obstacles et aux coups du destin.

La première condition est de ne jamais permettre à notre moi
conscient de s'arrêter à des pensées, des sentiments, des imaginations, des penchants négatifs afin de ne pas les renforcer.
Notre regard doit toujours être dirigé sur ce qui est positif,
c'est-à-dire sur ce qui doit être fortifié, multiplié et intensifié.
En *deuxième lieu,* nous devons apprendre à nous immuniser
contre les bacilles de la crainte, du souci, de la faiblesse et de la
malchance, de manière à oublier radicalement tout ce qui est
négatif, et à retenir fermement tout ce qui est positif. C'est
ainsi que la lumière entre en nous et que les ténèbres s'évanouissent d'elles-mêmes.

Résumons tout cela en une règle : Vérifions chaque pensée
avant de l'admettre en nous, afin de nous rendre compte si
elle nous rendra meilleurs, plus forts, plus courageux et plus
utiles. Nous ne voulons penser que ce genre de pensées et
bannir de notre conscience toutes celles qui ne répondent pas
à cette exigence.

En pensant et en agissant ainsi, nous multiplions la puissance du bien en nous et dans notre vie, et nous nous élevons de plus en plus au-dessus de la misère et des malheurs. Que ne pouvons-nous atteindre par une façon de pensée adéquate ! Nous pouvons nous penser forts, c'est-à-dire, augmenter nos forces, nous penser bien portants, c'est-à-dire activer la vitalité de notre corps, nous pouvons nous penser couronnés de succès, c'est-à-dire, attirer le succès dans notre vie selon notre volonté. Car nous portons en nous toutes les forces et les moyens pour maîtriser notre vie : il s'agit seulement de les employer comme il se doit.

*
* *

Chaque pensée est une entité éthérique. Nous sommes entourés et pénétrés par des myriades de ces entités, nous en créons de nouvelles sans arrêt, nous accueillons en nous des pensées étrangères axées dans le même sens que les nôtres et devenons maîtres ou esclaves du flot continu de cet océan d'idées. Nous nous faisons sans cesse des multitudes d'auxiliaires ou d'ennemis nouveaux.

Chaque pensée de maladie engendre des entités mentales qui tendent à se réaliser, à se multiplier et à attirer leurs semblables, préparant ainsi dans notre corps un asile pour l' « esprit de la maladie ». Toutes les pensées, qu'elles soient positives ou négatives, agissent de même.

Mais l'action la plus durable des pensées est celle qu'elles exercent sur nous-mêmes. De même qu'un corps tombe si nous l'abandonnons à lui-même, les pensées que nous accueillons pénètrent jusqu'au fond de notre âme, pour agir d'une façon salutaire ou néfaste. Une pensée souvent répétée crée un *état d'âme* qui devient un *penchant,* ce penchant se transforme en *habitude* dont découlent des *actes* correspondants, desquels résulte notre *destin* bon ou mauvais, selon la direction de la pensée primordiale.

Nous arrivons ainsi à la *loi fondamentale du dynamisme de la pensée : chaque pensée une fois éveillée tend à se transformer en réalité dans le cadre des choses possibles.*

Explication : Chaque pensée tend à transférer le mouvement qui est en elle à d'autres pensées, êtres ou objets. Elle tend à former un « complexe », à s'enrichir de matières et de forces de même nature. Elle poursuit sa croissance et, avec elle, augmente sa puissance aussi longtemps que persiste l'impulsion primordiale. Plus l'impulsion est forte, plus forte est la tendance de la pensée à s'exprimer en actes et à se réaliser.

Nous ne devons pas nous imaginer le « cadre des possibilités » trop petit ; d'autre part nous ne devons pas y faire entrer des impossibilités biologiques. Il est impossible, par exemple, de faire repousser une jambe amputée par la force de la pensée, faute de données biologiques à ce sujet. Il est impossible également par la force de la pensée, d'enfreindre les lois de la nature et de la vie.

De la loi organique sus-mentionnée, nous déduisons les règles suivantes, en tenant compte de l'expérience de la vie :

1. — *La tendance d'une pensée à se réaliser croît avec son acuité et la précision de son but ;*

2. — *Le pouvoir de réalisation d'une pensée croît en raison de sa concentration, de son intensité affective et de l'insistance avec laquelle elle est répétée et maintenue.* Que nous attendions quelque chose ou le redoutions, n'y change rien : dans les deux cas la force de réalisation de la pensée augmente.

La *règle générale* que nous déduisons de la loi ci-dessus est la suivante :

Retenez avec persistance en images positives les pensées dont vous désirez la réalisation ; qu'elles soient précises et sans équivoque et tendent à un but. Créez des images mentales vivantes de ce qui doit se produire, affirmez-les et croyez à leur réalisation. Tout comme les images d'un film doivent être claires et distinctes pour qu'elles soient projetées nettement sur l'écran, l'image de notre but, l'image idéale de ce que nous désirons réaliser, doit être tracée en nous, bien vivante et éclairée par la lumière de notre conviction et la force de notre volonté, pour être projetée fidèlement sur le plan de la réalité et se matérialiser dans le domaine sensible et tangible.

De même que l'image d'un film doit s'attarder un instant pour que le spectateur en ait une perception consciente et en conserve le souvenir, nos images mentales, doivent être retenues suffisamment longtemps pour prendre de la force.

Plus longtemps nous retenons une pensée positive, plus s'affaiblit la force de la pensée négative contraire qui sera neutralisée et remplacée par une pensée positive.

Remarquons, en corrélation avec cela, que les pensées fortement teintées de sentiment, écartent et dissolvent celles qui le sont moins. La vitalité d'une pensée est accrue par l'accentuation du sentiment. Nous tâcherons donc que nos pensées positives intéressent toujours nos sentiments plus que les négatives.

Nous déduirons maintenant de ce que nous avons appris jusqu'ici la *Règle d'or de la pensée correcte*, et en ferons la règle de notre vie : *Pensez et affirmez, pour vous-même et pour d'autres, les choses, les circonstances et les conditions telles que vous voudriez qu'elles soient ou deviennent.* Cette « règle d'or » s'applique avec de multiples variantes à tous les domaines de la vie. De plus en plus au cours de notre apprentissage de la vie, elle deviendra la règle capitale d'une façon de penser et de vivre juste et couronnée de succès.

La tendance de la pensée à former des « complexes » et à propager le mouvement qui est en elle a été indiquée dans l'exposé de la règle de base du dynamisme de la pensée. Nous y ajouterons les remarques suivantes : les images qui sont apparentées forment volontiers des groupes et exercent une influence d'autant plus forte dans l'inconscient, et de là sur les actes et les pensées de l'individu, qu'elles sont amplifiées par l'apport quotidien de pensées et de sentiments analogues. Chaque pensée modifie d'ailleurs, plus que superficiellement, les traits de notre visage, les fonctions de nos organes et de nos sens, le son de notre voix, notre démarche, notre façon de nous comporter, nos réactions envers le monde qui nous entoure, et aussi celles de ce monde envers nous.

Non seulement notre corps et nos facultés, mais aussi notre entourage, nos amis, nos possessions, toutes les circonstances de notre vie, dépendent de nos pensées prédominantes. Chacune nous met en rapport avec des êtres, des objets, des forces qui nous entourent, qui activent notre progrès ou le retardent ; elle attire des pensées apparentées aux nôtres et repousse celles qui sont de tendance opposée.

Ainsi sont attirés vers nous les êtres dont l'attitude mentale est pareille à la nôtre, ainsi que les circonstances et les événements conformes à notre façon de penser ; ou bien nous transformons nos conditions selon notre façon de penser, ou bien notre pensée nous entraîne dans une ambiance nouvelle qui lui correspond.

Nous attirons de même les choses que nous redoutons. La crainte n'est pas autre chose qu'une concentration de la sensibilité sur la pensée de ce qui nous fait peur. Elle déclenche ainsi le mécanisme mental qui crée la réalité correspondant à notre peur.

Nous devenons et obtenons toujours ce à quoi nous pensons d'une façon prépondérante, et arrivons toujours là où demeurent nos pensées. Nos vœux nous relient à l'objet de nos aspirations et l'attirent dans le rayon de notre vie. Cela n'a rien de miraculeux ni de surnaturel, ce n'est que l'action des lois de la nature que la Nouvelle Science de la Vie enseigne à maîtriser de plus en plus consciemment. *Tout comme notre pensée est un champ de forces, notre vie est un champ de bataille.* Il dépend de notre pensée que nous soyons vainqueurs ou vaincus. Chaque pensée est un facteur du destin. Rendons-nous compte clairement des conséquences pratiques de ce fait.

Nous sommes automatiquement entraînés dans les conditions de vie où nous nous situons en esprit : un homme pauvre dont toute la pensée gravite autour des images de richesse ne demeure pas indigent, il entre en relation avec des gens, des objets et des circonstances qui l'amènent pas à pas là où depuis longtemps déjà il demeurait en esprit. Celui qui, par exemple, porte constamment dans son esprit l'image d'une maison bien à lui, qui affirme avec foi la réalisation de cet idéal, qui y aspire de toutes les fibres de son cœur et agit comme si cette maison était déjà devant ses yeux, celui-là attire avec force les gens, les choses, les circonstances les plus utiles à la réalisation de son désir, et s'il sait saisir adroitement et utiliser les circonstances favorables, il arrivera en peu de temps à posséder la maison de ses rêves. Qu'il possède ou non les capitaux nécessaires, que le moment choisi soit favorable ou non, que son entourage l'approuve ou non, tout cela est sans importance, s'il est inébranlablement persuadé de la réalisation de son idéal, s'il l'affirme avec persistance, et saisit toute occasion de se rapprocher de son but.

Tout est en nous et peut se développer hors de nous par une forte affirmation, par l'attraction consciente de gens, d'objets et de circonstances favorables. Nous n'avons qu'à mettre toute notre patience et notre ténacité dans l'affirmation de nos désirs, car le succès n'est pas toujours immédiat ni complet. Il nous semble souvent que notre destinée nous mène vers le but par des détours, ou que les nouvelles circonstances qui se présentent nous sont plus défavorables que propices — mais nous reconnaissons finalement que chaque pas a été nécessaire, que chaque événement a été un tremplin menant au succès et que même les obstacles ont été utiles pour attirer notre regard sur certaines nécessités. C'est pourquoi, tout aussi importante que l'affirmation, est notre inébranlable confiance en notre guide intérieur.

En adoptant cette attitude envers nos buts, il arrive immanquablement que des gens viennent à notre rencontre facilitant la réalisation, de nos désirs par de nouvelles suggestions ou une aide pratique, que des choses et des possibilités croisent notre chemin à propos, que des occasions favorables, de nouvelles connaissances se révèlent à nous et nous mettent sur la bonne voie pour atteindre notre but plus rapidement.

*
* *

Nous allons tâcher de rendre plus compréhensible encore la *portée de la force d'attraction d'une façon de penser juste,* afin de vous encourager à appliquer avec succès les lois de la pensée.

Nous savons déjà qu'il y a avec un simple aimant une influence à distance, sans contact ni transmission d'aucune sorte. La même chose a lieu pour les idées. La pensée, tout comme la radio, peut transmettre la force de son centre d'émision à d'autres centres, si lointains et si nombreux soient-ils.

Une personne entièrement occupée d'une idée précise rayonne, sans arrêt, dans tous les sens des volitions correspondant à cette idée, qui sont accueillies par des âmes plus ou moins accordées à la même longueur d'ondes, et celles-ci sont incitées à modifier dans le même sens, leur façon de sentir, de penser, de vouloir et finalement d'agir.

Il suffit de rappeler les faits bien connus de la télépathie et de la transmission de pensée, et que la pensée ressemble en quelque sorte à un *boomerang* qui revient après avoir touché son but vers celui qui l'a lancé pour le blesser ou le réjouir suivant la nature de la pensée émise.

On parle d' « affinités chimiques » pour expliquer la facilité avec laquelle deux éléments fusionnent. Ce serait plus juste encore de parler de l'affinité des idées polarisées dans le même sens et du pouvoir qu'a l'homme de réagir négativement ou positivement, avec une merveilleuse précision, aux diverses vibrations des idées.

Le mécanisme psychique de la réception et de l'émission de la pensée est mille fois plus sensible que le clavier de l'oreille interne ne l'est aux sons, que la rétine ne l'est à la lumière, plus sensible aussi que tous les autres systèmes de réactions et de perception de nos sens.

L'âme reçoit à chaque instant venant de ses propres profondeurs ou du dehors, d'innombrables messages de toutes sortes ; des messages télégraphiques circulent constamment à travers tout son système ; à chaque instant elle réagit avec bon sens et efficacité aux différentes stimulations du monde intérieur et extérieur. Elle émet à tout moment de l'énergie au moyen de pensées, de volontés, d'images de choses désirées et d'actions, afin de provoquer des résultats correspondants. A tout instant elle prête sa force à des pensées-messagères afin qu'elles attirent dans son champ les pensées, les êtres ou les choses semblablement polarisées.

De même que la loi de la gravitation qui règne dans le cosmos physique fait que les corps s'attirent mutuellement selon l'étendue de leur champ de gravitation et influencent leur mouvement, la loi de la gravitation des pensées règne dans le cosmos de l'âme. *Deux semblables s'attirent et l'un fortifie l'autre. Les contraires se repoussent. Le champ de forces le plus puissant détermine le plus faible et le soumet à lui.* De même que les idées attirent leurs pareilles, elles attirent dans le cercle de notre vie les hommes dont la nature et le mental correspondent aux nôtres.

De puissants liens spirituels nous rattachent à tous ceux qui pensent comme nous. La loi de la gravitation fait que notre pensée trouve un écho en eux et la leur en nous ; elle fait que nous pénétrons dans leur vie et eux dans la nôtre.

Nous attirons ainsi les gens dont les intérêts sont pareils aux nôtres ou sommes attirés par eux, si leur façon de penser est plus forte, plus sensible, plus catégorique que la nôtre.

Les personnes ayant de fortes convictions — que celles-ci soient justes ou fausse, bonnes ou mauvaises, — attirent constamment des hommes aux convictions semblables. Ainsi se forment des sociétés, des sectes, des partis, des mouvements, des communautés religieuses ou autres. De même, les hommes avec de fortes aspirations ou de grandes passions attirent les individus qui ressentent les choses comme eux.

Comment cela ? Dès que nous nous concentrons sur une certaine idée, nous provoquons des vibrations qui vont faire vibrer plus ou moins fortement tout ce qui est de même tendance, et cet accord nous relie aux idées, êtres, choses, circonstances, événements, de même orientation que nous.

Tout ce qui est conforme aux vibrations de nos pensées se relie à nous et nous prête un peu de sa force. Cela nous est favorable si nous avons pensé d'une façon positive, mais néfaste si nos pensées étaient négatives, car dans ce cas le sort des êtres négatifs reste lié au nôtre, tant que notre mentalité ne s'est pas transformée de fond en comble. Si elle ne se transforme pas, cela devient chronique, irrémédiable, et la misère, la maladie et la déchéance nous attendent au bout de la route.

Une seule chose peut sauver celui qui est sur cette voie : la mise en marche consciente d'un mécanisme opposé par une force de pensée persévérante grâce à laquelle les anciens liens se dénouent, d'autres meilleurs se créent, et la marche du destin redevient ascendante.

*
* *

Notre pensée, dit Mulford, est un « invisible aimant qui attire sans arrêt ce qui est en harmonie avec lui. Plus clairement nous reconnaîtrons ce fait, plus nous veillerons à toujours diriger nos pensées dans la bonne direction... Plus une personne concentre sa pensée sur une chose, bonne ou mauvaise, plus elle fortifie cette invisible entité. Finalement, sans cesse nourrie de nouvelles substances de la pensée elle doit surgir dans le monde visible — celui-ci n'étant que le degré le plus dense de l'invisible — comme source de joie ou de peine ».

Les idées, sentiments, désirs et penchants d'un homme déterminent son « ambiance spirituelle », le champ de forces de ses pensées, lequel détermine à son tour les actes de cet homme, le monde qui l'entoure, sa destinée, et fait réagir avec sympathie, ou antipathie, les gens de son entourage.

Il dépend entièrement de nous, de traîner derrière nous une atmosphère oppressante ou de répandre une atmosphère de succès qui attire tout ce qui nous est profitable. Les vibrations de notre champ de forces psychiques, sont en effet, constamment transformées par les idées nouvelles que nous cultivons avec prédilection.

Chacun ressent le « certain quelque chose » qui entoure une autre personne. L'impression ressentie n'est autre que la sensation que donne l'entrée en contact avec un champ de forces particulier, d'où résulte à son tour un sentiment de sympathie, d'antipathie ou d'indifférence. L'influence de notre champ de forces mental sur nous et sur les autres, dépend surtout de la qualité sensible et de la tendance précise de notre pensée. L'étendue du champ de forces mental s'accroît au fur et à mesure qu'augmente la concentration sur une prédominante. Le champ magnétique de notre volonté peut s'étendre du pourtour immédiat de notre corps à une pièce, une maison, une ville et même au-delà des continents et des mers.

Un orateur ou un acteur qui tient ses auditeurs sous son charme, étend son champ de forces mental jusqu'où portent sa voix et son regard à l'exception de ceux de ses auditeurs qui se soustraient volontairement à son influence. Le champ d'action de l'âme d'un Christ ou d'un Bouddha s'étend sur les siècles et les continents parce qu'il est toujours maintenu actif par les milliers de gens dont la pensée est dirigée dans le même sens.

Les divers champs d'action de la pensée s'influencent réciproquement sans arrêt jusqu'à ce que le plus fort l'emporte sur le plus faible. Un champ d'action mental spécialement puissant est le propre des grands hommes, des personnalités marquantes. Lorsqu'ils arrivent dans une réunion, si nombreuse soit-elle, ils déterminent plus ou moins rapidement une même direction de la pensée chez la majorité des assistants. L'autorité d'un chef consiste en sa faculté consciente ou inconsciente, d'imposer aux champs de forces étrangers ses fortes vibrations personnelles. Selon le caractère et la mentalité des autres, sa volonté éveille de l'attention, de l'intérêt, de la répulsion, de la

haine, du respect, de la sympathie, de l'amour, de l'enthousiasme, du dévouement ou de la vénération.

*
* *

Eprouvez d'abord le champ d'action de votre pensée et cela
d'après les succès que vous avez remportés jusqu'ici. Le chemin
de votre vie a-t-il toujours été ascendant ? Si non, il est nécessaire de transformer consciemment le champ d'action de vos
pensées. Il peut devenir aussi influent que celui des hommes les
plus remarquables, mais vous devez vous rendre consciemment
positif afin qu'il vous attire tout ce qui est bon sur terre, la
sympathie d'hommes secourables et les conditions dans lesquelles vos désirs pourront se réaliser aussi parfaitement que
possible.

La transformation du champ d'action de la pensée se fait
par une façon persistante de penser positivement, par une incessante affirmation de ce qui doit advenir. Nous devons avoir
constamment devant les yeux l'image idéale de nous-mêmes
jusqu'à nous identifier peu à peu avec elle. En transformant
ainsi notre pensée nous modifions en l'améliorant notre naturel,
notre mentalité, notre champ de force psychique, ainsi que
notre vie et notre destinée.

Tout ceci serait pourtant incomplet si nous ne tenions pas
compte du fait que le champ d'action mental d'une personne
influence aussi les objets qui l'entourent et se « communique »
à son foyer et à ce qu'elle possède.

De même que la lumière est absorbée puis émise à nouveau
par un corps phosphorescent, le rayonnement de nos pensées
est absorbé et conservé par les objets qui nous entourent, les
lieux où nous séjournons le plus longtemps pour s'irradier
à nouveau. Les personnes sensibles sentent spontanément
dès qu'elles entrent dans une maison étrangère, les pensées
qui y règnent avant même d'avoir échangé un mot avec les
habitants.

Comme le chien flaire la trace de son maître, le graphologue
psychologue « sent » dans une lettre la personnalité de son
auteur, comme si le papier avait été imprégné d'une encre
spirituelle au coloris conforme aux pensées de celui qui l'a
écrite.

Chacun a en lui un peu de cette sensibilité subtile, même s'il ne se rend pas toujours compte de cette réaction de son subconscient, car tout lieu est chargé de la pensée des gens qui y ont séjourné ou y séjournent. Nous comprenons ainsi pourquoi nous nous sentons d'humeur harmonieuse dans une pièce, ou déprimés dans une autre, ou bien pourquoi — pour ne donner qu'un exemple entre mille — certains lieux de pèlerinage sont doués de forces miraculeuses qui augmentent en proportion de l'attitude affirmative des croyants, et comment d'autres « prodiges » s'expliquent d'une manière naturelle.

Le sens de l'atmosphère paisible d'une église nous devient ainsi compréhensible de même que l'impression automnale d'un cimetière, l'ambiance spéciale d'un hôpital, d'une prison, d'un hôtel, d'une salle de justice, d'un couvent, d'un magasin, d'un cabaret. Chacun de ces « champs de forces collectifs » attire ce qui lui est apparenté, ce qui lui correspond. Ainsi, le cabaret attire les buveurs et les noceurs, l'église les dévots, un magasin bien achalandé et prospère, des acheteurs qui paient bien, la maison de commerce d'un pessimiste une clientèle douteuse qui paie mal et fait des dettes. La loi de l'attraction qui rassemble ceux qui se ressemblent et pensent pareillement agit toujours et partout.

Peut-on également transformer les champs de force des objets et des lieux ? Oui, parfaitement. Nous pouvons leur enlever leur force négative et les charger d'énergie positive en les saturant en quelque sorte, consciemment, de nos pensées, et ceci jusqu'à ce que nous sentions qu'ils sont d'une même nature que nous et que plus rien d' « étranger » ne persiste en eux.

De même qu'on chasse d'une chambre de malade, tout principe malsain avec des désinfectants appropriés, on arrive à neutraliser et à transformer l'atmosphère déplaisante d'une pièce ou d'un endroit en les remplissant consciemment d'une ambiance spirituelle harmonieuse et joyeuse.

IL PEUT CELUI QUI PENSE POUVOIR

Si, comme nous venons de le voir, la pensée est la force déterminante de notre vie, celui qui utilise et maîtrise cette force d'une façon consciente devrait avoir une sensible supériorité sur ceux qui sont peu ou pas convaincus de la nécessité de penser correctement. C'est effectivement le cas. Celui qui s'attend dès le début à la réussite d'une affaire qu'il entreprend, qui affirme l'objet de son ambition, l'attire d'autant plus rapidement. Celui qui pense qu'il maîtrisera une certaine tâche l'accomplira parfaitement.

Un des plus grands obstacles sur le chemin du succès est la pensée de « ne pas pouvoir ». Il faut arriver à s'en libérer. Mais comment ? Essayez avant tout d'agir courageusement *comme si* vous le pouviez. Vous serez bientôt agréablement surpris de constater que cela vous a réussi, que vous êtes donc capable de plus que vous ne pensiez.

C'est l'idée « je peux » qui réveille, une fois qu'elle est entrée dans votre vie et dans votre esprit, les forces qui sommeillaient. « *Cogito, ergo sum* — je pense donc je suis » est la base de la philosophie cartésienne. Ce principe peut être élargi dans son application pratique à la vie, de la façon suivante : « Je pense, donc je suis. Je suis, donc je peux ! » Quand nous réfléchissons à ce fait évident nous sentons s'éveiller notre force intérieure, et sentons qu'elle augmente sans cesse, en lui accordant notre confiance.

Je puis, donc je peux. « Je suis » est le soi éternel en nous, la partie impérissable de notre être qui seule peut dire d'elle-même : « Je suis la force ! Je suis ce qui triomphe éternellement. Je suis Tout, je peux donc tout ! »

Cette conscience du « je suis » est la force en soi. Quand elle s'éveille en nous, elle nous rend maîtres de nous-mêmes, et de notre vie. L'union consciente avec cette étincelle de la lumière infinie, nous rend capables de maîtriser notre destinée grâce à la force de l'Infini.

C'est la nécessité qui pousse la plupart des gens à accomplir des actions dont ils se croyaient incapables et *suscite* en eux des forces cachées jusqu'ici. La mère paralysée depuis des années qui voit son enfant dans les flammes de la maison incendiée bondit soudain, sauve son enfant et s'aperçoit ensuite qu'elle n'est plus paralysée. De tels faits ne sont pas rares. Il en est de même pour celui qui s'élance dans l'action et agit comme s'il le pouvait, qui se dit sans cesse : « Je suis, donc je peux ! », jusqu'à ce qu'il sente qu'il peut vraiment.

On activera cette prise de force consciente au moyen de l'affirmation quotidienne suivante : « Je suis, donc je peux !

Je peux ce que je veux. Je suis plus grand qu'il ne paraît. J'ai du succès dans tout ce que j'entreprends. Car je suis un avec la force en moi, et cette force est créatrice et omnipotente ! »

Si nous pensons avec persistance que nous sommes capables de réaliser quelque chose, si nous sommes persuadés de notre aptitude, si nous y croyons, nous réalisons ce que nous pensons. Chaque fois qu'on se dit : « *Je peux !* » on éveille le pouvoir qui correspond à cette affirmation.

Pour qu'une idée atteigne son but il faut qu'elle en ait un. Autrement dit, nous devons toujours savoir parfaitement ce que nous voulons, et cingler vers ce but convaincus que nous y arriverons infailliblement. Nous pouvons avoir une volonté de fer et une force de pensée des plus développées, si nous n'avons pas de but, nous serons pareils à ce soldat qui tire en l'air pensant qu'il finira bien par toucher quelque chose. La meilleure arme ne sert à rien si on ne sait pas viser au but.

Il ne suffit pas de savoir « à peu près » ce que nous désirons, nous devons le savoir jusqu'au moindre détail. Si nous enfonçons un clou, nous avons un objectif précis : la tête de ce clou. Tant que nous l'avons sous les yeux nous le frappons. Dès que nous pensons « à côté » nous frappons à côté. Toute idée imprécise, nébuleuse, implique le danger de tirer à côté, de manquer son but. Nous devons maintenir notre regard fixé sur la tête du clou, sur l'affaire qui nous occupe, ne pas la quitter des yeux, afin que toutes nos forces se concentrent sur elle et sur rien d'autre. En d'autres termes, plus clairement se tient devant nos yeux spirituels l'image d'un succès, plus parfaite sera sa réalisation matérielle. La force en nous ne peut agir efficacement que si nous lui fixons un but précis, de même qu'on ne peut frapper fort sur un clou si on a le regard fixé ailleurs que sur sa tête. Et l'on ne peut pas non plus enfoncer le clou à fond d'un seul coup de marteau, on y arrive en répétant les coups. De même nous devons affirmer sans cesse et avec persistance ce que nous voulons et y revenir sans cesse. Notre désir et notre volonté doivent demeurer inébranlables, jour après jour, jusqu'à ce que notre but soit atteint. Ce n'est pas une fois par jour, mais cinquante, cent fois que l'idée du succès doit occuper le champ de notre conscience jusqu'à ce qu'elle devienne assez forte pour se réaliser.

Nous pouvons modifier toute situation indésirable et nous libérer de maintes entraves, de la pauvreté comme de la maladie

148

et du malheur, en portant en nous constamment l'image de circonstances meilleures ; mais nous ne devons pas nous attendre, alors que nous avons mis la moitié de notre vie à édifier nos conditions actuelles, à ce qu'elles changent en quelques jours ou quelques semaines. Une modification se fait, pas à pas, tel un pèlerinage et la montée vers un sommet, étape par étape.

Ainsi pensent les grands triomphateurs, et leur carrière confirme cette vérité que l'homme est ce qu'il pense, qu'il peut ce qu'il veut, qu'il est le forgeron de son destin, qu'il peut se précipiter des cimes les plus sublimes dans les abîmes de l'enfer, ou s'élever des bas-fonds de la misère vers les sommets du bonheur.

EDUCATION RATIONNELLE DE LA PENSEE

La pensée peut être éduquée, rendue plus ferme et subtile *par l'exercice,* comme tout autre faculté humaine. La première nécessité rencontrée ici est celle de notions claires. L'homme couronné de succès se distingue en général par sa logique pratique. Penser d'une façon logique c'est penser d'une façon saine, raisonnable et efficace. La façon de penser de la plupart des gens est bien loin d'être méthodique et précise. C'est pour cela qu'ils réalisent si peu de choses. C'est ici que commence l'enseignement de la bonne méthode d'éducation de notre pensée, pour laquelle voici quelques procédés qui nous aideront à prendre l'habitude de penser juste, de développer nos capacités mentales et nos possibilités de réussir. Indiquons tout d'abord quelques exercices très simples.

1. — *Exercice d'association d'idées.* Prenez une pièce de monnaie et jetez-là sur la page suivante de ce livre.Essayez ensuite de lire le paragraphe sur lequel se trouve la pièce de monnaie sans la déplacer, et de reconstituer la partie du texte qui est cachée. Vérifiez ensuite si votre reconstitution est exacte. Recommencez cet exercice plusieurs fois sur d'autres pages du livre. Si vous le réussissez facilement, continuez avec des pièces de monnaie plus grandes et finalement avec des morceaux de papier de formes et de dimensions différentes.

Faites ensuite ces mêmes exercices avec votre journal habituel, sur les articles politiques, économiques, les faits-divers, les annonces, etc. Si vous faites ces exercices facilement passez au suivant :

2. — *Penser à haute voix*. Posons-nous un problème à résoudre par le raisonnement. Mais ne procédons pas comme nous l'avons fait jusqu'ici, en pesant inconsciemment le pour et le contre. Raisonnons en faisant un monologue à haute voix, ce qui nous permettra de nous rendre compte du travail de notre pensée, des particularités de notre tournure d'esprit dont nous n'avions pas conscience. Ce procédé, très intéressant et très instructif, nous fait mieux comprendre l'enchaînement de nos idées, nous apprend à éviter la confusion et à prendre confiance en nous-mêmes, en suivant le processus du raisonnement jusqu'à la solution du problème.

3. — *Penser en écrivant.* Cet exercice se fait de la même manière que le précédent, à cela près que nous inscrivons nos pensées minutieusement au fur et à mesure qu'elles nous viennent à l'esprit, depuis le problème posé jusqu'à sa solution. Lorsque nous écrivons, nous sommes forcés, plus encore qu'en pensant à haute voix, de penser clairement. Plus souvent nous le faisons, mieux s'éduquera notre faculté de penser. Cet exercice devient encore plus attrayant pour ceux qui savent sténographier et peuvent écrire aussi vite qu'ils pensent.

4. — *Penser dans le silence*. Prenons un problème à résoudre, mais au lieu d'y réfléchir immédiatement, faisons d'abord en nous le vide et le silence, détendons-nous complètement comme cela est indiqué dans la cinquième semaine de ce cours. Restons deux minutes dans ce silence et appelons le problème dans le champ de notre conscience. Ceci est une nouvelle façon de réfléchir : se taire d'abord et penser ensuite ! L'avantage de ce procédé est de reconnaître bien plus clairement l'essentiel du problème et de trouver plus rapidement sa solution pratique. Nous reconnaîtrons que chaque minute de silence nous épargne cinq minutes d'inutiles ratiocinations. La pénétration de notre esprit augmente dans le silence.

5. — *Le rappel conscient.* Prenons d'abord un livre dont le texte soit très simple, plus tard des livres plus difficiles, lisons un paragraphe, fermons les yeux et répétons ce que nous ve-

nons de lire mentalement, puis à haute voix, et finalement par
écrit. Comparons ensuite le paragraphe écrit avec le texte im-
primé. On peut apprendre pas mal de choses des fautes com-
mises.

Qui s'exercera ainsi plusieurs fois par jour pendant un certain temps s'apercevra que la reproduction d'une idée devient
de plus en plus facile, et qu'en même temps, augmente sa capacité de traduire une pensée en paroles.

6. — *Prise de position.* Cet exercice complète le précédent.
Après avoir répété par écrit ce que nous avons lu, exerçons
notre jugement en extrayant de ce texte un point de vue complètement opposé et inscrivons-le brièvement pour le justifier. Re-
cherchons ensuite comment et en quoi ces deux points de vue
peuvent se rejoindre, ou ce qu'ils ont de commun, et inscrivons-le également, ajoutant ainsi la synthèse à la thèse et à
l'antithèse.

7. — *Exercice de définition.* Cet exercice est le meilleur
moyen de se former des conceptions claires. La plupart des
gens pensent en images confuses et embrouillées. Dès qu'on
leur demande : « Que voulez-vous dire par là ? » ils perdent
pied. Il faut éviter d'exprimer des hypothèses là où une certitude est possible. Nous mettons de l'ordre dans notre vie mentale en nous exerçant à définir les choses.

Définir veut dire expliquer, délimiter, nommer une chose par
son nom, établir une conception claire qu'on puisse saisir,
comprendre c'est-à-dire, exprimer en un mot essentiel ou en
une image le contenu effectif d'une idée, d'une affaire, d'une
situation. Les définitions les plus simples sont celles qui expriment des données utiles, les plus difficiles celles des notions
abstraites. Les définitions de métier appartiennent au premier
groupe des définitions faciles. Indiquez dans une phrase le
but ou la caractéristique principale du métier que vous exercez
et faites-le sans subtilités inutiles. Exercez-vous ensuite à définir des notions courantes telles que : chemin de fer, pensée,
fenêtre, livre, lampe, maison, être humain, commerce, maladie,
amour, idée, etc. En aiguisant nos définitions, nous augmentons
notre capacité de penser logiquement et pratiquement. Nous
prendrons l'habitude de nous demander, au sujet de chaque
objet : quels sont les éléments essentiels ? Quels sont les signes particuliers d'une situation ou d'un état ? Quelles sont

leurs causes et leurs effets ? Nous arrivons de cette façon à avoir un jugement personnel, une façon de penser indépendante et claire, une capacité plus grande de comparaison et d'observation, et une supériorité sensible sur ceux qui n'ont pas appris à penser.

COMMENT EVITER LES ERREURS DE PENSEE

Il est indispensable, pour éduquer une faculté d'écarter ce qui fait obstacle à son plein développement. Il s'agit ici avant tout, de connaître quelles sont les fautes de pensée, afin de les éviter et de les surmonter. Car de ces fautes résultent des erreurs de raisonnement, des inhibitions psychiques et l'incapacité de réussir. Il est possible de les éviter en observant les règles suivantes :

1. — *Ne rien tenir pour difficile !* Beaucoup de gens ont tendance à tout considérer comme difficile, et à le rendre par cela même difficile. Ils considèrent aussi le présent enseignement comme difficile. Il est en réalité simple, facile et compréhensible pour tous ceux qui obéissent à l'exhortation du grand connaisseur des âmes qu'était le Christ : « devenir comme un enfant » — un enfant non déformé, libre de toute idée préconçue, de tout préjugé, de toute crainte. Toute tâche est aussi facile qu'on l'envisage.

2. — *Ne jamais douter de soi ou hésiter.* Certains sont soucieux de savoir si ce qu'ils attendent ou affirment va se produire. De telles préoccupations proviennent de la crainte non avouée d'un échec. Cette crainte annule à son tour l'affirmation, et attire le contraire qui est justement ce qu'on redoutait. Aucun succès n'est possible sans confiance en soi, amour de son destin et affirmation absolue de sa victoire.

3. — *Avoir de la patience !* Peu de gens savent attendre. Ils ont peut-être remarqué que quelqu'un d'autre est arrivé extraordinairement vite à une nouvelle situation en pensant et en agissant correctement, et voudraient récolter aussitôt les fruits de leur façon de penser positive. Cela n'est pas toujours possible. Nous pouvons créer par notre pensée correcte les conditions propices à la réalisation de nos désirs, mais nous pouvons

rarement prévoir l'heure et le jour où agira l'enchaînement des causes mises en mouvement. L'impatience entraîne souvent le doute et la crainte, ou encore la précipitation, la crispation, toutes choses qui éloignent le succès.

4. — *Eviter les idées préconçues et les préjugés.* La source de beaucoup d'échecs est la tendance à juger une chose avant de l'avoir examinée à fond, et à prendre des décisions sans être bien informés. Il faut s'efforcer de penser par soi-même et objectivement. Les préjugés sont généralement le produit dégénéré de pensées étrangères, nourries par notre paresse mentale et qui s'insinuent entre nous et la chance. D'autres préjugés sont produits par la passion et sont tout aussi nuisibles. Nous avons tendance, quand nous sommes irrités ou troublés, à considérer comme réel ce qui est agréable, et comme faux tout ce qui est indésirable.

5. — *Veiller à avoir des idées claires* ! La plupart des gens se contentent de notions vagues ou confuses, écho lointain de pensées étrangères. Ils attribuent aux choses et aux circonstances un sens qui ne leur convient pas et cette évaluation erronée les conduit aux échecs et aux faux pas. Il faut s'exercer à penser par soi-même et à aller jusqu'au bout de sa pensée, à éviter les illusions volontaires, les preuves peu solides, les conclusions erronées et à multiplier sans cesse ses connaissances et ses certitudes.

6. — *Détruire les superstitions* ! Ce que nous nommons superstition peut être, dans certains cas, la foi instinctive en une réalité intérieure transcendante connue par intuition. Elle est alors positive et utile. Mais, en général, c'est une fausse croyance qui n'est pas fondée sur les faits mais repose au contraire sur des récits incontrôlés, des espoirs ou des craintes imaginaires.

Il en est de même pour les croyances religieuses. La véritable religion n'est pas quelque chose « qu'il faut tenir pour vrai », mais un acte, une manière d'agir. La religion est *vie,* la superstition est tout le contraire : un brouillard d'idées dans lequel on tourne en rond sans jamais arriver au but, à l'auto-réalisation créatrice. La religion apprend à penser par soi-même, à faire sa propre expérience de Dieu. La superstition, au contraire, intoxique les gens par des suggestions creuses dont la vérité n'a jamais pu être démontrée, parce que c'est impossible.

Il faut apprendre à chasser de sa pensée ces fantômes imaginaires, en se tournant vers la lumière de la vérité. Il faut s'habituer à vérifier toute affirmation étrangère, à déceler les conclusions erronées dans les idées des autres et veiller à ne pas s'y laisser prendre.

7. — *Eviter la tension excessive.* La détente intérieure est une des conditions essentielles d'une manière de penser efficace. Tant que notre pensée est possédée par des soucis, ou crispée, notre force intérieure ne peut s'épanouir librement et servir à la réalisation de nos ambitions. On suivra à ce sujet les indications de la cinquième semaine concernant les exercices de détente.

8. — *Ecarter les idées importunes !* On y arrive en concentrant ses sentiments et son intérêt uniquement sur l'objet qui nous occupe et en reconnaissant la nullité des pensées qui nous troublent. On arrive généralement à avoir raison d'une idée gênante en évoquant et en retenant l'idée contraire. Plus on s'attache au côté agréable de la nouvelle pensée, plus rapidement la pensée gênante quitte le champ de la conscience.

La connaissance des causes de ces différentes erreurs nous permettra dorénavant de les éviter. Il en est de même des obstacles de la pensée, que nous allons commenter brièvement.

LES DIFFICULTES DE LA PENSEE ET LEUR ABOLITION

On arrive à abolir tout ce qui entrave la pensée tout comme on peut éviter les fautes et les erreurs de pensée. Il faut expulser impitoyablement de la conscience tout ce qui fait obstacle à un mode de penser efficace qui est la garantie de notre succès.

Les fonctions intellectuelles sont ralenties ou troublées chez quelqu'un d'inhibé, sa capacité de saisir les idées est plus étroite, il entend des mots sans vraiment comprendre leur sens, lit sans bien se rendre compte de quoi il s'agit. Tout lui semble pénible, tout le paralyse, l'oppresse, le rend hésitant, indécis et incapable de faire ce qu'il a à faire, ou même d'opposer une résistance. Voyons de plus près les principaux obstacles de la pensée.

1. — *La paresse d'esprit.* Nombre de ces difficultés ne sont que de la paresse d'esprit déguisée. La plupart des gens ont en eux une tendance naturelle à l'immobilité, un penchant à penser superficiellement, ce qui ne demande aucun effort. Lorsqu'ils ont une heure de loisir, ils préfèrent en jouir sans rien faire plutôt que de la consacrer à une activité profitable. Ils préfèrent laisser les choses « suivre leur cours » plutôt que d'y réfléchir et de se trouver en face de perspectives désagréables.

L'homme qui attire le succès réagit tout autrement. Il aime éprouver sa force contre une résistance. Il lui lance un défi : « Et maintenant à nous deux ! » et trouve dans l'action une vigueur nouvelle inconnue des désœuvrés.

2. — *Façon de penser timorée.* Nombre de notions, habitudes, coutumes et croyances qui nous ont été, pour ainsi dire, « inoculées » dans notre enfance sont devenues autant de chaînes que nous traînons péniblement. Nous devons arriver à nous débarrasser consciemment de ces entraves en reconnaissant l'inanité de conceptions étrangères à notre nature, les chasser de notre moi conscient : qu'elles aillent chercher fortune ailleurs !

La pensée de l'enfant est profondément influencée par ses éducateurs. Nombreux sont ceux qui se sont arrêtés à ce stade infantile — ils continuent à penser comme ils étaient forcés de le faire lorsqu'ils étaient enfants. Il s'agit donc de tirer au clair ce résidu de pensées fausses, de l'abandonner derrière soi avec le « vieil homme » qui doit être vaincu en nous, et de nous libérer de toute contrainte mentale, car nul ne peut être heureux s'il ne réfléchit par lui-même et ne marche tout seul.

3. — *Les obsessions.* Le fanatisme, les idées fixes, les obsessions qui se sont infiltrées dans notre esprit comme la carie dans une dentition négligée, sont les ennemis mortels de toute pensée indépendante. Celui qui est persuadé par exemple qu'un certain régime alimentaire ou que les croyances d'une quelconque secte sont les seules garanties de bonheur, a l'esprit rétréci au point qu'il fait rarement de sa vie une réussite.

On arrive à briser ces entraves par une façon de penser

correcte. Et tant qu'on ne sera pas encore tout à fait sûr de soi, il vaudra mieux éviter de fréquenter les gens d'esprit paresseux, les personnes superstitieuses ou sectaires qui vous entraînent à ne pas penser du tout.

Nous ne devons jamais nous laisser dominer par des pensées qui détournent de la vie, ou lui sont hostiles, ne jamais leur permettre d'envahir et d'occuper notre conscience et d'y jouer leur jeu néfaste. Nous arrivons à surmonter et à maîtriser par une façon juste de penser les conceptions qui cherchent à nous entraver si nous reconnaissons qu'elles sont au fond, des créations de notre propre pensée, et qu'elles sont à notre merci et non pas nous en leur pouvoir.

Les inhibitions psychiques que nous apprendrons à surmonter plus loin sont, elles aussi, des entraves à la pensée. Si nous le reconnaissons clairement et prenons l'habitude de penser d'une façon correcte, nous cesserons très vite de rougir pour un rien, d'avoir le trac en public, de bégayer ou de bafouiller et d'être la victime d'une obsession quelconque.

*
* *

Vous êtes-vous jamais observé au moment de votre réveil ? Tant que vous gardez les yeux fermés, les dernières images de vos rêves s'agitent dans votre tête, comme si vous assistiez à une scène extérieure. Dès que vous donnez de la lumière, tous ces fantômes disparaissent. Mais la « représentation » continue dès que vous refermez les yeux. De même, dès que nous *fermons* les yeux sur la vie, et nous occupons de nos pensées inquiètes, elles se jouent de nous, alors que nous avons peut-être l'illusion de jouer avec elles.

Dès qu'on ouvre les yeux, dès qu'on dirige son regard sur une tâche, un devoir, un travail et qu'on commence tout bonnement *à agir*, les fantômes des entraves intérieures s'évanouissent.

L'obstacle réapparaît si nous nous arrêtons pour ratiociner ou rêvasser au lieu de regarder d'une façon consciente devant nous. Mais celui qui le veut, peut exercer là ses forces intérieures, et les dompter. Peu à peu, elles nous écoutent, nous obéissent, comme le balai obéit au commandement du Maître dans « *l'Apprenti Sorcier* » de Gœthe.

Nous pouvons donc chasser à volonté les fantômes du rêve. L'homme dominé par une idée fixe pense comme en rêve, mais il n'est pas conscient de son sommeil, ni de la possibilité qu'il a d'ouvrir les yeux et de chasser les spectres. Le but de la Nouvelle Science de la Vie est de le réveiller et d'en faire le maître de ses rêves. Elle lui montre qu'il n'y a pas d'entrave à la pensée, pas de désarroi dont il ne puisse venir à bout, tôt ou tard, par ses propres forces !

LA VRAIE FOI

> « La foi est un grand sentiment de sécurité pour le présent et l'avenir, et cette sécurité provient de la confiance en un être immense et tout puissant. Tout dépend de la fermeté de cette confiance. »
>
> GŒTHE.

Nous poursuivons ici l'éducation de la pensée, commencée la semaine précédente, en plaçant sous la lumière de la conscience les forces de l'âme proches de la pensée, soit les forces de la foi, du désir, de l'imagination et de la volonté. Nous commençons par l'éducation de la force de la foi.

Lorsqu'il est parlé ici de *foi,* ce n'est pas dans le sens d'une croyance dans la vérité d'une quelconque doctrine confessionnelle, politique ou autre. Pour nous la foi est une *force* que nous mettons essentiellement au service de la conduite de notre vie. Penser que la foi n'appartient qu'au domaine religieux et n'a rien à faire avec le côté pratique de la vie, c'est se tromper lourdement. En réalité la foi joue un rôle décisif dans la vie et la profession de la plupart des gens.

Ce qui a été dit dans la septième semaine sur la force de la pensée est également juste pour la force de la foi, car il s'agit dans les deux cas, de la même force fondamentale de l'âme. Remplacez partout dans la leçon précédente le mot « pensée » par le mot « foi », vous y trouverez une série de connaissances fort utiles sur la nature de la force de la foi. On peut très bien dire, au lieu de « il peut celui qui pense pouvoir », « il peut celui qui croit pouvoir ».

Examinez donc, de ce point de vue, vos convictions intimes

sur la vie. Que trouvez-vous ? Croyez-vous vraiment que la maladie, les jours tristes et les échecs sont partie intégrante de la vie ? Ou bien que toute force est en vous et que vous pouvez tout ce que vous affirmez ? Croyez-vous qu'il soit conforme à la volonté divine que les uns soient riches et que la plupart soient pauvres ? Ou bien croyez-vous à l'abondance pour tous ? Croyez-vous qu'il soit utile de s'insurger contre son sort, ou êtes-vous pénétré de la certitude que l'homme est le forgeron de sa destinée ?

Examinez votre vie, car telle est votre croyance, telle est votre vie. Si votre vie est sans force et sans succès c'est que vous avez besoin d'*éduquer votre foi,* d'apprendre à libérer toutes les *forces de la foi* pour la réalisation d'une vie meilleure, et de reconnaître que la foi n'est nullement le pôle opposé de la connaissance, mais au contraire la connaisance intérieure la plus sûre de la vraie réalité, et que tout nous arrive dans la vie selon notre foi.

La véritable foi du vainqueur est intégrale, affranchie du doute, inconditionnelle, imperturbable. Elle va vers son but avec persévérance, avec la conviction de la valeur de ce but et de sa réalisation.

*
* *

Tout ce qui doit se réaliser a besoin d'une triple foi : en notre force, en notre but ou idéal, en notre victoire. Rien ne peut croître, prospérer et porter des fruits sans la foi. La foi est l'attitude spirituelle positive la plus forte, elle est l'attente pleine de confiance de l'accomplissement de notre désir. La Bible a dit que la foi déplace des montagnes, en effet le croyant est relié à la Toute-Puissance qui lui donne la force de changer ses désirs en réalités, selon la ferveur et la persistance de sa confiance.

Toute hésitation cesse là où existent la foi et la confiance en l'aide intérieure et en celle d'En haut. Croyez à la victoire de la cause juste pour laquelle vous luttez et vous serez victorieux. Croyez en ce qu'il y a de bon dans votre prochain et vous le susciterez. Tous les grands hommes ont été des maîtres de la foi, et le plus grand d'entre eux ne s'est jamais lassé de nous parler de la nécessité de la vraie foi : « Tout vous sera donné selon votre foi ».

Dans toute entreprise la foi dans la réussite est plus importante que le capital dont on dispose, car si la foi manque, l'argent coule facilement des mains. Tandis que lorsque la foi commande toute décision et toute action, le capital le plus modeste commence à croître et à multiplier.

Sans foi, aucune réalisation, aucune plénitude. La plénitude de la vie s'épanouit dans la plénitude de la foi. C'est là une conviction établie sur des milliers d'expériences que chacun peut vérifier à tout moment.

Lorsque nous nous concentrons sur un certain résultat désiré, nos pensées, fortifiées par la concentration sur le but, tendent à créer, dans le cadre des possibilités, la réalisation correspondante. Mais fréquemment cette concentration est insuffisante, le conscient est souvent attaché à une idée alors que l'inconscient s'y oppose avec humeur, insinue des doutes, des réflexions perfides, ou bien trouble la concentration par des pensées importunes et ainsi les forces contraires s'annulent partiellement l'une l'autre. Nous pouvons parer à ce mal par un abandon plein de foi et une confiance totale en la réalisation désirée.

Nous devons croire à la force en nous et la mettre ainsi en activité, nous devons nous abandonner sans réserve à cette force comme un enfant s'abandonne à ses parents. Combien d'hommes n'ont atteint leur but que parce que jusqu'au dernier moment, ils ont cru inébranlablement en eux-mêmes et en leur victoire. Leur foi déplaçait des montagnes de doutes et d'obstacles, leur foi les stimulait, les rendait courageux, forts, et leur faisait sentir que tout est possible pour celui qui a la foi. Car, croire veut dire affirmer, et chaque affirmation dit « que cela soit » aux objets du monde invisible ; elle appelle le futur à devenir présent, la réalité intérieure à se concrétiser. Les innombrables objets créés par l'homme sont vus par les yeux de l'esprit. Ils sont de la foi qui a pris forme, de la croyance spirituelle cristallisée.

Celui qui attend avec foi et affirme qu'il trouvera chez les autres l'aide nécessaire pour son œuvre, met en mouvement les forces grâce auxquelles les auxiliaires voulus viennent à lui et l'épaulent. Ici s'applique la règle suivante : *Lorsque nous croyons en notre succès, nous éveillons dans le monde intérieur de notre âme les forces nécessaires pour atteindre notre but et appelons en même temps à notre aide les forces et les êtres du monde qui nous entoure pour faire une réalité de ce que nous affirmons. Chaque acte de foi parfaite fait agir les forces invisibles en vue du but choisi.*

Plus fervent est notre sentiment d'attente et d'espoir, plus irrésistible est notre force de réussite. Il nous suffit d'attendre quelque chose avec foi, sérieusement et sans réserve, pour mettre en mouvement les énergies spirituelles les plus subtiles, qui nous apportent ce que nous désirons, ou nous mènent vers notre but.

LE DYNAMISME DE LA FOI

La foi est une orientation consciente de l'espoir fixé sur un objet ou un but ; elle facilite son obtention, ou bien nous guide sûrement vers l'action la plus efficace. La foi est la force qui opère le plus rapidement la matérialisation de notre idéal, l'idéalisation de la matière et la transformation des choses selon notre volonté. Une telle foi n'est ni aveugle ni opposée à la raison, mais au contraire elle est une façon consciente d'envisager un but, pas très éloignée de la foi du savant en la validité des faits et des lois de la Science, c'est *la conviction qu'une chose est ainsi et pas autrement.*

Lorsqu'une chose ne lui paraît pas encore tout à fait évidente, le savant parle d'une « hypothèse », c'est-à-dire, qu'il « suppose » que cette chose est vraie. Nous « supposons » également, — et ce dans le sens littéral du mot « hypothèse », — à notre idéal, une *armature spirituelle,* une base, un fondement invisible sur lequel nous érigeons en nous une réalité intérieure qui devient peu à peu une réalité tangible. La foi est pour nous cette « force intuitive de ressentir une vérité qui n'a pas encore atteint la sphère de notre cerveau », tout comme le soleil levant, qui n'a pas encore atteint l'horizon, est attendu par nous avec foi et confiance conformément aux lois immuables de son mouvement.

La foi consiste à être convaincu de la réalité d'un état de choses qu'on se représente, elle engendre l'objet de la croyance, elle le crée. Elle est un regard jeté par l'œil intérieur sur l'invisible réalité intérieure.

La conviction est un témoignage que l'esprit rend à la matière, une procréation intérieure, une création de l'esprit, une réalisation mentale anticipée de ce qui doit prendre une forme tangible. C'est la mise en mouvement de la force d'attraction de l'âme pour l'objet de son aspiration.

Les choses se passent pratiquement de la façon suivante : nous nous concentrons sur un certain résultat par la création d'une image vivante, claire et précise. Puis vient le moment stimulant de la conviction et nous éprouvons le succès souhaité en tant que réalité intérieure. Nous ne nous disons plus : « J'atteindrai mon but », mais : « Je l'atteins » ! ; nous ne disons plus : « Je guérirai », mais « je suis bien portant ». Nous ne plaçons plus la réalisation dans l'avenir mais dans le présent intérieur, et ceci avec raison, car au moment où nous affirmons consciemment un idéal, celui-ci devient en nous une réalité. L'armature spirituelle de ce qui deviendra est ainsi constituée, la base en est jetée, et sa réalisation tangible est assurée.

Notre force intérieure est une parcelle de la force du Grand Tout et comme elle créatrice. Notre conviction est le fil conducteur par lequel la force du Grand Tout pénètre en nous et multiplie notre force humaine.

Nous devenons ce que nous pensons être et atteignons ce que nous désirons, selon le degré de notre conviction. La confiance en soi s'établit où règne la conviction, et les circonstances adverses ne signifient plus rien. Par contre, là où manque la force de conviction, l'œuvre commencée s'écroule et disparaît en silence.

Le Christ était le Maître de la foi fervente. Trine à justement dit de lui qu'il avait toujours reconnu « que la pensée était une force qui travaille pour nous, si nous la dirigeons droitement ; « Il te sera donné selon ta foi », ou encore, « Tout est possible à celui qui a la foi », et il le répétait sans cesse. Il semble que ce soit là une des vérités capitales dont il aurait voulu convaincre l'univers entier, et elle se base sur le fait que la pensée est une force qui crée constamment autour de nous des conditions qui correspondent à la nature des pensées qui nous occupent. Notre vie est toujours constituée à l'image de nos pensées. Voilà une des principales vérités de la vie ».

La foi, la force de conviction joue un rôle décisif dans la réalisation des idées. La pensée est vitalisée et animée par la foi, et la force d'attraction des idées actives en est accrue. Les représentations ont leurs racines dans la foi et de celles-là surgissent les actes. Il en résulte la Règle d'Or de la vraie foi :

« *REALISEZ D'ABORD EN VOUS-MEME, AVEC UNE FOI CONVAINCUE ET CONFIANTE, CE QUE VOUS DESIREZ RECEVOIR OU ACCOMPLIR.*

Essayez de faire pendant quelque temps ce qui suit : croyez sans réserve, comme si c'était déjà une réalité, aux choses et aux circonstances auxquelles vous aspirez, et agissez en conséquence. Croyez que vous êtes déjà, au fond de votre être, tel que vous le voudriez. Pensez, sentez, parlez, agissez et vivez comme si la chose souhaitée était déjà là ; croyez à sa réalité, avec toute la ferveur dont vous êtes capable. Mieux vous y réussissez, plus rapidement vous faites entrer, en vertu de la loi de l'attraction, l'objet de votre croyance dans la réalité tangible.

Là où la foi est parfaite et concentrée uniquement sur la chose attendue, la réalisation en est également parfaite.

*
* *

Si nous voulons être certains du succès en tout ce que nous désirons ou faisons, nous devons faire intervenir la force positive de la foi.

Les lois du dynamisme de la foi sont les mêmes que celles de la pensée que nous avons apprises la semaine précédente. Voici la règle principale :

L'attente convaincue de la chose désirée libère la force attractive de la foi et sa persistance en augmente l'efficacité. Plus la foi est exempte de doute et d'impatience, plus vaste est sa portée ; plus nous affirmons l'accomplissement d'un désir comme allant de soi, moins cet accomplissement rencontrera de résistance. Une telle foi produit son effet aussi sûrement qu'une cause naturelle.

D'autres règles dont nous allons parler maintenant, découlent de cette règle principale.

L'essentiel est que notre foi soit naturellement exclusive. — Elle doit être ardente. Une foi tiède est stérile, les forces contraires l'annulent facilement. « Je voudrais bien » contient déjà une restriction : « Mais je ne peux pas » ; « Oui, mais... » trahit l'hésitation, « peut-être » ou un « espérons-le », exprime un manque de force, la faiblesse de la foi.

La connaissance de la force intérieure et la certitude « Je pense et je veux » ne s'éveillent que lorsque la foi est exclusive et totale. C'est ainsi que dans le jardin de la vie des uns poussent surtout des soucis, des échecs, — et dans celui des autres les roses du succès. L'un reconnaît finalement : « Il m'est arrivé ce que je redoutais », et l'autre : « A celui qui possède une foi inébranlable, — il sera donné » ce qu'il affirme.

Il est non moins important que *notre foi soit exempte de doute*. La plupart des gens mêlent à l'espoir du succès des hésitations et des réticences, et s'étonnent que peu de leurs espérances se réalisent, mais au contraire leurs craintes. Ils ne voient pas que le doute est la force opposée à la réussite, qu'elle appartient à leur nature inférieure et doit être surmontée.

Rien n'est plus nuisible pour celui qui aspire à s'élever que de douter de sa force, de ses capacités, de son but et de sa victoire. Car tout sentiment de doute entame la certitude du succès, et provoque en même temps chez d'autres intéressés des réactions négatives correspondantes, par la voie de leur subconscient.

Le commerçant qui croit en la bonne qualité de ses marchandises a plus de force de persuasion et de réussite que celui dont le doute habite le cœur. L'orateur qui est pénétré intérieurement de la réalité et de la nécessité de ce qu'il dit, qui croit à l'idéal qu'il prêche, a un tout autre élan et une ardeur communicative que celui qui n'a en vue que l'argent ou son ambition, ou d'autres raisons encore, étrangères au sujet qu'il traite. Un artisan qui croit à la réussite de ce qu'il fait est très supérieur à un concurrent auquel manque cette conviction.

Le résultat d'une œuvre comportera des désillusions en proportion des doutes qui assombrissent notre foi en notre succès. Ce sera comme si nous semions du blé mélangé à de l'ivraie, qui n'étouffera que trop facilement la noble semence. Le doute amoindrit de même notre capacité de réussir.

La force secrète de la foi tarit complètement si elle est dominée par le doute et le manque de confiance en soi, le résultat sera un échec. Le doute est comme un dérangement dans les antennes de notre âme, et tant qu'il existe, aucune force nouvelle ne peut nous parvenir pleinement. Tant que des scrupules et des hésitations règnent en nous, il nous est impossible d'atteindre complètement l'objet de nos aspirations.

C'est pour cela que nous opposerons à chaque pensée de doute une confiance redoublée en l'esprit de la vie et en notre force intérieure. Non seulement il faut affirmer notre foi, mais y joindre notre volonté et notre joie de réussir, revêtir les objets de notre croyance des couleurs les plus attrayantes, afin d'être défendus contre les états d'âme hésitants, perplexes, négatifs. On s'apercevra alors combien notre foi se fortifie, combien notre existence s'enrichit et comment notre vie quotidienne se transforme peu à peu en cette vie qui mène toujours plus haut.

*
**

L'éveil de la force de la foi s'opère surtout par une constante et confiante affirmation. Représentons-nous un récipient plein d'eau sale dans lequel nous verserions constamment de l'eau propre. L'eau sale, et la vase du fond du récipient céderont finalement la place à l'eau propre si nous continuons à l'y verser, jour après jour. De même des idées de force et des images de victoire, remplaceront en vous les doutes et les craintes, et les échecs subis jusqu'ici prendront fin.

L'orientation de notre foi est toujours décisive. Par elle nous agissons sur notre subconscient, où résident les forces de l'âme les plus efficaces, et en même temps sur les forces constructives du monde qui nous entoure. Que ce que nous croyons soit juste ou faux, bon ou nuisible, la réalité correspond toujours à l'orientation de nos croyances.

Le superstitieux qui croit à l'action néfaste de certains présages provoque ces effets par la force de sa conviction. En revanche tout est une source de bonheur pour celui qui ne voit en tout que des présages heureux. Celui qui entasse anxieusement son argent en prévision d'une future misère, ne doit pas s'étonner si ces temps de misère auxquels il croit arrivent vraiment. Celui qui, en revanche dépense son argent, en se reposant sur la venue de nouvelles ressources, sachant que sa force intérieure et la Providence divine n'ont pas de limites, celui-là tient à distance ce que le craintif essaie en vain d'éviter. Il atteint sans peine ce que ce dernier n'atteindra jamais malgré tous ses efforts.

Il importe ensuite de se faire une image vivante de ce à quoi on aspire, de la porter avec foi dans son cœur, de s'identifier intérieurement à elle et d'attendre sa réalisation avec une inébranlable confiance.

La foi est souvent qualifiée de « magie blanche », et avec raison. La foi confiante et sans réserve en la victoire, agit de façon magique, suivant la règle fondamentale de la vraie foi : *on fait apparaître ce à quoi on croit !* Non seulement notre volonté et nos actes, mais notre entourage, notre bonheur, notre destin sont formés et déterminés par l'orientation de notre foi.

Comment cela se fait-il ? Lorsque nous croyons fermement en quelque chose, et l'espérons, nous remplissons le champ de notre conscience d'images plus ou moins vivantes et sensibles, de ce que nous désirons ou redoutons, et entrons en contact avec des objets ou des événements qui y correspondent. Nous devenons mieux conscients des êtres, des objets, des circonstances qui s'accordent avec le sens de notre foi, nous reconnaissons plus rapidement les occasions favorables, et faisons d'instinct justement ce qui est le plus utile à la réalisation de l'objet de notre foi.

Nous rencontrons et nous apercevons toujours en premier lieu ce qui domine dans notre conscience parce que nous sommes accordés à ces choses, alors que les autres passent inaperçues de nous.

Qui n'a déjà remarqué avec surprise que lorsqu'il commence à s'intéresser à un sujet quelconque, tout ce qui se rapporte à ce sujet semble venir à lui, on dirait que le monde entier s'occupe soudain du même objet. Mais en réalité ces choses n'atteignaient pas son moi conscient parce que son état d'âme n'était pas disposé en leur faveur et qu'il ne les remarquait pas. Dès qu'il est devenu réceptif à leur égard par le fait de son attente, elles sont sorties de l'obscurité et ont pénétré en masse dans la lumière de sa conscience, révélant ainsi leur affinité avec l'objet de son intérêt.

Cette transformation des choses n'a pas lieu en réalité dans le monde extérieur, mais en nous, dans notre conscience.

Emetteur et récepteur de notre âme ont été accordés à un autre groupe de vibrations et déjà notre univers a changé de visage. Notre âme cherche et trouve toujours dans le monde qui l'entoure ce qui est conforme à l'orientation de sa foi et de sa pensée. L'orientation de nos croyances est le prisme à travers lequel nous voyons l'univers. C'est ainsi que nous faisons apparaître ce à quoi nous croyons et que la réussite succède à notre confiante affirmation de celle-ci. Il est nécessaire de voir clairement cet enchaînement afin de se rendre compte qu'en réalité l'homme est constamment entouré d'occasions favorables, de possibilités exceptionnelles, d'objets et de circonstances utiles, et qu'il lui suffit d'accorder les antennes de son âme de telle sorte qu'elles attirent vers lui ce dont il a besoin. Il lui suffit de mettre les lunettes des volontés, désirs et croyances justes pour en devenir conscient et les utiliser avec succès. Il deviendra alors nettement clairvoyant pour tout ce qui est à même de l'aider à réaliser le succès auquel il croit. Il apercevra toujours plus d'objets conformes à sa croyance, il fera de plus en plus instinctivement ce qui sert à l'accomplissement de celle-ci, et deviendra, en même temps, moins réceptif à tout ce qui contrarie son rythme propre. Sa mémoire également lui fournira toujours davantage les pensées, les notions dont il aura besoin, alors qu'il restera sourd-muet et aveugle pour tout ce qui est en désaccord avec son attitude mentale actuelle. En même temps augmentent sa foi dans son succès et son enthousiasme. Sa foi lui fait accomplir, avec une force et une efficacité plus grandes, ce qui est nécessaire pour atteindre son but.

Un travailleur qui croit à la réussite de son œuvre accomplit plus et mieux de besogne que deux hommes à qui manque l'aiguillon de la foi, ou qui doutent, du succès. Sur le terrain de sport comme dans la vie, ce n'est pas la plus grande force qui décide du résultat des compétitions, mais la foi la plus ferme en ses propres forces et en la victoire.

***

Il nous faut faire encore un pas. On sait que c'est rarement la somme des connaissances acquises qui décide du résultat d'un examen, mais le degré d'assurance et de confiance en soi, lequel n'a aucun rapport avec le savoir. C'est cette foi en ses propres capacités qui se transmet de l'examiné à l'examinateur et qui éveille en celui-ci le sentiment d'avoir devant lui un candidat capable, bien préparé, maître de son sujet, et qu'il n'est pas nécessaire de questionner très longuement.

Ce qu'il croit ne se borne donc pas à la conscience de l'individu. Sa foi rayonne de lui et devient magnétique pour les êtres, les objets, les événements et les pensées utiles à sa réalisation. Telle est notre foi, telle est notre pensée consciente et inconsciente, tels sont nos sentiments, nos aspirations et nos activités, tel est le monde que nous voyons autour de nous, et telle est aussi la *réaction du monde envers nous.*

Une foi intense change l'état d'esprit du monde environnant. Lorsque nous attendons avec foi que certaines choses viennent à nous, ou que certains événements se produisent, nous opérons dans le monde des causes, une transformation correspondant à nos idées, auxquelles succède une transformation parallèle dans le monde des apparences. Notre foi agit par le moyen du subconscient collectif sur d'autres êtres, objets et circonstances. Chaque élan de foi se propage en vibrations circulaires et éveille des tendances et images analogues dans les âmes accordées au même diapason. Mieux un homme est inébranlablement persuadé de ce qu'il pense, dit, ou veut, plus grande est la force de pénétration de ses pensées, de ses paroles, de sa volonté, et moins les autres seront capables de s'opposer sérieusement aux vibrations de son esprit : tôt ou tard ils seront entraînés dans le circuit de ses idées et de ses convictions.

Il faut conclure de ce fait que chacun ne doit cultiver en lui-même que les idées qu'il désire transmettre aux autres, et dont il souhaite la réalisation. Il recevra l'aide qu'il attend des autres, et attirera à lui les objets, les circonstances qu'il affirme avec foi.

*
**

La foi est la force fondamentale du cœur, et, mise en œuvre correctement, elle nous relie sympathiquement avec le cœur des choses et l'âme des autres êtres. La foi nous attire les objets, les êtres et les circonstances favorables à notre but. Il en résulte que les événements se déroulent entièrement dans le sens de nos espérances ; des « hasards » imprévus surviennent tout à fait à propos, nous nous sentons favorisés par la chance et le dynamisme de la vraie foi se révèle.

C'est en général la foi sans réserve en leur succès, la confiance en leur force intérieure et en l'aide d'En Haut, qui a provoqué la rapide ascension de grands hommes, souvent issus des conditions les plus modestes. Le fameux Müller des Orphelinats, lorsqu'il eut décidé de créer un foyer pour les parents et les enfants abandonnés, commença sans un centime en poche, avec la seule foi en l'aide d'En Haut. Bientôt l'argent se mit à affluer vers lui par milliers de marks et finalement par centaines de mille. De même pour Pestalozzi !

Comment cet argent provenant d'inconnus put-il aller ainsi à un inconnu ? Sa foi inébranlable, sa prière confiante éveilla un écho vivant dans l'âme de personnes de plus en plus nombreuses et les amena jusqu'à lui comme guidées par d'invisibles auxiliaires pour les seconder dans son œuvre.

De même, celui qui a bien assimilé la Nouvelle Science de la Vie est persuadé qu'il atteindra son but, et c'est justement cette foi qui lui fait faire toujours exactement ce qui favorise la réalisation de son idéal. Il croit que la santé, la chance et le succès sont la réalité à lui destinée et que la maladie, la misère et les échecs résultent d'un errement loin des sources de la vie. Il croit à la vie, il croit qu'il est enfant de Dieu, et qu'il possède la plénitude du Bien, et c'est justement cette certitude qui transforme la possibilité en réalité et le conduit vers ce à quoi il aspire.

Il attend beaucoup de lui-même et de la vie, et suscite ainsi la grandeur en lui et autour de lui. Sa foi éveille et augmente sa force et fait venir à lui la plénitude de la vie. Mais jamais il ne demeure les bras croisés à rêvasser ; il agit et accomplit avec foi et confiance les choses qui lui servent à atteindre son but. Sa confiante activité est clairvoyante. Il pressent le fruit dans le bourgeon et lui ouvre la voie par son activité. Il attend le meilleur de toute chose et c'est précisément cette attente qui lui fait éprouver la justesse de cet adage : « On arrive à tenir solidement en main ce qu'on a gardé constamment avec foi dans son esprit ! ».

LA VRAIE CONFIANCE EN DIEU

La vraie foi trouve son achèvement suprême dans l'inébranlable confiance en Dieu de l'homme pleinement conscient de sa filiation divine, dans sa certitude de la sollicitude et de l'aide divine constantes. En réalité toute confiance en soi n'est qu'un aspect de la confiance en l'Eternel ; elle y a ses racines et y conduit, et toute foi est au fond une prise de conscience de la vivante union de l'homme avec Dieu, de l'épanouissement de la force divine qui est en nous. Une telle confiance n'est liée à aucune confession, elle peut s'épanouir au-dedans comme au-dehors de celle-ci. Elle est l'éveil libérateur de la totale confiance en notre force intérieure, étincelle reconnue de la force du Grand Tout.

Cette confiance en Dieu ne nous empêche nullement de faire toujours avec courage ce qui est nécessaire pour atteindre notre but, car Dieu nous aide toujours, mais Il nous aide surtout à travers nous-mêmes en nous rendant capables de penser et d'agir pour le mieux. Non seulement la disposition naturelle à cette confiance en Dieu sommeille dans tout homme normal, mais chacun y a incontestablement droit. La Puissance qui a fait surgir du chaos primordial les constellations, la voie lactée, les planètes et les soleils, qui a tracé leurs orbites, qui détermine même les trajectoires des atomes et des électrons, qui veille aussi avec tendresse sur le sort de la vie la plus infime, qui est bienveillante alors même qu'elle nous semble dure et cruelle, qui imprègne jusqu'à la dernière de nos cellules, et palpite dans chacune de nos respirations — cette Puissance nous guide et veille à ce qu'en nous et autour de nous, tout suive la loi de l'harmonie et de l'amour.

Nous pouvons avoir confiance en cette Puissance, nous pouvons nous abandonner à Elle et en recevoir à chaque instant des forces et un courage nouveaux. Nous pouvons toujours adresser à Dieu cette prière : « Dieu que je porte au fond de mon cœur, soyez avec moi ! » car nous sommes toujours sous la protection du Très Haut qui nous a donné comme ange gardien l'étincelle divine en nous. En levant les yeux la nuit, vers le ciel étoilé, — essayons de nous sentir unis à cette Puissance, de nous abandonner à elle avec amour, et, armés des forces divines dont nous n'avons développé jusqu'ici qu'une infime partie, de ressentir qu'elle est un autre nous-mêmes.

Reconnaissons la vérité des paroles d'Héraclite : « Le manque de foi est la principale raison pour laquelle le Divin se refuse à la connaissance ». Reconnaissons comment l'esprit de la vie est à l'œuvre dans tout ce qui arrive, et apprenons à augmenter notre force de celle du Divin. Lorsque tout et tous nous abandonnent, notre seul vrai sauveur, le Dieu en nous, ne nous abandonne pas. Ainsi il n'est rien que nous ayons vraiment à redouter.

Cette flamme spirituelle au fond de notre âme, cette lumière éternelle issue du cœur flamboyant de la Divinité est le principe de notre moi supérieur, c'est notre vrai « Je suis ! » Nous reconnaîtrons alors encore plus clairement si c'est possible que la force en nous est d'origine divine, et que son but est de nous élever jusqu'à Dieu. Mais si toute notre force est divine comment pourrions-nous, si nous en sommes conscients, faire autre chose que la « volonté de Dieu ». En ayant confiance en notre force, nous avons confiance en l'aide de Dieu, nous augmentons notre force, et nous rendons intérieurement invincibles.

Mais comment rendre cette confiance *effective* ? La règle très simple de la confiance en Dieu nous est donnée par le Christ, ce maître de Vie, lorsqu'il nous dit : « Demandez, et il vous sera donné, cherchez et vous trouverez, frappez et l'on vous ouvrira. » Nous surmontons l'illusion de notre condition mortelle et de notre impuissance, nous accédons à des connaissances toujours plus élevées et ouvrons les écluses de l'abondance dans notre vie, si nous avons foi et confiance, dans la force en nous et au-dessus de nous, si nous comptons sur l'aide divine et nous laissons guider par notre moi supérieur, si nous attendons toujours ce qu'il a de meilleur, et cherchons à donner ce que nous avons de meilleur, conscients de la présence de Dieu en nous.

*
* *

Un sentiment constant de *gratitude* est indissolublement lié à la confiance en Dieu. En remerciant, de tout notre cœur, notre Divin Protecteur de tout ce que le jour et la vie nous apportent, nous ouvrons les « vannes » intérieures au Divin, afin que le flot de l'abondance ruisselle encore plus puissant dans notre vie. La foi, la confiance en Dieu, et la gratitude forment une puissante trinité : elles préparent les voies en nous et autour de nous pour la venue d'une plus grande abondance. La foi trempe le courage, la confiance en Dieu augmente notre confiance en nous-mêmes, et notre gratitude nous fait aimer notre destin. Tandis que la jalousie et l'envie rétrécissent l'homme, tarissent sa joie intérieure, et l'excluent de la plénitude de la vie, le sentiment de gratitude élargit notre cœur et l'ouvre à l'afflux du bien. Votre voisin a-t-il un plus bel appartement que le vôtre ? *Remerciez* alors quotidiennement votre protecteur intérieur du foyer que vous possédez, et ayez confiance qu'un meilleur vous sera donné au moment voulu. Vous aurez alors bientôt l'occasion de le remercier de ce don, car la reconnaissance augmente vos chances de succès.

Plus nous sommes reconnaissants, plus la vie nous donne des occasions de l'être davantage. Nous arrivons à développer en nous de nouvelles forces, et découvrons de nombreuses occasions et des possibilités nouvelles en agissant toujours comme si l'esprit de la vie agissait à travers nous. Ce que nous attendons deviendra de plus en plus une réalité en nous et autour de nous à mesure que nous reconnaîtrons mieux que nous possédons déjà cette abondance divine, en tant qu'enfants de Dieu, et agissons conformément à cette connaissance.

La foi de celui qui a confiance dans le Dieu qui habite en lui, sera bientôt et maintes fois confirmée et récompensée. Dieu qui « sait ce dont nous avons besoin » nous accorde toujours ce que nous réclamons sérieusement. Rien ne peut plus accabler celui en qui s'est enflammée cette confiance en Dieu. Cette certitude lui donne, même en face du danger, un renouveau de courage, de puissance, de force, et finalement la victoire !

Dieu et moi, sommes les plus forts !

SAVOIR DESIRER JUDICIEUSEMENT

La force du désir est intimement liée à la force de la foi. Nous aurions plus de succès si nous désirions plus, et plus intensément. La plupart des gens l'ont désappris : ils « voudraient bien » beaucoup de choses, mais il leur manque de savoir comment désirer. Un désir est une tendance plus ou moins forte à atteindre quelque chose, ou à l'éviter, ou à le posséder, une orientation constante du sentiment vers un but dont nous attendons de la satisfaction. Le désir est le générateur de toutes choses ; toutes les inventions, tous les agréments de la vie sont des images de désirs réalisés.

En désirant quelque chose nous attachons notre sentiment à l'idée du succès et fortifions ainsi l'élan qui nous y porte. Par le fait que nous attachons consciemment la force de notre désir à une idée, nous intensifions ses vibrations et la faculté de réalisation du champ de force de la pensée, lequel acquiert la puissance aspirante d'un véritable tourbillon.

Il nous faut apprendre, pour maîtriser cet art, à savoir, souhaiter judicieusement. La force du désir peut être domptée et mise au service de notre perfectionnement comme toute autre force. Elle est un géant qui sommeille, il s'agit de prendre conscience de sa nature et de son pouvoir. Un souhait est au fond de chaque action, ainsi tous les objets créés par les hommes sont des désirs matérialisés. Là où il n'y a pas de désir il n'y a pas de mouvement, pas d'activité. L'activité est donc un mouvement porté par un désir, une marche vers un but désiré et plaisant. Pour changer nos actes, ou ceux des autres, nous devons par conséquent changer de désirs, ou faire changer les autres selon cette règle : Le vouloir et l'action de l'homme sont toujours orientés suivant son désir le plus agréable. Ce sont les désirs de millions d'êtres qui ont amené la vie primitive au degré de notre culture actuelle, et pousseront celle-ci dans l'avenir à un degré encore plus élevé. C'est la force d'attraction de nos désirs qui nous mènera vers des conditions de vie meilleures. Chaque désir en nous est avant-coureur de sa réalisation, ou selon l'expression de Herder : « Les désirs de l'âme, nourris dans la solitude, sont les joyeux messagers d'un bel avenir ». Nous ne pouvons donc trop désirer ce qui est beau et juste, et ne pouvons jamais étendre trop le domaine du « possible », car plus nous désirons, plus nous rendons les choses possibles et réelles. Portons donc sans cesse dans notre cœur, un bon désir d'après lequel peuvent s'orienter et s'affirmer les forces de notre âme. Et lorsque ce désir sera réalisé remplaçons-le par un désir encore plus noble et plus élevé. Mais il ne suffit pas d'avoir des désirs, il faut les soigner, les nourrir, il faut désirer activement et apprendre à désirer à bon escient. Voyons clairement ce que veut dire : *désirer sincèrement :*

1. — Posséder une chose déjà en pensée, la vouloir ardemment, car c'est l'*intensité* du désir qui est décisive. Il faut exiger ce qu'on désire d'une façon désespérée comme l'affamé exige de la nourriture.

2. — Ne pas soupirer mollement après une chose, et la désirer vaguement, mais l'affirmer avec force et décision ; tendre à sa réalisation sans impatience, et être persuadé qu'elle viendra tout naturellement.

3. — Libérer la force d'impulsion inhérente au désir est la base de la force de volonté. Cela veut dire affirmer constamment la chose désirée, ne pas la perdre de vue, ne pas s'en écarter jusqu'à ce qu'elle soit réalisée. Les souhaits sincères sont de continuelles incitations à l'action.

4. — Cela veut dire ne jamais désirer que le *Bien,* désirer quelque chose qui ne prive pas autrui. Notre cœur doit pouvoir souhaiter sincèrement à autrui ce qu'il nous souhaite. Celui qui souhaite du mal à autrui l'appelle dans la vie de celui-ci, mais devient en même temps réceptif au mal, et s'attire des peines bien pires que celles qu'il a souhaitées aux autres.

Personne ne peut nuire à autrui sans se nuire à lui-même, ni aider autrui sans se faire du bien à lui-même.

LIBERER LA FORCE DU DESIR

La force du désir tend à l'efficacité. Mieux nous connaissons le principe de cette force et apprenons à la libérer en lui donnant un but positif, plus sûrement elle nous conduit à l'action opportune. Par le fait que nous dirigeons la force du désir sur une chose, nous y attachons un sentiment de plaisir qui augmente notre force d'attraction pour la chose désirée. Cette attraction correspond à la force de la gravitation cosmique, aux affinités dans le domaine des éléments, à l'aimantation pour le fer, à la sympathie chez les êtres vivants.

En désirant une chose nous nous relions à elle et agrandissons par là-même notre champ dc gravitation et notre force d'attraction pour la chose désirée. La force du désir est en quelque sorte une forme plus élevée de la force d'attraction. Ce qui a été dit dans le chapitre précédent sur les obstacles de la pensée s'applique pareillement aux *obstacles du désir*. C'est la même illusion « de ne pas pouvoir », et de « l'impossibilité de la chose désirée ». Apprenons à considérer comme possible tout ce à quoi notre cœur aspire. Il *est* possible de devenir et d'atteindre ce que nous désirons vraiment. C'est souvent notre « je ne peux pas », ou « il est vain de souhaiter telle chose », qui est le seul obstacle barrant la route à la réalisation de notre désir. Ce à quoi nous aspirons nous sera accordé dans la mesure où nous ne nous laisserons pas ébranler par la crainte ou le doute.

Nous arrivons ainsi à la règle de base du désir efficace :

NOTRE CAPACITE DE REALISER NOS DESIRS SERA A LA MESURE DE LA CONSTANCE, DE L'INTENSITE ET DE L'EXCLUSIVITE DE CHACUN DE NOS DESIRS.

Voici quelques mots sur ces trois conditions :

1. — L'*intensité d'un désir* dépend de la concentration sur la chose désirée. La concentration réveille à son tour la force de volonté et mène vers l'action opportune.

Il ne suffit pas de dire que nous « voudrions bien avoir », ou que nous « aimerions mieux ». Un tel désir est sans force. Nous devons exiger ce que nous désirons de toutes les fibres de notre cœur, de toutes les forces de notre âme, de toute la puissance de notre esprit. Nous devons le vouloir et le désirer ardemment. Le désir est le feu dans lequel nous forgeons l'épée de notre volonté. Plus le feu est ardent, meilleur est le travail du forgeron, et plus certaine la victoire.

2. — Non moins importante est la *persistance* d'un désir,

la constante affirmation de l'objet désiré et l'invariable attachement à celui-ci.

Cet attachement tenace à un désir est ce qui manque à la plupart des gens et c'est pour cela que si souvent ils désirent en vain. Ils voltigent d'un désir à un autre, mais ne s'attachent à aucun assez longtemps pour que le bourgeon spirituel de ce vœu mûrisse et devienne une réalité matérielle. Ils n'ont pas la patience d'attendre cette maturation ni assez d'amour pour soigner et nourrir cette réalité en gestation. Souvent à l'instant même où le fruit va mûrir, ils pensent que leur désir ne se réalisera pas. Un autre vient alors qui persévère dans l'affirmation et récolte sans peine apparente ce pour quoi ils ont lutté longuement en vain.

3. — Tout aussi importante est encore l'*exclusivité* du désir. Pour qu'un désir se réalise complètement, il doit être unique, et le but exclusif de notre attente affirmative.

Tous ceux qui ont réussi dans la vie ont libéré consciemment ou inconsciemment la force du désir et l'ont toujours dirigée sur un seul but avec toute l'ardeur dévorante qui était en eux. Tout comme une lentille concentre les rayons du soleil et les dirige sur un seul point, ils ont dirigé par la lentille de leur cœur toutes les forces de leur aspiration sur l'image de leur réussite et uniquement sur elle. Ainsi sont nées les grandes fortunes de ce monde et beaucoup des plus grandes œuvres de l'humanité.

*
**

Pour libérer efficacement la force du désir nous devons avant tout savoir ce que nous désirons. Cela semble aller de soi mais ce n'est pas vrai pour la plupart des gens et c'est pourquoi l'accomplissement de leurs désirs leur est si souvent refusé. Ils n'ont jamais formé une image précise de ce qu'ils désiraient. Il ne suffit nullement de désirer en général que « notre situation s'améliore », que « les choses aillent mieux que jusqu'ici », nous devons fixer les yeux sur un but concret, avoir devant nous une image très claire de la chose désirée. Plus un désir est général, plus faible est son pouvoir de réalisation.

Il s'agit donc de choisir parmi les nombreux désirs qui

existent en nous, celui qui réclame sa réalisation de la façon la plus pressante, nous attacher résolument à lui, et faire taire les autres jusqu'à ce que celui-là soit réalisé. Il faut agir ici sérieusement et procéder graduellement d'après la méthode qui suit :

Première étape : Prenons une liasse de petits bulletins et un crayon et calmons-nous par un exercice de décontraction. Dès que nous serons bien détendus intérieurement faisons l'inventaire précis de nos désirs et inscrivons chacun d'eux sur un des bulletins. Inscrivons tout ce qui se présente à notre esprit sans discrimination et sans peser le pour et le contre, le bien ou le mal de chaque souhait. Lorsque plus rien ne nous vient à l'esprit l'inventaire est terminé.

Deuxième étape : Cela fait, mettons nos bulletins en ordre. Eliminons d'abord, après y avoir réfléchi, les vœux les plus faibles. Ne jetons pas les bulletins, mais mettons-les de côté pour plus tard. Séparons de nouveau de ce qui reste les moins importants, ensuite les moins urgents, et finalement ceux qui sont de simples caprices d'un jour. Tandis que le *nombre* des vœux diminue, la *force du désir* inhérente à ceux qui restent s'accroît sans cesse. En détournant notre attention des désirs moins importants, nous libérons une partie de leur énergie qui revient alors à nos désirs majeurs dont elle intensifie la force d'impulsion.

Troisième étape : Faisons, maintenant, de ces vœux, retenus en petit nombre, un objet de méditation ou de réflexion, ou endormons-nous en y pensant, afin de permettre à notre subconscient de nous aider à les rendre plus clairs. Nous lui confions, avant de nous endormir, la tâche de nous indiquer les plus importants en inclinant notre sentiment vers eux.

Quatrième étape : Nous achevons le lendemain matin le contrôle des vœux en éliminant grâce à la sûreté du jugement instinctivement acquise pendant la nuit, ou dans la méditation, ceux que nous considérons comme les moins importants. Nous les mettons en regard les uns des autres et voyons de quel côté penche notre cœur.

Cinquième étape : Il ne reste plus que les désirs les plus forts et les plus ardents parmi lesquels il s'agit encore de choisir le premier. Pour ce faire, nous recommençons un examen à leur sujet, ou bien nous nous endormirons en y pensant. Le lendemain en nous éveillant, ou à la fin de notre examen, nous serons fixés sur notre choix final. Nous saisirons en toute sécurité ce désir principal et nous nous occuperons de sa réalisation, pour laquelle il s'agit avant tout de libérer la force du désir.

Sixième étape : Même le plus ardent des vœux reste faible et inactif, s'il n'est nourri sans cesse par une confiante affirmation, une attente obstinée et une concentration répétée.

C'est en nous concentrant sur l'image de notre désir que nous libérons la force du désir et amenons notre vœu principal à sa réalisation. *Comment* cela se produit, fait déjà partie de la septième étape, et sera expliqué dans le prochain paragraphe. Nous dirigeons ainsi l'aimant de notre âme vers les vibrations spécifiques de la chose désirée et nous préparons à sa réception. Nous établissons ainsi un contact spirituel avec la chose désirée et nous l'attirons. Nous veillerons à ce que la force du désir ne soit libérée que dans un sens positif, nous bannirons de notre concience toute image négative. Plus notre désir sera positif, dirigé vers un but précis et soutenu par la volonté et la joie, plus sa puissance deviendra magique. Deux auxiliaires sont à notre disposition à ce sixième degré : *l'affirmation* confiante et l'attente *persévérante.*

La « force magnétique » d'un désir augmente dans la mesure de notre foi en la chose désirée, et notre confiance sans réserve en l'aide intérieure. Ce que nous désirons doit être d'abord une réalité vivante affirmée en nous. La force d'attraction d'un désir est décuplée lorsque la foi et le désir agissent ensemble.

La persévérance dans l'attente est tout aussi importante que l'affirmation dans la foi. Cette attente provoque une tension qui augmente la force de persévérer, surtout si un délai peut être assigné à l'accomplissement de notre désir. Dans ce cas on se fixera des délais partiels, dont chacun, lorsqu'il est dépassé, nous aidera à persévérer jusqu'à la réalisation finale.

Cette méthode d'assigner un délai précis à l'accomplissement d'un désir ne s'applique pas seulement avec succès à des difficultés matérielles, mais aussi aux examens, à l'entraînement sportif, aux études, aux problèmes économiques, etc. De délai en délai nous sentons d'une façon plus vivante l'approche du succès et la réalisation de notre désir.

REALISATION DES DESIRS

Lorsque nous savons au juste ce que nous désirons, et que nous avons discerné quel est notre vœu principal, nous nous efforçons de l'amener à sa réalisation. Cela se fait surtout par la concentration de toute notre force de désir et par l'action opportune. Nous disposons d'une formidable réserve de force latente, pour ainsi dire inépuisable. Nous éveillons cette force par une concentration intense et répétée sur notre désir principal, en vertu du principe que nous pouvons devenir et atteindre tout ce que nous voulons si nous le désirons exclusivement, intensément et avec persistance.

Il nous faut pour cela créer une image idéale de ce que nous désirons, nous y tenir, et aspirer ardemment à sa réalisation, l'affirmer avec foi, l'attendre avec obstination. Nous devons en même temps, employer tous les moyens propres à activer l'accomplissement de notre désir.

Nous avons déjà parlé, à propos de la classification méthodique des vœux, des lois de leur réalisation. *Les vœux qui sont retenus avec le plus de persistance et d'intensité deviennent de plus en plus attractifs à ce qui est conforme et favorable à leur accomplissement.*

Nous rencontrons les effets de cette loi à chaque instant de notre vie. Nous avons tous déjà fait l'expérience que dès qu'un désir précis nous tient plus que tout à cœur il arrive souvent que, les objets, les gens et les événements rencontrés s'y rattachent d'une façon ou d'une autre et concourent à son accomplissement, ou bien nous mettent sur sa voie : nos yeux tombent « par hasard », dans un journal, sur les lignes qui semblent répondre à notre désir, ou qui nous donnent une indication utile. Nous découvrons là, comme « par hasard » la voie du succès, alors que nous ne nous y attendions nullement. Comme par « hasard » nous faisons la connaissance de personnes qui se révèlent par la suite être celles dont l'aide était indispensable à la réalisation de notre espoir. Notre désir nous rend clairvoyants et sensibles pour tout ce qui peut le servir.

Mais revenons à la pratique.

Septième étape : Lorsque nous avons placé notre vœu principal au centre de notre conscience nous formerons une image bien vivante et bien précise de notre but. Mais il ne suffit pas que cette image occupe un instant le champ de notre conscience, il est beaucoup plus nécessaire qu'elle domine seule ce que nous imaginons. Un désir doit être de la force concentrée, de la dynamite qui transforme la réalité. La force libérée du désir doit remplir toute notre conscience. Comment y arrive-t-on ? Justement par la création d'une image vivante et joyeuse de la chose désirée. C'est dans le domaine des causes que la force du désir éveillée opère le plus sûrement la transformation des choses.

Huitième étape : Nous avançons encore d'un pas en nous souvenant que le désir est l'anticipation spirituelle de la chose désirée. Nous différons la réalisation d'un désir si nous voyons celle-ci dans l'avenir. Dans l'esprit il n'existe que le présent. Nous devons affirmer *ici* et *tout de suite* notre désir comme une réalité ; ainsi nous transférons également sa réalisation ici et tout de suite du monde intérieur dans celui des sens.

Nous devons comprendre ceci clairement : Je *suis* déjà ce que je désire être. J'*ai* déjà ce que je désire posséder ! Ce que j'affirme d'une façon consciente est au même instant une réalité spirituelle qui aspire dès maintenant à se matérialiser.

Nous devons donc éprouver d'avance la joie que nous attendons de la réalisation de notre désir en de joyeuses et vivantes images, et attirer de plus en plus les choses et les circonstances auxquelles nous aspirons. C'est ainsi que la force du désir se transforme en force réalisatrice.

Neuvième étape : Il est enfin indispensable de retenir, avec persistance, les images de nos désirs jusqu'à ce que nous ayons atteint notre but. Plus nous nous attachons à ces images avec ténacité, plus la force du désir attirera la chose souhaitée, et plus les choses et les circonstances favorables viendront au-devant de nous. Orientons sans désemparer la force de notre désir vers la réalisation de notre vœu. Le mieux est de procéder à cette orientation, le soir avant de s'endormir en imaginant cette force comme un puissant soleil intérieur, comme un gigantesque réservoir de force dont la lumière, la chaleur nous remplissent de vie et nous rendent attractifs à ce qui favorise l'accomplissement de nos désirs.

De cette façon, nous arrivons peu à peu à rendre notre force de désir consciente de ce qu'elle est et de ce qu'elle peut. Mieux s'éveille en elle cette conscience, mieux notre pouvoir de réalisation tend vers son but. La force de désir une fois éveillée à elle-même continue d'agir infailliblement — que nous soyons éveillés ou endormis, que nous y pensions ou non. A partir de cet instant nous n'avons plus rien à faire si ce n'est d'écarter de son chemin les obstacles extérieurs qui dérangent le contact télépathique entre nous et le but de nos désirs. Mais à côté des liaisons inconscientes que la force de désir établit entre nous et les objets, les êtres et les circonstances, nous devons créer, consciemment des rapports utiles pour mieux atteindre notre but. N'oublions pas que le plus ardent des désirs ne rend pas l'action superflue. Il ne suffit pas de désirer le succès et de se croiser les bras, à l'instar de cette femme qui se tenait tous les jours devant une loterie publique et attendait de gagner le gros lot sans avoir jamais pensé à acheter un billet !

On ne peut rien gagner sans billet, ne réaliser aucun désir sans agir. Après nous être concentrés en silence sur un vœu, il faut nous mettre pratiquement au travail. Nous devons prouver la justesse et l'utilité de nos désirs en agissant comme il se doit. C'est la dixième et dernière étape de la juste réalisation des désirs.

Comment les désirs qui ne nous incitent pas à agir avec décision, pourraient-ils amener d'autres personnes à le faire pour nous aider ? Seul ce qui nous pousse nous-mêmes à l'action, y entraîne aussi les autres. Ce n'est que si nous poursuivons opiniâtrement notre chemin que nous pouvons nous attendre à ce que d'autres nous suivent.

Deux moyens sont à notre disposition pour consolider notre résolution : la concentration et la volonté. La première nous permet de nous consacrer uniquement à la poursuite de notre but et d'écarter tout ce qui nous en détourne. La seconde nous apprend à suivre le chemin choisi avec l'énergie nécessaire, et à faire toujours exactement avec une logique et une ténacité inflexibles ce qu'il faut pour transformer notre désir en réalité.

Mais il s'agit, avant de nous occuper de l'éducation de ces deux forces, de maîtriser l'art de nous représenter correctement ce que nous désirons.

L'ART D'IMAGINER

Savoir désirer c'est en définitive savoir se représenter une chose comme étant réelle. C'est justement parce que cette faculté d'imagination vivante manque à beaucoup de gens que nous allons donner quelques indications pratiques sur l'art de se représenter les choses correctement, grâce auquel la force de notre foi et de nos désirs sera rendue encore plus agissante.

Imaginer veut dire reproduire une chose vue par une image intérieure, avoir cette image devant les yeux ; voir intérieurement un idéal comme une réalité. Les pensées sont des objets spirituels « visibles » pour les yeux intérieurs. Nous comprenons par représentation l'image spirituelle d'un objet ou d'une situation, placée dans le champ de la conscience en vue de sa réalisation.

Toute représentation est une graine que nous semons dans le champ de l'âme pour qu'elle germe, croisse, mûrisse et porte des fruits. Les imaginations que nous nourrissons opèrent des changements d'abord dans le monde spirituel, et ensuite dans le monde tangible, dans le sens de la chose imaginée. La force de l'imagination est une force constructive. Pour donner une forme à quelque chose il faut d'abord l'imaginer, et ceci d'une manière consciente, afin que la représentation devienne créatrice. Seule la force de l'imagination active est fertile alors que le jeu de l'imagination passive, inconsciente et rêveuse, est en général stérile ou éveille des réalités négatives.

Imaginer correctement veut dire :

1. — Savoir ce que l'on veut, avoir un idéal précis et voir celui-ci devant soi en images vivantes. Mieux nous savons ce que nous voulons, mieux nous pouvons nous organiser en vue de notre but, imaginer son accomplissement, et créer la réalité correspondante.

2. — Ne pas se contenter de la représentation mentale de la chose désirée, mais la valoriser en concentrant sur son image nos sentiments de joie, de plaisir et notre volonté. En imaginant une chose attrayante on lui donne une plus grande force d'impulsion et plus de possibilités de réussir. Si nous voulons faire passer un mal de tête nous ne nous imaginons pas seulement qu'il a disparu, mais éveillons en nous la sensation imaginaire du plaisir de se sentir frais et dispos. Bientôt nous le sentirons effectivement et cette sensation deviendra une réalité.

3. — Former quelque chose en soi, l'imprimer en soi. Plus nous nous abandonnons à cette image mentale, plus profondément elle s'enracine dans notre subconscient, plus elle devient active, et plus elle a de force constructive matérielle. La puissance de cette force constructive dépasse tout ce que nous pouvons nous figurer. Il faut nous pénétrer de l'idée que nous sommes faits, comme tous les êtres dans tout l'univers, à l' « image de Dieu » et pourvus des forces constructives divines.

Avant de produire une chose nous devons nous la représenter. Nous devons ériger d'abord un modèle spirituel de la chose désirée, avant d'exécuter sa copie matérielle. Le tailleur qui coupe l'étoffe nécessaire à la confection d'un costume le fait d'après un modèle imaginaire précis. L'artiste qui travaille à une statue donne une expression vivante à une image intérieure qu'il porte en lui.

Si la force créatrice de l'idéal n'existait pas, l'homme serait encore un sauvage primitif. L'histoire de la culture humaine est l'histoire de la libération graduelle de la force de l'imagination créatrice. Et pourtant nous n'avons fait jusqu'ici que quelques pas dans un domaine dont les limites sont bien au-delà de notre horizon...

Se représenter quelque chose correctement veut donc dire : le faire apparaître conformément au principe de la Science de la Vie : *l'imagination crée la réalité.*

La concentration de l'attention sur une situation imaginée éveille dans notre subconscient la *tendance* à réaliser cette situation dans le cadre des possibilités, et non seulement la tendance, mais aussi la force créatrice nécessaire pour permettre la matérialisation de l'idéal.

Le film mental qui se déroule le plus souvent dans notre esprit deviendra peu à peu une réalité dans notre vie.

Le principe cité plus haut demande quelques éclaircissements. Rappelons-nous, à ce propos, la loi suivante : *Plus souvent une chose imaginée occupe notre esprit, plus elle devient une habitude, plus facilement elle dépasse le seuil de notre conscience. Sa tendance à se réaliser augmente avec sa clarté, sa plasticité, sa vivacité,* le plaisir qui s'y attache et l'attrait de son but.

Le plus important c'est l'aptitude figurative de l'imagination : un idéal qui doit devenir réalité, doit se présenter à notre conscience, tel un film en relief et en couleurs.

Plus nous apprenons à penser en images plastiques, plus elles sont riches en couleurs, plus nous concrétisons nos pensées avec succès. La « force de l'imagination » est la force qui nous permet d'évoquer en nous l'image d'une chose, puis de faire la chose d'après cette image.

LA FORCE CRÉATRICE DE L'IDÉAL

Nous nommons *idéal* l'image intérieure que l'esprit humain se fait d'un objet ou d'un état auquel il aspire et qu'il dote de tous les signes de la perfection. C'est le modèle spirituel de ce qu'il veut accomplir. C'est une image mentale valorisée au plus haut point et animée d'une force créatrice correspondante. C'est en quelque sorte l'armature spirituelle de la réalité en train de se former.

Tout idéal est le germe et la promesse d'une création à venir. Que cet idéal soit un projet, un désir, un acte, un but, de toute façon, des énergies créatrices seront mises en activité par la concentration sur l'idéal et elles n'auront de cesse qu'il ne se soit réalisé.

Tout idéal bande nos forces, les tend vers un but et nous guide intérieurement vers sa réalisation. Il contribue à attirer les circonstances conformes à notre image intérieure.

La force créatrice d'un idéal, d'une imagination, augmente comme cela vient d'être dit, avec sa clarté, sa plasticité, sa vitalité, son attrait et la vision précise de son but.

Comment arrivons-nous à rendre un idéal vivant ?

Avant tout, en pensant à notre idéal comme à une entité vivante. Ces « entités de l'esprit » deviendront nos auxiliaires empressés et s'efforceront d'accomplir nos désirs si nous les accueillons avec amitié et confiance, si nous leur prêtons un « état d'âme » positif, ensoleillé et joyeux, et affirmons leur force créatrice. Nous les rendrons ainsi dynamiques, augmenterons leur activité et arriverons à ce qu'ils fassent affluer de tous côtés vers nous des pensées apparentées aux nôtres qui deviendront rapidement nos auxiliaires invisibles.

Les lois naturelles qui jouent ici sont faciles à comprendre. Nous avons déjà mentionné la plus importante :

Tout idéal tend à susciter des actes qui lui sont conformes et à devenir réalité. Des idéals de même nature s'attirent et forment des complexes très efficaces, les contraires se repoussent, s'affaiblissent, ou se suppriment mutuellement.

Rendre un idéal vivant en soi veut dire éveiller sa force créatrice, ce qui augmente son pouvoir magnétique, stimule la volonté, pousse à l'action et attire ce qui est nécessaire à sa réalisation, à la construction matérielle de sa forme spirituelle.

Celui qui imagine qu'il va rougir est déjà rouge. Qui imagine qu'il va bâiller de tout son cœur éprouve l'envie de bâiller. Qui se figure que sa crise cardiaque va se produire, la provoque. L'imagination peut tuer ou donner la vie. Certains sont morts parce qu'ils imaginaient qu'ils devaient mourir, et retiraient ainsi de leur corps la volonté de vivre. Nos imaginations n'influencent pas seulement nous-mêmes, mais aussi les autres. Une mère assise au chevet de son enfant malade, si elle se représente que l'état de l'enfant empire, nuit à son enfant et à elle-même sans le savoir. Ainsi, toute imagination dont nous nourrissons en nous l'image entraîne une double responsabilité : envers nous et envers les autres.

La ligne de conduite la plus sûre, la règle d'or de l'imagination, est celle-ci : *Pour obtenir ou devenir quelque chose, il nous faut déjà en imagination l'avoir obtenu ou l'être.*

La façon pratique d'appliquer cette règle est la suivante :

Mieux nous nous représentons d'une façon vivante, dans tous ses détails et dans toutes ses phases ce que nous voulons atteindre, mieux nous voyons en nous notre but comme si nous l'avions déjà atteint, plus rapidement nos idéaux se transforment en réalité. Nous devons déjà nous voir en esprit à l'endroit où nous voulons être. Et il faut aussi veiller à ce que nos imaginations soient toujours positives, afin qu'aucune réalité pénible ne se mette à germer en nous. Nos imaginations doivent concerner exclusivement les objets dont la réalisation est désirée. Toutes les autres n'ont qu'à s'effacer. Lorsque nos affaires vont mal nous devons porter en nous et entretenir les images du succès et de la bonne marche des affaires, celles de la réussite, d'une nombreuse et riche clientèle. C'est justement lorsque les soucis sont les plus pressants que nous devons tendre au plus haut point notre confiance dans l'aide intérieure et avec une énergique décision placer notre désir principal au centre de notre pensée et de notre activité.

En tonifiant notre état d'âme, en alimentant consciemment ce genre d'imagination en nous, nous donnons un but à notre force de désir et sortons peu à peu de nos soucis ; en même temps nous attirons des gens qui nous viennent en aide. Nous ne pouvons rien faire de plus maladroit, lorsque nous manquons d'argent, que de nous imaginer craintivement que l'argent que nous attendons, n'arrivera pas à temps, ou même qu'il est perdu, car nous paralysons notre force par cette façon erronée de penser, et attirons ce que nous redoutons. Il vaudrait beaucoup mieux nous encourager nous-mêmes et imaginer positivement que l'argent arrivera en temps voulu. On peut même se représenter en détail que le débiteur se souvient de son obligation et se décide à expédier l'argent immédiatement.

En général : si nous nous habituons à voir le mieux en toute chose, à l'affirmer et à l'attendre, nous l'appelons à se manifester et à se multiplier.

La règle est la suivante :

Ce que nous nous représentons constamment comme réalité intérieure, se présentera un jour à nous comme une réalité extérieure.

L'IDEALISME PRATIQUE

Aucun rêve n'est saisissable en soi, pas plus que le désir, l'espoir, la pensée, l'idéal, mais on peut les rendre saisissables. On peut jeter un pont sur le gouffre qui sépare l'idéal de la réalité. La Nouvelle Science de la Vie nomme cette opération « idéalisme positif » ou « idéalisme pratique ».

Nous nommons idéalisme pratique un idéalisme qui se met lui-même à l'épreuve, qui devient action. C'est un idéalisme qui sait que tous les objets visibles sont des idées invisibles concrétisées, des rêves pour ainsi dire cristallisés. L' « éther » spirituel est la base, le fondement vital de chaque atome et partant de toute chose visible. Nous pouvons maîtriser cet éther spirituel par notre pensée, notre volonté et notre activité ; nous pouvons le guider, le former et de ce fait, le monde matériel aussi. L'idéalisme positif consiste non seulement à avoir des idéals ou des aspirations idéales, mais encore à organiser consciemment sa vie selon les lois de la pensée par la libération et la mise en activité de la force intérieure. Cela veut dire que l'on peut matérialiser une idée dans la vie quotidienne par une affirmation et une activité conscientes.

Voici les diverses étapes de la *réalisation des idées* que nous traiterons en détail dans les prochains chapitres.

1. — L'idée se fait jour qu'il est possible de résoudre une question, d'accomplir une tâche, idée suscitée par le désir de surmonter un obstacle et d'arriver à un but ;

2. — L'idée s'approfondit et s'enrichit d'idées annexes, après avoir examiné et pesé toutes les possibilités de sa réalisation ;

3. — Représentation du complexe d'idées en une image unique et organique ;

4. — *Animer, vitaliser* la chose imaginée en concentrant son intérêt sur elle, et la dynamiser en affirmant son but ;

5. — Eveiller, fortifier le *pouvoir de réalisation* de l'image par son rappel constant dans la conscience et la recherche du chemin le plus court pour la réaliser ;

6. — Imprégner l'image idéale de la force de la foi, de désir

et de volonté, et commencer à *agir* en suivant instinctivement la loi de la dépense minimum de forces, en direction de
son but.

7. — Persévérer dans cette activité jusqu'à ce que le but
soit atteint, et que l'image idéale soit devenue réalité.

Nous allons commenter ces divers points.

La chose la plus importante, aussi bien pour le désir que
pour l'imagination est de savoir où l'on veut aller, quel est
le chemin qui mène le plus rapidement et le plus facilement
vers ce but. Ce chemin doit apparaître avec autant de précision à notre regard intérieur, que le tracé des rues sur le plan
d'une ville. Notre but doit être présent à notre esprit d'une
façon si vivante que rien ne puisse troubler l'image du succès.
Plus le but est clair et le plan précis, mieux se libère en nous
la force créatrice. Ainsi nous avons une vision précise de l'ensemble de notre problème depuis le point de départ jusqu'au
but et nous connaissons parfaitement les différentes étapes
de notre trajet.

En second lieu il importe de ne *jamais désirer qu'une chose
à la fois*. Moins nous avons d'ambitions en même temps, plus
puissante est la force de réalisation de notre idée. Maint idéal
ne s'est jamais réalisé parce que l'on ne s'y est jamais consacré
exclusivement, et qu'on a éparpillé ses forces en désirant plusieurs choses à la fois. On n'est plus capable, dans ce cas,
d'organiser concrètement la réalisation d'une seule chose dans
ses rapports avec la réalité, de prévoir les diverses possibilités, obstacles et difficultés inhérents à sa réalisation.

Nous devons donc mettre au premier plan cette tâche principale et ne nous occuper que de sa solution en recherchant
les éléments les plus appropriés et le moyen le plus efficace
à employer. Plus nous avons d'éléments favorables à notre
disposition, plus nous avons naturellement de possibilités pour
une rapide réalisation de l'objet imaginé, d'où il ressort que
celui qui possède des connaissances approfondies relatives
à son travail aura toujours l'avantage.

Dressons maintenant notre plan sur la base de ces données
comme cela a été indiqué dans le deuxième chapitre de ce
cours, en nous habituant à affirmer consciemment la facilité de
notre tâche.

Mieux nous créons déjà mentalement par notre foi et notre affirmation, ce que nous aspirons à réaliser, plus rapidement nous atteindrons au succès, conformément aux paroles de Paracelse : « Une volonté ferme et un pouvoir d'imagination plastique sont les deux piliers du temple de la magie ; sans elles aucun succès n'est possible ».

Plaçons donc devant notre regard intérieur une brillante image de nos succès et illuminons, spiritualisons cette vision, chaque partie de notre travail, chaque étape de notre chemin vers le but. Notre pensée se transformera pareillement : de meilleures occasions, de nouveaux amis, de nouveaux auxiliaires, des perspectives et des réalités plus favorables, viendront à nous en nombre toujours plus grand.

Beaucoup se plaignent de ne pouvoir retenir une image mentale plus d'une minute au maximum, elle s'échappe ensuite dans le courant des pensées incontrôlées. Mais personne n'est obligé de retenir une image indéfiniment. Une telle rigidité mène à la crispation. Ce qui est nécessaire c'est simplement que nous revenions souvent à ces images et qu'elles soient nos préférées. Cette répétition importe surtout, car l'habitude se crée par la répétition et quand l'habitude est prise la partie est gagnée.

*
* *

Il s'agit ensuite de nous créer des images vivantes, claires et nettes de ce que nous voulons réaliser, de retenir et de fortifier sans cesse l'image que nous nous faisons de nos succès.

L'image mentale du succès est en quelque sorte la matrice, le moule dans lequel se forme et se coule la réalité matérielle, grâce aux matériaux attirés par une affirmation correcte. Si l'image primordiale — le modèle — est vivant, plastique et précis, sa copie, le reflet matériel de l'image intérieure n'en sera que plus parfaite.

Mais, si en revanche l'idéal est confus et mal défini, sa réalisation restera aussi imparfaite, sinon même inexistante. Plus parfait est le moule de l'idée, plus parfaite sera la réalité qui l'aura formée. Il est conforme au but, non seulement de voir les choses en esprit, mais de les sentir formellement avec tous nos sens. Nous accentuons ainsi la sensation de la chose imaginée et augmentons par là sa force créatrice. Nous donnerons ultérieurement des indications à ce sujet.

La réalité formée d'après notre idéal lui correspondra d'autant plus parfaitement que nous aurons appris à façonner en nous un moule « éthérique » de la chose à créer, et en aurons prévu chaque détail minutieusement.

Il ne s'agit plus maintenant que de rendre consciemment vivante l'image intérieure de l'idéal par la concentration et l'affirmation.

En nous *concentrant* sur l'image de notre idéal, nous le rendons magnétique aux objets, éléments, forces, êtres et circonstances qui lui correspondent et sont utiles à son accomplissement.

Tout comme les images d'un film sont projetées sur l'écran nous devons projeter sur le champ de notre conscience, l'image claire et nette de ce qui doit se réaliser et l'y maintenir. Tout comme l'image du film sera vue par des centaines d'yeux, et communiquée à des centaines de cerveaux, ainsi l'image du succès sur laquelle nous nous concentrons sera perçue en nous par des centaines de forces auxiliaires devenues conscientes, de sorte que ces forces commenceront à agir dans le sens de cette image, qu'elles appelleront leurs semblables de tous côtés et influenceront autour d'elles les forces correspondantes.

C'est ainsi que lorsque nous aspirons en nous concentrant à atteindre un but défini, les choses semblent venir à notre rencontre, les obstacles s'écartent, tandis que le but se rapproche.

Autrefois on nommait « magie » cette influence de monde spirituel sur le monde matériel. Aujourd'hui, où nous commençons à connaître l'action des lois naturelles qui agissent ici, nous la nommons : dynamisme de la pensée, idéoplastie, idéalisme pratique. Nous mettons consciemment à notre service la force constructive de l'idéal et sommes parfaitement capables de créer l'équivalence matérielle de l'image idéale vivant en nous, avec l'aide de notre imagination, par notre concentration, notre foi, notre volonté, et la mise en action des forces subtiles de la nature.

L'affirmation de l'accomplissement de notre idéal exprimée avec toute la force de notre désir et de notre volonté est également extrêmement importante. « Cela doit être, comme dit Mulford, un état du cœur très positif tout en étant paisible, joyeux et résolu, mais jamais sceptique, crispé, impatient ou hésitant. Il est indispensable pour garder cet état d'âme d'avoir constamment en tête la chose désirée. C'est la tranquille certitude de l'accomplissement qui attire le plus sûrement prospérité, beauté, joie et succès.

Nous remplissons l'image de notre idéal de la force de notre désir, de notre foi et de notre volonté en l'affirmant et augmentons ainsi leur force d'attraction pour la chose désirée : l'idéal commence à s'enrichir de plus en plus d'atomes, à dégager en quelque sorte de la matière son pouvoir, de se cristalliser, de se manifester visiblement, de se matérialiser.

L'attente pleine de confiance et de joie augmente la force de réalisation de l'idéal. Plus nous nous représentons cet accomplissement brillant de vives couleurs, plus cette image idéale attirera les objets, êtres et circonstances qui lui correspondent. Nous devons souhaiter ardemment sa réalisation, l'affirmer avec passion, y croire inébranlablement, exprimer en notre for intérieur notre certitude en paroles convaincues que nous répéterons souvent, et concentrer notre attention, toujours plus exclusivement sur notre idéal. Sa réalisation surviendra alors avec la précision d'un phénomène astronomique.

Nous pouvons atteindre à une force de réalisation plus grande avec l'énergie de notre volonté, ainsi que cela a été indiqué dans le chapitre x. Nous arrivons ainsi à ce que notre force intérieure n'afflue pas seulement dans l'image idéale et agisse en elle, mais aussi qu'elle rejaillisse sur nous et nous fasse faire justement l'action opportune à cette réalisation.

Nous sommes arrivés ainsi à la dernière étape de la réalisation, au moyen d'une *action* patiente, persévérante et consciente de son but. Nous devons toujours nous rendre compte que nous sommes placés au centre de la réalisation de notre idéal, que c'est en nous que mûrit sa réalisation et que nous servons celle-ci du dehors par toutes nos actions.

En construisant notre idéal nous nous construisons nous-mêmes. En nous transformant nous transformons notre vie — jusqu'à ce que nous nous apercevions un jour, transportés de joie, que notre idéal est devenu une réalité.

LA VERITABLE CONCENTRATION

> « *Même le sentiment le plus faible peut accomplir quelque chose s'il concentre ses forces sur un seul objet, tout comme le plus fort n'arrivera probablement à rien s'il éparpille ses forces.* »
>
> CARLYLE.

Nous appelons « dynamique » la science des mouvements des corps et des forces qui produisent ces mouvements. Nous nommons de même « psychodynamique » la science des mouvements de l'âme, des pensées et des forces libérées par ceux-là. Toutes deux sont des sciences expérimentales. De même que les lois de Newton se trouvent au centre de la dynamique, les lois de la pensée occupent le premier plan en psychodynamique. Et de même que l'un des principes de la dynamique est que la force d'impulsion est égale à l'accélération du mouvement, la loi la plus importante de la psychodynamique se formule ainsi : « *Le pouvoir de mener à bout une impulsion de volonté grandit avec l'intensité de la concentration.* » On bande ses muscles ainsi que sa volonté lorsque l'on veut soulever un poids, car il s'agit d'être plus fort que le poids. Quand notre esprit doit accomplir une tâche c'est sur celle-ci que nous concentrons nos forces.

La concentration est un intérêt vivant, un don total de soi à une tâche, à une idée. On demanda un jour à Newton comment il avait pu faire toutes ses grandes découvertes, il répondit : « En ne pensant jamais à autre chose ». — Celui qui n'est pas capable de cet intérêt total, qui est enclin dans sa pensée et son travail à la dispersion et à la distraction, qui commence plusieurs choses et en termine peu, celui-là attendra en vain le succès.

Demandez à un homme ordinaire de concentrer sa pensée trois minutes sur un seul point, sans admettre une idée accessoire. Il vous avouera que cela lui est impossible : dès les premières vingt secondes, une foule de choses lui viennent à l'esprit et plus il se défend contre les pensées importunes, plus elles affluent nombreuses, au point qu'il ne sait même plus sur quoi il doit se concentrer. Cela n'est pas une exception, mais bien la règle générale.

Qu'est donc la *véritable concentration* ? Elle est beaucoup *plus* que le fait de réfléchir longuement à quelque chose, plus que la capacité d'arrêter son attention volontairement sur des objets précis. C'est une tension de toutes les forces mentales vers la plus grande lucidité et la conscience concernant un objet précis.

La véritable concentration est d'une part, la consciente vivification d'une idée retenue avec persistance, et, d'autre part, le rassemblement de toutes les pensées, croyances et forces de volonté et de sentiment sur un centre, c'est-à-dire sur ce qu'on est justement en train de faire. C'est aussi se recueillir, mais se recueillir sans efforts, car toute sensation d'effort au cours de la concentration prouve qu'on la fait de manière erronée. On doit la faire tout naturellement.

La véritable concentration consiste aussi à faire consciemment ce qu'on fait, à ne faire et ne penser qu'une chose à la fois, mais complètement. Toutes les autres forces sont exclues ou bien dirigées dans le même sens, toute diversion est réduite au minimum, toutes les sensations étrangères à l'objet de la concentration sont largement supprimées.

La véritable concentration ressemble à l'amour, elle est le don total de soi à quelque chose : l'homme qui se concentre aime son travail et le rend ainsi facile. On affirme ce qu'on aime ; la concentration est donc une tenace et persistante affirmation de ce que l'on veut atteindre et aussi une manière créatrice de former un idéal, une façon productive de faire jouer toutes les forces dans un seul sens, sous la conduite d'une volonté décidée à atteindre son but. Par la concentration nous intensifions la vitalité d'une idée, prolongeons sa durée et sa tendance à se réaliser ; nous lui donnons la vie et une âme. Elle tire sa force d'une part, des centres de forces de la vie spirituelle, et d'autre part, de l'énergie soustraite aux pensées opposées à son objet.

La véritable concentration intensifie la joie de l'action et l'efficacité de l'action et de la volonté. Savoir se concentrer c'est porter instinctivement son intérêt et son attention sur les objets, les personnes et les événements orientés vers le but désiré. C'est être toujours à même de saisir, avec un instinct sûr, dans le flot confus des choses, ce qui s'accorde à ses propres vibrations, ce qui enrichit la vie, et rend capable de remplir plus parfaitement ses devoirs.

Ce n'est pas le *nombre* des connaissances qui fait le sage, mais leur juste *emploi,* ce n'est pas la multiplicité des moyens qui donne un résultat, mais une limitation et une concentration sages sur ceux qui sont nécessaires. L'homme qui peut se concentrer est un homme de culture étendue, sans être un « puits de science », mais son savoir est efficace. Il a plusieurs buts mais il n'en poursuit jamais qu'un à la fois.

*
* *

Beaucoup de gens se plaignent d'être *incapables de se recueillir.* Ils sont persuadés qu'il est impossible de retenir une idée ne fût-ce que quelques instants. Ce qui les en empêche provient de l'idée fausse qu'ils se font de la concentration, qu'ils imaginent difficile. La concentration est en réalité un jeu d'enfant : tout enfant normal, tout animal est un modèle de parfaite concentration. C'est justement parce que nous nous représentons la concentration comme *difficile* que nous commettons l'erreur de croire qu'il faut nous y efforcer. Mais derrière tout effort se cache l'idée de « ne pas pouvoir » qui grandit avec l'augmentation de l'effort et la crispation de la volonté et empêche de réussir ce que nous désirions si vivement.

La concentration n'est pas en réalité une question de tension, mais avant tout de détente, une attitude juste en face de la chose imaginée, dont nous devons maintenir sans contrainte l'image joyeuse et chère.

« Plus nous pensons intensément » disait Ford, « plus puissantes sont les forces d'attraction qui émanent de nous.

Qui se concentre sur son travail attire tout ce qui lui est
utile pour l'accomplir. Nous attirons par nos pensées ce à
quoi nous pensons sans cesse. « Y repenser tout le temps »
est le secret de la concentration. Une chose se développe
d'elle-même si l'on y pense continuellement. Les pensées sont
des forces. »

Toute personne qui réussit sait se concentrer et a du
succès. Cette concentration est en somme une question d'habitude, donc de pratique. Toute chose sur laquelle nous fixons
notre attention en éliminant toute autre pensée peut servir
de base à des exercices de concentration. Puisque nous ne
pratiquons pas la concentration comme un jeu, mais voulons
l'utiliser à éclaircir certaines questions, à résoudre certains
problèmes, à augmenter notre force de désir et notre efficacité, nous ne ferons au début que des exercices de concentration se rapportant à notre métier, aux tâches de notre
vie quotidienne, en suivant la triple méthode mûrement
éprouvée de la *détente,* du *silence,* et du *recueillement.*

DETENTE

Ce qui importe le plus dans la concentration — et qui est
indispensable à sa réussite, — ce n'est pas de rassembler
toutes les forces de sa volonté, mais bien de faire précéder
cette concentration d'une détente qui crée en quelque sorte
un espace vide dans lequel peuvent affluer les forces, de toute
part. « Tout s'écoule » a dit un philosophe grec et cela s'applique aussi à nos pensées. Le flot des images qui traverse le
champ de la conscience, ou passe à côté, ne cesse pas un instant, de même que les courants contraires et leurs tourbillons.
Mais nous pouvons nous détourner de ces images, nous pouvons ériger au centre de ce flot une île paisible et nous y retirer à tout moment pour nous reposer et rassembler nos forces.
C'est l'île de la solitude où nous arrivons au temple du silence,
pour être seuls un moment, avec une pensée *unique.* Nous sortons ainsi de la confusion et des remous de toute les images
mentales, tandis que leur flot continue à tourbillonner tout
autour de l'île. Cette relaxation, cette préparation à la concen-

tration nous permet de nous ouvrir à l'action bienfaisante du silence et du calme.

Nous nous insérons dans un nouveau rythme de vie dont l'action bienfaisante s'est déjà manifestée au cours de la relaxation, par le fait que nous sommes détendus corporellement et psychiquement : tout se tait en nous, toutes les pensées importunes ont disparu, nous sommes détachés de tout, nous ne voulons plus rien, nous ne craignons plus rien.

La pratique de la relaxation ayant déjà été exposée dans les chapitres 4 et 5 nous n'en parlerons ici que brièvement. Les points à observer dans la concentration sont les suivants :

1. — *Une ambiance calme :* Il faut prendre soin de faire régner autour de soi un calme absolu, d'éliminer toute cause de dérangement. Il faut se retirer dans une pièce, ou dans le silence des bois : couché sur le sol sous la lente ondulation des cimes des arbres, au travers desquels apparaît de temps en temps, un pan de ciel bleu, symbole de paix.

2. — *Repos physique :* Nous entendons par repos, l'absence de toute activité physique, psychique ou mentale. Il faut prendre soin que le siège sur lequel on est assis, ou étendu, soit parfaitement confortable afin que rien ne puisse détourner la pensée et troubler la concentration et le recueillement. Il faut relâcher ou enlever les vêtements trop serrés, les chaussures trop étroites, etc.

3. — *Détente physique :* Il faut s'asseoir ou se coucher confortablement comme cela a été expliqué dans le ve chapitre, et détendre tout son corps, en commençant par les mains et les pieds et en terminant par la tête. Il faut retirer d'une façon consciente toute la force des bras et des mains, des pieds et des jambes, du torse, du cou, de la tête, afin qu'ils soient complètement endormis et qu'on ne les sente plus, en commençant par les membres, puis le torse, et finalement le corps tout entier. Il faut pouvoir affirmer consciemment : « Je suis le calme. Tout en moi est détendu. Je suis la paix, le rythme et l'harmonie. »

4. — *Détente des sens :* Nous détendons les yeux en les fermant. On s'exerce à se reposer les yeux, en dehors des exercices de concentration, en s'asseyant détendu pendant une pause au cours des tâches quotidiennes, les deux paumes des mains appliquées sur les yeux fermés de sorte que les doigts se

croisent sur le front, mais en évitant d'exercer une pression sur le globe de l'œil. D'autre part, aucun rayon de lumière ne doit pénétrer jusqu'à l'œil. La sensibilité devra être concentrée sur la représentation d'une totale détente des yeux avec l'aide de la pensée : « Il fait absolument sombre, l'obscurité est complète, mes yeux se reposent, car il n'y a rien à voir. » On peut, pour accentuer cette « vision d'obscurité » qui détend si merveilleusement, concentrer d'abord son regard sur une feuille de papier noir ou sur un objet d'un noir profond, puis se représenter ce noir avec les yeux fermés et recouverts de la paume des mains. Après quelques répétitions, le noir qu'on imagine deviendra toujours plus noir, et la détente des yeux sera encore plus complète. Mais, là aussi, tout effort doit être évité.

Les yeux éprouvent un grand bien-être de cette détente ; après chacun de ces exercices le regard devient plus vif, moins nerveux, plus libre, plus clair, et la vue meilleure. Prenons également soin, en fermant les yeux dans ces exercices de ne pas le faire spasmodiquement, mais d'abaisser lentement les paupières comme si l'on était fatigué, tout en pensant : « Mes paupières sont fatiguées et relâchées, elles tombent d'elles-mêmes. Tous mes muscles sont détendus. Tout est absolument sombre et tranquille. »

Si les yeux sont bien détendus, les autres sens suivent d'eux-mêmes. Nous activons la détente des oreilles, en nous concentrant sur l'idée qu'elles sont fatiguées et surmenées, qu'elles n'entendent plus rien, et que le calme et le silence règnent autour de nous.

5. — *Le calme des pensées* : Nous commençons à calmer nos pensées en réfléchissant à notre rythme respiratoire, ainsi que cela a été expliqué dans les chapitres 3 et 5. L'adoption consciente d'un rythme respiratoire favorise la concentration, empêche la distraction, et met de l'ordre dans les pensées.

Tandis que nous nous concentrons sur notre respiration et que notre corps cesse d'avoir conscience du monde extérieur, l'agitation mentale commence, elle aussi à s'apaiser peu à peu. On sent que le flot des pensées se ralentit, et finalement s'arrête, la surface de la mer des pensées s'aplanit jusqu'à ce que le moi puisse s'y refléter clairement. La conscience de la vie extérieure s'éteint à mesure que s'éveille la vie intérieure.

SILENCE

Le silence suit la détente. Ce silence n'est pas seulement une immobilisation des pensées, mais aussi des sentiments, des désirs, des volitions, c'est non seulement un silence des lèvres mais aussi un silence du cœur, un recueillement de l'âme. Se taire c'est s'ouvrir avec amour à son moi intérieur et se mettre aux écoutes avec ferveur. Un tel silence est loin d'être une rêvasserie inactive et brumeuse, il prépare au recueillement créateur. Il attend et espère, il est actif et créateur. Grâce à lui on peut percevoir la voix intérieure, le « murmure des Dieux ».

La pratique du silence est très simple : quand toutes les pensées ont cessé de s'agiter, quand plus rien d'extérieur ne nous atteint, que la volonté est au repos, le grand silence monte des profondeurs de notre âme. En nous règne alors le silence complet. Ce silence devient d'instant en instant plus vivant. Nous le sentons et l'exprimons ainsi : « Je suis seul — profondément en moi. Je me tais. Je suis tranquille... tranquille... Je suis paix... silence... »

Alors nous ne pensons et ne sentons plus que nous nous taisons, car nous *sommes* devenus le silence, et ceci ne peut s'exprimer. Il s'agit maintenant de nous anéantir dans ce silence. Dans ces secondes silencieuses d'éternité, nous nous sentons infiniment proches des sources de notre être. Nous sentons respirer en nous l'esprit de la vie jusqu'à ce que nous devenions nous-mêmes ce souffle, jusqu'à ce qu'il n'y ait plus rien en nous que lui... Nous demeurons quelques minutes dans ce merveilleux silence en union avec l'esprit de la vie, remplis de la grâce du silence.

Dans le silence nous revenons à nous-mêmes, à notre Moi et par là, aux sources intérieures de la force et de la sagesse. Nous arrivons, en demeurant silencieux et calmes, à être en harmonie avec le rythme du centre de la roue tournoyante de notre vie, où règne le silence éternel et d'où nous dominons toutes les tourmentes de l'existence.

Nous attirons, dans le silence, la force divine du monde spirituel dans le monde physique ; du plus profond de notre âme elle se déverse dans notre cœur, notre corps et notre vie.

Aucun bonheur, aucun succès ne s'épanouit sans calme ni silence. Même le pouvoir de détourner le malheur grandit dans le silence. Le silence nous permet de prendre une vue d'ensemble des choses et des circonstances, et nous montre les meilleures issues et les perspectives les plus larges. Le silence fait naître un nouvel esprit, une nouvelle vie, de nouvelles félicités, une éternelle jeunesse. Le calme et le silence donnent plus de vie à nos années, et plus d'années à notre vie. La jeunesse, qu'est-elle d'autre que l'afflux vivant du courant de l'esprit de vie en nous et à travers nous ?

La tranquillité est la mère éternelle de toute grandeur. Pas d'esprit créateur sans la force du silence ; pas de croissance spirituelle sans la grâce du silence. Le « royaume des cieux » devient vivant en nous dans le calme et le silence, et commence dès lors à influencer notre vie. Mais le calme et le silence ne signifient rien pour celui qui ne s'y abandonne que de temps à autre, et continue ensuite à vivre au hasard sa vie quotidienne, alors qu'en réalité il doit enrichir chaque instant de sa vie, et chaque partie de sa tâche quotidienne, de la conscience d'une union intime avec l'Infini.

Nous pouvons, si nous le voulons, vivre en effet constamment dans le silence, sans cesser en même temps d'être actifs et de nous affirmer dans la vie. La véritable tranquillité silencieuse ne se situe pas hors de la vie extérieure, ce n'est pas un rythme différent adopté de temps à autre au cours de nos journées, mais un état qui accompagne toute l'activité quotidienne pour la renouveler. Nous laisserons couler le fleuve de la vie durant notre travail, à travers notre âme, notre cœur et nos mains, et laisserons l'esprit de la vie agir, vouloir et gouverner avec nous et à travers nous.

Voilà la façon véritablement consciente de conduire notre vie et de donner tout son sens à notre existence.

RECUEILLEMENT

Lorsque notre âme est apaisée dans le calme et le silence, quittons notre adoration solitaire devant l'autel de l'union pour commencer le véritable recueillement, l'appel conscient des forces en vue d'un but à réaliser.

Il est nécessaire ici aussi de s'exercer pour amplifier et retenir la force éveillée. Les vibrations que nous avons créées dans un premier recueillement ne seront souvent pas assez puissantes pour donner à un idéal la force de réussite nécessaire, mais la deuxième, la troisième, ou la dixième fois, les vibrations de la pensée continueront à vibrer dans le monde spirituel comme les vagues produites par une pierre jetée à l'eau. Alors toutes les choses dont les aspirations sont pareilles aux nôtres s'inclineront vers nous, vibreront avec nous, et s'uniront à notre volonté et à notre force.

Voici d'abord un mot sur l'essence du recueillement. Le rassemblement des idées sur un seul point a pour but de fortifier le pouvoir de réussite de ce que nous imaginons. L'idée sur laquelle nous dirigeons notre attention sera éclairée comme par un projecteur et se détachera ainsi des autres. Tandis que celles-ci rentreront dans l'obscurité, cette idée sera renforcée, rendue plus réelle, et sa force d'attraction augmentera sans cesse.

Nous rendons toujours plus conscientes les idées sur lesquelles nous nous concentrons et par là nous leur donnons une force qui autrement, leur ferait défaut, conformément à la règle suivante :

« *La force de réalisation d'une chose imaginée augmente avec la durée et l'intensité de l'attention dirigée sur elle.* »

Nous élargissons ainsi en quelque sorte le champ d'action de cette image, et faisons que d'autres pensées lui prêtent de leur force, s'alignent sur elle et s'incorporent à elle. La concentration signifie donc pratiquement charger une imagination de forces libérées et mises en activité par la volonté.

En concentrant nos pensées d'une façon consciente sur un point, sur un idéal que nous aspirons à réaliser, nous rassemblons dans le domaine spirituel les énergies, les auxiliaires invisibles nécessaires pour rendre possible l'accomplissement de cet idéal.

Une méditation parfaite n'est jamais crispée, tendue, elle est un calme survol de l'esprit sur l'objet de la concentration. Elle n'est pas la fixation rigide d'un objet, mais au contraire le tranquille écoulement du flot des pensées vers le but de la méditation. Elle n'est pas immobile, mais pleine de mouvement comme un flot rapide qui entraîne avec lui tous les obstacles et reçoit de partout de nouveaux afflux de pensées jusqu'à ce qu'il se jette dans la mer de l'accomplissement final.

Si nous nous exerçons chaque jour à ce recueillement de la pensée, les sentiments de crainte perdront graduellement tout pouvoir sur nous, les chaînes imaginaires des pensées erronées se détacheront de nous, et nous serons armés contre les dépressions nerveuses qui ont, en grande partie, leurs racines dans des idées fausses. Nous arriverons de nouveau à posséder ces nerfs d'acier qui étaient le privilège de nos ancêtres. L'habitude du recueillement est une hygiène indispensable de l'âme. Nous sentons combien la concentration nous ranime — nous charge de forces nouvelles, nous donne de fermeté intérieure, et nous prépare au succès. L'homme qui sait se concentrer est toujours supérieur à un autre : il influence la direction de la pensée et de la volonté de l'homme dispersé : il domine les choses, et lui-même, alors que l'homme qui se disperse se laisse mener par les choses qui l'entourent.

La discipline des forces intérieures conduit toujours à l'ordre et à l'approfondissement de la vie. Nous nous rendons compte que nous n'avons pas besoin de *subir* la vie passivement, mais que nous pouvons la conduire en agissant, qu'il est en notre pouvoir d'être heureux ou non, d'être le sujet ou l'objet des événements, voire même d'en être le spectateur supérieur.

*
* *

La pratique du *vrai recueillement* est très simple : après nous être détendus et avoir atteint le calme et la tranquillité, nous dirigeons notre intérêt attentif vers l'objet de notre concentration : une question à résoudre, une issue favorable, un souhait à réaliser. Les yeux doivent rester fermés comme dans le silence. Une seule pensée doit demeurer dans le champ de la conscience, elle seule nous intéresse, à elle seule nous nous abandonnons entièrement.

Ainsi nous rapprochons, en quelque sorte, de nos yeux un objet jusqu'ici éloigné, comme si nous le regardions à travers un téléscope et qu'il occupe tout notre champ visuel.

Nous animons une pensée, dès qu'elle occupe tout le champ

de notre conscience. Nous la rendons sensible et joyeuse comme cela a été indiqué dans le 8e chapitre.

L'expérience a montré qu'il est plus facile de se concentrer sur l'idée du « calme » si on se représente une mer complètement unie et tranquille, ou encore en s'imaginant couché dans une petite clairière, le regard dirigé vers le ciel que traverse lentement un petit nuage blanc, image d'une profonde paix, ou en se représentant le calme sous une forme imagée quelconque.

Il s'agit aussi de maintenir en éveil l'*intérêt* sur l'objet de la concentration en cherchant à y découvrir de nouveaux aspects, à saisir en lui une nouvelle relation, sans perdre, pour autant, le but de vue. Nous tâchons de sentir comment toutes les forces tendent vers ce but, et comment il devient vivant et agissant. La concentration se manifeste dans la vie pratique surtout comme *attention*. Nous entendons par là, la manière active dont la conscience s'attache à ce qu'elle vient de percevoir, de ressentir ou d'imaginer, tout en restant insensible à d'autres impressions ou pensées. C'est une « mise en garde » de l'esprit sans laquelle aucune situation ne peut être maîtrisée. De même que le forgeron se concentre sur son fer rouge, nous devons concentrer notre attention sur le résultat à obtenir, en dirigeant nos sens et nos forces entièrement vers le but tout en gardant l'esprit ouvert à toutes les possibilités qui nous aideraient à l'atteindre plus rapidement. Il s'agit donc de développer également ces deux formes de l'attention, et la meilleure méthode pour cela est d'y revenir sans cesse.

Il faut pourtant éviter toute exagération. De même que la concentration excessive devient une crampe de la volonté, son bienfait devient un inconvénient. De même un trop long recueillement sur une même donnée, produit le contraire de ce qu'on recherche, elle paralyse l'attention. Dans ce cas, il s'agit de détourner momentanément l'attention dans un autre sens, le pouvoir de concentration se ranime alors et l'on peut de nouveau poursuivre avec des forces nouvelles le but principal. Cette diversion peut être un regard jeté par la fenêtre, une promenade, une conversation, un exercice de détente, la lecture d'un journal, d'un livre, un spectacle, etc. Bien faite, la concentration ou méditation crée des *tendances* analogues, lesquelles deviennent, par la répétition, des *habitudes*.

Avec l'exercice augmente notre pouvoir de résister à tout ce qui dérange la concentration. Plus souvent nous nous recueillons, moins nous serons troublés par des bruits extérieurs ou des images intérieures, des sentiments et des sensations. Nous sommes de moins en moins accessibles aux causes de trouble. Nous les percevons, il est vrai, inconsciemment avant comme après, mais elles ne nous touchent plus, car elles ne parviennent plus à notre conscience.

Nous pouvons encore développer cette insensibilité en nous concentrant sur certains bruits, et en nous exerçant à y réagir d'une façon consciente en leur refusant notre attention, ou en accentuant le côté agréable de ces bruits, considérés jusqu'ici comme gênants. Ceci se fait rapidement et facilement en agissant comme si ces bruits *étaient* vraiment plaisants. « Faire comme si » devient vite une réalité. Le bruit reste, mais la sensibilité a disparu, il n'est plus ressenti comme une gêne.

Nous exerçons notre insensibilité aux causes de trouble en essayant dans des circonstances où la concentration est difficile de faire un travail intellectuel, par exemple lire un ouvrage technique, résoudre un problème, avoir une conversation sérieuse, écrire une lettre d'affaire. On doit apprendre peu à peu à savoir se concentrer dans n'importe quelles conditions.

*
* *

Pour terminer, voici encore quelques mots sur les procédés de concentration. Si nous observons des hommes de génie à leur travail : artistes, poètes, économistes ou autres créateurs, nous découvrons souvent qu'ils se servent de petits moyens ou de procédés pour garder longtemps leur pouvoir de concentration sans être dérangés. Outre que ces procédés favorisent la concentration, ils ont souvent pour effet d'éveiller les forces créatrices et d'augmenter la capacité de travail. Citons quelques exemples seulement :

Aristote travaillait et développait le mieux ses idées en allant et venant infatigablement à travers la maison les mains croisées derrière le dos. Le rythme de ses allées et venues suscitait en lui un rythme analogue de pensée et stimulait son pouvoir d'enchaîner logiquement ses idées.

Balzac créait ses chef-d'œuvres la nuit. Il se couchait généralement vers six heures du soir, se levait à minuit, et travaillait alors régulièrement jusqu'au matin. Entre temps il se livrait à sa deuxième passion, le café noir. Il devait, en outre, être toujours revêtu d'un froc blanc pendant son travail. Sans cela son inspiration était capricieuse.

Caruso avait une habitude qui ressemblait à celle de Balzac : il portait, toujours paraît-il, lorsqu'il étudiait un rôle, un long manteau royal pour mieux concentrer son attention sur son travail. Le manteau royal stimulait son chant royal.

Gœthe aimait les longues promenades solitaires dans la nature. Ses meilleures idées lui venaient dans la solitude, le calme isolement d'une forêt. La sublime solitude de la mer nous relie souvent le plus vite avec les sources créatrices en nous.

Bret Harte, l'auteur des « *Récits californiens* », se mettait en train avant un travail important, en louant pour la nuit une voiture dans laquelle il se faisait promener. Là aussi nous trouvons une recherche de la solitude et du silence nocturne dans lesquels notre pouvoir créateur se déploie le plus parfaitement.

Haydn ne pouvait composer que s'il était vêtu et coiffé avec le plus grand soin. Peut-être cette manie provenait-elle d'un complexe d'infériorité. De toute façon cette méthode est bonne à conseiller pour aider à surmonter un manque de conscience de sa valeur. L'adage « L'habit fait le moine », a souvent un sens plus profond, et veut dire en réalité : « Tu deviendras souvent tel que tu t'habilles ».

Manfred Kyber se trouvait mieux disposé au travail intellectuel lorsque sa chatte préférée venait s'installer confortablement sur sa table à écrire.

Schiller : l'odeur des pommes pourries l'inspirait au plus haut point et lui donnait envie de travailler. Il pouvait se concentrer plus facilement lorsqu'il en avait quelques-unes dans le tiroir de son bureau. Cela le mettait dans l'état d'âme voulu. Il y a dans ce domaine d'innombrables moyens pour se concentrer. Un professeur berlinois n'arrivait à développer couramment ses pensées qu'en appuyant un doigt sur son nez. Un autre avait l'habitude de se frotter le menton.

L'écrivain anglais, *Stevenson,* prenait sa flûte lorsqu'il voulait donner l'élan nécessaire à ses pensées. Il partageait cette méthode avec beaucoup d'autres. La musique est pour de nombreuses personnes un moyen rapide pour se concentrer et se mettre dans l'état d'âme voulu. Ce n'est pas le cas pour tout le monde, ni à tout moment.

Voltaire devait avoir devant lui, pour se mettre au travail, une bonne douzaine de crayons taillés. Il partageait cette manie avec d'autres écrivains.

Ces exemples suffisent à montrer que chacun a raison de chercher le moyen qui lui convient, pour atteindre le plus haut degré de concentration, et le retenir le plus longtemps possible. L'amateur de parfums fera peut-être d'une certaine senteur un auxiliaire de sa concentration ; un autre se servira d'une mélodie préférée pour éveiller un certain état d'âme, un autre encore aura besoin d'un bruit qui se répète régulièrement, comme le tic tac d'un coucou de la Forêt Noire. Tous ces moyens peuvent servir à provoquer le recueillement et à libérer les forces de la volonté, dont nous allons nous occuper dans le prochain chapitre.

SAVOIR VOULOIR

> « *Où que tu chemines dans l'espace, ton zénith et ton nadir te rattachent au ciel, et toi-même à l'axe du monde... De quelque façon que tu agisses en toi-même, ta volonté touche le ciel. La direction de l'acte passe par l'axe du monde...* »
>
> Schiller.

L'homme est, selon Schiller, l'être qui *veut*. Toute autre créature *est obligée*. Le but de toute la culture humaine est de rendre l'homme libre d'être entièrement lui-même et de réaliser sa volonté, de révéler ce premier et suprême aspect de sa force intérieure, ce qui permet de dire avec raison, en considérant le devenir de l'âme : « Au commencement était la volonté ». Nous pouvons remonter au principe de chaque force agissant en nous, nous y rencontrerons toujours la volonté. C'est le toit robuste qui avec les quatre colonnes : la pensée, la foi, le désir et l'imagination forme un solide édifice.

Comparons la volonté à un arbre : les fibres les plus fines de ses racines sont le sentiment et le désir. Celles-ci s'épaississent en tendances en vue de satisfaire le plaisir de réaliser un désir, de se fortifier et se recréer elles-mêmes. Ainsi les impulsions de nos pensées et de notre vouloir, montent de notre âme et de notre sang, domaine de l'inconscient, à travers le tronc de l'arbre de la volonté, jusqu'à la clarté du jour, jusqu'au sommet de la conscience. De ces impulsions naissent alors après examen les résolutions de faire telle ou telle chose. Ce sont les branches. Les actes bourgeonnent à leur tour sur les résolutions ; la force de volonté, l'énergie cérébrale et musculaire entrent en action en direction du but, et restent tendues jusqu'à ce qu'il soit atteint. C'est la « couronne » de l'arbre, le couronnement de la volonté.

Mais que veut dire, au fait, *savoir — vouloir ?*

Vouloir correctement consiste à se diriger infailliblement vers sont but, avec la conscience de sa force, tout en se gardant de toute pensée qui nous en détournerait. C'est aussi la meilleure façon de se défendre contre tout sentiment d'infériorité, car la volonté est en même temps confiance en sa propre force.

Vouloir correctement consiste à monter dans le train qui mène là où on veut aller, à ne pas descendre avant d'être arrivé, c'est aussi avoir un but bien en vue et cingler vers lui toutes voiles dehors jusqu'à la victoire.

Vouloir correctement : veut dire aussi vouloir raisonnablement ; unir harmonieusement la volonté avec la force du cœur, car une volonté sans cœur conduit à l'arbitraire et à la brutalité, lesquelles suscitent à leur tour, dans le monde qui nous entoure et dans notre monde intérieur, des obstacles et des oppositions propres à faire échec à la volonté.

Certaines gens confondent la volonté avec l'entêtement ou cette sorte d'obstination qui veut « enfoncer un mur avec la tête ». L'entêtement est la caractéristique de l'âne. Mais personne ne pense, pour cela, que l'âne possède une forte volonté. L'entêtement peut être un signe de volonté ferme mais pas toujours, il dissimule souvent de la faiblesse et de la détresse intérieures.

L'opiniâtre est esclave de l'objet qui s'oppose à lui comme le taureau est esclave du chiffon rouge qui le rend furieux. Une forte volonté, par contre, est une volonté vitale : souple comme l'acier et décidée à s'élever sans cesse plus haut. C'est cette volonté qui surmonte tous les obstacles et non l'entêtement.

Vouloir correctement consiste à joindre un clair discernement à de nobles intentions, à ennoblir la volonté par la sagesse. La volonté seule est forte, mais aveugle. La sagesse seule voit loin, mais elle est faible. Mais quand les deux se réunissent, elles sont assez fortes et bien armées pour atteindre n'importe quel but.

Vouloir correctement c'est en définitive associer d'une façon consciente sa volonté individuelle à la volonté universelle Divine.

*
* *

Il faut contester ici une idée fausse au sujet de la volonté qu'une erreur de Coué a propagée dans le monde. Deux camps s'affrontent depuis lors : l'un qui prône la *supériorité* de la volonté, l'autre qui affirme l'impuissance de la volonté par rapport à l'imagination. Aucune de ces deux opinions ne touche au cœur même du problème, car il ne s'agit nullement d'un conflit, inventé par Coué entre la volonté et l'imagination, mais d'un conflit entre des pensées positives et négatives, c'est-à-dire des effets d'une façon de penser indisciplinée. En réalité, la volonté et l'imagination ne s'opposent nullement.

La thèse de Coué est la suivante : « Dans le conflit entre la force de volonté et l'imagination, celle-ci est en proportion directe du carré de la force de volonté. » Autrement dit : lorsque l'imagination et la volonté entrent en conflit c'est toujours l'imagination qui l'emporte, d'où les partisans de Coué ont conclu que le mieux serait d'éliminer la volonté. Ils confondent la *volonté* et la *tension de l'esprit*.

Ce n'est pas la volonté qu'il faut exclure mais l'effort spasmodique, la *crispation* de la volonté, l'erreur de se figurer qu'une chose est difficile au point de nécessiter une tension extrême de la force de la volonté. L'*obstacle de la difficulté* s'impose alors au lieu de la conviction d'une réussite normale. Quand cesse la crispation de la volonté, volonté et imagination ne sont plus qu'une seule force. Précisons ceci, avec un des exemples préférés de Coué : celui du cycliste qui voit un obstacle et *veut* passer à côté, mais imagine qu'il va se précipiter directement dessus et se casse la figure. L'obstacle qu'il voulait éviter, mais dont il a peur, cause sa chute !

La volonté et l'imagination se sont-elles vraiment livré un combat dans l'âme du cycliste, et la volonté a-t-elle été vaincue ? Nullement. C'est parce que les pensées du cycliste étaient plus concentrées sur l'*obstacle,* que sur la voie libre, qu'il est tombé, car ce qu'on pense le plus « sensiblement » se réalise le plus rapidement. C'était donc une simple erreur de pensée. Au lieu de craindre l'obstacle et d'attirer ainsi la chose redoutée, le cycliste aurait dû diriger sa pensée exclusivement sur la route libre et se dire : « Cette route est assez large et sûre pour passer aisément ». En d'autres termes, la pensée négative de la crainte des obstacles, et des chutes possibles doit être écartée par l'image plus forte et persuasive de la sécurité de la route.

Le professeur Baudoin de Genève est beaucoup plus près de la vérité, quand il parle de « la loi des effets contraires produits par la contrainte », comme le démontre le fait de rougir. Nous sentons que nous allons rougir, mais nous ne voulons pas rougir, nous nous en défendons de toutes nos forces, mais nous rougissons tout de même. Coué dit : « L'imagination était évidemment plus forte que la volonté. » Nous disons : « La pensée négative de la crainte de rougir ayant un caractère plus émotif, était donc plus forte que la pensée positive de ne pas rougir. » La solution du problème est dans le mot « contrainte ». Nous nous efforçons éperdument de ne pas rougir. Cet effort est chargé de la crainte, de « ne pas pouvoir » qui s'amplifie en raison de notre effort. Comme c'est toujours la pensée la plus forte qui se réalise, nous continuons donc à rougir. Lorsqu'on fait un effort de volonté pour s'abstraire d'un bruit gênant, on ne l'entend que mieux. Lorsqu'on s'efforce de s'endormir on n'en est que plus éveillé. L'idée de « ne pas pouvoir » est à la base de chaque effort et devient réalité. Tout effort excessif se concentre sur l'obstacle, la difficulté, au lieu de se concentrer sur le but.

L'éducation rationnelle de la volonté au contraire suit toujours la loi de la juste mesure. Aristote nommait avec raison la mesure : « la couronne de la sagesse ». Si l'on presse trop une orange, l'amertume se mêle à son jus. Gœthe disait aussi : « Seule la mesure peut procurer un réel bonheur ». Nous agissons avec mesure lorsque nous ne craignons rien de négatif, lorsque nous dirigeons toujours notre regard sur des images positives, et aussi longtemps qu'il faut pour qu'elles soient devenues des réalités.

*
* *

Nous devons contester une autre idée fausse au sujet de la volonté : l'illusion de la « volonté faible ». *Chacun* possède une *forte volonté*. Elle est seulement inhibée et bloquée. Il ne s'agit que de lui ouvrir la voie, d'en écarter les obstacles et de lui permettre de se déployer librement dans toute son ampleur.

Reconnaissez que vous possédez tout autant de volonté que ceux dont vous admirez la force de volonté. Il faut tout bonnement apprendre à éveiller votre propre force en affirmant votre volonté, la tremper et l'éduquer, comme la vigueur de vos muscles, par l'exercice. L'usage conscient de la volonté augmente sa force. Seules, l'absence de confiance en soi et l'inactivité de la volonté ont créé le mythe de la « volonté faible ». En réalité nous pouvons éveiller en nous autant de force de volonté que nous le désirons. Elle sera toujours à la mesure de notre attente affirmative.

On ne trouve un manque total de volonté que dans le cas de maladie grave ou de déficience mentale. Sinon même l'aboulique possède un résidu de volonté qui, suractivée et surtendue peut l'aider à traverser une période d'incapacité de travail, d'indécision, de manque de contrôle intérieur et de but. Il lui suffit de prendre confiance en lui pour retrouver sa volonté intérieure.

EDUCATION DE LA VOLONTE

Après avoir appris à penser correctement, à croire avec ferveur, à désirer avec persévérance, à nourrir de vivantes imaginations, à activer la réalisation de nos idéals en les affirmant, et à nous concentrer résolument sur un but, l'éducation de la volonté sera un nouveau pas sur le chemin d'une vie nouvelle dont le but consistera à nous créer des habitudes de volonté positives et productives.

Notre volonté doit s'habituer à aller spontanément vers son but par le meilleur chemin, et à obtenir des résultats toujours plus importants avec un minimum d'efforts. La volonté suit volontiers le chemin de la moindre résistance. La propension à devenir une *habitude* est innée en elle, nous devons seulement la cultiver et l'utiliser judicieusement.

Il s'agit avant tout de préparer le terrain en prenant, dès le début, des habitudes de volonté uniquement positives, celles qui assurent le succès. Le pouvoir des habitudes contraires l'emporte naturellement au début, mais diminue à chaque répétition des nouvelles habitudes volontaires et disparaît finalement. Lorsque nous remuons avec une cuillère un liquide contenu dans un pot, la résistance du liquide diminue, jusqu'à ce qu'il soit entièrement pris dans le mouvement giratoire. Il s'agit seulement de ne pas interrompre le mouvement. Il en est de même pour l'éducation des nouvelles habitudes de volonté où tout dépend de la constante et persévérante répétition de la nouvelle habitude qu'il faut pratiquer aussi régulièrement que possible, sans admettre aucune exception, jusqu'à ce qu'elle soit bien ancrée en nous et devenue notre deuxième nature.

Tout acte de volonté devient, en étant répété, un penchant de la volonté et se transforme finalement en une habitude, Chaque nouvelle répétition coûte moins de force, de conscience, d'attention, et de temps, et pourtant la puissance de la nouvelle volonté augmente chaque fois, ainsi que la certitude que nous devons atteindre et atteindrons notre but, et que seule existe pour nous la possibilité de vaincre.

Nous en arrivons ainsi aux exercices de volonté. Les dix exercices suivants ne sont en fait que les différentes parties d'un seul et unique exercice, mais qui est maîtrisé plus facilement si nous procédons par étapes avant de pouvoir l'appliquer comme un tout.

1. — Prise de conscience de la volonté

Afin de mettre en marche l'engrenage de la volonté nous commençons par éveiller en nous un vif désir d'avoir de la force de volonté et une volonté forte.

Une prise de conscience progressive de la volonté va de pair avec le désir d'avoir de la volonté : la volonté deviendra peu à peu consciente de sa force et de sa puissance. Nous accélérons cette prise de conscience en méditant dans le silence, sur la vivante image que nous portons en nous, d'une puissante force de volonté, sur l'idéal de volonté que nous admirons, chez les hommes qui ont su vouloir avec force.

Nous en trouvons de nombreux exemples dans les biographies d'hommes de forte volonté qui nous montrent la somme formidable d'énergie que ces hommes ont été amenés à déployer dans leur vie, et nous incitent à libérer de la même façon notre propre énergie. Car, ce que ces hommes ont pu faire, chacun le peut aussi.

Tout comme ces héros de la volonté, chacun doit reconnaître en lui un puissant centre de volonté dominant toute misère et toute faiblesse. Reconnaissez cette vérité et cette vérité vous libérera et réveillera votre volonté et votre force.

2. — Affirmation de la volonté

Il s'agit ensuite de nous créer d'une façon parfaitement consciente une image idéale de nous-mêmes et de notre volonté, de nous voir en pensée armés d'une force de volonté victorieuse.

Représentons-nous en vivantes images comme animés d'une inflexible résolution. Imaginons-le sans cesse et sentons comment nous renversons tous les obstacles pour arriver à la victoire. Nous affirmerons avec conviction et ressentirons pendant quelque temps, chaque soir avant de nous endormir, et chaque matin au réveil, l'accroissement de notre volonté.

C'est justement à ces moments où nous sommes plus réceptifs aux ordres que nous nous donnons à nous-mêmes, que nous pouvons activer sûrement les forces assoupies de notre volonté. Nous nous dirons alors, ou penserons : « *Ma volonté est forte. Elle mène à bout ce qu'elle entreprend et augmente chaque jour. Je suis fort et je réussis !* » Nous sentirons de ce fait combien notre volonté augmente au cours de notre sommeil, tandis que de vivantes images de force victorieuse seront devant nos yeux. Nous nous représenterons souvent comment nous triomphons des obstacles par la force de notre volonté, comment nous persistons opiniâtrement dans la lutte contre la misère, jusqu'à ce que toute souffrance se retire devant la puissance de notre volonté. Nous nous représenterons plastiquement comment les objets se transforment selon notre vouloir dans l'étendue de notre champ d'action, et combien ce champ d'action gagne en ampleur et en puissance. Et nous agirons finalement comme si la supériorité de notre volonté était déjà une réalité.

En accomplissant une tâche, nous aurons la certitude que notre force de volonté est une émanation de la force en nous, un aspect de la Force Universelle, plus puissante que n'importe quel obstacle. Cette affirmation contribue à son éveil, en outre, notre confiance en la volonté augmente et avec elle, sa force, devant les succès que nous atteignons de plus en plus nombreux par notre nouvelle façon de vivre.

3. — Eveil de la volonté

L'affirmation de la volonté va de pair avec l'éveil de celle-ci au moyen d'une courageuse mise à l'épreuve. « Ce n'est pas suffisant de savoir, disait Gœthe, il faut appliquer son savoir. Ce n'est pas suffisant de vouloir, il faut agir. » Il s'agit au début de faire tout simplement « comme si » notre volonté était déjà éveillée à la connaissance de toute sa force, « comme si » notre force de volonté était supérieure à celle des gens qui nous entourent.

Les signes caractéristiques de la volonté forte : lèvres serrées, regard clair et décidé, une façon de se tenir martiale, éveillent déjà la volonté. En adoptant cette attitude « comme si » elle exprimait la force de notre volonté, « comme si » la nouvelle habitude de vouloir était déjà acquise, nous suscitons la force de volonté correspondante.

4. — Direction de la volonté

Il n'est pas moins important pour libérer pleinement la puissance de notre volonté que nous nous rendions bien compte, au cours de chaque exercice ou de chaque acte de volonté, que le but vers lequel nous la dirigeons est conforme au vouloir de l'esprit de la vie en nous. Ce que nous voulons doit correspondre à la règle d'or de l'enseignement du Christ : « Fais d'abord pour les autres ce que tu voudrais que les autres fassent pour toi. » Ce que nous voulons et faisons doit toujours être positif, servir le Bien, contribuer à notre réalisation, augmenter nos succès et nous rendre heureux.

Nous avons besoin de ce critère pour notre volonté afin que, dès le début, l'objet de notre aspiration soit valorisé et que notre volonté soit plus efficace. Nous devons examiner si les manifestations de notre volonté correspondent à la règle d'or, afin d'éviter tout ce qui s'oppose à cette exigence. Dès que cette façon de voir juste est solidement ancrée dans notre pensée et notre vouloir, nous ne risquons plus d'affaiblir notre volonté par un usage erroné de cette faculté, et nous assurons à nos manifestations de volonté un courant régulier et sûr.

5. — *Fixer un but à la volonté*

Nous pouvons maintenant assigner un but à notre volonté et joindre l'agréable à l'utile : la direction de la volonté à la réalisation de son but.

L'important ici est la définition et la précision de ce but. Avant de faire un pas on doit savoir où l'on veut aller. On ne peut pas vouloir réellement sans vouloir quelque chose de défini. La volonté doit être dirigée sur un but précis pour révéler sa force. La définition d'un but est une excellente école de volonté. Par l'habitude de lui imposer un but quotidien, la volonté deviendra plus forte et arrivera à déterminer son but d'elle-même. Celui qui s'y exerce deviendra pour ainsi dire conscient de l'accroissement de sa volonté : il deviendra plus calme, d'humeur plus égale, plus constant, plus résolu, plus résistant, et plus capable d'effectuer un bon travail. Ses actes volontaires seront plus joyeux, et il aura mieux conscience de son pouvoir.

Comment fixer pratiquement un but à sa volonté sera expliqué dans les prochains chapitres. Cette définition correcte d'un but permet de lutter efficacement contre les inhibitions de la volonté : la faiblesse de volonté des intoxiqués, fumeurs, alcooliques, etc. peut être vaincue par cette détermination d'un but précis, de même que l'indécision des neurasthéniques. Les inhibitions passagères nées de la peur de vivre, — et qui se prolongent jusque dans les rêves d'angoisse où l'on se voit paralysé en face d'un danger — sont de même résolues victorieusement par cette méthode, qui va de pair avec les autres enseignements de la Science de la Vie.

6. — *Concentration de la volonté*

Lorsque nous avons donné un but à notre volonté nous pouvons la concentrer sur ce dernier. Plus l'image mentale de ce but est consciente, sensible, positive et précise, mieux la force de la volonté s'élancera vers ce but. Plus irrésistible sera son impulsion et plus fidèlement la réalité sera finalement conforme à la chose désirée.

La véritable libération de la force de la volonté dépend,

en grande partie, de notre pouvoir de concentration, et c'est pourquoi nous avons d'abord appris, dans le chapitre précédent, à exercer ce pouvoir. La faiblesse de la volonté n'est souvent pas autre chose que l'incapacité de se concentrer sur un point et de se défendre des impressions ou des pensées importunes. La concentration des idées implique toujours la concentration de la volonté. Une volonté concentrée et sans faille est une volonté forte.

La concentration de la volonté doit toujours se produire sans effort ni crispation. Il ne s'agit pas de fixer rigidement le vouloir, mais de le laisser agir comme une impulsion vivante. Notre volonté doit couler sans cesse, tel le courant électrique à travers les fils, à travers nos nerfs et nos muscles et les maintenir en état de suractivité.

La volonté atteint le maximum de sa force lorsqu'elle ne veut qu'*une chose* à la fois, mais complètement. La volonté devient tenace et persévérante, sûre de son triomphe, lorsqu'elle est dirigée exclusivement et sans dévier sur un seul but.

7. — Aimantation de la volonté

La nécessité de rester fidèle à son but et de persister dans la voie où l'on s'est engagé est liée à la concentration de la volonté. La volonté doit être accompagnée d'une persévérance tenace pour devenir aimantée et agissante. Il s'agit de mener jusqu'au bout ce que l'on fait, et de ne pas s'en laisser détourner, en dépit des obstacles et des incitations au repos. Même la plus petite victoire remportée suscite l'éveil de nouvelles forces de volonté.

Nous devons persister dans la direction que nous avons choisie comme l'aiguille de la boussole s'obstine à pointer vers le nord, même si on tourne la boussole dans un autre sens. Nous ne devons pas céder devant ce qui nous résiste, mais surmonter ou contourner les obstacles et reprendre notre route. Aucun doute, aucune hésitation ne doit nous égarer, aucun retard nous impatienter. La véritable volonté sait attendre. Jointe à l'amabilité et à l'obligeance, elle attend sa victoire avec confiance.

Quiconque a créé quelque chose de grand, possédait ou possède cette inébranlable volonté de réussir, associée à la foi en sa force. Le succès est toujours là où sont réunis la foi, le désir et la volonté. Le poids de la volonté augmente à chaque pas de celui qui sait croire et vouloir.

8. — *Stimulation de la volonté*

Un autre moyen d'augmenter la force de notre volonté, ce sont les ordres que nous nous donnons à nous-mêmes, à notre subconscient, source et arsenal de notre énergie. Ces ordres sont un précieux stimulant dont nous pouvons nous servir à tout moment pour tremper notre volonté.

Tout aussi importants sont la gymnastique et le sport, surtout les exercices sportifs qui demandent à être rapidement saisis et exécutés.

Un troisième moyen est la respiration consciente. Qui respire consciemment augmente sa force de volonté. Nous apprendrons plus tard à connaître d'autres exercices respiratoires, mais pour le moment en voici un très utile :

Se tenir debout très droit. Lever les bras de côté en respirant profondément, et en aspirant mentalement de la force. Maintenir les bras étendus et serrer fortement les poings en raidissant les muscles, retenir le souffle et ressentir en pensée la force de la volonté se condenser en soi. Laisser ensuite les bras retomber lentement en expulsant en pensée, avec le souffle toute tension, toute contrariété, toute crispation.

Cet exercice doit être répété cinq fois de suite, en veillant à ce que les pensées soient positives et énergiques, et que les vivantes pulsations de la volonté soient perçues par nous. Il faut le refaire plusieurs fois par jour. On remarquera au bout de quelques semaines un notable accroissement de la volonté.

9. — *La trempe de la volonté*

Nous sommes maintenant assez avancés pour mener à bout avec succès un autre très important exercice de la volonté, soit, la trempe de notre volonté par des obstacles et des résistances. Cela se fait surtout en concentrant sa volonté sur les tâches qui nous semblent désagréables et pénibles, et que nous faisions jusqu'ici à contrecœur. Nous nous attaquons résolument à l'une d'elles, avec la décision de la mener jusqu'au bout. En nous mettant au travail immédiatement, nous oublions le sentiment de déplaisir et ne voulons plus éprouver que la joie d'avoir la volonté et la possibilité de surmonter la difficulté. Non seulement nous nous serons débarrassés d'une besogne ennuyeuse, mais nous aurons exercé notre volonté.

Commençons dès aujourd'hui à prendre l'habitude de considérer une besogne indésirable et pénible comme la pierre de touche de notre volonté, et de nous y mettre immédiatement, de la prendre en main avec courage et de ne pas la quitter du cœur, des yeux et des mains qu'elle ne soit terminée.

Alors que d'autres se plaignent d'un obstacle et se laissent arrêter, celui qui a éduqué consciemment sa volonté, fonce dessus pour le maîtriser et éprouver sa volonté. Il y trouvera un triple avantage. Premièrement il a surmonté un obstacle sur le chemin du succès, deuxièmement il a exercé et augmenté sa force de volonté, troisièmement en prenant conscience de ses progrès il a fortifié sa certitude de réussir.

Il faut le répéter, car c'est très importnat : en plaçant consciemment la volonté devant la plus forte résistance à vaincre, nous faisons agir de plus en plus une force de volonté jusque-là latente et y gagnons une volonté toujours plus ferme, car ce qui n'a pas abattu notre volonté l'augmente. *Notre force s'accroît de la force des obstacles surmontés.*

Nous n'avons pas envie de terminer une besogne et préférerions aller au cinéma et nous distraire. C'est une excellente occasion d'exercer notre volonté : renonçons au plaisir et mettons-nous à la besogne qui nous déplaît. Le gain ici est quintuplé. Premièrement, nous avons épargné le temps et l'argent gaspillés à d'inutiles distractions, deuxièmement, éprouvé notre force de volonté, troisièmement surmonté victorieusement l'obstacle intérieur qui nous barrait la route du succès, quatrièmement nous avons fortifié notre foi en notre succès ainsi que notre capacité de mener une chose à bout, cinquièmement le gain moral et matériel du travail accompli nous est ainsi acquis.

Même si de tous ces avantages il n'en restait qu'un : l'accroissement de notre volonté, il faudrait nous mettre sans hésitation au travail et accomplir notre tâche, car nous atteindrons ainsi notre but qui était la trempe de la volonté. Mais si nous faisons en outre « comme si » notre tâche n'était pas désagréable mais au contraire plaisante, si nous affirmons ce qu'elle a de bon et de facile, nous en retirerons en plus un gain spirituel, car ce que nous avons affirmé être lumineux et bon viendra à bout même des objets et événements les plus tristes.

Nous agissons en outre de façon intelligente si nous nous saisissons du destin avant qu'il ne nous saisisse, si nous sommes éveillés et conscients de nos forces avant que la vie ne nous secoue pour nous réveiller.

10. — *Epreuve de la volonté*

Tout exercice pour tremper sa volonté est déjà une mise à l'épreuve de celle-ci. Nous n'avons donc plus qu'à avancer d'un pas et désormais nous mettrons notre volonté à l'épreuve au sujet de nos *habitudes* en décidant d'éliminer à partir de ce jour telle ou telle habitude inutile ou inefficace, ou de faire telle chose jusqu'ici contraire à nos habitudes.

Nous trouverons dans les prochains chapitres une série d'exercices de base à cet effet. Le résultat de ces exercices sera finalement la formation de nouvelles habitudes de volonté et de succès, et en somme, la création d'une volonté forte. Au cours des semaines à venir, nous arriverons, en éduquant notre volonté, à ce qu'elle prenne de plus en plus confiance en elle, à ce qu'elle soit de plus en plus tenace, si bien qu'à la fin de ce Cours annuel une véritable renaissance de notre volonté se sera accomplie en nous, dont les heureux effets se feront sentir dans notre vie à venir.

LA VOLONTE CREE LA REALITE

Tous les actes sont nés de la volonté. La volonté *sans* acte n'est pas de la volonté, mais un faible désir auquel manque la force de réalisation. Le monde est rempli de velléitaires alors que l'homme de volonté, le penseur actif, le réalisateur d'idées, sont fort rares et recherchés.

L'homme qui vit intelligemment n'est pas seulement disposé à faire quelque chose, il n'est pas seulement « sur le point » d'agir, mais il saisit résolument chaque occasion d'affirmer sa volonté, et ne se relâche pas avant la dernière étape de la volonté qui est l'action : ce qu'il veut, il le fait. Sa volonté est de la sorte vivante fixée sur un but, qui est plus importante que le talent, le génie, les circonstances favorables et les auxiliaires. Cette volonté fixée sur un but fait de l'homme un géant.

Si la *pensée* a déjà la force de se réaliser, combien plus puissante est la volonté dirigée sur un but. Que chacun grave de façon indélébile dans son âme cette certitude : *Nous pouvons atteindre ce que nous voulons si nous croyons avec ferveur à cet accomplissement, y aspirons avec persévérance, si nous nous représentons sa réalisation d'une façon vivante, y concentrons notre volonté résolue, et nous rapprochons courageusement de notre but par l'action. Car le destin, lui-même s'incline devant une forte volonté.*

La volonté ressemble à cette déesse indoue aux multiples bras, dont les mains semblent saisir tout ce qui s'approche d'elle. De même la volonté qui aspire à un but attire comme avec un aimant tout ce qui est conforme au champ d'action de sa force et peut lui servir à atteindre ce but plus rapidement.

Que notre volonté soit en effet supérieure à tout obstacle, par son union avec la volonté universelle, doit devenir pour nous de plus en plus une évidente certitude. Nous avons appris au cours du 7ᵉ chapitre que celui qui pense pouvoir peut vraiment. Aujourd'hui nous pouvons dire plus brièvement : qui veut peut ! Il y a des siècles que fut prononcée la parole : « *Volo — ergo sum !* » *Je veux donc je suis !* ces paroles furent oubliées jadis. Elles revivent aujourd'hui comme une certitude inébranlable dans les quatres règles fondamentales suivantes de la « Nouvelle Science de la Vie » :

Je pense — donc je suis !
Je suis — donc je veux !
Je veux — donc je peux !
Je peux — donc j'agis !

Nous devons, à partir de maintenant, avoir quotidiennement sous nos yeux cette simple formule de la connaissance de soi et de la volonté. Nous puiserons de l'énergie en elle, jusqu'à ce que s'embrase en nous la profonde et vivifiante vérité qu'elle contient, et qu'elle commence à agir hors de nous.

Lorsque l'hésitation s'insinue dans notre cœur, que notre volonté est assombrie par le mécontentement, ou lorsque quelque chose nous semble agréable et bon, nous nous souviendrons toujours de cette certitude :

Je pense — je suis — je veux — je peux — j'agis !

Nous laisserons battre en nous les fortes vibrations qu'éveille cette connaissance dans laquelle s'épanouit la conscience de de notre volonté et qui la rend irrésistible.

Agir et vouloir ne font qu'un lorsque notre volonté est complètement éveillée à elle-même. A partir de ce moment, la force de notre volonté stimule tout ce que nous faisons, et force le succès. Notre volonté est maintenant de bonne trempe, souple, et capable de transformer, par ses fortes vibrations, l'aspect du monde qui nous entoure. Le champ de force d'une telle volonté est si puissant que toute volonté plus faible est attirée par lui, dirigée dans le même sens, et devient son reflet.

Devant une volonté rigoureuse qui ne laisse aux objets et aux forces autour d'elle d'autre choix que de se soumettre ou de disparaître, toutes les difficultés s'évanouissent comme un brouillard qu'elle traverse intacte pour arriver de l'autre côté lumineux et ensoleillé.

Rien au monde ne peut résister à la volonté de celui qui se sait l'exécuteur de la volonté du Grand Tout, qui sent dans ses veines la volonté de l'Eternel frémir et agir à travers lui.

Onzième Semaine

BIEN ORGANISER SON ACTIVITE

> « *L'ordre et la précision augmentent le plaisir d'épargner et d'acquérir. Celui qui tient mal sa maison préfère l'obscurité : il ne fait pas volontiers le compte des sommes qu'il doit. Par contre, rien n'est plus agréable à un bon chef de famille que de dresser tous les jours le bilan de ses biens en pleine prospérité. Même un revers ne lui fait pas peur, car il voit tout de suite quels avantages acquis il peut mettre sur l'autre plateau de la balance.* »
>
> GŒTHE.

Le travail préparatoire réalisé dans les dix premiers chapitres nous permet de devancer quelque peu l'exposé d'un des principaux postulats du succès : la bonne organisation de nos activités. Savoir penser, désirer et vouloir correctement doit être complété par l'action judicieuse. Nous devons apprendre à faire agir nos forces au point voulu d'une manière toujours plus consciente, car lorsque la force est déployée comme il se doit, elle provoque l'afflux de forces nouvelles.

Notre force de travail, augmente si elle est bien employée tout comme nos muscles se fortifient par des exercices appropriés. Ceci est très important, car le degré de l'efficacité humaine est, d'après les techniciens, inférieure à celle de la machine. Ce sera l'affaire d'une bonne éducation technique et psychique d'élever ce degré autant que possible. L'homme de l'avenir sera probablement fort étonné du peu que nous réalisons en nous donnant beaucoup de mal, et nous serions bien plus étonnés encore si nous pouvions voir, à moindre dépense ce que fera l'homme de l'avenir de son énergie.

Nous devons apprendre à agir d'une façon économique, c'est-à-dire, à faire bon usage de nos forces et veiller aussi bien à les développer qu'à les utiliser constamment au profit d'une plus haute réalisation personnelle et du bien général, suivant la règle d'Ostwald : « *Ne gaspille pas ton énergie ! Mets-la en valeur !* » On peut exécuter un travail quelconque de plusieurs façons, mais une seule est vraiment efficace et donne le meilleur résultat. Entre des techniques diverses, il n'y en a jamais qu'une de bonne.

Un travail ne doit jamais coûter plus de peine qu'il ne lui est dû. Les organismes de la nature nous en donnent le meilleur exemple dans le domaine des cellules de notre corps, dans celui des atomes, comme dans le Grand Tout. Nous devons faire nôtre la même précision, la même ordonnance, la même rapide utilisation de toutes les occasions favorables, la même intelligente planification, la même poursuite du but par un chemin unique une fois choisi, pour que la conduite de notre vie corresponde aux lois de l'ordre et de l'harmonie et fasse agir la loi d'abondance.

L'organisation ne signifie rien en soi, elle dépend de la largeur de vues de l'organisateur, de sa façon de penser méthodique et efficace. On peut gaspiller des millions avec de l'organisation sans jamais en revoir une parcelle. J'ai connu des cas où la « réorganisation » d'une exploitation a englouti des dizaines de millions. Résultat : l'exploitation marchait plus mal qu'auparavant.

Ce qui importe dans une organisation, c'est qu'elle soit adaptée à la structure interne de l'exploitation.

Pour organiser quelque chose convenablement, il faut avant tout avoir un but clair et précis, ensuite prévoir le meilleur chemin qui mène vers ce but, enfin avoir une ferme volonté et une activité tenace pour y arriver.

Bien organiser veut dire :

1. — Avant tout, mettre de l'ordre dans ses idées et dans sa volonté, car c'est de là que proviennent le désordre et les échecs. Ce qui suppose en outre une façon judicieuse de penser et de vouloir, et de la concentration. On ne peut faire de projets solides qu'avec de la concentration.

2. — Ne pas croire, mais constater, ne pas supposer, mais vérifier, ne pas laisser faire, mais faire des plans et les exé-

cuter soi-même, ne rien abandonner au hasard mais ordonner et réfléchir à tout sagement avec une instinctive prévoyance.

3. — Par une ordonnance méthodique des parties, créer un tout qui représente plus que le total des parties : un organisme vivant dans lequel chaque détail est également indispensable pour le tout.

4. — Réaliser beaucoup en employant aussi peu de moyens que possible, éviter les travaux inutiles ou les rendre productifs ; faire d'avance un plan net et clair du but recherché, afin que la répartition du travail se fasse ensuite d'elle-même et sans effort. Le sage réfléchit à tout d'avance « car on ne peut pas recommencer la vie comme un coup de dés », comme l'a dit le philosophe grec, Antiphon.

Bien organiser, c'est, en somme mettre de l'ordre dans ses pensées et dans les choses, d'où résulteront l'ordre dans la vie, et la maîtrise de soi-même. L'ordre est la première loi du ciel au-dessus de nous et du ciel en nous. La disposition à l'ordre est innée en chacun de nous, il ne s'agit que de l'éveiller. Nous y arrivons en l'affirmant et en la mettant hardiment en œuvre *comme si* elle était déjà là. Nous la développons en prenant l'habitude d'avoir une juste vue d'ensemble sur tout ce que nous faisons et pensons, et de distinguer en tout l'essentiel, ou encore en prenant l'habitude de voir le projet qu'on médite sous la forme d'un arbre aux vivantes articulations : ici le tronc, ici les racines, ici les branches, ici les feuilles, etc.

Nous pouvons également exercer notre sens de l'ordre en procédant par représentations graphiques, en rapport avec nos occupations professionnelles, ce qui développera aussi notre aptitude à avoir des vues d'ensemble, notre talent d'organisation ainsi que l'habitude des décisions justes et rapides.

Bien organiser veut dire : *bien coordonner*. Et ceci signifie simplement se rendre compte des articulations de la question dont on s'occupe. Nous devons apprendre à penser en divisions et subdivisions qui se ramifient de plus en plus, comme les branches de l'arbre à partir du tronc, et y penser de telle sorte que cette image soit clairement, dès le début jusqu'à la fin, devant notre regard intérieur. C'est la meilleure manière de se faire une idée d'ensemble d'une tâche : d'abord les conditions : le sol ; puis la décision de l'accomplir — le tronc ; ensuite les différentes étapes sur le chemin du but

— les branches ; et les différentes manières de s'y prendre — la ramure ; et finalement le but — la couronne de l'arbre.

En pensant ainsi nous sentirons plus finement la structure intérieure des choses et des événements, et serons plus capables de les influencer en nous-mêmes et de les transformer. Nous imposerons aux objets et aux circonstances une organisation qui tiendra la juste moyenne entre l'ordre conçu par notre esprit, celui qui est inhérent aux objets et l'organisation imposée par le but.

En prenant conscience des différents objets qui sont à mettre en rapport, ils doivent immédiatement s'enchaîner dans notre esprit, former une suite, chacun à sa place, et se cristalliser spontanément en un tout vivant, pour former un seul organisme.

L'ECHEC : RESULTAT D'UNE MAUVAISE ORGANISATION

En reconnaissant la nécessité d'une bonne organisation nous nous rendons compte en même temps, que les échecs sont dûs surtout à une organisation insuffisante ou mauvaise. Seul maîtrise le succès, celui qui sait toujours ce qu'il veut et réfléchit d'avance à tout ce qu'il fait.

L'aptitude à organiser sa vie et son travail a plus d'importance qu'une grande fortune, car celle-ci peut être perdue du jour au lendemain mais on peut se refaire une fortune plus importante encore par une bonne organisation.

Mais l'organisation n'est pas pour autant un remède universel. Il y a des choses qu'on règle le mieux en ne les réglant pas. Ce sont celles qui dépendent surtout non pas de facteurs rationnels, mais irrationnels et pour lesquelles toute organisation imposée devient un mécanisme paralysant. La rationalisation a des limites ; en les franchissant on tombe d'une part dans la bureaucratie et de l'autre dans l'extinction de toute initiative créatrice. Mais partout où une organisation extérieure est possible, et conduit au résultat nous ferons notre possible pour la mener à bonne fin, surtout en ce qui concerne notre travail quotidien.

Chaque fois que nous voulons remonter aux causes d'un échec ou d'un revers dans une affaire, nous découvrons quelque part une erreur de raisonnement, une manière d'agir à contresens, ou que quelqu'un n'a pas fait son devoir. Qui pense et agit à contresens offense la loi de l'harmonie, et en souffre. Toute souffrance est une faute et chaque faute se paie. En revanche, celui qui pense et agit droitement, organise convenablement ses activités et sa vie et qui fait avant tout son devoir, n'est passible d'aucune faute et n'en souffre pas.

Chaque effet procède d'une cause. La cause du succès est le plan, l'organisation de ce succès. La réussite n'est pas une affaire de chance, mais une question de pensée et d'action rationnelles. La plupart des gens ne font pas de projets d'avance, ne se proposent pas de buts. Ils n'organisent ni leurs forces ni leur travail... et s'étonnent ensuite que la maison de leur vie ressemble à celle de Cadet Rousselle « sans poutres ni chevrons ». Ceux qui vivent ainsi au jour le jour et que Gœthe qualifiait de « natures problématiques », ne sont à la hauteur d'aucune situation et aucune ne les satisfait. « Ils gaspillent sans aucun profit les heures et les années, et la conscience qu'ils en ont les rend toujours plus mécontents, irritables et pessimistes.

Comment éviter cet état de choses ? En faisant un plan de vie dirigé vers le succès, en se proposant consciemment un but précis qui débute par l'organisation de la journée et mène à l'organisation intelligente de toute la vie ; en se posant clairement avant tout travail, les mêmes questions : où cela me mène-t-il ? comment ? et après ? Ou plus explicitement :

a) Quel est mon but et quel est le meilleur chemin pour y arriver ?

b) Quelles sont les étapes à traverser ?

c) Quelle est la meilleure méthode pour atteindre sûrement le but avec la moindre dépense de temps, de force et d'argent ?

d) Quels moyens accessoires dois-je prévoir pour ne pas être arrêté au cours de mon travail ?

e) Quel ordre faut-il observer pour exécuter au mieux les différentes parties de ce travail ?

Celui qui ne peut pas répondre clairement à ces questions qui se posent devant toute tâche, court le danger d'employer trop ou pas assez de force, d'argent ou de temps, de prendre un élan trop long ou trop court, de perdre ses forces avant d'arriver au but, ou de le dépasser, et de tomber dans la mare. En somme : *il est parfaitement possible d'organiser le succès,* et nous apprendrons cet art à fond dans les prochains chapitres.

Mais voici d'abord quelques conseils pratiques :

① Qu'on se garde de vouloir faire tout par soi-même ! Il y a des négociants qui par scrupule exagéré voudraient faire eux-mêmes, le travail du dernier de leurs employés. L'homme de la réussite fait d'abord ce que *lui seul* peut faire et veille à ce que les autres fassent ce qu'ils peuvent faire de leur côté.

② Ne pas vouloir garder tout en mémoire. Il faut avoir un agenda de poche avec dates dans lequel on inscrit les visites, rendez-vous, voyages, achats, etc., et pour tout le reste un carnet aide-mémoire dans lequel on inscrit tout ce qui vous vient en tête, chaque question à étudier.

Qu'on se garde de toute précipitation ! Celui qui organise son emploi du temps doit éviter toute précipitation qui diminue le rendement du travail. Il faut également s'arranger d'avance pour éviter d'être dérangé aux heures les plus chargées de travail, par l'attente de renseignements ou de documents, par les questions inutiles des collaborateurs, par les visites et autres choses analogues. L'homme arrivé, lorsqu'il se met au travail, veut avoir la certitude que rien ni personne ne le dérangera dans les heures à venir. Il évite ainsi la tension involontaire de ses pensées et de ses muscles.

Qu'on évite le désordre sur la table à écrire ou la table de travail. Pédanterie, direz-vous ? Nullement, car l'aspect de votre table de travail correspond en règle générale à l'aspect de votre vie. Une table en désordre reflète des conditions de vie embrouillées. Cette règle a naturellement ses exceptions, car il existe des gens qui créent consciemment ou non, le désordre autour d'eux, alors qu'ils dominent la situation avec une parfaite lucidité. Mais en général lorsque les objets se mêlent sur notre table à écrire, ils font de même dans notre esprit et empêchent qu'on en dispose lucidement.

Mieux nous avons chaque chose bien en main, plus minime est la dépense de force, et, à la longue, ces petites épargnes de force font une grande économie d'énergie qui se traduit finalement dans notre être, par plus de repos, de calme, de réflexion, de décision et de certitude de réussir.

Toutes les autres choses dont nous avons besoin pour notre travail — outils, livres, dossiers, n'ont rien à faire sur notre table de travail. Elles iront à leur place habituelle sur des rayons, dans des tiroirs, ou des casiers, dont la répartition correspond à leur usage. Si ces objets sont mis en ordre intelligemment, nous pourrons renouveler avec succès la technique de notre travail, et procéder à sa répartition, ce qui n'est pas moins important pour l'accroissement de notre capacité de production.

Le fardeau s'alourdit à la longue, dit avec raison l'ouvrier. Un des principaux devoirs d'une bonne organisation est d'alléger le poids et la durée d'un grand travail, en le divisant en une quantité de parties faciles à exécuter successivement. « La Nouvelle Science de la Vie » enseigne à diviser constamment le chemin de la réussite, en étapes efficaces, et à avancer ensuite pas à pas, de sorte que chaque résultat partiel étant ressenti, comme une partie du résultat total, la confiance en soi et la certitude d'atteindre le but augmentent à chaque pas.

Par cette façon de cheminer par étapes, nous avons la vivante conscience d'avancer vers le but, et à chaque pas, nous voyons se rapprocher le succès total. Nous éprouvons au cours de notre travail la joie d'avoir créé quelque chose, non pas une seule fois, mais autant de fois qu'il y a d'étapes sur le chemin.

SAVOIR DEFINIR SON BUT

La meilleure garantie du succès consiste à se donner un but. Celui qui est constamment conscient de son but a la perspective d'y parvenir. Il n'est nullement absurde de dire qu'un but bien défini est à moitié atteint. C'est certainement la plus importante et première impulsion sur le chemin du but, celle qui donne un ressort d'acier, de la persévérance, la certitude du succès, et la garantie qu'il sera atteint plus rapidement. Les idées et les forces sont alors comme des flèches, dirigées vers ce but. Les effets de la paresse sont écartés par un but précis et cela nous empêche de nous sentir fatigués à mi-chemin, ou de faire halte, satisfaits de nous-mêmes, au premier succès partiel, ou encore d'arriver à ce « point mort » qui arrête toute activité.

Se concentrer sur un idéal et suivre sa voie avec persévérance implique déjà un but. Mais cela ne suffit pas, nous devons avancer et agir selon un plan prévu de même que dans le cosmos, les soleils, les planètes et les mondes suivent une voie déterminée. Définir *correctement* veut dire avoir une idée claire et nette non seulement du but fixé, mais aussi du chemin à suivre et de chaque étape de celui-ci. Réfléchir d'avance vaut mieux que de reconnaître une erreur trop tard.

Savoir s'assigner un but, c'est organiser consciemment son succès. Tout comme notre plan annuel de travail se dresse clairement devant nous, point par point, l'un suivant l'autre organiquement, et préparant à son tour le prochain, la fixation de notre but doit être un plan de réalisation organique du succès. Plus élevé sera notre but plus grand sera son accomplissement. Nous ne saurions nous donner un but trop élevé, mais devons d'autre part nous garder de viser trop haut afin que la flèche ne retombe pas, sans l'avoir atteint. Notre but doit rester dans le cadre des possibilités en prenant cette décision : « Lorsque j'aurai atteint la hauteur fixée je me proposerai des buts encore plus élevés. »

Mais de quelle façon pratique se donner un but ? L'exemple le plus concret d'un but très simple, c'est faire sa malle avant un voyage. Mieux nous prévoyons tout soigneusement : — les conditions de vie que nous rencontrerons, ce dont nous aurons besoin et pour quelle durée, les choses « imprévisibles » auxquelles il faut penser, — mieux nous sommes armés. Il faut maintenir la malle de son esprit toujours préparée de la sorte et prête à être embarquée pour le plus grand des voyages. La mise en ordre des préparatifs nécessaires suit leur prévision, grâce à quoi tout tournera bien. Plus on prévoit de possibilités, moins on a de surprises.

Se fixer un but convenablement exige trois conditions : avoir un but, une vue claire du but, et découvrir la voie la plus courte et la plus sûre pour aller vers ce but. Connaître seulement son but ne suffit pas. Le plan du chemin jusqu'à l'action n'est pas moins important. Celui qui est passé maître dans l'art de penser peut faire mentalement cette opération, mais qui ne se sent pas encore sûr de lui, fera mieux de prendre papier et crayon et de tracer noir sur blanc le plan d'ensemble de son projet.

Le lecteur de ce livre sait déjà qu'il ne suffit pas de se

proposer des buts, mais de venir à bout avec décision de ce qu'il a entrepris. Se donner un but, décider, vouloir et agir sont déjà pour lui une notion unique et cohérente, un tout. Se donner des ordres et s'obéir à soi-même ne font qu'un pour lui.

Il évitera de lui-même de faire entrer dans un emploi du temps défini plus qu'il n'en peut faire, ou d'imposer à sa volonté et à son activité un cadre trop rigide ; son programme sera toujours souple et immédiatement adaptable à chaque nouvelle nécessité ou occasion favorable. Sa démarche extérieure est si précise, si naturelle, que son guide intérieur peut à chaque instant la conseiller, l'orienter. Il organise sa vie extérieure scrupuleusement, sans oublier pour autant son identification avec le flux éternel du courant de la vie. Il sait que s'enfermer dans des projets rigides, c'est s'isoler de la vie réelle et subir rapidement la contre-réaction de la vie qui l'arrache hors du connu pour le placer dans un nouvel enchaînement de choses afin que son développement soit complet.

Il faut donc : d'une part se fixer un but, mais être d'autre part constamment ouvert à la fécondation de la vie ; se concentrer avec persistance sur son but mais ne pas rétrécir son champ visuel ; avoir de vivantes imaginations mais être en même temps prêt à accueillir le Bien et la Beauté du monde en soi et autour de soi ; se consacrer au détail, tout en ayant une vue d'ensemble du Tout.

En agissant de la sorte, le succès ne se fera pas attendre. Lorsque nous savons être en harmonie avec l'esprit de la Vie, que nous sentons sa force agir à travers nous, nous pouvons mener à bien la réalisation de notre but, et atteindre au succès avec un plan bien établi. Nous pouvons alors concentrer tout notre être sur la réalisation de notre programme quotidien, annuel, ou celui de toute notre vie, et l'impétuosité de notre zèle entraînera de plus en plus tout ce qui barre notre route et le transformera instinctivement en un moyen d'atteindre encore plus rapidement notre objectif. Nous resterons alertes et forts, actifs et jeunes, aussi longtemps que nous nous donnerons ainsi des buts, que nous nourrirons des idéals et les réaliserons. Quand nous aurons pris l'habitude de nous fixer ainsi des buts, nous aurons accompli la chose la plus importante qu'on puisse atteindre dans la vie, extérieure : *l'habitude de la réussite.*

*
* *

Nous avons déjà vu dans le 4ᵉ chapitre que les problèmes que nous nous posons le soir avant de nous endormir sont souvent résolus le matin au réveil. Nous avons trouvé leur solution en rêvant. Nous pouvons de même deviner dans la rêverie de la journée la solution de n'importe quelle question. En laissant jouer consciemment notre fantaisie, lorsque nous sommes détendus, nous faisons de notre subconscient notre collaborateur dans la formation de notre destin. Nous verrons plus tard que nous avons dans notre subconscient un précieux allié dont la vision est infiniment plus vaste que celle de notre moi conscient.

Nous bâtissons ainsi un pont de rêve, dont un pilier repose sur la terre ferme du présent, et l'autre près du but que nous nous voulons atteindre. Tout homme actif et créateur traverse de tels ponts de rêve et arrive ainsi à de nouvelles connaissances, découvertes, inventions, à de nouvelles créations techniques, intellectuelles, artistiques ou scientifiques. Chaque rêve du créateur en nous peut se transformer en réalité. Il s'agit seulement de faire passer le possible dans le réel, au moyen de rêves conscients, de remplir l'armature du rêve d'atomes et de molécules par la volonté et l'action judicieuse. Il s'agit de rêver en agissant, d'associer le rêve productif à l'esprit d'entreprise.

Il ne s'agit pas de rêver et de faire beaucoup de choses à demi, mais une seule et entièrement, selon la parole de Herder : « Mieux est définie l'œuvre que l'on cherche à rendre parfaite, plus vite elle le sera. »

Pratiquement, songer à une chose c'est simplement se concentrer au préalable sur le travail qu'il s'agit de mener à bien et grâce à quoi son accomplissement et son succès seront garantis. Il y a de nombreux moyens de procéder, en voici un : se retirer dans le silence et le calme, détendre son corps et ses pensées, chercher ensuite, quand tout se tait en soi, à voir son but avec toute la clarté désirable.

Prendre ensuite un bloc-notes et inscrire sur chaque feuillet les différentes parties que comporte le travail projeté, ensuite, ce qui est susceptible de contrarier le projet, tous les obstacles qu'il va falloir surmonter, en indiquant en même temps les différentes étapes menant au but ; sur d'autres feuillets on notera tout ce qui vient en tête ayant un rapport avec le but recherché.

Puis on mettra les feuillets en un ordre, soit logique soit chronologique, et l'on procédera, sur cette base, à un examen approfondi de ses projets, en notant au bas de chaque feuillet les moyens possibles et positifs, les issues souhaitées.

Lorsque aucune idée, relative à ce travail, ne se présente plus, on combine systématiquement les indications de ces bulletins sur une grande feuille de papier, de manière à avoir un plan de travail synoptique où seront prévues les difficultés éventuelles et leur solution possible. La réalisation du projet, ira de soi d'après ce plan scrupuleusement étudié. L'habitude de diviser la poursuite d'un but en plusieurs étapes faciles à franchir donne à notre travail un élan tel, que nous atteignons ce but plus rapidement que n'importe quel coureur professionnel. Chaque étape franchie, — disons-le une fois de plus, — chaque réussite partielle, est une anticipation de la victoire finale, une stimulation à travailler plus joyeusement. On ne perd plus de temps à réfléchir, car tout a été étudié et prévu d'avance. On y gagne une liberté d'esprit qui permet de prendre position rapidement sur une nouvelle donnée, et de modifier son plan en conséquence, alors que celui qui n'a pas de plan étudié perd facilement la tête, dans ce cas.

Le plan de l'année de « La Nouvelle Science de la Vie » en est un exemple probant. Il est précédé par le choix d'un but et par un examen réfléchi des tâches partielles, obstacles, et solutions ; il donne un plan très clair de travail qui se développe aisément, pas à pas, et où chaque aspect de la question, pour ou contre, est prévu et commenté, ainsi que nous le voyons au fur et à mesure des développements.

Plus méthodiquement nous laissons notre fantaisie tourner autour des problèmes à résoudre, plus nous lui posons de questions, mieux nous trouvons leur réponse aisément, alors qu'avant nous nous serions probablement creusé en vain la cervelle pour la trouver. Heureux celui qui apprend à se livrer à ces rêveries fécondes. Ses succès confirmeront les paroles de Mulford : « Les palais terrestres sont élevés sur des châteaux en Espagne. »

LE CHOIX DU BUT QUOTIDIEN

Une vie prospère est le résultat d'un ensemble de jours vécus judicieusement. Le plan d'une vie couronnée de succès est la somme, et en même temps la base de projets quotidiens dirigés vers un but. Nous mettons fin au manque d'organisation de notre vie en nous donnant un but quotidien que nous choisirons chaque soir pour le jour suivant. Il s'agit de prévoir quelle tâche doit être accomplie le lendemain et dans quelles conditions. Lorsque le programme de la journée est définitivemnt arrêté et rempli de l'idée du succès, toutes les forces du corps, de l'âme, et de l'esprit sont bien mieux tendues, aiguisées, éveillées et armées. Tout ce qui peut être utile au but choisi sera saisi instinctivement tandis que de nouvelles forces afflueront de l'intérieur et contribueront à rendre la journée fructueuse.

Par le choix d'un but le soir, nous arrivons à libérer une suite d'idées et de forces qui continueront à agir pendant la nuit dans les profondeurs du subconscient et qui, en accédant le matin à la conscience, nous inciteront à agir plus efficacement, à éliminer d'avance tout ce qui freine l'activité dans un travail non préparé et nous permettront de produire davantage.

La sûreté, la ponctualité, la conscience, le sens de l'essentiel, la capacité de prendre rapidement une décision, sont le résultat de l'habitude de se fixer un but quotidiennement, et triomphent des sentiments d'infériorité, des blocages de la pensée et des hésitations.

Habituons-nous, afin de ne rien oublier, à noter aussitôt, sur un carnet réservé à cet usage, tout ce qui nous vient à l'esprit au cours de la journée concernant les travaux à faire, devoirs, besoins divers ; ainsi rien ne sera négligé ou oublié. Bientôt notre subconscient prendra l'habitude de nous remettre en mémoire, pour être immédiatement noté, ce qui sans cela serait peut-être oublié. En notant de la sorte immédiatement tout ce qui nous vient en tête, et en inscrivant chaque pensée sur une feuille séparée, nous déchargeons notre esprit par la même occasion ; le cours de notre travail ne sera plus troublé par l'intrusion de ces pensées et nos nerfs s'en trouveront bien.

Les nouveaux projets qui nous viennent à l'esprit durant notre travail — et à moins qu'il ne s'agisse d'une chose urgente — entreront dans le prochain choix d'un but et seront examinés à leur tour.

Certaines personnes ont éduqué leur subconscient à leur remettre en mémoire toutes les choses oubliées au cours de la journée, la nuit, ou le matin au réveil, afin qu'elles puissent être notées. Cet ensemble de notes constitue une base pour examiner les projets du lendemain. L'efficacité de cette méthode de choisir un but justement *le soir*, est confirmée par la pratique. Dans tous métiers et professions, les hommes qui réussissent travaillent d'après cette méthode. Mettre par écrit la veille au soir, la liste des tâches qui nous attendent le lendemain, leur objet, leur ampleur, et préciser de préférence avec des chiffres, l'ordre dans lequel elles doivent se suivre le plus efficacement, s'est révélé comme une méthode excellente, en particulier dans la technique du travail scientifique. Le secret du succès surprenant de ce procédé tient au fait psychologique de la prévision d'un emploi du temps, grâce à une claire vue d'ensemble des différentes parties du but, augmente involontairement la rapidité et l'agrément du travail.

La *méthode la plus éprouvée* est la suivante : nous avons déjà appris dans le premier chapitre à commencer une journée la veille au soir, en se fixant un but immédiatement avant de s'endormir. D'abord, nous nous détendons et laissons s'apaiser, avec nos pensées l'agitation du rythme journalier ; nous examinons ce qui n'a pas été réalisé du programme de la veille, et qui devra par conséquent être intégré dans le nouveau programme.

Retirons-nous après cela dans le calme et le silence. L'organisation du plan pour le jour suivant aura lieu dès que nous serons complètement calmes intérieurement. Il s'agira alors de ne pas confondre but et désir, et de n'entreprendre ni plus ni moins que ce que nous sommes capables d'accomplir au cours de cette journée.

Faisons ensuite de la façon qui nous est déjà familière une esquisse sommaire : inscrivons sur un bloc-notes tout ce qui nous vient à l'esprit comme tâches pressées et nécessaires pour le lendemain. Ajoutons-y les notes qui se sont accumulées au cours de la journée, et aussi les travaux que nous n'avons pas faits aujourd'hui et doivent être reportés sur de nouveaux feuillets. Nous ne noterons bien entendu que l'essentiel et non les choses insignifiantes, ou qui vont de soi. Nous noterons aussi ce qui aurait dû être fait depuis longtemps et qui pourrait peut-être l'être demain.

Si rien ne nous vient plus à l'esprit, le classement des feuillets se fera en séparant l'essentiel de ce qui l'est moins, en faisant passer devant le plus pressé, en pesant le pour et le contre des différentes tâches, les obstacles à prévoir et les moyens de les surmonter, et en notant le tout au bas des feuilles.

Lorsque nous nous serons rendu compte du degré d'urgence des différents travaux, viendra l'organisation de l'horaire, en groupant ce qui peut se faire en même temps : sorties, visites, correspondance, communications téléphoniques, etc. Si les différentes parties d'un même travail s'enchaînent bien, les choses n'en iront que mieux. Pour le lecteur de la Nouvelle Science de la Vie, qui s'est bien assimilé la matière des dix premiers chapitres, les différentes petites pierres de sa mosaïque s'assembleront de mieux en mieux d'elles-mêmes pour former un tout.

La mise au net du plan se fait en inscrivant sur une feuille l'emploi du temps, suivant l'ordre des travaux prévus. Il est toujours très important que le travail du lendemain soit accompli, mais en évitant de se rendre esclave d'un quelconque formulaire.

Dès que le programme est solidement établi, et que la vivante image du lendemain est devant nous avec tous ses détails, nous devons nous donner l'ordre d'atteindre notre but, lequel, par la voie de notre subconscient, doit stimuler toutes les forces intérieures qui vont nous aider à y arriver : l'entrain au travail, l'endurance, l'attention, la conscience, une bonne mémoire, des idées pratiques, de la présence d'esprit, et de la décision.

Le moment le plus propice pour nous donner cet ordre est immédiatement avant de nous endormir, car c'est alors que le contact avec les forces de l'âme se fait le plus aisément. Nous faisons de nouveau passer devant notre regard intérieur les divers points de notre emploi du temps de la journée, et nous affirmons la joie, et la valeur des succès du jour nouveau avec la pensée suivante :

« Je vois clairement devant moi mes tâches pour demain, je les accomplirai avec joie et amour, et j'aurai du succès en tout ce que je commencerai. Je mènerai consciencieusement à bonne fin tous les points de mon programme. Tout ce que j'entreprendrai demain me réussira. J'atteindrai sûrement et facilement le but que je me suis fixé. »

Cette affirmation du but choisi, est une promesse à soi-même de faire du lendemain un jour plein de succès. A cela succède une détente renouvelée dans le calme et le silence, prodrome du sommeil. Les dernières pensées avant de s'endormir, doivent être des images précises et positives des succès du lendemain. La pensée du but développera alors toutes ses forces et continuera à agir durant la nuit dans notre subconscient, de sorte que les travaux du lendemain se dérouleront en toute sécurité, sans obstacles.

Après quelques semaines nous nous apercevrons que nous aurons de moins en moins besoin de consulter notre emploi du temps, car tout ce qui est nécessaire nous viendra de plus en plus spontanément à l'esprit, au moment voulu. Notre subconscient s'est accoutumé, au bout de quelque temps, au nouveau rythme, et a fait sien le choix du but. Nous nous adapterons graduellement à un nouveau rythme de vie qui aura des effets heureux sur notre destinée.

Il est entendu, naturellement, que nous nous conformons tout le long du jour à l'emploi du temps prévu. Seuls les incidents exceptionnels pourraient nous empêcher de remplir notre programme jusqu'au bout. Un programme quotidien bien réalisé rehaussera notre estime de nous-mêmes. L'exécution du plan de la journée commencera le matin dès le réveil, en nous disant pleins de certitude : *« Je me mets à l'œuvre joyeusement ! et j'ai aujourd'hui du succès en tout, et sous tous les rapports ! »*

Notre attention se fixera alors sur l'objet le plus proche du plan quotidien, et ne s'attachera qu'à sa réussite. S'il survient un incident imprévu, une visite inattendue, un changement de circonstances qui exige une modification des projets, il ne faut surtout pas se dire : « Je finirai malgré tout ce que j'ai entrepris, même si cela paraît inutile ». Il faut au contraire adapter adroitement son plan à la situation nouvelle. Le plan de la journée doit être vivant et souple, il doit pouvoir être modifié si des conditions nouvelles l'exigent.

En fin de journée, avant de nous fixer le but du lendemain, nous passerons en revue toutes les tâches de la journée en nous demandant si elles ont été accomplies consciencieusement. Nous nous rappellerons tout ce que la journée nous a donné de bon, tous les succès que nous avons remportés, et le plus petit d'entre eux s'ajoutera à l'édifice de notre nouvelle vie en s'inscrivant dans le journal quotidien de nos résultats.

En remplissant ainsi tous les jours notre conscience d'impulsions positives, en choisissant judicieusement un but, nous donnons à notre existence, contenu, forme et perfection, tandis que les ombres disparaissent de notre vie, remplacées par l'harmonie, la joie de vivre et le succès.

De la même manière que nous nous fixons un but quotidien, nous pouvons nous en donner un pour la semaine, le mois, ou même l'année. Ce but annuel consistera alors, quelle que soit l'époque où il est conçu, en un adieu à l'année écoulée et au début conscient d'une nouvelle année couronnée de succès ; il sera établi d'une façon analogue à celle qu'on vient d'indiquer, avec cette seule différence que les buts seront beaucoup plus éloignés : connaissance de langues étrangères, etc., perte de mauvaises habitudes, recherche d'une meilleure situation, hausse de salaire, etc. Nous inscrirons ce but au début de l'agenda annuel de nos succès, et au cours de toute l'année en désignant notre but quotidien, nous l'évoquerons dans notre conscience jusqu'à ce que les buts fixés soient atteints.

Si nous avons décidé de commencer cette année une vie nouvelle nous ferons du plan annuel de La Nouvelle Science de la Vie la base de notre but et nous nous y conformerons semaine après semaine. L'année suivante nous prendrons la ferme résolution d'employer encore plus consciemment ce que nous avons appris pour notre bien et celui des autres, et de faire ainsi de plus en plus nôtre cette nouvelle vie qui mène vers les sommets.

DONNER UN BUT A SA VIE

Ce n'est pas seulement pour le lendemain ou pour l'an prochain qu'il faut se donner un but, mais pour *toute la vie* à venir. Toute notre vie doit être l'image agrandie d'une journée réussie ; commencer joyeusement, finir harmonieusement et former un ensemble couronné de succès, intelligent et utile aux autres.

Une vie sans but est une vie sans substance. Celui qui a réfléchi, ne fût-ce qu'une fois, au sens de son existence, reconnaît la nécessité de lui donner un but élevé. Tout comme une journée, la vie a besoin d'une direction fondamentale, et cette direction existe en effet immanente en toute vie, même si l'on ne s'en aperçoit pas. Mais la vie n'est parfaite et heureuse que lorsque l'homme devient conscient de ce courant souterrain de sa vie, lorsqu'il prend consciemment pour but sa réalisation personnelle dans le sens le plus élevé du mot et l'accomplissement de son existence.

En fixant un but à notre vie, — que ce soit l'épanouissement suprême de notre être intérieur, ou l'accomplissement d'une grande tâche, la réalisation d'un plan s'étendant sur la vie entière, ou la création d'une œuvre destinée à faire le bonheur de beaucoup d'hommes, — nous donnons à tous nos buts particuliers de la journée une directive commune et une perfection finale.

Combien désemparé et malheureux est l'homme qui n'a pas de but dans la vie, et qui ne sait pas encore pour quelles fins il lutte et peine, jour après jour. Combien plus de force d'élan et de volonté de réussir, anime l'action de celui qui possède un but clair, net, et exaltant pour son âme. Il apporte naturellement, dans tout ce qu'il entreprend, de la méthode, de l'ordre, de l'efficacité et du succès. Tout ce qu'il entreprend est toujours d'une manière quelconque utile à son but final, et à son élévation spirituelle. Dans tout ce qu'il fait, il sait toujours *ce qu'il veut*. Et celui qui *sait* ce qu'il veut atteint finalement ce qu'il veut.

Ainsi le choix d'un but dans la vie est une méditation perpétuelle qui se prolonge à travers toute la vie et la remplit de *conscience*. La vie ressemble alors à l'ascension d'une haute montagne, dont la cime est aperçue, toujours nouvelle et toujours plus proche, par celui qui la gravit, malgré la traversée de brouillards, jusqu'à ce qu'il ait atteint enfin le sommet.

Avez-vous jamais essayé de saisir le sens de votre existence ? Si vous le faites, vous reconnaîtrez deux choses qui, en réalité, n'en font qu'une, comme étant le but suprême de votre vie : l'harmonisation et l'autoréalisation de votre être. Voilà le double soleil autour duquel gravite notre existence. Il comprend aussi bien l'idéal le plus élevé de ce qui concerne surtout la vie extérieure : le perfectionnement du caractère et de la volonté, et une domination toujours plus complète du monde qui nous entoure, de la nature, de la vie, que la plus intense aspiration du monde intérieur ; l'éveil de l'âme, sa connaissance d'elle-même et son union avec la volonté de l'Eternel.

Celui qui tend vers ce but suprême, rencontre sur son chemin, tout ce que la vie contient de bon et d'heureux, — la joie, l'amitié, la santé et l'amour, la connaissance et le succès.

Plus notre idéal est élevé, plus grands seront les efforts et plus nombreuses les forces qui s'éveilleront en nous. Plus notre but sera sublime, plus puissant sera notre envol et plus sûre sera notre intuition en toutes circonstances et notre force d'attraction pour tout ce qui nous rapprochera le plus rapidement de notre but. Toutes les forces en nous, et autour de nous, agiront alors de concert pour mener notre idéal vers son accomplissement et nous préserver des erreurs et des échecs auxquels nous expose le manque d'un but vital.

Le choix d'un but de vie correspond, dans la pratique, à une spirale formée par des plans annuels, dont chacun est situé un peu plus haut que le précédent. Chacun de ces cercles est à son tour formé de cercles plus petits, de même que dans le cosmos chaque cercle est un élément de spirales de plus en plus grandes, qui toutes réunies sont une partie de la Vie, toujours ascendante.

Ainsi, tout notre être fait partie d'un être plus grand, et du Plus Grand de tous, notre existence finie, fait partie de la vie éternelle, qui s'épanouit dans le ciel. Il s'agit de le reconnaître et de s'insérer volontairement, dans un suprême abandon, à cette rotation de la vie éternelle. C'est la dernière sagesse de tous les sages, et ils ont la certitude que toutes les forces se mettent au service de celui qui remplit ce suprême devoir.

LA MAITRISE DE SOI

> « *La violence de certaines tendances n'excuse pas l'homme de ne pas être maître de soi, il doit apprendre à employer la force de la raison.* »
> Leibniz.

L'habitude de se dominer résulte tout naturellement du fait de se donner un but quotidien, mais elle ne prend toute sa valeur que lorsqu'elle devient consciente et méthodique.

Cette maîtrise de soi est avant tout un contrôle du mental, car celui qui domine ses pensées se maîtrise lui-même ainsi que sa vie. Au sujet de la pratique de cette maîtrise traitée dans le chapitre VII, il y a lieu d'ajouter les remarques suivantes : nous devons contrôler les pensées qui entrent en nous et en sortent, tout aussi méticuleusement qu'un pays contrôle les entrées et les sorties des voyageurs à ses frontières et vérifie leurs passeports. Un pays bien régi a soin d'empêcher que les immigrants indésirables traversent ses frontières. Nous devons de même empêcher que des pensées indésirables franchissent les frontières de notre âme et touchent notre moi intérieur, et veiller à ce qu'elles restent au-dehors.

Les pensées mauvaises que nous laissons entrer cherchent en nous leurs semblables et abaissent d'autant le niveau du subconscient. A peine avons-nous admis en nous ces intruses étrangères à notre être qu'elles appellent à elles leurs semblables du dehors, lesquelles traversent alors les frontières de notre âme par des voies détournées, si bien qu'il y a bientôt toute une colonie d'indésirables au lieu d'une seule. Elle créeront un complexe. Après quelque temps ces pensées étrangères s'infiltreront dans tous les domaines de notre âme, s'empareront du pouvoir et banniront toutes les forces innées du Bien, jusqu'à ce que notre âme entière soit de plus en plus un foyer de mécontentement et de pensées en révolte.

Si par malheur nous accordons de l'attention à ces pensées négatives en nous figurant avoir des affinités avec elles, si nous nous complaisons dans leurs tendances malsaines, si nous les nourrissons, elles vont se multiplier en nous à l'infini. Bientôt elles vont envahir tout le domaine de notre âme et suplanter les pensées lumineuses et nobles qui sont innées en nous ; bientôt ces idées étrangères deviendront si puissantes qu'elles ne seront plus nos hôtes, mais nos tyrans.

Beaucoup d'êtres souffrent de cette occupation de pensées étrangères, mais personne n'est faible au point de ne pouvoir se débarrasser par ses propres forces de leur envahissement et de les expulser du domaine de son âme ! Car notre force croît dans la mesure de notre confiance en nous-mêmes et elle croît sans mesure si cette confiance en nous est sans limites.

Mais, comment dans la pratique peut-on lutter contre l'ennemi intérieur ? En étouffant dans le germe, dès que nous en sommes conscients, chaque impulsion négative, en tournant consciemment et joyeusement toutes nos pensées, tout notre vouloir et toute notre activité vers le Bien positif. Nous fortifions ainsi la vigueur des bonnes pensées et affaiblissons les mauvaises. *L'incessante affirmation et la mise en œuvre du bien est le plus sûr moyen d'anéantir tout ce qui est nuisible en nous et autour de nous,* car il ne peut jamais y avoir qu'*une seule* idée à la fois dans notre conscience et celle qui gouverne éloigne son opposée.

Nous nous immunisons ainsi et nous rendons peu à peu inaccessibles à tout ce qui est négatif et contraire à notre être. Nous nous déterminons dorénavant toujours plus consciemment nous-mêmes, conformément au précepte : « Aucune chose extérieure ne peut nous déterminer, à moins que nous ne lui ayons donné de l'empire sur nous par une façon de penser erronée. »

*
**

Il est spécialement important de contrôler notre attitude vis-à-vis du succès, par l'abolition d'habitudes nuisibles au succès, et la culture consciente de penchants et d'habitudes favorables à la réussite.

Subtiliser à l'infini est un des principaux obstacles au succès. Chaque fois que nous nous surprenons à ratiociner, reprenons-nous énergiquement, car la manie de subtiliser est le contraire du contrôle de soi positif et est nuisible à notre être. Le ratiocinage est non seulement stérile, mais il nous rend passifs et hostiles à la vie. Dès que nous sommes tentés de subtiliser, tournons-nous immédiatement vers la clarté de la vie, empoignons une tâche, un travail, et plongeons-nous en lui. Puisque subtiliser et travailler s'excluent mutuellement, la tentation de couper les cheveux en quatre sera vite domptée, et elle disparaîtra peu à peu en prenant l'habitude de nous fixer un but quotidien.

Une autre méthode sûre pour lutter contre l'invasion d'idées étrangères a déjà été indiquée ; tenir un journal quotidien de ses succès, comme base de surveillance de soi et de choix d'un but. Nous nous rendons compte en tenant ce journal comment nous avons rempli notre programme et atteint notre but quotidien, hebdomadaire ou annuel, et quels succès nous avons remportés. C'est non seulement une façon consciente de préciser nos succès, mais en même temps un contrôle de nos pensées.

La nécessité de cette vigilance quotidienne est déjà indiquée dans les sentences d'or de Pythagore :

« Ne fais rien qui te nuise. Pense avant d'agir,

« Ne termine pas la journée sans avoir examiné ce que tu as accompli aujourd'hui,

Interroge-toi : « Qu'ai-je fait ? En quoi me suis-je trompé ? Qu'ai-je omis ? »

« As-tu mal agi, critique-toi et raffermis en toi la volonté du bien,

« As-tu bien agi, réjouis-toi, que ce soit une incitation à faire mieux encore,

« Souviens-toi de cette règle, suis-là avec zèle et aime le Bien,

« Alors tu marcheras sur le sentier de la vertu, le sentier

lumineux des dieux, aussi vrai qu'IL est, lui qui donna l'immortalité à l'âme — le Suprême, l'Unique. »

En se référant à ce passage, Shopenhauer le complète par le conseil de « vérifier le soir avant de s'endormir ce qu'on a fait le long de la journée. La lucidité d'esprit et de réflexion se perd chez celui qui vit dans le tumulte des affaires et des plaisirs, sans jamais réfléchir au sens de sa vie, et qui se contente, au contraire, de la dévider comme une bobine. Son âme devient un chaos et ses idées s'embrouillent, ce qui se traduit dans sa conversation par un manque de cohésion, la tendance à sauter d'un sujet à un autre... Nous devons donc conserver soigneusement le souvenir, ou la notation de nos sentiments, de nos sensations à des moments mémorables. C'est en cela que les carnets de notes sont extrêmement utiles. »

Le registre des succès est, comme nous le savons déjà, encore plus utile. Il nous apprend à être les bons alpinistes de la vie, habitués à gravir les hauteurs, à regarder en arrière pour se rendre compte du chemin parcouru et à lever les yeux vers des sommets encore plus élevés, pleins de confiance en leur pouvoir croissant de dominer les abîmes.

METTRE L'INSTANT A PROFIT

Le registre des succès enseigne, outre la nécessité de se dominer, la valeur de l'instant et cette vérité que le meilleur moment est toujours l'instant présent.

Un instant arrive, il est là... disparaît, et ne revient jamais. Les secondes, les heures, les jours, les années s'écoulent sans arrêt vers le pays crépusculaire du souvenir, à travers la clarté du moment présent. C'est pourquoi le sage considère le temps comme son bien le plus précieux, car il n'augmente jamais, mais *diminue* sans cesse, alors que tout autre bien peut s'accroître.

Il faut se rendre compte et graver dans son cœur que « chaque jour est le meilleur de toute l'année ». Chaque jour doit avoir une heure heureuse, harmonieuse, joyeuse *de plus* que le jour précédent, et alors le soleil ne se couchera bientôt plus sur le royaume de notre vie.

Nous avons déjà vu, dans le premier chapitre, combien il

importe de vivre dans le présent au lieu de vivre dans le passé ou dans l'avenir. Se tourner vers le passé est un des moyens les plus sûrs de faire fuir le succès futur, et avoir les yeux fixés sur l'avenir nous rend, à son tour, aveugles aux occasions favorables du présent. Lorsqu'on cherche sérieusement à concentrer sa pensée uniquement sur l'heure présente et ses tâches, les yeux se dessillent, on reconnaît la folie d'avoir laissé échapper jusque là tout ce qu'offrait le présent, et de n'avoir jamais profité de la vie.

Savons-nous seulement ce qui arrivera demain ou l'année prochaine ? Non, certes. Il est donc beaucoup plus prudent de nous préoccuper surtout de ce que nous pouvons faire *aujourd'hui*. Accomplissons les devoirs qu'exige ce présent. Nous y découvrirons alors bien plus de trésors et de possibilités que nous n'en avions jamais rêvé.

Ne souhaitons pas ce qui est le plus loin, mais accomplissons ce qui est le plus proche, et mettons toute notre âme dans notre travail. Cette façon d'agir produit toujours de bons effets. L'avenir nous semble-t-il incertain ? Avons-nous besoin de conseils au sujet d'objets lointains ? Accomplissons alors ce qui est le plus près de nous et pour tout le reste laissons faire le temps qui porte conseil. Tenons-nous-en au présent et agissons de notre mieux dans ses limites. Nous avons fait alors tout ce qu'il est possible de faire pour assurer également l'avenir.

Et si une bonne occasion a été manquée ? N'en soyons pas trop marris, car chaque instant en apporte de nouvelles et souvent de meilleures. Vivons comme l'enfant, dans « l'à présent ». Un chagrin peut traverser son âme, mais dès que le nuage est passé, elle se réjouit à nouveau du soleil. L'enfant vit entièrement dans l'instant présent et crée avec lui son avenir. Son esprit est libre de tous soucis, de ce qui arrivera « peut-être », — mais qui le plus souvent n'arrive pas.

Quelle différence avec l'adulte ! Pour autant qu'il se préoccupe de l'au-delà, au lieu d'être certain de son immortalité et de maîtriser d'abord sa vie présente, *l'avenir*, l' « au-delà » de l'instant présent, lui apporte toujours de nouveaux soucis. L'on ne doit se préoccuper ni de ce qui a été, — car on n'y peut plus rien changer, ni de ce qui sera, car cela n'existera que lorsque ce sera devenu le présent — mais uniquement de ce qui est. Le bonheur de l'avenir dépend de ce qu'on aura fait du présent. Schopenhauer a dit avec raison : « Au lieu de nous préoccuper toujours de l'avenir, ou de nous laisser aller à la nostalgie du passé, nous ne devons jamais oublier que seul le présent est réel et certain, il est le temps réellement vécu et en lui seul nous existons vraiment. Nous devrions toujours l'accueillir joyeusement et jouir consciemment de toute heure exempte de contrariété ou de douleur immédiate, et surtout ne pas la troubler par le souvenir de nos espoirs déçus, ou par nos soucis au sujet de l'avenir. »

Apprenons à obéir à l'appel du présent. Apprenons à ne pas considérer les tâches de la journée comme plus difficiles qu'elles ne sont vraiment, et à ne pas y ajouter encore celles de l'avenir ! Nous ne devons jamais essayer de faire tout à la fois, mais une chose après l'autre. S'il faut faire cent pas pour parcourir cent mètres occupons-nous seulement — une fois notre but fixé — du pas que nous sommes en train de faire. Nous n'avons que le devoir du moment à accomplir — avec amour, calme et plaisir. C'est justement là que la connaissance de nous-mêmes est le plus nécessaire, si nous ne voulons pas être comme cet éphémère dont parle Marie de Ebner-Eschenbach :

« Comme le font tant de gens, l'Ephémère ne prend aucun plaisir tout le long du jour, car il doit, le pauvre Ephémère, se préoccuper du lendemain, sans trêve ni repos. »

Nous n'avons pas une minute à perdre, pour la gaspiller en tourments, en soucis du lendemain. Il s'agit plutôt d'employer le temps qui s'enfuit pour accomplir immédiatement ce que nous voulons faire. Il s'agit d'atteindre *maintenant* ce que nous désirons, de faire le premier pas, de donner le premier coup de bêche, de prendre les premières mesures, de faire les premières démarches, car chaque moment perdu signifie force gaspillée, argent perdu, richesses dilapidées.

*
* *

Certains s'étonnent que des hommes moins doués qu'eux mentalement ou physiquement soient capables d'accomplir plus de besogne qu'eux-mêmes dans le même laps de temps. Leur secret réside en ce qu'ils gardent, consciemment ou inconsciemment, en tout ce qu'ils font, l'attitude mentale voulue.

Ils utilisent l'instant présent, ne font jamais qu'une chose à la fois, mais la font complètement en s'y adonnant corps et âme. Ils font tranquillement, et avec persévérance ce qu'il faut, en temps voulu.

Ils ont confiance dans l'aide intérieure, et donnent à l'instant présent ce qu'ils possèdent de meilleur — leur amour et leur travail. Ils savent que les mêmes circonstances qui présentent pour l'homme des désagréments, lui donnent en même temps la force nécessaire d'affronter avec succès les contrariétés.

Ils savent qu'en réalité l'homme n'a jamais raison de se plaindre de l'injustice du sort : l'injustice n'a pas de place dans l'univers, car chacun a le sort qu'il a mérité par sa façon de penser et d'agir jusque-là. Il s'agit donc de penser et de vivre pour n'avoir rien à redouter de l'avenir. Il s'agit d'être maître de l'instant présent, de l'épuiser, et de ne jamais remettre à plus tard ce qui peut être fait immédiatement.

Il agit sagement celui qui fait immédiatement ce qu'il a à faire. Il n'a pas besoin de fausses clefs pour arriver au bonheur, chaque instant lui donne accès à la plénitude de la vie. C'est justement, comme l'observe Lichtemberger : « parce que les gens sont toujours enclins à ajourner leurs tâches, à traîner en longueur, à commencer à six heures du matin ce qui devait être achevé à cinq, qu'on peut être certain, si on entreprend tout immédiatement et sans le moindre retard, d'avoir toujours le dessus dans une affaire. » Cela peut s'appliquer aussi à ceux qui se plaignent volontiers de manquer de temps. Nous l'avons déjà vu et nous en rendrons encore mieux compte au cours des prochains chapitres : celui qui est maître de soi est également maître de son temps et de l'instant présent.

C'est un fait bien connu que les gens les plus occupés sont justement ceux qui ont le plus de temps à consacrer à toutes sortes de choses et d'intérêts, contrairement à ceux qui n'ont rien de spécial à faire, et n'ont pas appris à compter avec le temps ou encore à ceux qui font peu de choses et n'ont jamais une minute de disponible.

APPRENEZ A CREER VOS « OCCASIONS FAVORABLES »

L'habitude d'une constante domination de soi mène, non seulement à l'utilisation efficace de l'instant présent, mais aussi à la création consciente d'occasions utiles au succès et au progrès, ainsi qu'à distinguer plus clairement ces « occasions favorables » qui s'offrent sans cesse à l'homme conscient de son but.

Cette aptitude à distinguer moyens et circonstances utiles, cette façon consciente d'avoir les yeux ouverts à tout ce qui peut servir à réaliser nos aspirations, est de la plus grande importance, car les possibilités de succès se trouvent partout en quantité, mais la plupart des gens ne les voient pas, car leurs pensées sont embrouillées, manquent de cohésion et de but.

Notre lecteur, en revanche, utilise tout ce qu'il rencontre en vue du but qu'il s'est fixé, et s'en empare, s'élevant ainsi au-dessus du monde qui l'entoure. Il ne se plaint pas, contrairement à la plupart des gens, des « occasions manquées », mais n'a d'yeux que pour son travail, première occasion qui, bien utilisée, en entraîne d'autres et de plus importantes, et recherche les occasions favorables futures.

Il n'y a jamais eu autant d'occasions favorables que de nos jours. Jamais il n'y a eu un appel aussi pressant aux hommes capables, éveillés, décidés et prêts à agir, ayant appris à l'école de la vie le « point de maturation » des choses afin de les utiliser ensuite adroitement au « moment psychologique ». Non seulement les occasions favorables se présentent à chacun de nous plus souvent que nous ne nous en doutons, mais nous sommes capables de créer en outre les circonstances qui nous favorisent.

Le sage ne croit pas que le bonheur soit ailleurs que là où il se trouve lui-même : il sait que le succès est au contraire là où il est, et où il agit. Il sait que les « circonstances favorables » proviennent de son être intérieur. Il sait que les temps sont propices à son élévation. Jamais aucune époque n'a été mauvaise, seul le cœur des hommes manquait de foi et était hésitant. Aucune époque ne nous a été, en vérité, plus favorable que la présente. L'homme doit agir de son mieux et avoir confiance dans son destin, et l'époque le comblera, car *toute époque et toute occasion ne sont jamais que ce que l'homme en fait.*

Comment se fait-il que la vie d'*Edison* fut couronnée de succès alors qu'il avait été renvoyé de l'école pour cause de stupidité et qu'il était devenu vendeur de journaux ? Les circonstances lui furent-elles favorables ? Bien des gens les auraient trouvées désespérément mauvaises ! Mais lui mettait son temps à profit pour voir plus clairement les nécessités, les possibilités, et les richesses de la vie, jusqu'à ce que, après nombre d'essais manqués, les idées d'inventions lui vinrent en foule.

Comment *Henry Ford* a-t-il pu accéder à la fortune alors qu'il était fils d'un pauvre émigré venu à Détroit comme cultivateur ? A-t-il été favorisé par les « circonstances » ? Nullement, la vie l'a durement maltraité. Parce qu'il ne s'est pas laissé abattre par les tempêtes mais a, au contraire, gardé le pied ferme et les yeux ouverts, non seulement il a trouvé toujours plus d'occasions favorables, mais il les a créées lui-même ; il n'a pas sombré, il est devenu au contraire plus fort de jour en jour, et finalement un des hommes les plus riches du monde.

Et pourquoi *Carnegie* n'est-il pas resté simple chauffeur ? Parce que sa volonté le poussait à être plus que le maître des pelletées de charbon qu'il poussait dans le feu. Il voulait progresser et il força les circonstances à se plier à sa volonté : il devint télégraphiste, ensuite employé de chemin de fer, puis actionnaire, jusqu'à ce qu'il arrive à la fin de sa carrière, comme roi de l'acier à vendre son entreprise pour 450 millions de dollars. Qu'est-ce qui leur a permis, ainsi qu'à beaucoup d'autres, de s'élever de débuts plus que modestes à d'immenses entreprises, et de devenir les maîtres de leur sort ? La chance ? Leur intelligence ? Leur capacité de travail ? Une seule chose avant tout : leur flair des occasions favorables et leur capacité d'en créer eux-mêmes là où il n'y en avait pas.

Ils ont tous reconnu — et chacun doit en faire autant — *que l'homme forge son propre destin, et que rien ne vient de soi. Seul a de la chance, à la longue, celui qui reconnaît ce qui est possible et nécessaire, qui est toujours prêt à agir, et toujours prêt à s'aider lui-même !*

CONDITIONS FONDAMENTALES DU SUCCÈS

> *« Il en est en général d'une idée nouvelle comme de l'aube : elle trouve la plupart des gens en train de dormir. »*
>
> SIRIUS.

Le succès est le résultat d'une manière correcte de penser et d'agir. Le succès n'est donc pas gratuit, il doit être créé. « L'heureux hasard » n'arrive jamais qu'à celui qui a suivi, d'une façon quelconque, la loi de cause à effet. Toute réussite est d'abord une idée. A une façon imparfaite de penser succède ce que nous redoutons : les coups manqués et les échecs. Nous pouvons remonter aux causes spirituelles de chaque succès et aux forces qui l'ont produit. Si nous analysons la vie d'hommes et de femmes ayant réussi, nous trouvons un certain nombre de *conditions fondamentales* nécessaires pour atteindre au succès, et une quantité plus grande encore de procédés qui le favorisent mais ne l'assurent pas.

Il s'agit de bien distinguer entre ces deux groupes, car beaucoup d'échecs se produisent là où le succès était considéré comme assuré, et résultent d'une confusion entre les *causes* et les *auxiliaires* du succès. Nous nous trompons lorsque nous prenons les auxiliaires du succès pour les causes de celui-ci. Ces auxiliaires sont : la santé, le zèle, l'endurance, une bonne mémoire, une bonne présentation, et d'autres qualités encore qui nous aident à avancer sans être des conditions suffisantes de succès.

Beaucoup de gens bien portants, n'ont jamais remporté aucun succès, et des malades ont accompli de grandes choses et remporté d'incomparables victoires. Il y a des gens travailleurs et actifs qui sont demeurés pauvres toute leur vie, et d'autres qui sans beaucoup de peine ont su mettre à profit les circonstances, et sont allés loin. Des gens doués d'une tenace énergie peuvent subir des échecs, alors que d'autres moins tenaces peuvent les éviter. Il en est de même des autres auxiliaires du succès. Toutes ces qualités aident à réussir, mais ne conditionnent pas le succès.

Mais qu'est-ce qui conditionnne alors le succès ? Nous l'avons déjà appris partiellement dans les derniers chapitres : la parfaite maîtrise de ses pensées, l'aptitude à utiliser l'instant présent, la création consciente d'occasions favorables, l'habitude d'aller droit au but. Nous allons voir ci-après quelques autres conditions indispensables.

1. — L'habitude de nous *élever en esprit au-dessus des circonstances,* de demeurer libres intérieurement, sans subir de pression extérieure. Dans n'importe quelle circonstance, nous devons bien nous rendre compte que le succès ne dépend que de nous, que nul ne peut nous le ravir, à moins que nous ne donnions à un autre pouvoir sur nous de crainte qu'il nous dépasse, ou par jalousie parce que nous jugeons sa vie meilleure ou plus facile que la nôtre, ou encore parce que nous l'imaginons plus fort, plus grand, et plus veinard que nous.

Nous mésestimer diminue notre force, et par là, nos chances de succès, et nous entraîne à chercher la cause de nos échecs dans les conditions ou les gens qui nous entourent, au lieu de la chercher en nous-mêmes. Nous sommes ainsi de plus en plus en opposition avec notre entourage et le deuxième échec n'est pas loin.

Il faut au contraire se reconnaître soi-même cause de son destin, de ses succès, de ses échecs, et transformer les circonstances en changeant d'attitude. Il faut savoir que le bonheur que nous désirons a sa source en nous-mêmes, que rien ne nous vient du dehors qui ne soit affirmé en nous. Chaque succès résulte de l'activation de notre force intérieure, ce qui suppose la présence de cette force. La possédons-nous ? Oui ! Toute la force, tous les moyens de réussir sont en nous. Nous sommes donc la base la plus importante de notre succès.

En effet, la base de toute réussite est dans l'homme, conscient de lui-même, de sa force, de son but, de sa supériorité intérieure, et de sa victoire finale.

Mais comment arrive-t-on à libérer sa force intérieure ? En l'affirmant ; en y aspirant jusqu'à ce qu'elle jaillisse et bouillonne en nous ; en ayant en elle une foi sans réserve, ce qui augmente son énergie ; en reconnaisant que pour les yeux de l'âme, ni la faiblesse, ni la pauvreté ne sont notre lot, mais bien la force, l'abondance, et le succès ; en reconnaissant que ni l'abondance, ni la réussite ne viennent du dehors, mais toujours de nous, de notre moi intérieur. Il s'agit donc d'entrer en contact toujours plus conscient et vivant avec notre force intérieure et de maîtriser notre vie extérieure en notre for intérieur.

La loi du succès réside dans l'homme lui-même. Tout le reste vient ensuite sans être toutefois moins important : savoir se fixer un but, se concentrer, savoir utiliser les connaissances, les attitudes et les forces diverses, le courageux effort, le travail cérébral et manuel, la confiance dans la victoire.

2. — C'est en nous que réside le germe de n'importe quel succès. Nous le développons en l'affirmant. Ainsi, chaque but est, en quelque sorte, déjà nôtre ; il ne s'agit plus que de transformer cette « possession intérieure » en bien extérieur par notre affirmation et notre action, et en créant des *champs de forces* efficaces correspondants à notre but.

Nous voici devant une autre condition essentielle du succès. Il y a des champs de forces du succès, comme il y a des champs de forces de la pensée. Leur portée d'action dépend de la conscience que nous avons de notre force intérieure et dans quelle mesure nous la laissons agir en nous ; elle dépend aussi de l'habitude que nous prenons d'étendre consciemment ce champ d'action afin d'éloigner de nous les échecs.

Il faut réaffirmer quotidiennement le champ de force de notre succès, le remplir de vibrations toujours plus intenses, par un espoir plein de foi dans le succès de nos entreprises, et étendre continuellement sa puissance par une attitude sympathique envers les êtres et les forces dirigés dans le même sens. Toute affirmation consciente de cette puissance l'augmente, accroît notre certitude et notre aptitude à réussir et transforme en les améliorant nos conditions de vie.

Plus puissant est notre champ de forces de succès, plus il attire à nous les circonstances, les objets et les êtres favorables à notre victoire. Il est donc infiniment important de nous rendre maîtres de ce champ de forces, de guider sagement l'action de nos forces intérieures, de briser toute résistance grâce à elles, et d'arriver même à transformer des forces contraires en auxiliaires. Grâce à une confiance illimitée en Dieu, nous pouvons remplir ce champ de vibrations si puissantes que rien de bas ne pourra s'y manifester. Nous faisons ainsi jaillir toujours plus puissante notre force intérieure, et élargissons notre sphère d'influence dans la même mesure.

3. — L'étendue de notre champ d'action dépend de notre façon de penser, de croire, de désirer, d'imaginer, et de vouloir, de notre pouvoir de concentration, et de l'efficacité de notre action. Nous arrivons ici à une nouvelle condition de base du succès : la nécessité de *s'appartenir entièrement à soi-même, et de ne pas être divisés entre mille objets différents. Réussit celui qui est recueilli en lui-même,* « *suivant la règle suivante :* « *Concentre-toi sur ton succès et les succès se concentreront sur toi.* »

De même que notre corps et chacune de nos œuvres, notre destin est une idée matérialisée. Si nous pouvions avoir une vue d'ensemble sur l'enchaînement des causes des événements, nous constaterions que chaque fil de notre destin a été filé et tissé par nous-mêmes dans la trame des événements, et qu'à la fin il revient vers nous.

Qui pense faussement fausse la chance de sa vie, alors que tout devient de l'or dans les mains de celui qui pense juste et, par conséquent, agit justement.

4. — Non moins importante est une concentration joyeuse de l'attention sur l'objet de notre aspiration, et l'affirmation du succès. Nou étendons la portée de notre champ de forces en créant des images vivantes qui correspondent au but désiré, en vertu de la règle suivante : « *L'affirmation persistante de la chose ambitionnée par la représentation d'images vivantes de sa réussite, en facilite la réalisation.* » Nous devons avoir devant les yeux ce que nous voulons obtenir, en images vivantes et claires, aux contours nettement tracés, et agir d'après elles. Ce n'est pas seulement notre but, une fois

choisi, qui doit se dresser vivant devant nous, mais également le chemin qui y mène, avec chacune de ses étapes, chaque détail de notre itinéraire, chaque partie de notre travail.

Il s'agit d'avoir une vision aussi parfaite que possible de ce qui doit devenir réalité. En dotant ces images idéales de tous les attributs de la perfection, nous les rendons attrayantes et éveillons ainsi en nous la force d'idéaliser la réalité et de réaliser l'idéal. Nous animons ces images par la participation de tous nos sens, si bien que notre action suit naturellement la même tendance, et qu'ainsi il devient impossible de commettre des erreurs. Plus notre but est élevé, mieux la force se libère en nous et opère une transformation des circonstances.

Nous devons donc réaliser le succès, d'abord intérieurement, car notre vie sera pareille à nos images intérieures. Le résultat de notre persistante affirmation s'annoncera tôt ou tard. Nous demeurons pauvres tant que règnent en nous les images de la misère, des échecs et des temps malheureux. Nous devenons riches lorsque nos pensées sont dirigées sur les images de l'abondance, du progrès, de la réussite. Notre vie se modèle selon nos images intérieures.

5. — Il est, de plus, nécessaire pour réussir que nous *accomplissions* quelque chose. La pensée seule ne suffit pas, ni le désir, ni la volonté, si la certitude du succès ne nous pousse à agir. Une activité irréfléchie ne mène toutefois à rien. Notre action n'est efficace que si elle a un but précis. Schiller a déjà dit : « Seule l'activité ayant un but déterminé rend la vie supportable. » Plus notre activité est soutenue par la joie, plus elle nous porte vers le succès. Le zèle seul ne donne pas ce résultat. Une machine est aussi, pourrait-on dire, active et zélée, mais elle n'est pas créatrice. Or le succès présuppose une pensée et une activité créatrices. Remplir son devoir ne suffit pas. La loi du succès exige que nous fassions plus que notre devoir. Celui qui veut arriver à quelque chose doit donner plus, il doit s'efforcer de passer maître dans ce qu'il fait et le faire plus rapidement, plus efficacement, plus parfaitement, que les autres. C'est là encore une condition très importante pour réussir : *faire toujours plus* que ce qui est exigé de nous, et n'exécuter aucun travail avec négligence ou machinalement, mais le faire en créateur. Voici un exemple entre mille :

Dans une affaire de vol, trois agents de la Sûreté sont chargés de découvrir, le ou les délinquants.

Le premier agent apprit en questionnant la victime de ce vol qu'il s'agissait d'un seul homme dont il donna une description assez vague.

Le second agent s'assura en questionnant les voisins que le coupable avait probablement un complice, et que deux silhouettes douteuses, répondant à leur description avaient été vues prendre le chemin de la gare. A la gare il put s'assurer que les coupables avaient pris des billets pour X.

Le troisième agent arriva à se procurer une description encore plus précise d'un des coupables, et put ainsi établir qu'il s'agissait d'un malfaiteur connu, écoulant souvent son butin chez le receleur Y à X. Après s'être assuré à la gare que les deux coupables avaient bien pris le train pour X, il sauta immédiatement dans une auto et se fit conduire au bureau de police de X. De là, accompagné de quelques agents, chez Y, lequel après avoir nié connaître les coupables finit par indiquer leur résidence où ils purent être finalement arrêtés, et leur butin récupéré.

Le premier agent avait fait ce qu'on l'avait chargé de faire, mais incomplètement ; le deuxième avait rempli exactement sa mission, le troisième avait agi « créativement, en s'acquittant de sa mission le plus complètement possible. »

Nous devons dans notre vie quotidienne, et dans notre métier faire comme le troisième agent : nous devons accomplir notre devoir de la façon la plus créatrice possible, être constamment aux aguets de possibilités nouvelles pour faire quelque chose d'exceptionnel dans le cadre de notre devoir. Celui qui s'habitue à agir ainsi, découvre toujours plus de possibilités favorables et d'occasions utiles à sa réussite.

6. — Il existe d'autre part un danger qu'il faut éviter, qui consiste à suivre machinalement les règles du succès. La meilleure méthode appliquée d'une façon irréfléchie peut nous priver du succès désiré. La réalisation d'un succès n'est pas comme un rouage qu'on remonte mécaniquement, comme une pendule, mais un processus *dynamique* et chaque cas a , pour ainsi dire, ses lois organiques propres, qu'il faut respecter. Il faut s'éduquer avec un instinct sûr à choisir chaque fois parmi les règles du succès les plus efficaces, et les appliquer. Cet ins-

tinct sûr, ce sentiment de ce qui est juste s'éveille de lui-même en nous au cours de notre éducation et en prenant conscience de nous-mêmes, si bien que nous devenons capables de vivre vraiment notre vie propre et de marcher dans la voie du succès. Nous nommons cet instinct le *sens du succès* ou de *la chance*. Ce sens du succès se manifeste soit sous forme de pressentiment, ou encore comme une voix intérieure qui nous prévient et nous guide. D'une façon générale il se manifeste en tant qu'instinct du succès, et comme sentiment de la maturation des choses et des événements. Nombreux sont les hommes, ayant réussi, qui ont éveillé ce sens en eux : ils savent instinctivement ce qu'il convient de faire ou non dans les situations difficiles. Nous éveillerons cette clairvoyance en nous au cours de notre plan annuel.

7. — Il est nécessaire également, pour avoir un succès durable, que notre activité soit utile aux autres et représente un service rendu à la communauté. La *mentalité* dont procède une action est décisive pour sa réussite.

Chacun récolte ce qu'il a semé. En vertu de la loi de cause à effet, on ne tire pas grand profit en récoltant ce que d'autres ont semé ; il arrive même qu'on y perde le peu qu'on a semé soi-même. Tout mauvais usage de la force intérieure, toute pensée égoïste, étroite, craintive, diminue l'afflux de forces nouvelles, et fait tarir l'abondance. La nature elle-même finit par se retourner contre celui qui tente d'édifier son bonheur sur le malheur des autres.

Ce n'est pas le gain, mais l'œuvre qui est essentielle, pour celui qui sait mener sa barque. Il considère ce profit comme le résultat naturel de sa façon judicieuse de penser et d'agir, et non comme le but de son travail. Souvent le succès fuit celui qui le poursuit dans son propre intérêt alors qu'il est déjà acquis à celui qui envisage surtout le bienfait qui en découle. Celui qui donne ce qu'il a de meilleur atteint les plus hauts sommets. « Mieux nous servons, plus nous gagnons ». « *Plus nous aidons autrui, plus nous sommes aidés.* » Nous ne pouvons faire du bien à d'autres êtres — hommes ou bêtes — sans nous faire du bien à nous-mêmes. Ainsi donc l'amour est aussi un élément du succès. Celui qui a pour les soucis et les besoins des autres, un œil et une oreille attentifs, une main tendue et secourable sera comblé au-delà de ses besoins. Plus nous mettons de soleil dans la vie des autres, plus lumineuse deviendra notre propre vie. Qui fait preuve dans ses actes de l'esprit de camaraderie verra céder les résistances. Il amènera toujours plus d'hommes à penser comme lui et chacun d'eux deviendra l'auxiliaire de sa réussite.

Tout succès prend son départ en nous. L'organisation de notre vie est pareille à celle de notre âme. La dernière certitude du succès est l'habitude d'agir consciemment du dedans au dehors, en se souvenant de l'action présente, de la force intérieure. Nous arrivons facilement, en *collaborant avec notre force intérieure,* à ce que nous n'aurions jamais atteint sans elle. C'est pourquoi le sage fait de sa force intérieure son principal collaborateur et conseiller, par elle il se sait uni à l'esprit infini de la vie, il sait que son œuvre est en harmonie avec la volonté du royaume de Dieu en lui, vers lequel il lève son regard dans le silence. Son expérience confirme la règle : Plus nous nous tournons avec confiance vers les sommets de l'âme, mieux nous assurons notre marche en avant dans le monde.

Le royaume des Cieux en nous est la véritable source du bonheur, et de l'abondance. Nous n'avons pas besoin de demander l'abondance, nous n'avons qu'à être conscients de notre vivante union avec le Grand Tout et à obéir à l'avertissement de la voix intérieure qui nous dit : « Sois en paix et reconnais que tout ce que tu désires est déjà à toi. »

La connaissance de la force en nous correspond au commutateur d'une lampe électrique. Nous le tournons si le courant est interrompu, et la lumière revient. Notre vie deviendra elle aussi lumineuse si nous rétablissons le courant qui nous relie au royaume des Cieux. Nous réveillerons ainsi notre sens du destin, nous entendrons de nouveau l'appel de notre voix intérieure, du génie divin en nous, nous le suivrons, et le succès sera nôtre.

En ouvrant nos yeux intérieurs nous découvrons journellement de nouvelles et de plus amples possibilités de succès, là où nous n'avions vu que de l'incertitude. Par la vue intérieure nous arrivons à mieux voir autour de nous, à considérer le succès comme naturel, et les échecs comme quelque chose d'anormal, nous reconnaissons que nous sommes destinés à surmonter ce qui est imparfait et à réaliser la perfection.

SOIS TRES EXIGEANT POUR TOI-MEME !

La plupart des gens manquent de confiance en eux-mêmes, aussi leur capacité de travail est-elle inférieure à leurs réelles capacités. Ils ont devant la vie l'attitude de gens qu'il faut secourir au lieu de l'attitude assurée des maîtres de la vie, aussi l'abondance les fuit. Tout autre est l'attitude de celui qui a reconnu que toutes choses, toutes circonstances dépendent de sa conscience, de son attitude intérieure vis-à-vis d'elles. Il cherche à s'approprier ce que nous appelons la conscience du succès, la mentalité de celui qui s'élève sans arrêt. Elle consiste à se sentir intimement lié aux sources de la force intérieure, à fixer constamment de nouvelles exigences à cette force, qui, on le sent, fait partie de la force universelle.

Il s'agit d'affirmer courageusement sa victoire, — contrairement au timoré dont la devise est : « Qui rien n'entreprend, rien ne risque » — il s'agit de ne pas considérer la vie comme une peine, comme un fardeau, mais comme une audacieuse aventure, comme une joie exaltante. L'homme fort obéit, consciemment ou inconsciemment, à une des exigences majeures de la vie, c'est-à-dire se créer une image idéale de lui-même, telle qu'il voudrait être, et telle qu'il se sent destiné à être.

Pratiquement, il faut se détendre corps et âme, se retirer dans le calme et le silence, poser devant son regard intérieur une image vivante de soi-même aussi idéalement parfaite que possible ; il faut, en pensée, contempler cette image, la regarder se mouvoir avec aisance et assurance, certaine de son triomphe, sentir combien la force intérieure afflue et circule dans notre corps, combien notre souffle est plus profond et la circulation de notre sang plus rapide, comment toutes nos cellules et tous nos organes sont animés d'une vie nouvelle. Nous sentons et affirmons la force rayonnante de l'âme en nous, nous sentons sa puissance pour maîtriser les circonstances. Nous sentons augmenter les vibrations de notre champ de forces du succès, et comment les pensées d'amour et d'abondance qui rayonnent de nous, nous reviennent chargées de richesses, comment notre état d'âme s'élève en même temps que notre courage de vivre et notre force de réussir.

Nous affirmons alors : « Je suis Force, Je suis maître de mon destin. Ma supériorité intérieure arrive à se manifester d'une façon toujours plus vivante dans ma conscience, comme dans ma vie. Tous les jours j'ai plus de succès dans ce que j'entreprends. »

Pendant quelque temps, nous contemplerons quotidiennement notre image idéale jusqu'à ce que nous éprouvions une transformation. Nous pouvons créer de même une image idéale des circonstances et des conditions de vie, désirées. Nous la traçons d'abord à grands traits, puis peu à peu nous en précisons les détails et créons une image plastique joyeuse, de la vie que nous mènerons, des succès que nous obtiendrons, des richesses qui seront nôtres.

Il est indispensable que cette image devienne vivante en nous, que nous sentions formellement combien elle attire toujours plus fortement les circonstances qui servent à sa réalisation, et que nous agissions comme si notre idéal était déjà une réalité, comme si la force que nous désirons était déjà nôtre, comme si l'abondance se déployait déjà, en cet instant dans notre vie.

*
**

Ecoutez dans le calme et le silence, votre voix intérieure, et demandez-lui si cette exigence est justifiée ; vous l'entendrez vous répondre :

« Ne te limite pas. N'empêche pas les puissances du Bien de se manifester en toi, en t'imaginant petit. Enthousiasme-toi pour ton idéal le plus haut, et sers-le de toute ton activité. Donne à ta volonté et à tes actes le but le plus élevé ! »

Nous devons être constamment attentifs à nous-mêmes, et aux choses plus grandes qui doivent provenir de nous. Nous devons croire à notre grandeur, et bannir de notre vie tout ce qui empêche notre développement. Plus nous attendons de grandes choses de nous, plus grandes seront les tâches dont nous viendrons à bout. Celui qui pense ainsi n'est pas un lâche irrésolu, il franchit les obstacles avec une courageuse hardiesse. Mais, si quelque chose ne lui réussit pas ? « Eh bien, comme dit Jean-Paul, il n'y a pas de meilleur remède contre l'échec d'un projet que d'en faire immédiatement un autre ou d'en avoir encore un en réserve. »

Seul celui qui vit en aveugle, se désole d'un échec. L'homme éveillé agit. Il se tourne immédiatement vers une nouvelle œuvre, il produit de nouveau pour recevoir derechef. Son courage pour réussir, sa foi en la victoire ne sont nullement entamés, ni sa volonté d'être le premier dans son métier. L'impossible même devient possible lorsque cette tenace volonté s'unit à la vigilance.

Si quelque chose de nouveau se produit, ne nous disons pas : « Encore une complication imprévue ! » mais au contraire : « Attention ! il y a peut-être là une occasion favorable ! » Celui qui pense ainsi apprend insensiblement à considérer *tout* ce qui lui arrive comme une circonstance favorable et à tirer le meilleur parti de tout.

Celui qui pense ainsi sait oser. Seul celui qui ose hardiment, et qui est prêt à dévouer sa vie à sa tâche, a le droit d'exiger de grandes choses de son existence. La vie exige des hommes au cœur de lion, non des couards qui n'ayant pas confiance en eux-mêmes, ne font rien. Elle veut des hommes conscients d'aller à droite ou à gauche. Notre futur destin, notre participation au destin du monde est à chaque instant entre nos mains. A chaque instant nous pouvons éveiller quelque chose de grand en nous ! La plupart renoncent à ce choix, ils se laissent mener comme un troupeau. Et vous ? Votre voix intérieure reste-t-elle silencieuse ? Ou, une nouvelle volonté s'épanouit-elle en vous ? Dans le passé on nommait « magiciens » les hommes en qui s'éveillait le sens de la destinée, qui devenaient conscients de leurs forces intérieures, et les faisaient agir sur le monde extérieur, et on nommait « mystiques », ceux qui se bornaient à conquérir le monde spirituel.

Il faut, en réalité être les deux à la fois — être parfaitement conscient de la force vivante en soi, se donner entièrement à elle, en se tournant vers son moi intérieur et s'efforcer en même temps d'employer cette puissance pour le plus grand bien de notre vie et de ceux qui nous sont chers. Cette attitude spirituelle victorieuse n'est pas celle de l'optimiste superficiel, mais au contraire celle de l'homme dont l'activité s'adapte au sens profond de la vie, et qui sait qu'il ne fait qu'un avec la volonté de la vie. C'est cette prise de conscience qui conduit au succès. C'est la vérité qui nous rend libres dans la mesure où nous la vivons !

PAS DE GASPILLAGE D'ENERGIE !

Exiger de soi toujours davantage entraîne l'obligation de mettre fin au gaspillage d'énergie. Nous avons appris dans les chapitres précédents à économiser notre temps, et à l'utiliser toujours pour le mieux.

La plupart des gens ne vivent qu'avec une partie de leurs forces et en outre ils en gaspillent encore une bonne part. De même qu'ils passent la moitié de leur temps inutilement, ils dépensent en vain les quatre-cinquièmes de leurs forces. Une grande partie de nos forces, est dépensée en pure perte, de même que nous ne profitons que d'une petite partie du pouvoir calorifique d'un poêle à charbon. Notre impératif catégorique sera donc : ne pas gaspiller notre énergie, mais l'utiliser !

Peu de gens sont conscients de la quantité de travail inutile qu'ils accomplissent, des forces qu'ils gâchent du matin au soir à s'occuper de bagatelles, et ils s'étonnent parfois du peu de profit qu'ils retirent de leurs grands efforts.

Ils n'entendent pas la voix du destin leur dire : Celui qui dépense sa force à des petites choses prouve qu'il n'est pas mûr pour les grandes. Celui qui se laisse décourager par les coups d'épingles de la vie quotidienne, n'est pas sous les armes lorsque les grandes tâches appellent l'homme à la lutte.

Celui qui ne sait pas organiser ses forces sera bientôt rejeté sur la plage par le flot de la vie, et oublié. Des trésors de valeur sont gaspillés tous les jours inutilement par l'humanité. Les gens se rendent ainsi la vie dix fois plus difficile qu'il n'est nécessaire.

Chez la plupart des gens la dépense de forces est très supérieure au succès atteint, alors qu'il faut s'efforcer de multiplier les succès en diminuant les frais, suivre dans toute activité le principe d'un bon aménagement de ses forces, ne pas éparpiller son énergie, mais au contraire concentrer ses efforts, les employer efficacement, et faire en même temps, jaillir en soi de nouvelles sources de force.

On peut faire ici avec profit l'exercice suivant comme *contrôle de l'énergie*. A partir de demain matin jusqu'à demain soir observez tout ce que vous faites au point de vue de l'emploi de vos forces. Vous examinerez sévèrement pour chacune de vos actions, si elle était nécessaire, si son résultat est efficace, si elle aurait pu être accomplie plus simplement, s'il aurait été possible d'économiser du temps et de la force. Vous installez en quelque sorte en votre conscience, une commission de contrôle de vos forces vitales, qui veille à ce que vous fassiez toujours moins de travaux inutiles, ne gaspilliez plus votre énergie, et accomplissiez toujours plus et mieux. Vous découvrirez déjà, dès ce premier jour, des quantités de choses qui auraient pu ne pas être faites du tout, ou auraient pu l'être plus efficacement.

Si vous procédez à ce contrôle, non seulement pendant une journée, mais durant un certain temps, vous arriverez à une hausse progressive des résultats obtenus. Tout ce qui, jusqu'ici, vous semblait difficile vous deviendra facile, la conscience de votre force s'éveillera en vous, pour devenir ce que Smiles appelle « Le point central de la volonté ». Mais, il s'agit ensuite de tirer parti de cette expérience, par exemple cesser de fréquenter des songes creux, des utopistes, des fantasques, des pessimistes, etc. ! Seul celui qui a un trop-plein de force à dépenser peut entreprendre de réformer les idées fausses des autres. La bonne attitude devant la vie consiste à ne pas être un « empoté » pour qui la vie est lourde comme du plomb, et qui s'enfonce sans réagir dans les marais de l'existence, mais un réalisateur intrépide qui joue hardiment le jeu de la Vie sans laisser celle-ci se jouer de lui. Soyez inaccessible aux pensées négatives, sourd aux propos des jaloux et des ennemis, immunisé contre les bacilles de la peur et de la lâcheté ! Soyez au-dessus des esprits mesquins qui vous attaquent pour vous faire tomber jusqu'à eux dans la dispute. Pensez, dites et faites seulement les choses qui donnent de la joie, de la force, qui nous mettent de bonne humeur, qui sont conformes à l'orientation de notre volonté et rendent meilleurs, plus grands, plus forts, plus sains, et plus riches !

La bonne attitude devant la vie consiste à avoir toujours un but devant les yeux, à ne jamais agir sans réflexion, à éviter de faire du mal, à mener avec ténacité jusqu'au bout ce que l'on a commencé, à avoir l'œil ouvert aux occasions et aux possibilités nouvelles, à faire toujours plus en dépensant moins de force. L'expérience montre que mieux nous utilisons sagement nos forces, plus notre force intérieure afflue en nous. Nous pouvons provoquer cet afflux en accueillant consciemment tout ce qui vient, comme un moyen d'éveiller et de multiplier nos forces, et en affirmant joyeusement cet accroissement d'énergie par notre activité.

Plus nous adopterons cette attitude, plus nous aurons d'entrain au travail, et deviendrons maîtres des circonstances. Nous constaterons alors de plus en plus que la force en nous est inépuisable, mais que son flot n'est abondant que si nous l'employons judicieusement. Meilleure est notre œuvre, plus substantielle sera notre vie, plus joyeux notre cœur, de même que l'arbre est d'autant plus heureux qu'il porte beaucoup de fruits.

Là est notre devoir : être féconds, multiplier le bonheur du monde par notre façon d'agir et de penser.

CRAINTE ET SOUCI ENTRAINENT L'ECHEC

Nous n'avons pas encore abordé les causes les plus importantes d'échecs : la crainte et le souci qui dévorent notre énergie et nous empêchent de réussir. Ce sont nos ennemis secrets, les seuls qui puissent réellement nous nuire. Aurions-nous les dons intellectuels les plus brillants, les relations les plus utiles, les amis les plus fidèles, tout effort est vain si la crainte paralyse notre cœur.

Comment anéantir ces deux mauvais génies ? Mais, d'abord, qu'est-ce que la crainte ? C'est une angoisse concentrée sur une certaine image mentale. Plus cette image intéresse nos sentiments, plus la sensation de crainte est grande et plus elle attire rapidement la chose redoutée.

Mais d'où provient cette peur ? A quelle profondeur a-t-elle en nous ses racines ? Très profondément, mais pas au point que nous ne puissions les arracher et les détruire.

Nous sommes nés sous le signe de la peur, et mourrons dans la peur. Entre ces deux moments de notre naissance et de notre mort, s'étend le réseau de nos soucis et de nos craintes. Habitué à la crainte depuis l'enfance, élevé dans la crainte à la maison paternelle comme à l'école, l'homme peureux demeure

craintif jusque dans le domaine de ses rêves : il se voit persé-
cuté, des ennemis cruels le pourchassent, tandis qu'il se dé-
bat dans un marécage, enfoncé dans la vase..., il avance à
grand-peine, et bientôt la meute va le rattraper... Ou bien il se
voit au pied d'une haute montagne dont les parois abruptes
se penchent menaçantes, vers lui, prêtes à s'écrouler. Il essaie, pris de panique, de s'enfuir, mais ses membres n'ont plus
de force... le mur s'effondre dans un bruit de tonnerre, il pousse
un cri libérateur et s'éveille, couvert de sueur, heureusement
ce n'était qu'un rêve... La nuit suivante, d'autres fantômes
seront à ses trousses...

Mais à quoi bon dépeindre ici les mille visages de la peur ?
Nous ne voulons pas cultiver les choses négatives, mais au
contraire détruire la peur. Nous ne sommes plus très éloignés
de la guérison si nous savons découvrir le point malade et nous
reconnaissons que Schiller a raison en disant : « qu'on pourrait arriver à faire de l'homme un demi-dieu si on pouvait lui
apprendre à ne plus avoir peur. » Car rien ne peut rendre l'homme malheureux sinon la crainte, et uniquement la
crainte. »

Que nous soyons torturés par une peur anonyme, ou par
une chose précise : certaines personnes, la maladie, un
malheur — cette peur nous prive non seulement de la force
dont nous avions besoin pour surmonter le mal, mais elle
attire précisément ce que nous redoutons, et nous laisse à
la merci de nouvelles peurs.

Là où s'installe la peur apparaissent des sentiments d'infériorité, des idées d'auto-punition, des obsessions du désespoir,
des sentiments d'envie, de haine, et même des troubles physiques de toute sorte, oppressions cardiaques, rougeurs intempestives, etc. Supprimons la cause, c'est-à-dire la peur, cet « enfer
de l'âme », cette erreur de pensée, et ses effets disparaîtront
d'eux-mêmes.

Faites face à la peur courageusement, et elle cèdera.

Il y a aussi la peur de la maladie ; si nous nous inquiétons
à l'idée d' « attraper quelque chose », une congestion pulmo-
naire, la grippe, des rhumatismes, nous sommes déjà sur le
point d'être malades. La peur prépare le terrain et les bacilles
arrivent alors tout naturellement.

La crainte est, de par son origine, un éloignement de Dieu.
En nous tournant vers Lui, remplis de confiance, et en affir-

mant la force en nous, nous nous éloignons de la peur, et en même temps de la détresse. Nous pouvons dire aussi que la peur résulte d'un rétrécissement de notre vision intérieure. Plus notre pensée est angoissée et étroite, plus faible est l'afflux de notre force intérieure. La peur s'évanouira dans la mesure où nous élargirons notre pensée et notre cœur, car elle ne saurait demeurer là où pénètre la force...

Il y a encore la peur de vieillir, il n'y a pas de folie plus nuisible que celle de croire qu'on fait partie de la vieille garde vers 50 ou 60 ans, de ceux qu'on repousse sur une voie de garage pour faire place aux jeunes. Seule la peur paralyse, stérilise, et prépare le terrain pour une vieillesse solitaire et sans joie — elle seule !

Ne vous abaissez pas vous-même, ne permettez pas que les autres vous plaignent. Regardez fièrement les ans derrière vous comme du haut de votre grande expérience ! Montrez que vous n'êtes pas seulement « encore là », mais « toujours là », sur la brèche. Est vieux celui seul qui se croit vieux et s'imagine « ne plus pouvoir » ce qu'il « pouvait jadis ». Pensez correctement, affirmez votre force intacte, et alors elle osera se manifester de nouveau ; vous vivrez une seconde jeunesse, et gagnerez par votre travail l'estime des jeunes — et même leur respect.

Ne lisez pas de livre sur la vieillesse et ses maladies, sur les moyens d'éviter la sénilité. Chassez le mot « vieux » de votre conscience. Remplissez-vous de l'esprit nouveau, de l'esprit de l'éternelle jeunesse ! Débarrassez-vous de l'erreur que la force diminue toujours à un certain âge et finit par tarir. La force en vous est inépuisable, son flot vous traverse continuellement, si vous avez l'attitude spirituelle voulue, et vous fait accomplir toujours plus et mieux. Tant que votre corps vit, et qu'il n'est pas amoindri par une maladie grave, il est capable de servir d'outil à la force intérieure. L'âge ne signifie rien, que nous ayons vingt ou soixante-dix ans derrière nous, seule est décisive la conscience que nous avons de notre force. Celui qui a un devoir à accomplir, qui se fixe un but ne vieillit pas. Le travail nous maintient vivants ; seul le souci nous fait vieillir avant l'heure.

Le fait que vous lisez ces lignes prouve déjà que votre âme se sent jeune, que votre force aspire, comme avant, à l'action et au succès. En vérité, personne n'est trop vieux pour réussir sa vie, et il n'est jamais trop tard.

*
* *

Mais comment peut-on échapper aux soucis ? L'expérience montre que nombre d'entre eux se dissipent comme un brouillard si on les regarde du bon côté. Le soleil de la connaissance de la vérité les transperce et les disperse.

Nous nous apercevons bientôt que nombre de soucis ont leurs racines dans des idées fausses. Ils n'existent plus dès l'instant où nous pensons d'une façon correcte ; d'autres proviennent de notre mauvaise humeur, ou d'un sentiment de culpabilité refoulé. Nous les surmontons par une disposition d'esprit bienveillante. Nous transformons aussi le Mal en Bien en réparant une faute. Notre tort le plus grave, à partir de maintenant, sera de ne pas vouloir agir toujours pour le mieux !

D'autres soucis résultent de notre indécision. Nous leur faisons face en prenant une ferme résolution, suivie immédiatement de l'action. Se tourmenter, c'est rester sur place et regarder en arrière, tandis que l'action nous force à prévoir et à avancer. L'action s'avère souvent le meilleur remède aux soucis : « Les vaines jérémiades, a dit un poète, ne font qu'aggraver le mal, mets seulement la main à la pâte et le pire sera déjà supprimé ».

D'autres soucis encore, proviennent du doute qui divise notre volonté, car là où il y a doute, tarit le flot des succès ! L'action est ici aussi le meilleur des remèdes. Il vaut mieux faire quelque chose de travers, que de ne rien faire du tout, car ce qu'on fait de travers peut être refait, et mieux, la prochaine fois. Ne rien faire c'est s'enliser dans un marécage et y périr.

L'égoïsme est la source de la plupart des soucis. Moins nous reconnaissons cet égoïsme, plus profondément il s'enracine en nous. L'égoïste veut enrichir sa vie, mais il la fausse et la rend toujours plus pauvre. Il en est de même pour les soucis qui proviennent de l'envie. Celle-ci produit le contraire de ce que désire l'envieux — car l'envieux attribue à celui qu'il envie la chance qu'il voudrait avoir lui-même ; il crée en lui une image du bonheur de l'autre et cette image contribue à créer une réalité correspondante, de sorte que l'envieux augmente de plus en plus les chances de celui qu'il envie.

*
* *

Rien ne s'améliore donc par la crainte ou le souci, mais tout devient pire. Non seulement la crainte pèse sur notre corps ; oppresse le cœur, trouble son rythme, amollit les muscles et détraque les nerfs, mais elle pèse aussi sur notre âme et assombrit notre vie comme un nuage en suspens au-dessus d'elle. Mais ce qui est pire encore, la crainte modifie la vibration fondamentale de notre âme, et le pouvoir d'attraction du champ de forces de nos pensées : nous n'attirons donc plus le plein succès, mais au contraire les choses qui correspondent aux idées troubles de la crainte. Il faut enfin nous rendre compte clairement, pour mettre un frein aux dommages que nous causent crainte et soucis, de la grande vérité : *nous attirons ce que nous craignons !* car la peur est une façon de penser négative qui affecte les sentiments et qui est douée d'une grande force d'attraction, c'est une concentration sur ce que nous craignons, et c'est justement cette concentration qui aboutit au développement final de la chose redoutée.

Nous ne voulons pas tomber malades, mais craignons de de le devenir, et le devenons. Nous ne voulons rien avoir à faire avec cette personne, mais redoutons son arrivée, ou bien les vibrations négatives de ses pensées, et lui donnons par cela de l'emprise sur nous ! La crainte nous relie à la chose redoutée.

Un dicton populaire portugais dit : « Mal, où vas-tu ? là où il y a encore plus de Mal ! » Notre crainte n'attire pas seulement ce que nous redoutons, mais nous relie aux êtres et aux objets dont les vibrations s'accordent aux nôtres, et aux circonstances de même orientation. C'est ainsi qu'un malheur arrive rarement seul, mais le plus souvent en série. Que nous redoutions quelque chose ou l'attendions, que nous y croyions, le voulions, ou le désirions, c'est toujours la même force de réalisation que nous faisons agir par la sensibilité de notre façon de penser. Si cela tourne mal, c'est que nous l'avons redouté et affirmé d'avance d'une façon quelconque. Celui qui voit tout en noir ne peut pas s'attendre à ce que sa vie devienne rose...

Seulement, voilà, celui qui voit tout en noir assombrit également la vie des autres. Nous le constatons souvent chez les enfants qui sont spécialement réceptifs aux idées des autres : « Fais attention, Lisette, gronde la mère, tu vas laisser tomber le plat ! » et aussitôt le plat échappe aux petites mains peureusement contractées de Lisette, et n'est plus qu'un amas de tessons par terre. Ce malheur ne serait sans doute pas arrivé si la mère n'avait rien dit.

Un chien me mord si j'ai peur de lui. L'expérience montre que ceux qui craignent constamment d'être trompés le sont effectivement. On attire ce à quoi on s'attend. Celui qui redoute la pauvreté l'attire. Celui qui craint d'être « collé » à un examen se prive de ses chances de succès et échoue plus facilement. Celui qui a peur du Diable se livre à sa puissance ! En redoutant un mal on le provoque. Plus nous voyons les choses et les circonstances par leur côté négatif, plus nous sommes certains d'y trouver contrariétés et souffrances. Plus nous craignons, plus nous avons de motifs de crainte. Plus nous osons, mieux nous réussissons. La dépense de forces est la même dans les deux cas.

Nous devons tendre à posséder la confiance insouciante de l'enfance dans les forces bienveillantes de la vie. Si nous croyons en la vie, si nous affirmons notre destin et comptons sur notre force, une force nouvelle surgit en nous et nous remplit d'une nouvelle confiance en nous-mêmes. Nous nous retrouvons alors nous-mêmes et ne comprenons plus nos anciens errements. Nous nous rendons compte alors que nos anciens sentiments d'infériorité étaient des aspirations négativement déformées vers une supériorité que nous sentions méconnue. Nous ne voulons plus désormais paraître autre chose que ce que nous sommes. Car l'égoïsme ne ronge plus notre cœur.

Qu'est l'égoïste sinon un être qui se cherche et ne se trouve pas du fait qu'il est aveugle sur lui-même. Ce n'est qu'en se détachant de soi qu'il se retrouvera. Dès que nous aurons appris à détourner les yeux de notre personne, nous retrouverons le chemin de notre moi et redeviendrons nous-mêmes, et la peur expirera en même temps. Car plus l'homme s'éloigne de lui-même, de son « je suis », moins s'apaise sa peur de vivre. Plus il est près de lui-même, plus il se sent libéré de toute crainte, plus il se sent en sécurité, sous la protection de Très Haut qu'il sait résider en lui.

La meilleure défense contre la crainte est une façon de penser correcte car elle nous ramène à nous-mêmes.

Voici encore quelques conseils à ce sujet :

Evitez, à partir d'aujourd'hui, toute parole négative. Ne vous plaignez plus à d'autres d'un chagrin. Ne dépeignez plus votre situation en grisaile, mais au contraire en joyeuses couleurs lorsqu'il vous arrive d'en parler. A l'instant même où vous affirmez le Bien il commence à se réaliser.

Apprenez à vous réjouir d'une façon consciente, à exalter votre âme, car notre pouvoir de réussite augmente avec l'exaltation de notre âme. L'âme capable d'exaltation est largement défendue contre les soucis et les contrariétés et même contre les maladies et les difficultés.

Apprenez à vous libérer par la respiration ! Respirer profondément et rythmiquement délivre de l'angoisse. La peur est toujours accompagnée d'un souffle oppressé, faible et saccadé. Tout comme la peur « coupe le souffle », la respiration consciente peut, de son côté, couper la peur.

Un exercice fort simple est le suivant : Respirer profondément, ensuite concentrer ses pensées sur le courage, la force et l'aide d'en Haut. Puis retenir le souffle, serrer les poings, se concentrer sur la force intérieure qui vibre dans toutes les cellules, puis expirer très lentement jusqu'à ce que tout le corps semble vibrer. Répéter cet exercice plusieurs fois jusqu'à ce qu'on se sente délivré de toute angoisse.

Un autre moyen éprouvé consiste à s'allonger, ou à s'asseoir, les bras serrés contre le corps, les mains jointes sur le giron. Puis, fermer les yeux, détendre le corps et les pensées, et se concentrer ensuite sur la respiration : commencr par expirer à fond par la bouche, puis aspirer très lentement par le nez. Retenir le souffle le plus longtemps possible. Un instant avant d'expirer faire remonter l'air vers la partie supérieure des poumons, et l'y conserver quelques instants en serrant les poings, en tendant tous les muscles, en pensant et sentant : « Je suis de la force concentrée ! » Détendre alors les muscles, tout en expirant lentement. Répéter cet exercice plusieures fois jusqu'à ce que vous vous sentiez fort et calme. Il faut veiller, en retenant le souffle au cours de cet exercice, à le faire sans effort ni contrainte.

Un autre moyen encore est de vous retirer dans le calme et le silence. Nous nous rendons compte alors en regardant les choses en face que nos appréhensions et nos craintes n'étaient que des fantômes créés par nous et dont l'inconsistance se révèle dans le calme et le silence. Dans cet état de quiétude nous pouvons détruire, jusqu'aux racines, toute crainte, et reconnaître qu'aucun danger ne nous menace, que tel ou tel obstacle peut être facilement surmonté, que tel homme n'est pas redoutable, car il n'y a que faiblesse derrière ses airs menaçants. Seule ma façon de penser erronée me fait voir du danger là où il n'y en a point.

Tout l'empire que semblent avoir sur nous les objets, les êtres et les circonstances qui nous entourent leur est prêté par nous-mêmes. Nous pouvons le leur reprendre par une façon correcte de penser et d'agir.

***

Il arrive parfois que nous soyons privés de choses que nous considérons indispensables à notre bonheur. Or, si nous avons une inébranlable foi en la force en nous, au lieu de nous lamenter sur cette perte nous constatons que quelque chose de plus grand prend la place de ce que nous avons perdu. Aucune place ne reste vide dans la nature. Il dépend de nous d'obtenir par notre confiance en Dieu, que chaque changement nous apporte quelque chose de meilleur.

Au lieu d'interdire par l'amertume et le souci l'afflux de la force en nous, souvenons-nous que si nous avons confiance en l'aide divine, tout est bon, toutes les choses sont concertées pour nous révéler une abondance toujours croissante dans notre vie. En agissant ainsi nous verrons la richesse dans tout ce que Dieu nous donne.

Il n'existe en réalité rien qui soit à craindre ou puisse nous entraver sérieusement. « *Seul celui qui lâche craintivement le gouvernail périt dans la tempête,* » a dit Giebel. Celui, en revanche, qui a confiance en sa force intérieure trouve en lui au milieu des pires tourmentes de la vie, une île de paix où aucune misère, ni doute ni crainte ne peuvent le toucher.

Nous nous retirons dans cette île de paix en nous répétant : « L'esprit de la Vie qui demeure en moi est plus fort que toutes les puissances ennemies extérieures. Dans tout ce qui m'arrive se manifeste sa bienveillance envers moi. Tout ce que la vie m'apporte sert à ma prospérité et à ma perfection. Je suis ainsi plus fort que toute détresse, car tous mes maux ne sont qu'illusions et se dissipent. Moi seul demeure ! »

GRANDIR PAR LA RESISTANCE

> *La résistance seule rend la force mani-feste.*
>
> SCHILLER.

L'énergie de notre âme et sa force de résistance ont déjà sensiblement augmenté, grâce aux exercices indiqués dans les chapitres précédents, si bien que nous pouvons les mettre, de plus en plus, à l'épreuve dans la lutte contre les obstacles et activer ainsi leur continuel accroissement.

Nous connaissons déjà les premiers obstacles au cours de la lutte contre la crainte et le souci. Nous apprendrons dans les prochains chapitres à en surmonter encore d'autres, mais surtout à réfléchir d'une façon indépendante et personnelle.

On peut faire face à une difficulté de différentes façons et avec un résultat différent. L'un évite ce qui lui résiste, un autre y cède, un troisième se cabre contre toute résistance et se casse les reins, un quatrième la surmonte mais s'épuise, un cinquième le maîtrise, la domine et la dépasse.

S'arc-bouter contre le courant des choses, c'est lui résister. Mais nous pouvons également agir comme le lutteur qui, lorsque son adversaire se rue sur lui, se dérobe brusquement, si bien que ce dernier fait la culbute, tombe, et peut être vaincu. Comment faire ? En changeant notre attitude envers ce qui nous résiste. Un autre moyen consiste à considérer l'obstacle comme une erreur et à le négliger pour attacher son regard sur le but attrayant qui se trouve derrière lui. C'est dans une telle disposition d'esprit qu'on se dit « et maintenant plus que jamais ! » et qu'on va droit au but.

Il est une puissance à laquelle rien ne résiste à la longue, la puissance de l'esprit.

Mais nous pouvons encore nous engager dans une autre voie et utiliser la résistance pour éveiller, conserver, et multiplier la force en nous. Les obstacles trempent notre force : c'est leur raison d'être de l'éprouver et de l'augmenter. Le sage les considère ainsi et il grandit par eux ; il sait que s'il ne perd pas courage, il est à la hauteur de n'importe quelle difficulté.

La plupart des grands hommes sont issus d'un milieu modeste. Dès leur enfance ils ont rencontré de la résistance, mais elle n'a fait qu'éveiller en eux leur force d'opposition, que stimuler leur volonté et dans leur lutte constante contre leurs adversaires, ils avaient conscience que l'homme est toujours plus grand que ce qui lui résiste. Il n'a qu'à ne pas se laisser effrayer par les obstacles. Nombreux sont ceux qui ont subi au début une série de revers, avant de s'élever à une grande réussite, — à la condition toutefois que les revers ne fassent pas perdre le but de vue et n'entament pas la foi dans le succès. Certains ont essuyé cinquante défaites et remporté une retentissante victoire dans la cinquante et unième bataille.

L'homme résolu est toujours le plus fort. « La résolution, dit Smiles, donne la force de rester ferme sur ses positions alors que la moindre concession serait le premier pas vers une totale défaite. » Celui qui ne se laisse pas dérouter par les blâmes et les revers, mais qui suit plus que jamais la voie qu'il considère être la bonne, qui ne perd ni patience, ni courage, ne regarde pas en arrière mais en avant, celui-là profitera de la force des puissances dont il a triomphé par sa ténacité.

Nous devons perdre l'habitude de considérer les obstacles comme insurmontables, car nous les rendons ainsi invincibles, tandis que nous pouvons trouver en tout des possibilités de bonheur et de progrès en essayant de tirer le meilleur parti de toute chose. Bien utilisé un obstacle nous oblige à condenser nos forces, lesquelles appliquées à son point faible auront tôt fait de le renverser.

Tous les organismes sont prédisposés naturellement à se fortifier par ce qui leur résiste. C'est un *principe biologique*. Les obstacles sont nécessaires pour que se manifeste et se développe la force intérieure de l'organisme, de même un choc est nécessaire pour faire jaillir l'étincelle de la pierre à feu. Plus grande est la résistance, mieux la force se développera. Plus la lutte pour l'existence sera dure, plus puissantes seront les manifestations de l'esprit. C'est ainsi qu'a commencé la culture humaine et l'essor de l'esprit dans le rude Nord par des luttes titanesques contre les dangers. « Une fois qu'on possède, comme dit Lienhard, la meilleure des forces qui consiste à reconnaître le bienfait des obstacles, la partie est gagnée. »

« ET MAINTENANT PLUS QUE JAMAIS »

Un homme faible de volonté, à l'esprit fruste, renonce en général à ses prétentions devant une forte résistance — « les raisins sont « trop verts », — alors qu'il faut au contraire éprouver sa force par la résistance, et éviter surtout la passivité et la paresse. Au lieu de regarder tristement vers les maux à venir, il faut s'habituer à les anéantir d'avance par une façon d'agir alerte et courageuse. Car l'inertie n'est que de la lâcheté.

Celui qui fuit la résistance est rejoint et écrasé par elle. Celui qui va à sa rencontre, décidé à la vaincre, la met en fuite. La résolution n'est nullement de la témérité. Le choix judicieux d'un but doit précéder la décision hardie et l'action courageuse. Celui dont l'âme est vulnérable et faible doit faire plus encore pour rester à la hauteur de ce qui lui résiste : « Il doit acquérir, comme le dit Feuchtesleben, cette « dureté matérielle », indispensable dans la lutte contre les puissances terrestres. »

Une base excellente pour tremper sa force de résistance est l'entraînement du corps au moyen de la gymnastique et du sport. C'est justement l'activité sportive qui provoque la réaction « plus que jamais », après un échec et augmente en même temps le ressort physique et psychique. Celui qui s'éduque de la sorte ne sera pas embarrassé s'il lui arrive une « tuile », mais cherchera à en découvrir les causes et à y parer.

Il ne se laissera pas paralyser par les contrariétés et les scrupules. Les envieux, les diffamateurs, les calomniateurs ne sont pour lui en réalité que les témoins de sa réussite, l'inévitable escorte de sa marche vers la notoriété. Pendant qu'ils usent leur force à la rabaisser il se concentre sur la volonté d'ac-

complir toujours plus et mieux. Il emploie ainsi le temps que
les autres gaspillent, jusqu'à ce que le résultat de son travail
apparaisse aux yeux de tous, alors que les envieux, les incapables sont démasqués et restent les mains vides. Celui qui
est conscient de sa force intérieure considère la lutte contre
ce qui lui résiste comme une compétition dont le but est de
révéler le plus fort.

Plus chaude est la lutte, plus élevé en est le prix. Ce qui
vous arrive sans effort n'a pas grande valeur. Tout ce qui est
grand doit être emporté de haute lutte. C'est dans cet esprit
qu'on brise la plus forte résistance.

Si nous voulons vaincre une difficulté nous devons l'aborder
bravement comme un guerrier, car la vie se refuse aux faibles, et n'accorde ses faveurs qu'aux forts. Mais qui donc est
fort ? Celui qui ne compte que sur lui-même et n'attend jamais
de secours du dehors, mais uniquement de sa force intérieure,
qui se sent pareil à l'acier, souple comme lui, mais résistant,
celui qui, lorsqu'un malheur le frappe, fait jaillir hors de lui
les étincelles de l'esprit divin et, animé de la volonté de s'aider lui-même, se dit résolu à vaincre : « maintenant plus que
jamais ! »

Mainte réalisation dont nous admirons la grandeur n'a été
tirée du néant que par la résistance et la nécessité, elle est
l'incarnation visible de l'idée du « plus que jamais », la victoire d'un « malgré tout » sur un « c'est possible ».

Que nous enseigne cela dans la pratique de la vie ? Simplement ceci : que c'est toujours le plus résolu et le plus tenace
qui l'emporte, et que nous ne devons jamais un seul instant
relâcher notre volonté d'avancer, car c'est ainsi que nous arriverons à vaincre toute opposition. Il faut bannir de notre
vocabulaire et de notre conscience l'expression : « Je ne peux
pas », car c'est justement cette idée fausse qui nous ôte la
force de faire quelque chose. Une grande partie de la misère
du monde provient de ce : « Je ne peux pas ». Disons-nous :
« Je peux ! » et affirmons notre force ! Le pouvoir et la force
nécessaires d'accomplir un travail découlent de la vivante
affirmation de notre capacité de le faire.

Il ne faut jamais dire : « Je ne suis plus assez fort pour
faire cela, » ou « Je n'y arriverai jamais ! » Il faut dire et
penser au contraire : « Je puis et je veux ! » On ne refuse pas
une tâche par lassitude, on l'empoigne au contraire courageu-

sement, et l'on s'aperçoit alors qu'il suffit de commencer simplement son travail pour que notre force augmente au fur et à mesure que nous avançons.

Ce n'est même pas toujours une question de courage qui nous fait réussir, mais simplement de ténacité et de persévérance. Si infranchissable que nous paraisse un obstacle, si acharné que soit notre adversaire, nous tenons bons et puisons la force dans l'idée que l'eau est plus forte que le rocher, la persévérence plus forte que la fureur de l'éléphant. Plions sous les tempêtes de la vie qui passent en hurlant au-dessus de nous, mais redressons-nous et reprenons la lutte quand leur fureur s'est calmée pour nous élever encore plus haut : « Je suivrai mon chemin contre vents et marées, car ce que je veux est juste et bon. Je l'emporterai donc ! »

« Celui qui veut fermement et veut toujours la même chose fait sauter les voûtes du ciel, » dit Arnt. Nous voulons donc prendre notre élan vers le ciel, par-dessus la résistance du monde obtus. Et nous aurons alors, toujours de nouveau, la certitude libératrice de « pouvoir braver toutes les puissances, de ne jamais plier, de nous montrer forts et d'appeler à nous les phalanges célestes. »

RENVERSER LES OBSTACLES

Celui qui se jette dans la mêlée doit toujours tenir compte de revers et des échecs éventuels. Tout dépend de la façon d'envisager les obstacles : suivant qu'on se laisse arrêter par eux, ou qu'on en fait un tremplin pour s'élancer vers de nouveaux succès. Les échecs sont des occasions de recommencer plus intelligemment, mais il est nécessaire pour ça de prendre l'attitude mentale convenable envers ce qui nous fait obstacle. Le lecteur de ces lignes devrait se dire, avec Marc Aurèle : « Ne pense pas, lorsque quelque chose te semble difficile que ce soit impossible à l'homme ; sois certain au contraire que tout ce qui est en général possible à l'homme et à sa mesure est également à ta portée. Cesse de parler des qualités nécessaires pour être un homme capable ; sois cet homme ! »

Il s'agit encore une fois de continuer la lutte contre les

spectres de l' « impossible ! » Si nous avons confiance en notre force et persévérons, notre « Je peux » agira comme le magique « Sésame ouvre-toi » sur la porte de la chambre aux trésors.

Dire qu'une tâche est « impossible » est souvent une façon détournée de dire qu'on n'a pas envie de la faire. Cela peut vouloir dire aussi qu'on n'a pas encore essayé ou que le moyen employé n'était pas le bon. Celui qui essaie convenablement atteint toujours le plein succès. Il faut savoir et affirmer : « Avec l'aide de Dieu en moi, rien n'est impossible. » Tout est possible à celui qui a foi et confiance en sa force intérieure. Il accomplira le possible et tentera l'impossible, et en viendra à bout.

On rencontrera toujours des obstacles, et l'homme le plus parfait n'en sera jamais quitte, tant qu'il cheminera sur cette terre. Vivre consiste à surmonter des obstacles. On y arrive plus sûrement en allant de l'avant qu'en se creusant la tête sur place. « Dans la vie comme dans les contes de fées, dit Wilhelm Raabe, il ne faut jamais se retourner si l'on veut traverser avec sécurité tous les dangers de la route. Regarde droit devant toi ou au-dessus de toi, les fantômes s'écartent et tu passes sans accident ; si tu te retournes tu es changé en statue de pierre. »

Prendre une contrariété trop au sérieux augmente son emprise sur nous et nous affaiblit. Il faut être pareil au cycliste expérimenté qui, sur une mauvaise route concentre son attention sur la partie praticable de la route et non sur les pierres et passe ainsi sans accident.

Le Christ a recommandé : « Ne résistez pas au mal ! » Ne vous battez pas contre les ombres, ne concentrez pas votre pensée sur le mal, ce qui l'aggrave, mais sur le but lumineux qu'il cache, ou sur son opposé, — le bien et la lumière. Ce faisant, vous favorisez le bien et affaiblissez d'autant la puissance des forces négatives. Là où la lumière se lève, l'ombre disparaît d'elle-même.

Qui tombe en courant ne s'attarde pas à considérer l'obstacle cause de sa chute, il se relève d'un bond, et reprend sa course vers son but, les sens plus éveillés, afin de ne pas commettre de nouveau la même erreur. Il se gardera aussi d'être de mauvaise humeur, ce qui affecterait la tension de son âme et de ses muscles. Il essaiera de sourire en se souvenant de cette vérité : Si nous pouvons sourire d'une chose, nous pouvons plus facilement passer outre.

Si grand que soit un obstacle, il ne faut jamais l'accuser d'un échec. Considérer comme une cause ce qui n'est qu'une ocasion rend aveugle et faible or, un obstacle n'est jamais qu'une occasion ou un prétexte, la vraie cause est en nous. Il ne faut pas non plus s'imaginer que les « obstacles croissent à mesure que nous nous élevons ». Ce n'est qu'une apparence. En réalité c'est notre force qui croît à chaque pas vers les sommets, alors que la pesanteur qui nous retient diminue de plus en plus, si bien que notre force augmente tandis que celle des obstacles diminue.

Nous devons donc nous figurer les maux petits pour les rendre petits. D'ailleurs sans les peines de la vie, les joies n'existeraient pas. Ce sont les obstacles qui conditionnent les succès. Comment serions-nous conscients de la lumière si l'ombre n'existait pas ? Il s'agit seulement de ne pas s'attacher à l'ombre mais que celle-ci nous guide vers la lumière et le soleil.

Mieux nous avons conscience de la force intérieure, plus négligeables sont les obstacles extérieurs. Il s'agit d'agir, conscients de cette force, et de considérer les choses les plus difficiles comme étant faciles à surmonter en leur enlevant ainsi leur pesanteur. Et ce, non seulement en pensée et en paroles, mais en faisant comme si le difficile était facile. « Dans la pratique de la vie, l'acte est toujours plus puissant que la parole », dit Smiles, et agir sagement vaut mieux que de s'affairer étourdiment. Notre activité doit toujours être guidée par la raison et en même temps soutenue par le courage, selon l'art de forger son âme :

« Raison sans courage... forger sans l'ardeur du charbon.
Courage sans raison... forger sans la main du forgeron. »

Celui qui pense et agit dans cet esprit ne verra pas, dans chaque occasion, une difficulté, il verra au contraire dans chaque difficulté une occasion d'éprouver sa force et d'avancer.

Un autre bon moyen d'éloigner les obstacles de notre chemin est d'en débarrasser le chemin des autres, de les aider à surmonter leurs difficultés. Nos peines et nos misères disparaissent dans la mesure où nous venons en aide aux autres.

De plus, le fait que chaque obstacle montre que notre chemin vers les sommets devient de plus en plus escarpé, doit nous inciter à persévérer dans notre escalade, suivant le conseil de Nietzsche : « Comment arrive-t-on le mieux au sommet de cette montagne ? Montez seulement et n'y pensez pas ! »

La ténacité, la fermeté et la persévérance, voilà la trilogie qui nous fait surmonter n'importe quel obstacle et nous remplit après chaque victoire, de l'assurance et de la confiance en soi du triomphateur : les obstacles sont là pour être surmontés.

Telle est la mission des obstacles : éveiller notre force créatrice, susciter en nous toujours de nouvelles capacités, faire s'épanouir toujours plus parfaitement les infinies richesses qui sont en nous et manifester le Dieu qui réside en nous.

Chaque obstacle est une marche d'escalier mise là non pour nous faire trébucher, mais pour nous faire monter. Plus il y a de marches, plus nous nous élevons, plus magnifique est la victoire. Tout obstacle est ainsi le signe précurseur d'un nouvel accomplisement. Chaque fois que le sort exige quelque chose de nous, il nous aide à progresser.

CE QUI NE TE BRISE PAS TE REND PLUS FORT !

Une fois qu'on a reconnu le sens des obstacles, on osera s'attaquer à des oppositions de plus en plus grandes. Moins l'homme redoute le danger, plus vite il fait l'expérience qu'Emerson et Nietzsche ont formulée ainsi : « Ce qui ne me fait pas tomber me rend plus fort ! »

Réfléchissez un instant à cette proposition ! Souvenez-vous de toutes les difficultés que vous avez rencontrées jusqu'ici. Combien de fois n'avez-vous pas pensé : « Je n'y résisterai pas, » « C'est trop pour moi, » et pourtant vous avez résisté. Mais vous n'en avez certainement pas tiré alors la leçon que vous en tirez maintenant : puisque ces difficultés ne m'ont pas abattu, puisqu'elles sont maintenant dépassées et que le mal est surmonté, je me suis enrichi de leur force.

Vous étiez à peine conscient jusqu'ici de cet accroissement de votre force. Il s'agit maintenant de songer à cet avantage et de l'utiliser avec sagesse dans la lutte. Il s'agit de ne pas laisser cette force inactive, mais au contraire de l'éprouver et de l'augmenter en ne cédant pas aux pressions extérieures, si grandes soient-elles, en leur opposant, conscients de votre pouvoir, une résistance plus grande encore, vous souvenant du vieil adage : « Les âmes viles sont terrassées par le malheur, alors qu'il donne aux âmes nobles un nouvel élan ». Il suscite toujours de nouvelles forces intérieures. Chaque erreur signale une amélioration à réaliser, et chaque douleur conduit vers une plus haute perfection. L'arbre que la tempête n'a pas brisé est plus résistant qu'auparavant. De même la volonté de celui qui accepte le malheur avec courage. « Il semble dire au destin : « Je suis plus grand que toi ! » »

Que de revers subit l'inventeur avant que son idée ne devienne une réalité ! Que d'erreurs ne commet-il pas avant que son œuvre soit achevée ! Ce qui lui permet de vaincre c'est sa tenace volonté et l'habitude acquise de tendre à la vérité et à la perfection, à travers les fautes et les erreurs, car la leçon que nous tirons d'une erreur nous permet de la dépasser.

Une erreur de calcul, ou une bévue matérielle ont souvent été le point de départ de connaissances nouvelles et fécondes. L'histoire des découvertes abonde en exemples de ce genre.

Chaque erreur devient un enseignement pour le sage, — souvent plus utile que le succès, une étape sur le chemin de la vérité et de la victoire. Il grandit ainsi par la force d'une résistance, passe outre, et reconnaît ainsi que ce qui ne l'a pas brisé a été son salut et un bienfait. C'est cette conscience de croître qui nous mûrit pour la vie qui mène toujours plus haut. C'est cette volonté « d'être plus » qui nous fait grandir, comme le cèdre dans le poème de Winterfeld :

« Tout ce qui m'arrive me fait grandir, aucun givre n'est trop persistant, aucune gelée trop dure. Je grandis dans l'obscurité dans laquele j'ai germé, je grandis dans la lumière dans laquelle je me berce, je grandis avec le ver qui me ronge, je grandis avec la tempête qui siffle à travers moi. J'oblige chaque force en la distillant à rendre mon tronc plus haut et plus fort. Je subis l'éclair, l'averse, la chaleur... mais ne sais qu'une chose, c'est que je dois grandir. »

S'AIDER SOI-MEME

> « *L'aide que l'homme se donne à lui-même est la meilleure. Il doit faire du chemin pour chercher son bonheur, il doit le saisir des deux mains pour s'en emparer ; les Dieux propices peuvent le guider, le bénir, mais c'est en vain que le paresseux exige un bonheur sans conditions.* »
>
> Gœthe.

Après avoir appris à grandir par l'adversité, nous allons étudier la meilleure façon de se venir en aide et les premières conditions de l'art de forger son âme, elles consistent à ne jamais rechercher de l'aide au-dehors, mais à n'en attendre que de soi-même, à se suffire à soi-même et à s'élever au-dessus de ses misères par sa propre force.

Tous les sages sont arrivés à cette conclusion : le malheur de l'homme ne provient que de lui-même et ne peut donc être vaincu que par lui-même, par une prise de conscience de lui-même et de sa force, et une façon d'agir adéquate. Il est son propre prisonnier et son propre libérateur. Toutes les faiblesses qu'il invoque comme excuses sont enfantées par ses idées fausses. Elles disparaissent dès qu'il apprend à voir et à agir correctement.

La vie n'est que lutte, changement perpétuel et accomplissement à travers les métamorphoses. Il s'agit de veiller et de se tenir prêt à utiliser les occasions pour conserver et multiplier ses conquêtes ; il s'agit de ne pas rester sur place, ou pire encore, de reculer, mais au contraire de s'élever en agissant.

Pourquoi attendons-nous encore que les circonstances changent ! Elles resteront telles qu'elles sont, si *nous* ne les changeons pas, en nous changeant *nous-mêmes*. La transformation du monde commence par nous, ou ne commence jamais. Qu'attendons-nous des « conjonctures favorables » ? Ce sont nos œuvres qui attirent à nous des conjonctures plus avantageuses. La chance et le succès ne sont pas soumis à des hasards extérieurs, ils sont réalisés en notre for intérieur, ils germent en notre pensée et croissent grâce à nos mains dilligentes... ou bien demeurent loin de nous.

A quoi bon nous lamenter sur les « temps défavorables justement pour notre métier ». Nous créons des temps meilleurs en faisant courageusement de notre mieux. Notre succès professionnel dépend de nous comme tout autre résultat, de notre propre force, intérieure, de notre confiance en la victoire.

Reposons-nous sur nous-mêmes et apprenons à manifester notre union avec notre force intérieure par notre façon de penser et d'agir. Faisons un retour sur nous-mêmes, lorsque nous avons besoin d'être secourus, sur les forces du destin en notre cœur. Celui qui ne le fait pas s'égare dans le malheur.

L'homme serait bien misérable s'il ne possédait, même dans les pires circonstances, une possibilité de bonheur que personne ne peut lui dérober : la possibilité de s'aider lui-même. C'est le fruit le plus précieux qui mûrisse pour l'humanité sur l'arbre de la connaisance. Sage est celui qui cueille ce fruit et le savoure !

« Seul le perfectionnement acquis par soi-même, le secours qu'on se porte à soi-même, ont une valeur et une durée garanties, dit Schefer. Ils nous donnent la force de dominer toute épreuve. » Et voici les...

7 PRINCIPES DE L'AIDE A SOI-MEME

1. — Il n'existe pas de misère, de douleur, ou de malchance qui ne puisse être vaincue par notre force intérieure.

2. — Ce ne sont pas les choses qui déterminent l'homme, mais bien l'homme qui détermine les choses, selon sa volonté intérieure.

3. — Toute force nécessaire pour vous venir en aide et vous secourir est en vous-même dans votre pensée et votre volonté.

4. — Les seules choses qui soient vraiment réelles et ef-

ficaces, sont la pensée et l'acte. Elles seules façonnent le destin. Elles sont à la fois l'image et l'imagier, et le germe de tout ce qui doit arriver.

5. — Pour changer les circonstances et les conditions de votre vie, vous devrez d'abord — vous qui en êtes l'auteur — vous renouveler vous-même, et transformer votre pensée et votre vouloir.

6. — Libérez l'homme éternel en vous, la force divine qui vous habite — et votre volonté — sera plus puissante que celle de l'univers et de toutes les forces hostiles qui sont en lui.

7. — Par la transformation de votre volonté, vous opérez la transformation du monde. Votre vie est toujours ce que vous en faites. Tout secours arrive à celui qui s'aide lui-même.

« Si l'on pouvait, a dit Mitford, découvrir un remède qui donnerait à celui qui le prend, force, volonté, caractère, capacité, puissance et influence, ce remède aurait un débit inégalable. Or, ce remède existe en réalité, c'est l'aide qu'on se donne à soi-même, et devrait être pris toutes les heures. Il consiste à reconnaître que « nous pouvons atteindre ce que nous voulons si nous affirmons courageusement notre force, si en dépit de tous les obstacles nous éveillons et conservons en nous, la confiance, l'énergie et l'enthousiasme, si nous chassons au plus vite tout découragement. »

La force est la puissance qui, après une nuit de désespoir, nous remplit d'espoir et de confiance renouvelés, qui nous offre des idées et des projets nouveaux, qui nous découvre des possibilités et des perspectives nouvelles, qui nous incite à sortir de nos méditations moroses et stériles, et nous pousse vers une saine et courageuse activité, nous guidant d'une main sûre sur la voie du succès.

La Nouvelle Science de la Vie nous enseigne à réfléchir et à devenir conscients de notre force intérieure, à ne compter que sur nos propres forces, à nous aider nous-mêmes avec succès, et à ne plus chercher aide ou secours en dehors de nous.

Mulford dit très justement de la force en nous « qu'elle nous aide même en cas de coup dur ou d'échec, à nous retrouver et à rassembler notre énergie pour continuer notre route avec un courage intact. Notre force intérieure est une puissance spirituelle, devant laquelle la matière doit s'incliner. L'homme peut se remplir de cette force au point qu'il pourra soumettre le monde matériel entièrement à sa volonté. » Car cette force coule en nous sans arrêt lorsque nous nous retirons en nous-mêmes et affirmons son jaillissement, ou si nous demandons dans le silence à l'esprit de la Vie de nous accorder un nouveau regain de force.

La parole : « Priez et il vous sera accordé » se justifie ici aussi. Nous devons affirmer avec amour la force qui est en nous et croire en elle, nous devons avoir confiance en elle sans conditions, ne jamais en détourner notre regard, et puiser en elle l'enthousiasme pour accomplir de plus grandes choses.

NE COMPTEZ QUE SUR VOUS-MEME !

L'appel que vous fait la Science de la Vie à ne compter que sur vous-même et à maîtriser votre vie avec vos propres forces comporte cinq exigences fondamentales :

Soyez fort ! Vous vous sentirez alors invincible.

Soyez indépendant ! Vous le pouvez, car personne ne vous assujettit.

Soyez libre ! Car vous l'êtes selon votre propre essence.

Soyez courageux ! Car alors vous dominerez toute épreuve.

Soyez conscient du succès ! Car ainsi vous arriverez à tout ce que vous voudrez.

Voyons maintenant ces cinq points en particulier.

SOYEZ FORT !

L'homme peut ce qu'il désire et devient ce qu'il veut. Il suffit de savoir vouloir. Willy Schlüter nous indique le même chemin pour éviter tout malheur lorsqu'il dit : « La vraie perfection consiste à vaincre sans cesse l'imperfection. Ainsi donc chaque être est déjà parfait s'il est animé du désir de la perfection. »

Schlüter donne ainsi à l'homme la conscience de sa tâche, et en même temps, de sa force : « Nous collaborons par tout ce que nous voulons et faisons avec l'activité générale de la vie. C'est pourquoi notre façon de penser doit être active. Il voit ainsi dans chaque individu un membre participant à la création avec la Divinité. « Nous, créatures au centre du Grand Tout façonnons la matière du monde, en élevant son niveau. On appartient à l'Eternel en s'élevant avec tout ». Il proclame ainsi la vérité de la haute responsabilité que l'homme a à l'égard de Dieu et de lui-même, puisqu'il a le devoir de révéler l'autonomie de son être propre au sein de l'œuvre de transformation et d'ascension cosmique.

Mais pour cela, il est tout à fait nécessaire que nous soyons bien conscients de ce que Brune Wille exprime ainsi : « L'homme fort est celui qui dans la vie ne repose que sur lui-même ». C'est cette conscience qui développe notre force créatrice assoupie, nous fait reconnaître que notre propre force intérieure suffit pour écarter un obstacle de notre route, *et que seule, elle peut le faire.*

SOYEZ INDEPENDANT !

Seul celui qui s'est rendu indépendant intérieurement peut arriver à le devenir aussi extérieurement. Il existe des êtres faibles qui se laissent vivre aux dépens des autres, pendant des années, sans remuer un doigt. Qu'y a-t-il d'étonnant à ce que ces êtres soient atrophiés moralement. Lorsqu'ils tombent dans la misère, au lieu qu'elle provoque chez eux un sursaut de volonté, elle ne fait qu'agiter en leur âme les plus troubles sentiments.

Ceci ne concerne nullement les indigents, ceux qui ont besoin d'être secourus et que chaque être humain a le devoir d'aider à vivre, mais bien les parasites qui sont trop paresseux pour travailler. Il est nécessaire que le destin s'en empare et qu'il les sauve d'un complet anéantissement, en les forçant à agir.

Personne n'est à l'aise dans les chaussures des autres, mais si on se décide à avancer sans aide étrangère, en ne se fiant qu'à sa propre force et à son propre courage, on découvre soudain en soi un appui solide. Un poète a dit : « Le monde est branlant pour celui qui s'appuie sur les autres, mais solide pour celui qui ne compte que sur soi. » Mais celui qui est indolent, qui ne garde pas les yeux ouverts, qui n'aime pas prendre des initiatives et préfère laisser aller les choses, ne peut prétendre à ce que celles-ci se développent à son gré.

Si nous voulons que le flot de la fortune afflue selon nos désirs, nous devons régler consciemment son cours en ne comptant pas sur les choses et les gens, mais en n'ayant confiance qu'en nous-mêmes et en nous aidant nous-mêmes. Ceci ne signifie pas que nous devons faire fi des conseils d'autrui mais que nous ne devons pas les suivre étourdiment. Le sage écoute les conseils utiles, mais il prend ses décisions lui-même. Il fait ce qu'il reconnaît être juste malgré les critiques ou la désapprobation de son entourage.

L'essentiel est d'être indépendant intérieurement. Le vrai forgeron de l'âme trouve en lui ses directives. Il sait que lorsqu'il ne dépend plus de personne intérieurement, son destin ne dépend que de lui-même.

SOYEZ LIBRE !

Celui qui se suffit à lui-même est libre. Etre libre c'est suivre la loi intérieure en harmonie avec la force intérieure. La vraie liberté n'a rien à voir ni avec la loi ni avec l'absence d'entraves : elle est la capacité d'agir toujours droitement en se déterminant soi-même. Il s'agit d'y prêter attention, car l'ignorant de la vie est trop souvent tenté de croire que la liberté consiste à faire tout ce qui lui plait. Il y a lieu de méditer ici ces paroles de Nietzsche :

« Tu te dis libre ? C'est ta pensée maîtresse que je veux entendre et non que tu t'es libéré d'un joug ! Certains ont rejeté leur dernière valeur en rejetant leur servitude. *Libre de quoi ?* qu'importe ceci à Zarathoustra ? Mais ton regard doit m'annoncer clairement *à quelle fin...* Peux-tu te donner à toi-même ton bien et ton mal, et placer ta volonté au-dessus de toi comme une loi ? Peux-tu être ton propre juge et le juge de ta loi ? »

Nous ne connaissons qu'un juge qui définit nos actions, le juge intérieur, le Dieu en nous, qui est aussi la source de notre force et de notre liberté. Existe-t-il un seul homme au monde qui ne puisse, grâce à cette force et cette liberté, devenir le maître de son destin ? Non ! De quelque côté que nous regardions, nous reconnaîtrons que ce qu'il fait de sa vie, dépend toujours de l'homme lui-même. Pour venir à bout d'une difficulté il faut d'abord venir à bout de soi-même. Se suffire à soi-même : il n'y a pas d'autre voie vers la liberté.

SOYEZ COURAGEUX !

Nous deviendrons plus capables de nous aider nous-mêmes si nous affirmons, et mettons courageusement en œuvre, les aptitudes et les forces qui sommeillent en nous. Nous éveillons beaucoup de nouvelles capacités du seul fait que nous croyons les posséder et les développons en les exerçant judicieusement. Dans cette éducation de soi, il faut s'attacher de préférence aux aptitudes pour lesquelles nous avons un penchant naturel et des dispositions. Les tâches qui, au premier abord semblaient difficiles, apparaîtront alors plus faciles. Il faut donc en premier lieu chercher à perfectionner les facultés que nous avons en nous, et en même temps nos capacités professionnelles et autres. De quelles capacités s'agit-il ? Cela dépend du domaine de notre activité quotidienne, des possibilités d'avancement envisagés, et du but que nous poursuivons.

Chacun a la possibilité d'augmenter ses capacités, de créer quelque chose dans un domaine quelconque et d'en faire un chef-d'œuvre. Plus élevé est le but et plus on a confiance en soi, plus on accomplira de choses. Notre valeur et nos capacités croîtront avec nos œuvres, et nous permettront d'atteindre des situations et des buts toujours plus élevés.

L'homme averti attend tout de lui-même. Il sait qu'il domine présentement bon nombre de choses qu'il ignorait voilà quelques années. Il en sera de même pour les années à venir : ses connaissances et ses possibilités ne cesseront d'augmenter, pourvu qu'il reste avide d'apprendre et de progresser. Il n'y a pas d'arrêt dans notre développement extérieur et intérieur. La force de vaincre vient en avançant. Celui qui raisonne ainsi maîtrise toutes les situations. Il trouve, de plus en plus, la meilleure solution aux difficultés, la façon la plus efficace d'accomplir une tâche, le chemin le plus direct menant à chaque but.

SOYEZ CONSCIENT DE VOTRE BUT !

Nous pouvons conduire notre destin comme l'automobiliste conduit sa voiture, et non seulement le nôtre mais aussi celui de ceux que nous aimons et des gens autour de nous. Nous devons seulement devenir conscients de notre pouvoir transformateur de la destinée. Réfléchissons sans cesse au cours de nos heures tranquilles, à cette puissance en nous, à notre bonheur de posséder un tel pouvoir que nous pouvons employer pour notre plus grand bien et celui des autres. Et cela ne doit pas seulement éveiller en nous un sentiment de supériorité mais aussi un sentiment de sécurité dans la certitude que notre force intérieure accomplira ce que nous attendons d'elle. Plus nous en sommes certains, moins nous sommes enclins au doute, à l'hésitation, à la timidité, à la faiblesse et à l'incapacité d'atteindre au succès. Nous affermissons ce sentiment de sécurité en adoptant ce qu'on pourrait appeler l'attitude de la réussite, c'est-à-dire une attitude mentale et physique qui exprime la conscience de notre supériorité et notre certitude de réussir.

Notre attitude victorieuse en face de la vie, notre conviction que le sucès va toujours de soi, doit s'exprimer dans notre façon de penser, de sentir, de vouloir, comme dans notre physionomie, notre regard, nos paroles, notre maintien et notre comportement général. Nous créons par cette attitude, même si elle est au début un simple « faire comme si... », un vaste champ de forces de réussite, à l'intérieur duquel les objets et les gens sont entraînés de plus en plus et soumis à l'influence déterminante et animatrice de notre volonté, de sorte qu'ils pensent, veulent, et agissent de concert avec nous. Ils se sentiront attirés sympathiquement par les forces et les vibrations positives de notre champ de forces, et nous aideront à atteindre rapidement notre but.

Cette attitude du vainqueur, doit être la vigoureuse expression de notre état d'âme. Même un revers ne doit être pour nous qu'un recul pour mieux prendre notre élan et le signe précurseur d'un succès assuré !

« SI VOUS ETES FILS DE DIEU,
AIDEZ-VOUS VOUS-MEME »

L'exigence de se venir en aide à soi-même, de ne rien abandonner au destin ni au monde extérieur, mais de décider tout par soi, se retrouve dans l'enseignement des sages et des grands hommes de toutes les époques.

Si l'homme hésitant réussit si peu, c'est uniquement parce qu'il n'affirme pas sa force et n'ose rien exiger de lui et de son destin. Celui qui se prend pour un pauvre diable reste pauvre et faible. Qui s'imagine ne rien pouvoir tarit en lui-même l'afflux de nouvelles forces et, au lieu du succès, il attire les gens et les choses qui correspondent à sa façon de penser négative et l'entraînent de plus en plus bas. La crainte du destin paralyse l'âme, son action ne peut être vaincue que par une confiance illimitée dans notre propre force. Il faut se refuser à cette sujétion et se dire : « Je suis mon propre destin ! » « *Dieu aide ceux qui s'aident eux-mêmes !* »

Tâchez de prendre conscience de cette vérité : Dieu veut que nous déployions librement nos forces créatrices, que nous nous montrions dignes de notre filiation divine, que nous saisissions avec confiance l'objet de notre désir et affirmions sa réalisation avec foi, en pleine conscience de notre union avec l'Esprit de la Vie. C'est ainsi qu'il faut comprendre ces fières paroles de Gœthe : « J'appelle pieusement la bénédiction d'en haut, mais je m'aide activement moi-même. » Si on trouve ce propos quelque peu présomptueux, écoutons le stoïcien Epictète : « Comme tu serais fier si l'Empereur t'adoptait comme fils, mais n'as-tu pas mille fois plus raison d'être fier en te reconnaissant enfant de la Divinité ? » N'est-ce pas nous abaisser et nous mépriser nous-mêmes que de rechercher de l'aide extérieure puisque nous reconnaissons être les héritiers et les possesseurs des forces de l'esprit de la vie ? N'offensons-nous pas le Dieu en nous, en nous croyant faibles ?

Nous devons réclamer pour être secourus. Nous devons réclamer de grandes choses de notre destin, afin de pouvoir monter, marche après marche, soutenus par les « aides invisibles ».

« Nous avons en nous, dit Marden avec justesse, une parcelle de la Toute Puissance. Nous sommes les enfants de la Toute Puissance et sommes investis des qualités de notre Créateur. N'oubliez pas, quoi qu'il vous arrive, qu'il y a en vous quelque chose de plus grand que n'importe quel destin et qui peut s'élever au-dessus de toute détermination. Vous êtes votre propre destinée. Il y a un Dieu en vous, mon ami. Tout pouvoir est vôtre. Vous êtes à la source de l'abondance infinie. Vous devez vous habituer à vous voir toujours, en pensée, comme quelqu'un qui réussit dans la vie, et non comme un incapable et un faible. Parlez et pensez de vous-même et de toute chose comme vous voudriez qu'elles fussent. Sans cela, vous chassez loin de vous ce que vous désirez, et attirez les choses dont vous voudriez vous défaire. Qui ne prévoit que des défaites n'aura jamais la victoire. Celui qui, en revanche, ne prévoit que des victoires, qui n'admet même pas la possibilité d'une défaite, sera toujours victorieux.

« Ayez une haute opinion de vous-même, apprenez à apprécier vos facultés et ayez de l'estime pour vous-même, non par présomption ou vanité, mais en ayant conscience de votre splendide héritage de qualités divines. Ce que vous pensez et croyez de vous-même, de vos capacités et de votre avenir, sera vôtre. Ce que vous attendez de vous-même deviendra la trame de votre vie.

Rien ne peut vous vaincre ou vous priver de vos succès que vous-même.

« Aucune circonstance, si fâcheuse soit-elle, ne peut vous abattre ou contrecarrer vos projets si vous vous êtes réellement fixé un but. Seuls, peuvent le faire votre faiblesse, votre indécision, votre incapacité d'agir et votre manque de confiance. Vous pouvez réussir votre vie au point que son influence durera des siècles, comme vous pouvez demeurer une nullité. Votre bonne ou votre mauvaise étoile est en vous ! »

C'est ainsi que Marden voit l'homme qui se vient en aide à lui-même. Car un tel homme connaît la force invincible et créatrice de son âme. Il est « toujours actif, prévoyant, d'esprit alerte, et toujours prêt à prêter main-forte là où le besoin s'en fait sentir. Il est pondéré, persévérant dans son travail et sait saisir au passage les occasions favorables. Il est aimable et plein d'égards pour tout le monde. Il aide volontiers les autres, mais ne cherche jamais d'aide étrangère pour lui.

« Il obéit à sa voix intérieure et aux élans de son cœur. Il ne pense jamais qu'il est un pauvre homme, médiocre et sans espoir, mais il pense, parle et agit en vainqueur. Il prend l'attitude la meilleure vis-à-vis de la vie, de son travail et de ses semblables. Il est pleinement conscient de sa participation au Bien Suprême, et de son union avec l'Esprit infini des mondes. »

Celui qui pense et agit ainsi fait toujours la même expérience : son succès était médiocre tant qu'il recherchait l'aide extérieure. Mais, dès qu'il s'est rendu compte que la meilleure aide de l'homme courageux est en lui-même, son chemin l'a conduit vers les sommets.

Dès que les premiers succès s'annoncent, tous ceux à qui il avait en vain demandé de l'aide jadis, viennent à lui de toute part lui offrir leur appui. Il l'accepte si cela lui semble utile. Plus il s'élève rapidement et n'a plus besoin d'aide, plus on lui en propose de tous côtés...

« On donne à celui qui a ». On a confiance en celui qui a confiance en lui-même. Qui a pris l'habitude de s'aider lui-même, trouve de l'aide partout. Nous avons vu dans les chapitres précédents combien il est nécessaire de se créer des habitudes de succès, — un automatisme positif de l'âme. De même que la force des muscles s'accroît par l'exercice, vous devez *prendre l'habitude de vous aider vous-même courageusement* en mettant votre *confiance en Dieu* et persister dans cette nouvelle attitude de pensée et d'action, vous « exercer » jusqu'à ce que vous sentiez que « cela va tout seul ».

Nous avons déjà vu précédemment qu'une réaction se fait d'autant plus facilement qu'elle a été souvent répétée, c'est-à-dire « exercée ». L'habitude de se venir en aide à soi-même est également une question d'entraînement. Les difficultés qui doivent être surmontées au début deviennent chaque fois moins importantes tandis que l'habitude devient de plus en plus aisée de faire ce qui semblait impossible.

COMMENT S'ENCOURAGER SOI-MEME

> *« Chacun s'attribue sa propre valeur et personne n'est placé si haut que je me méprise en me comparant à lui. »*
> SCHILLER.

S'aider soi-même efficacement exige, en outre, de lutter contre le découragement en prenant l'habitude de ne pas abandonner la partie à la première difficulté, de lutter aussi contre la peur de vivre qui paralyse la volonté, et d'adopter une attitude d'esprit résolument optimiste et positive devant la vie. Nous allons voir cette semaine, comment s'encourager soi-même efficacement.

Ici comme partout ailleurs, tout dépend de notre façon de penser : toute transformation doit commencer par la pensée, par la lutte contre les idées de crainte, et de doute. Le pire ennemi du courage est le doute : qui doute s'enlise et rétrograde. Il s'agit de reconnaître qu'il n'y a pas de difficultés, pas d'obstacles que la force divine en nous ne puisse surmonter. Ce n'est ni l'adversaire, ni l'obstacle, ni la difficulté de la tâche qui nous affaiblit, mais le manque de courage, la lâcheté, la peur. Celui qui hésite est souvent la victime d'une seule pensée négative. Une seule idée positive peut en revanche le redresser et le rendre plus fort que tout obstacle.

Le courage consiste à être pénétré de l'esprit de la Vie. C'est une attitude mentale positive et créatrice. C'est lui qui nous donne de l'assurance et nous fait réussir. C'est une aspiration du cœur vers un but qui dépasse de beaucoup les desseins formés par la conscience, et attire des possibilités et des forces dont la raison plus bornée, ne se doute même pas.

Il s'agit de prendre cette décision : à partir de maintenant, ne plus regarder en arrière, mais au contraire, toujours en avant. Ne plus diviser nos forces entre de multiples possibilités redoutées dont la venue est douteuse et ne devient certaine que si nous pensons continuellement à elles, — mais au contraire avoir les yeux entièrement fixés sur un seul objet — le but, le succès !

Le succès est la récompense d'avoir eu le courage de ne pas renoncer à notre travail à la suite d'un échec, mais d'avoir de nouveau porté notre regard sur notre but, jusqu'à ce que nous l'ayons atteint. Celui qui a une fois laissé parler son courage s'est rendu compte que le danger recule devant l'homme intrépide.

Celui qui a traversé l'enfer du désespoir et risquant tout, brave le danger, reconnaît ensuite l'inconsistance de ses craintes et s'aperçoit que ce qui lui avait paru un malheur, tourne finalement en bien. Celui-là ne redoute plus rien.

Il se souvient désormais, à chaque assaut du destin que « seule une main rapide et hardie saisit l'occasion au vol et qu'une attaque fougueuse anéantit les pires obstacles. » Nous voyons toujours les hommes vaincre lorsqu'ils osent hardiment. Tout succès est une incitation à d'autres succès et montre que lorsqu'un homme a le courage d'accomplir quelque chose, il en trouve toujours les moyens.

Voici six indications utiles pour *s'encourager soi-même* :

1. — Une des sources du courage est la paix et le calme : la paix de l'âme et le calme physique. Plus on avance calme et tranquille pour écarter un malheur, plus on réfléchit froidement à chaque pas, plus la voie devient facile — et le malheur a disparu avant même qu'on s'en aperçoive.

2. — Si nous nous sentons sans courage, poussons un grand soupir, suivi d'une respiration profonde, et appelons immédiatement des images d'espoir, de joie, de succès, revêtues de brillantes couleurs. Conservons volontairement ces images quelques instants au centre de notre conscience. Ainsi ce que nous pensons deviendra bientôt réalité. Nous sentons ces images se cristalliser en nous et devenir la base de notre nouvelle attitude positive. La transformation en bien est là, et

nous découvrons qu'elle y était depuis longtemps mais n'attendait que la volte-face positive de notre pensée pour se manifester.

3. — Un autre moyen d'activer et d'accélérer le changement du négatif au positif est de nous mettre en mouvement et de faire une promenade. Tout va mieux dès que nous marchons, et la maussaderie de l'âme se dissipe plus facilement. Un autre procédé consiste à entreprendre immédiatement un travail attrayant qui exige de nous de la décision, et auquel nous donnons tous nos soins afin d'en faire notre chef-d'œuvre. Représentons-nous combien ce travail achevé sera utile à nous et à d'autres. La joie que nous procure cette action, réveille notre courage ; le sang afflue plus fortement vers le cerveau, nous redevenons vivants intérieurement, et heureux d'agir, animés par de nouvelles forces vitales.

4. — Il est très important de veiller à ce que les sentiments négatifs qui pourraient nous envahir de nouveau ne trouvent pas accès en nous. Nous pouvons nous en défendre en maintenant nos pensées positives, pendant quelque temps, de la façon suivante : pensons, par exemple, à une joie que nous voudrions causer à un être aimé, ou au succès du travail que nous allons entreprendre. Souvent il suffit de se concentrer sur ce que nous sommes en train de faire, car jamais plus d'une pensée à la fois ne peut demeurer au centre de notre conscience ; ce qu'est cette pensée ne dépend que de nous. Nous pouvons la garder aussi longtemps que nous voulons, dans notre conscience, mais à la condition de la maintenir vivante en la revêtant sans cesse de brillantes couleurs.

5. — Le chagrin et le manque de courage peuvent être également éliminés par la respiration. En respirant profondément nous accélérons la circulation du sang et les échanges de forces ; les scories du corps et des pensées s'éliminent plus complètement, et nous assimilons mieux de nouveaux éléments constructifs. Plus nous respirons tranquillement et consciemment, mieux nous expulsons les pensées morbides.

Celui qui a essayé de le faire sait combien rapidement, peut s'opérer le revirement intérieur des pensées et de l'état d'âme par la respiration consciente. On peut positivement aspirer du courage. Le mieux est de combiner ces exercices de respiration avec la marche, le torse droit, les épaules effacées, en concentrant ses pensées sur la respiration et l'attitude. Non seulement l'attitude extérieure, mais aussi l'attitude mentale, en seront influencées salutairement. Le courage s'éveille, ainsi que le désir d'agir et l'entrain au travail.

6. — L'exercice suivant pratiqué devant une glace est également utile pour fortifier la confiance en soi. Il faut s'asseoir devant une glace, fermer les yeux, se détendre, et s'abandonner au rythme égal de sa respiration. Ensuite ouvrir les yeux et regarder fixement son image dans le miroir, en dirigeant le regard sur la racine du nez, exactement entre les yeux, tout en répétant plusieurs fois à voix basse ou même mentalement : « Je suis courageux et fort ! »

Cet exercice doit être répété plusieurs fois, ensuite on supprime le miroir et l'on se concentre, alors, sur l'image idéale de soi-même qu'on voit en esprit devant soi comme reflétée dans un miroir. En peu de temps on pourra constater une sensible augmentation, non seulement de notre courage de vivre, mais aussi de notre confiance en nous-mêmes, de notre volonté et de notre capacité de venir à bout d'une affaire. En méditant sur cette image idéale de nous-mêmes, nous nous souviendrons que la force en nous est plus vigoureuse que tous les obstacles terrestres, et que rien de vil n'est capable d'émouvoir notre « moi supérieur » profond. Il s'agit d'affirmer sans cesse cette force intérieure. Si nous sommes conscients que la force divine vit en nous, que cette force est nôtre, nous sentirons d'une façon vivante combien nous devenons chaque jour meilleurs et plus heureux, plus calmes et satisfaits, plus courageux et triomphants, et combien la volonté divine agit de mieux en mieux à travers nous.

Un des secrets d'une vie heureuse est cette connaissance de soi. Celui qui est conscient de la présence des forces divines en lui, dont le cœur est toujours plein d'amour et l'âme de courage est, comme le dit Trine, « un allié de la vie, car l'amour est le but de la vie, et le courage sa plus grande puissance. L'amour éclaire notre vie et illumine également celle de notre prochain. Le courage est la force qui non seulement nous maintient en mouvement, mais aussi la puissance mentale créatrice et constructrice qui agit pour nous dans la direction où nous sommes engagés. »

NE JETEZ JAMAIS LE MANCHE APRES LA COGNEE !

Celui qui est arrivé à ne plus céder au découragement, mais au contraire à le surmonter par une façon de vouloir et de penser adéquate, s'habitue à ne pas renoncer au but qu'il n'a pas atteint d'emblée, et à faire une nouvelle tentative.

Un revers, un échec, sont-ils vraiment si terribles ? Ce malheur nous semblera-t-il aussi pénible dans quelques années ? Sûrement pas ! Alors, pourquoi ne pas chasser dès maintenant les idées négatives que nous attribuons aux revers et qui ne font que nous paralyser ? Nous avons tout à gagner en les prenant dès maintenant du bon côté, au lieu de les rendre pires si nous les prenons en mauvaise part. Chacun commet des erreurs, il s'agit de ne pas en faire le point de départ de nouvelles erreurs plus importantes, mais de nous laisser conduire par elles vers l'action opportune. Lorsqu'il en est ainsi notre conscience s'éclaircit peu à peu et s'il subsiste en nous des idées fausses et des doutes générateurs d'échecs, ils sont rapidement emportés par le flot régulier d'une pensée droite et vigoureuse jusqu'à ce que notre conscience soit entièrement limpide et claire. A partir de ce jour notre voie est nettement ascendante et nous nous sentons plus forts que tous les obstacles. Ne nous décourageons donc plus si quelque chose ne nous réussit pas. Par notre façon consciente d'agir et de penser nous nous approchons du jour où nous maîtriserons les lois de la réussite.

Rien ne s'améliore par la contemplation des fautes passées. Les regretter n'est utile que si on ne les recommence pas. « Que notre regret soit, dit Platen, une volonté vivante, une solide résolution de faire mieux. » Le victorieux tire profit même de ses bévues, elles lui servent d'enseignement et de jalons dans son avancement. Il éduque ainsi sa sensibilité pour se rendre compte s'il nage avec ou contre le courant du succès. S'il reconnaît être sur la bonne voie il ne se laisse plus arrêter par les variations du courant ; il continue sans crainte à nager en avant. Les petits empêchements ne peuvent plus déplacer son grand but.

C'est justement dans les difficultés qu'un homme reconnaît ce dont il est capable. Un revers n'est pas une bataille perdue.

Qui agit avec assurance transforme vite une perte en un gain. On ne perd que ce à quoi on renonce soi-même. Nous gardons la possibilité de vaincre tant que nous ne désespérerons pas de nous-mêmes. L'homme qui fait son chemin est différent de l'homme moyen, justement en ceci que les revers l'incitent à essayer sans cesse, jusqu'à ce qu'il réussisse. Plus grands sont les obstacles, plus nombreux sont les revers, mieux l'homme décidé à vaincre révèle sa grandeur. Chaque revers a prouvé sa force de résistance et l'augmente, puisqu'il n'a pu la briser. Encore une fois : une affaire manquée n'est pas une affaire perdue. Nous la gardons en main, si nous n'y renonçons pas, et nous pouvons arriver à modifier les choses en notre faveur. Nous n'avons qu'à oser pour forcer la chance. Nous devons trouver le courage d'aller de l'avant là où d'autres se déclarent vaincus.

Ne pensons et ne disons donc plus jamais, « Il vaut mieux renoncer à suivre cette voie, car je n'y réussirai pas ». Disons-nous au contraire, en face des obstacles : « Maintenant plus que jamais ! » Retirons-nous dans le calme et le silence et affirmons notre force, notre chance, et l'aide d'en Haut et mettons-nous ensuite à l'œuvre, confiants en notre victoire.

Affirmons l'abondance lorsque nous sommes menacés de pénurie, car tout ce que nous affirmons est déjà une réalité en nous. Tant que nous persistons à l'affirmer nous activons la réalisation, même extérieure, de nos aspirations. Chaque pensée positive consolide la matérialisation du succès déjà réalisée en notre esprit.

La foi dans la victoire en est souvent l'élément décisif. Celui qui reste convaincu de son succès, même lorsque le ciel est couvert de nuages, celui qui dans le malheur « est pareil à une torche jetée à terre mais dont la flamme continue à s'élever vers le ciel », celui-là pourfend les obstacles comme un nageur fend les flots.

Les hommes animés d'une telle foi et de la volonté de vaincre sont des « enfants de Dieu », assurés de leur héritage divin. On peut dire d'eux avec raison, « que toutes choses concourent à leur bien ». Martin Luther était un homme pénétré de cette certitude. Ses paroles le prouvent : « Là où cesse la force de l'homme s'élève la force divine, si la foi est là et reste ferme. » Il suffit souvent de regarder en haut avec confiance pour transformer miraculeusement le

destin. Personne n'a jamais été déçu qui a sérieusement
compté sur le bon vouloir du destin.

VAINCRE LA PEUR DE VIVRE

Beaucoup de gens souffrent d'une constante et inexplicable
peur de vivre, de l'obscurité de la vie ; ils appréhendent l'inconnu de choses réelles ou imaginaires. Ils se sentent, dans
les profondeurs de leur être, incertains et sans soutien, la
moindre contrariété les plonge dans l'angoisse, et leur pensée
s'égare volontiers dans la représentation de luttes stériles contre de redoutables ennemis, ce qui étouffe en eux toute activité
créatrice.

D'où proviennent ces terreurs ? Et comment arrive-t-on à
les surmonter ? Essayons pendant une heure de complète détente et de tranquillité de mettre à jour les causes de ces terreurs incompréhensibles.

Nous portons en nous le sentiment profond et obscur d'un
paradis dont nous avons été expulsés — est-ce que ce fut jadis
le sort des premiers hommes ? — nous l'ignorons. Mais nous
savons, que dans notre subconscient les sensations de la naissance et de l'expulsion hors du sein maternel, tremblent encore en nous subtilement, et ne disparaissent graduellement
que lorsqu'elles sont parvenues jusqu'à la lumière de la conscience.

Notre subconscient a fidèlement conservé le souvenir de
cette expérience première, et des expériences douloureuses
qui l'ont suivie : celles du nourisson et de l'enfant ; et ces
sentiments pénibles font écho à nos humeurs maussades si
nous les entretrenons au lieu de les chasser. Le sentiment
d'être exilé, de ne plus être protégé, surgit sans cesse et
cherche des aliments dans la vie quotidienne. Un ami est
peut-être un peu froid envers nous par suite de soucis per-
sonnels, un autre ne nous a pas écrit depuis longtemps...,
et nous nous sentons déjà abandonnés, incompris, laissés de
côté, déjà des craintes obscures sourdent au fond de notre être
et nous serrent le cœur. Et toutes les peurs qu'une éducation
foncièrement erronée a implantées au fond de notre âme

s'ajoutent à cette peur primordiale. Presque personne n'est exempt de ces angoisses secrètes.

Les petites âmes impressionnables et réceptives des enfants ont été bourrées de sentiments de culpabilité et d'indignité. On ne leur permettait pas de faire ceci, ils étaient incapables de faire cela, et s'ils le faisaient quand même, il s'en suivait une punition, qu'ils devaient accepter sans se défendre, parce qu'ils étaient si petits et les parents ou les éducateurs si grands... Ainsi se développaient les germes d'une peur impuissante qui grandissait d'autant plus qu'elle était profondément cachée à l'entourage...

C'est pourquoi ils sont nombreux ceux qui traversent la vie avec une mine de pauvres diables qui n'osent pas se réjouir, se souvenant peureusement de leurs expériences enfantines où « on est puni dès qu'on fait quelque chose d'amusant »...! C'est là l'origine du manque d'assurance qui les fait trébucher, et leur apparaît de nouveau comme une punition.

Ainsi, l'homme adulte continue à se punir pour les désirs secrets et refoulés de son enfance... et pourtant il pourrait être libre !

Essayez de dénouer prudemment dans le silence et le calme, cette trame de craintes inexpliquées qui obscurcissent votre âme, et lorsque vous aurez mis à jour ces idées de contrainte et de tourments créées par vous-mêmes ; projetez sur elles le faisceau de la conscience de la divine liberté, afin que s'évanouissent les suggestions négatives, l'illusion de « ne pas pouvoir », et « de ne pas devoir », ce qui anéantira en même temps le dragon de la peur de vivre.

L'homme mélancolique et déprimé souffre du même mal, mais chez lui ce mal est enraciné plus profondément. Il est torturé par cette *humeur sombre, cette pesanteur de l'âme* qui rend tout effort pénible à celui qui s'y laisse aller passivement. Nous pouvons nous laisser accabler par des pensées erronées, au point d'avoir l'illusion que nous ne pouvons plus supporter le poids de la vie... Et le temps passe tandis que nous restons là les yeux fixés sur la peur. Mais — et il s'agit d'y prendre garde ! — si nous nous laissons aller sans réagir à cette hypocondrie, nous devenons encore plus oppressés, plus engourdis, plus sourds à la voix intérieure du bonheur qui veut nous conduire vers la lumière ; nous cédons à l'esprit de lourdeur et sommes sans défense devant la vie, alors qu'en réalité nous pourrions être les plus forts.

C'est parce que nous nous laissons aller ou que nous subissons trop facilement les influences extérieures, que le voile du pessimisme nous fait paraître noire la vie qui est en réalité claire et pleine de joie. Celui par contre qui, en bon forgeron de son âme se connaît enfant et héritier de la Divinité, débarrassé de ses faiblesses et de ses craintes, qui a chassé toute peur de son âme, ne fuit pas devant elle et ne cherche même pas à l'oublier — fut-ce dans le travail — mais la brave au contraire courageusement, celui-là sera à chaque pas en avant plus rempli de courage et plus sûr de lui, plus grand et plus invincible.

Il s'agit de reconnaître que ce qui nous a tourmenté jusqu'ici ne nous touche plus. Que ce sont là des pensées étrangères à notre être. Notre être intérieur est lumière, sécurité, force, protégé par Dieu. Notre vie est insérée par la base dans la grande vie universelle libératrice, si bien que rien de mal ne peut nous arriver ! Car les peines, fût-ce les terreurs primordiales, ne peuvent atteindre les profondeurs de notre être. Elles appartiennent au domaine périssable et non à ce qu'il y a d'immuable en nous ; elles font partie de ce que l'homme dépasse et laisse derrière lui et non de son *moi* qui est invincible, étant une force née de la force du Grand Tout.

La peur de vivre expire sur le chemin allant vers nous-mêmes. Mais nous ne trouvons ce chemin, si contradictoire que cela paraisse, que lorsque nous apprenons à détourner les yeux de nous-mêmes et de l'attachement à notre moi inférieur, car l'égoïsme est ennemi de la découverte de soi, il affaiblit au lieu d'augmenter notre force intérieure, il durcit et dessèche ce qui est vivant. Le culte de soi limite et emprisonne l'individu, alors que le désintéressement libère, fortifie, et enrichit.

Le désintéressement est la voie la plus sûre pour nous découvrir nous-mêmes. Moins nous songeons à nous, mieux s'épanouit en nous le sens de l'existence, de la bonté de Celui qui maintient et porte toute vie, et plus rapidement disparaît notre peur de vivre ; nous entrons dans le courant fécond de la vie.

Nous retrouvons notre unité en nous oubliant nous-mêmes ;
la discorde de l'âme, le déchirement, la division, le doute
disparaissent, si nous nous oublions.

Et voici une autre racine de tant d'angoisses. Elle est dans
l'essence même du doute qui ne construit rien, et ne fait
que ronger et détruire. Le doute est un produit des contraires
de la vie, de la lumière et de l'amour.

La certitude en revanche, nous guérit de la peur de vivre,
et sanctifie notre vie. Elle éveille en nous la conviction certaine que tout fardeau et toute perte ne sont qu'apparence,
et que rien ne nous quitte si ce n'est pour céder la place à
quelque chose de meilleur. Car, ce que nous possédons en
propre jusqu'ici reste toujours notre propriété, même si nous
le perdons de vue un instant dans le domaine temporel. Alors
pourquoi cette crainte de l'inconnu, pourquoi encore cette
peur de la vie ? Toutes les énigmes se résolvent si notre
chemin est ascendant.

Et pourquoi aussi cette peur de la mort ? Elle aussi s'évanouit avec une meilleure connaissance de nous-mêmes, devant
l'expérience de celui qui est éveillé à lui-même et sait, que
devenir et disparaître, naissance et mort ne touchent pas le
noyau central de notre moi.

Si nous apprenons à être attentifs à notre voix intérieure,
nous apercevrons la vérité derrière les incertitudes et nous
nous rendrons compte que les tourmentes de la vie sont là pour
nous rappeler que nous n'appartenons pas seulement au monde
temporel où tout nous est repris de ce que nous avions conquis, mais aussi et surtout à un monde impérissable dans
lequel tout ce qui nous échappait dans le monde sensible est
nôtre pour l'éternité.

Nous reconnaissons qu'entrer dans le silence c'est « faire
retour dans notre patrie » pour quelques instants et que la
mort est le « rapatriement éternel » en nous-mêmes. Nous nous
apercevons que notre chemin monte toujours et que lorsque
nous ressentons une sorte de « mal du pays » c'est en réalité
notre patrie qui nous recherche, le royaume de Dieu en nous
qui nous attire à Lui...

*
* *

Voici encore trois indications pratiques.

1. — L'exercice respiratoire suivant, en changeant notre état d'esprit, nous aide à surmonter immédiatement les sentiments d'angoisse : s'asseoir, fermer les yeux, se détendre mentalement et physiquement. Puis aspirer profondément en se concentrant sur la respiration, et absorber consciemment de la force. Ne pas expirer immédiatement, mais retenir le souffle sans se forcer et contracter en même temps violemment le diaphragme afin de pousser l'air dans le haut des poumons. Puis détendre vivement le ventre et le diaphragme et pousser l'air vers le bas. Recommencer cette manœuvre si possible trois fois et ensuite expirer lentement et à fond. Recommencer cet exercice trois fois, et deux fois encore au bout de deux heures. Cet exercice opère une détente bienfaisante et une nouvelle tension des forces et chasse les angoisses, pour autant qu'elles relèvent du domaine physiologique.

2. — L'exercice suivant est aussi très efficace : se tenir debout et bien droit en plein air, ou devant la fenêtre ouverte. Observer sa respiration et prendre soin qu'elle devienne lentement plus profonde. Après cela, commencer l'exercice proprement dit : après avoir expiré à fond et expulsé consciemment tout ce qui entrave et oppresse, aspirer de la force et de la joie profondément et pleinement en élevant les bras latéralement et en se dressant sur la pointe des pieds. Puis retenir son souffle et sentir vibrer dans tout son corps la force aspirée. Répéter plusieurs fois cet exercice.

3. — Nous pouvons faire disparaître rapidement et totalement la peur de vivre qui nous obsède en évoquant tous les jours, de nouveau, le matin au réveil, et le soir en nous endormant, cette sublime certitude : *Nous sommes sous la protection du Très Haut, rien ne peut nous arriver de mal, car la force en nous agit pour notre Bien !* Cette vérité, chacun doit l'exprimer à sa façon, jusqu'à ce que son moi intérieur lui fasse écho, jusqu'à ce qu'il sente disparaître la dernière pensée de crainte, le sentiment que son âme est exilée de sa patrie originelle, l'éternité, jusqu'à ce que son âme soit de

nouveau unie à l'infini, et par conséquent au-dessus de tout malheur.

Lorsque nous sommes complètement éveillés à la certitude de l'indissoluble union de notre âme avec l'esprit de la Vie, nous devenons inaccessibles à l'angoisse de vivre et à la peur de mourir.

SOYEZ OPTIMISTE !

Tout état d'esprit inharmonieux et pessimiste est triplement nuisible : l'homme maussade se nuit à lui-même, attire les gens mal lunés, et les influence à son détriment.

Les bienfaits qu'appelle un état d'esprit optimiste sont triples, eux aussi : ils fortifient notre courage, mettent les gens autour de nous de bonne humeur, et les amènent à nous être utiles et à nous aider. Pas de succès sans optimisme. L'optimisme joyeux, la foi dans la vie qui aspire toujours à ce qu'il y a de meilleur, est une puissante stimulation qui tient en éveil les forces de l'âme et du corps, et nous rend capables d'actions qui sans elle, n'auraient jamais été accomplies.

Etre optimiste c'est dire « oui » à la vie. Examinons notre vie : chaque jour de peine n'a-t-il pas été compensé par deux fois plus de joie, de bonheur, de santé et de force ? Si nous commençons à vivre d'une façon consciente cette proportion deviendra de plus en plus favorable. Tous les grands esprits de l'humanité ont dit « oui » à la vie, à l'existence et au Divin, dans le monde intérieur comme dans l'univers extérieur. C'est sur ce *Oui* que se sont élevés leurs succès et leurs œuvres impérissables. C'est dans ce Oui qu'ils ont trouvé le courage et la confiance en soi, la force et le succès.

Mais l'optimisme sain ne consiste pas à dire « oui » à tout indistinctement avec une absence totale de sens critique. L'optimiste ne va pas jusqu'à affirmer que ce monde est le meilleur de tous. Il n'est ni le meilleur ni le pire. A l'école de la vie il n'est ni très facile ni impossible d'atteindre son but, mais l'optimiste sait découvrir partout des possibilités de faire peu à peu un paradis de cette terre. Celui qui connaît la vie, connaît les ombres de l'existence, mais il en voit aussi les lumières et sait qu'il dépend entièrement de l'homme de passer sa vie terrestre dans l'ombre, ou dans la lumière.

Il ne voit pas que la souffrance, mais aussi les possibilités de la surmonter, et de se créer des conditions de vie et des circonstances meilleures. L'optimiste n'est pas un aveugle volontaire, il ne nie pas le mal en cachant sa tête dans le sable, mais il nie la puissance du mal sur l'homme. Il affirme son pouvoir de maîtriser le malheur par une attitude juste, par l'orientation positive de son action et sa résolution d'agir.

Son optimisme n'est donc pas une « philosophie » mais une conduite pratique, ce qui apparaît clairement lorsque l'on se rend compte de la *différence essentielle entre l'optimisme et le pessimisme.*

Le *pessimisme* est un optimisme d'indice négatif. Lui aussi dit « oui », non pas à la joie, mais à la souffrance. Ce qui est doublement néfaste, car non seulement cet état d'esprit écarte le bonheur et attire le malheur, mais il nous prive de la force pour nous défendre contre le malheur.

Le *pessimisme* voit deux côtés sombres à chaque chose et par là, il les crée. Il voit partout de la pluie. L'optimisme n'oublie pas de voir également le soleil, et de le considérer comme l'élément principal. Le pessimisme est un signe de faiblesse et de division de l'âme, l'optimisme en revanche annonce la santé du corps et de l'âme, la force, l'harmonie. L'optimiste attire la joie, l'abondance, et le succès, le pessimiste les repousse par son attitude mentale erronée.

« *L'optimiste atteint sans peine ce que le pessimiste n'atteint presque jamais, malgré tout le mal qu'il se donne,* car l'optimiste travaille de concert avec sa force intérieure et le pessimiste travaille contre elle. L'optimiste et le pessimiste ressemblent au Soleil et au Vent du nord de la fable bien connue » :

Le Vent du Nord et le Soleil ont fait un pari, à savoir qui obligerait le touriste à enlever son manteau. Le Vent du Nord rassembla toutes ses rafales pour arracher le manteau : le voyageur boutonna son manteau jusqu'au menton. Le Soleil darda ses rayons les plus chauds. L'homme déboutonna son manteau et bientôt l'enleva. Ainsi le chemin positif de l'optimiste est toujours le meilleur, le chemin négatif est un détour ou une fausse route.

*
**

Jean-Paul a toujours prôné une façon de voir et de sentir gaie, cordiale et optimiste. Il disait : « La gaîté est non seulement un plaisir mais un devoir, et doit être notre but. Dans une âme chagrine et mécontente ne peuvent s'épanouir les fleurs spirituelles et morales.

Mais comment l'homme arrive-t-il à cet état d'esprit ? Dans ses fragments sur « L'art d'être toujours gai », Jean-Paul indique son propre chemin, c'est-à-dire, le chemin du bonheur au moyen *d'une réelle connaissance de la nature, de la douleur et du malheur*. Nous arrivons à vaincre la douleur et les humeurs noires dès que nous avons reconnu leur sens et leur origine. Nous nous apercevons alors que le ciel bleu de la joie est « plus étendu que ses nuages, et aussi plus durable ».

Toute souffrance est au fond mentale et même la souffrance physique devient mentale du fait qu'elle n'existe que dans le temps et l'instant, parce que nous concentrons dans cet instant, comme en un point brûlant, toutes les souffrances passées et futures, dont chacune séparément eût été aisément supportable. Or, puisque la souffrance mentale n'est faite que d'imaginations, d'autres idées peuvent la supprimer et la dissoudre.

Jean-Paul exige donc de nous une attitude judicieuse en face de la souffrance. Il suffit de réfléchir posément et de se dire : « Tout ce qui m'atteint m'a déjà atteint et appartient au passé avant que j'aie commencé à m'en plaindre. Or, s'affliger d'une chose passée, qu'elle soit vieille d'une heure ou d'une année, n'a pas plus de sens que de se lamenter sur les rigueurs de l'hiver dernier, bien qu'une petite douleur présente semble plus dure à supporter qu'un grand chagrin passé. »

Il faut prendre la résolution, et s'y tenir ferme, de rester à chaque instant serein et joyeux. Ainsi l'esprit de la vie triomphera vite d'un léger brouillard et sera pareil au soleil estival de la mer du Nord qui ne disparaît qu'un instant dans les flots sombres pour reparaître aussitôt annonçant l'aurore d'une nouvelle journée.

Celui qui voyage vers l'ouest perd une journée, mais celui qui va vers l'est en gagne une. Eh bien, voyagez vers l'Orient du cœur à la rencontre du soleil levant, et vous gagnerez un an au lieu d'un jour, et au lieu d'un an, l'éternité.

En nous éduquant à ne percevoir que le côté *lumineux* des

choses nous oublions leur ombre et en même temps tout devient clair en nous, les fantômes nocturnes du souci qui habitent l'obscurité ou le demi-jour du doute, fuient loin de nous.

Tout état d'âme positif augmente notre force d'attraction pour les bonnes choses de la vie. « La joie, dit Feuchtersleben, est l'émotion qui élève l'esprit vers la plus haute perfection: » Mais ceci n'est qu'un côté de la question. Celui qui voit la vie dans le miroir de la joie intérieure, ne s'éclaire pas seulement lui-même, mais aussi les autres et reçoit de toute part des témoignages d'amitié et d'aide. Nous attirons ce qui rayonne de nous.

Celui qui est toujours optimiste et répand l'optimisme autour de lui, celui-là augmente sa force de réussite et ses chances de succès. Son attitude affirmative opère presque insensiblement un changement des choses selon sa volonté, si bien que son entourage devient un miroir toujours plus fidèle de sa pensée intérieure. Entretenons donc dans notre cœur *la sainte flamme de la joie*. Il faut ouvrir son cœur à la joie et à la radieuse foi en la victoire, avoir confiance en soi et affirmer le succès avec la certitude que chaque pensée positive attire une réalité correspondante. Il faut se pénétrer quotidiennement de cette humeur de la réussite, sans oublier que notre joie augmente de la joie que nous donnons aux autres.

L'homme qui connaît la vie croit à son bonheur ; sa conviction joyeuse se communique aux personnes qui l'entourent et les amène à partager sa foi. Il garde l'âme ouverte à l'effusion du Bien, à tout ce qui apporte du bonheur et du soleil. Il sème sans arrêt la graine du Bien afin de ne récolter que des succès en abondance.

L'ATTITUDE POSITIVE

La modification de notre attitude d'esprit du négatif au positif va de pair avec l'entraînement à l'optimisme. Ce problème n'est insoluble pour personne. Il ne s'agit que de penser correctement, c'est-à-dire de ne plus penser désormais qu'à ce que nous désirons réaliser, et à n'entretenir que les états d'âme qui nous rendent plus forts, meilleurs, plus courageux, et plus entreprenants. Si une pensée négative, indésirable, nous importune, chassons-la impitoyablement, sans lui accorder la moindre attention. N'admettons jamais que des pensées positives.

Nous devons donc éduquer de plus en plus nos sens à ne percevoir que ce qu'il y a de bon et de beau en toutes choses et à négliger le reste. Nous obligeons ainsi les choses à se montrer de plus en plus à nous sous leur meilleur jour et à augmenter notre bonheur. L'exercice suivant peut nous aider en cela. Pendant quelque temps retirons-nous tous les soirs dans le silence au moment de nous endormir, et après la détente du corps et du mental, chassons consciemment tout ce qui nous oppresse, nous paralyse et assombrit notre âme. Nous le nions et l'écartons comme étranger à notre être. Ensuite, laissons notre pensée et notre sentiment se remplir de la conscience libératrice et apaisante de notre unité avec la force en nous ; sentons vibrer en nous, au rythme de la respiration, l'harmonie de l'esprit de lumière, de notre Moi supérieur. Nous y puisons une paix bienfaisante. Nous sentons alors : « Mon vrai moi est positif, sain, fort et vainqueur. Je suis force, amour et harmonie. J'ai chaque jour sous tous les rapports plus de succès et de chance en tout ce que j'entreprends ! » Et glissons dans le sommeil avec cette conscience de notre bonheur et de notre force, avec cette joyeuse confiance. Le lendemain exerçons-nous non seulement à penser positivement, mais aussi à sentir, à vouloir et à agir positivement et consciemment en toute circonstance.

Nous créons ainsi de façon durable, d'indispensables habitudes de conduite et de pensées positives. Comme cela ne peut se faire en un jour, nous continuerons cet exercice un certain temps jusqu'à ce que nous sentions que l'habitude de réagir positivement et dans la joie est devenue une seconde nature.

Considérons pendant quelque temps comme une sorte de sport mental, la surveillance de tout ce qui cherche à entrer dans notre pensée et notre vie, de façon à proscrire tout ce qui est négatif et à ne laisser entrer que ce qui est positif. Une tournure d'esprit positive résultera peu à peu de ce jeu. Cette habitude une fois acquise il nous sera toujours plus facile de l'emporter sur ceux qui n'ont pas cette attitude d'esprit qui attire le succès. N'oublions pas que toute pensée positive modifie un peu, en notre faveur, l'aspect des choses et des circonstances.

Un état d'esprit positif n'implique pas seulement l'habitude de voir en tout le bon côté mais aussi celle de tirer le meilleur parti de tout, c'est-à-dire de manœuvrer adroitement afin que le vent contraire nous fasse avancer au lieu de nous retenir. Ceci est généralement plus facile à dire qu'à faire ; pourtant celui qui applique avec confiance, ne fût-ce qu'en partie, les méthodes indiquées ici, découvrira toujours de nouveaux moyens pour atteindre, sûrement, ses buts. Qui n'attend que du bien et n'aspire qu'à faire mieux, obtiendra toujours le maximum en toute chose. Celui qui considère un échec comme une occasion de faire mieux et plus parfaitement que jusque-là, qui se sert de tout comme un moyen d'éprouver ses forces, celui-là monte toujours plus haut, même s'il lui arrive parfois de tomber en route.

Exerçons-nous donc à garder en éveil notre sens du bonheur et à le prouver. Même si tous les fruits de nos rêves de bonheur ne mûrissent pas, il s'agit de cueillir ceux qui ont mûri et d'en orner notre vie. Celui qui s'efforce d'avancer, montera toujours plus, même si son chemin est parfois raboteux. « L'art de la vie, véritable privilège d'un être raisonnable, consiste à rendre chaque instant de la vie, qu'il soit favorable ou défavorable, aussi bon que possible. » Celui qui pense et agit ainsi comme le conseille Lichtenberg, s'habitue vite à apprécier davantage ce qu'il a gagné que ce qui est encore hors de sa portée.

Nous devons continuellement nous laisser aller à des impulsions positives, par exemple : « Voici une occasion favorable, le tout est de bien le comprendre. » — « Que cette tâche me soit confiée à moi prouve qu'elle me convient et que je saurai l'accomplir. » — « La vie nous donne autant de joies que nous lui en demandons. » — « Est facile ce que nous considérons comme facile », etc. Et nous devons, répétons-le, non seulement penser ainsi, mais agir dans ce sens positif, car alors le succès sera nôtre. « Créez de la joie dans votre vie, dit Johannes Müller, et s'il n'y a pas d'autre possibilité enthousiasmez-vous pour votre tâche. »

Saisissons le taureau par les cornes et faisons-lui mordre la poussière, au lieu de nous laisser piétiner par lui ; nous découvrirons alors que tous les coups du sort recèlent en eux des forces vitales positives, et nous en donnent si nous les envisageons positivement.

Lorsque nous en aurons fait l'expérience nous aurons dépassé le domaine brumeux de la tristesse, nous saurons que rien ne peut nous arriver et qu'il dépend de nous qu'un événement soit le triomphe de notre vie ou sa défaite.

C'est notre devoir et notre but de devenir un homme positif. Nous devons apprendre à accueillir avec amour tout ce que la vie nous propose. Tout ce que nous pensons et faisons doit être un bienfait pour nous et pour tous ceux qui nous entourent.

Nous devons apprendre à voir nos limites non pas dans les choses et les circonstances, mais dans notre ancienne façon erronée de penser, et affirmer à partir de maintenant la grandeur illimitée de notre vie sans cesse ascendante. Nous devons juger de toutes choses et des devoirs de notre vie à la lumière de l'éternité.

Et nous devons à chaque heure diriger notre regard vers les autres, prêts à les aider, ce qui sera la suprême affirmation et la justification de notre état d'esprit positif.

L'homme positif connaît le secret d'augmenter sa propre force en encourageant les autres, ce qu'Elisarion a exprimé en ces termes :

« Si tu es triste console celui qui l'est plus encore. Tu seras toi-même consolé s'il oublie sa peine. »

Un mot de joyeux encouragement ne réconforte pas seulement celui qui hésite ; il nous rend nous-mêmes plus clairvoyants en ce qui concerne des possibilités meilleures à venir.

Tandis que nous aidons les autres à monter, notre propre chemin se dirige vers les hauteurs. En montrant à celui qui désespère, que nous connaissons l'étendue de ses forces, nous faisons éclore en lui le bien et celui-ci se manifeste abondamment dans sa vie.

Le grand homme voit toutes choses grandes et s'en sert pour construire une vie également grande. Il reconnaît avec Gœthe que, « quelle que soit la vie, elle est bonne. » Celui qui est éveillé à cette connaissance ne subit plus sa destinée, il en est le créateur, car il est alors en harmonie avec Celui qui domine toute destinée, avec l'Esprit de la Vie.

AVOIR CONFIANCE EN SOI

> « *Il existe une toute puissance humaine
> avec laquelle on peut triompher de soi et
> du monde : la foi en Dieu et en soi-même.* »
> K. J. Weber.

A mesure que l'homme cultive l'habitude de garder un état d'esprit positif et optimiste, s'éveille une véritable confiance en lui-même. Nous allons voir cette semaine comment cette confiance en soi est liée à la connaissance de soi et à la faculté de se déterminer méthodiquement.

Avoir vraiment confiance en soi c'est affirmer courageusement l'expression toujours plus parfaite de notre être intérieur. Cela n'a rien de commun avec la satisfaction béate de soi-même, car celle-ci nous rend paresseux et malhabiles alors que la confiance en soi nous incite à une activité énergique et à avancer joyeusement. La confiance en soi n'est pas non plus cette présomption qu'on évite par une claire connaissance de soi et une conformation volontaire aux nécessités de l'ordre général. Le danger de tomber dans les extrêmes est minime pour notre lecteur car il apprend à connaître ses faiblesses et à les surmonter, grâce à quoi il évite leur surcompensation par de l'outrecuidance, de la présomption et de l'arrogance.

Une réelle confiance en soi est une condition indispensable du succès dans la vie. Elle donne à notre force d'action et de pensée, l'assurance intérieure, la fermeté et la décision nécessaires, alors que la méfiance de soi provoque des échecs.

Ce n'est pas sans raison que Gœthe attache tant de valeur au développement d'une saine confiance en soi, « sans laquelle rien ne peut réussir pleinement ». Il voit dans cette confiance en soi la condition essentielle pour attirer la chance, et précise justement, « que l'homme mènera victorieusement à bien une entreprise difficile avec la foi et le courage, alors qu'au moindre doute il serait immédiatement perdu. »

La véritable confiance en soi, c'est ce qui attise le feu de l'enthousiasme et donne à notre activité la force de frappe nécessaire pour mener nos entreprises à bonne fin.

La confiance en soi est en réalité la confiance dans la vie, la confiance dans l'esprit infini de la Vie qui agit en nous et par nous. Dès que nous sommes conscients de la présence de cette puissance en notre cœur, rien d'extérieur ne peut plus ébranler notre confiance en nous-mêmes.

Une telle confiance en soi rend indépendant, et l'indépendance nous rend à son tour inaccessibles aux influences étrangères, et nous ouvre aux nouvelles inspirations et aux intuitions de notre moi intérieur ; elle nous pousse à agir et éveille la force en nous. *Avoir confiance en soi est une façon de se fortifier soi-même.* Celui qui aborde tout avec une infaillible confiance en soi est armé d'avance de la force nécessaire pour maîtriser sa tâche avec succès. Elle lui donne la capacité nécessaire pour agir, et libère les énergies qui sommeillaient en lui.

L'univers se transforme perpétuellement, mais il dépend de notre façon de penser, de notre confiance en nous et en notre destin que ce changement se fasse en notre faveur ou à notre détriment. Plus grande est notre confiance en nous-mêmes, plus grande est notre influence sur le monde qui nous entoure, alors qu'un homme sans confiance en soi est pour ce monde quantité négligeable.

Avoir confiance en soi est donc infiniment nécessaire. Non seulement cette confiance éveille les forces de notre subconscient et nous donne plus de pouvoir sur celles-ci, mais agit d'une façon décisive sur le mental et le cœur des hommes autour de nous. Le monde qui nous entoure nous apprécie avec un instinct sûr, selon la valeur que nous nous donnons à nous-mêmes. Il sent rapidement si nous avons ou non ce « quelque chose » qui est le propre des triomphateurs, et suivant le cas nous sommes appelés à la première place au banquet de la vie, ou bien nous occupons la dernière.

Notre confiance en nous-mêmes détermine la nature de

notre rayonnement spirituel, et celle-ci agit à son tour sur les pensées et les activités du monde qui nous entoure, détermine l'aspect des choses et des conjonctures, les rapproche, ou les éloigne de nous. Un homme, si instruit et si intelligent soit-il, s'il n'a pas confiance en lui, est mis involontairement au ban du monde, et n'arrive jamais à rien. Même l'éloquence ne sert à rien pour s'élever ; il faut que la confiance en soi intervienne comme force motrice. Le meilleur orateur, si sa confiance en lui est ébranlée, renonce à parler, et c'est une manœuvre assez vile et fort usitée que d'ôter cette confiance à un adversaire, et de le priver ainsi de son plus sûr soutien.

*
**

La confiance en soi est susceptible de s'accroître constamment comme toute autre force de l'âme. Nous pouvons plus que nous ne croyons : nous n'avons qu'à développer notre force intérieure en l'affirmant et en la confirmant sans arrêt. « Qui veut la fin, dit Gœthe, doit aussi vouloir les moyens de s'affranchir des petites misères et se voir assez grand pour avoir confiance en soi et en la puissance de sa personnalité. » Seul notre manque de foi dans l'étendue et la portée de nos forces intérieures enchaîne les énergies de notre âme. Mais la foi éveille ces forces intérieures et les multiplie. La confiance en nous-mêmes rend notre travail et notre vie faciles. Seul est sans avenir celui qui renonce à lui-même. Celui qui, dans l'adversité, croit à la force de son âme, qui s'élève en soi au-dessus des épreuves, les dépasse rapidement, même extérieurement.

L'homme est dans sa vie, tel qu'il pense en son cœur. Celui qui ne doute pas, qui compte sur lui-même, celui-là fait d'une corvée une œuvre et transforme la tristesse en bénédiction. S'il a sans cesse devant les yeux la vision vivante de son ascension, son chemin le conduira constamment vers les sommets.

Il s'agit de reconnaître que toute sujétion est un enchaînement en soi. C'est là l'obstacle le plus fréquent sur le chemin du succès. Chaque obstacle extérieur est l'effet d'un manque de liberté intérieure. Affirmons-nous comme libres et forts et nous le serons, et tous les trésors seront nôtres.

Le faible fait tout pour que les autres croient en lui, le fort croit en lui-même. Les médiocres ont plus de confiance dans l'argent que dans leur propre force, les grands puisent à la source des richesses en eux-mêmes.

« Si seulement j'avais cent mille francs, je pourrais faire ceci... » disent les petits, mais les grands savent que tous les moyens dont ils ont besoin sont en eux-mêmes, et qu'ils attirent à eux tout ce qu'ils affirment avec foi. Si les petits, favorisés par leur destin obtiennent ce qu'ils désirent, ils n'en feront rien, s'ils n'apprennent pas à agir et à penser grandement, tandis que les grands les dépasseront en créant leurs moyens eux-mêmes. Les revers ne nous seront pas épargnés tant que notre confiance en l'argent et en les autres moyens extérieurs sera plus grande que notre confiance en notre force intérieure. Nous ne commençons à nous élever que lorsque nous reconnaissons que la force en nous a plus de valeur et de pouvoir que l'argent.

C'est la *confiance* qui sollicite en nous les forces calmes et infatigablement agissantes de l'âme, toujours prêtes à nous aider à mener notre œuvre à bien et à la développer, hors de nous, en triomphant des obstacles. Celui qui aime ses forces et leur accorde sa pleine confiance reçoit d'elles toute aide qu'il affirme courageusement. Nous ne pouvons donc rien faire de mieux, dans les bons et les mauvais jours que de lever bien haut le flambeau de la confiance en nous afin qu'il éclaire notre route. Si nous avons confiance en nous-mêmes et suivons notre lumière intérieure, nous ne nous laisserons plus égarer par les trublions, par les jaloux qui cherchent à nous faire tomber en affaiblissant la force de notre foi ou par les ambitieux qui veulent nous prouver leur supériorité et nous soumettre à leur volonté.

Nous avons maintenant le courage de nous affirmer nous-mêmes ainsi que nos capacités, et de montrer notre puissance.

Et si les uns ou les autres s'opposent à nous ? Nous pouvons difficilement espérer que tous soient pour nous. Même un maître de l'amour comme le Christ n'était pas sans avoir des ennemis. Des ombres surgissent partout où jaillit une lumière. Ne nous occupons donc pas de nos adversaires, laissons-les et comptons sur nous-mêmes !

Nous avons le droit de croire en nous, car des milliers de possibilités encore inutilisées sommeillent en nous. « En nous-mêmes, dit Trine, se trouvent les causes de tout ce qui survient dans notre vie. Nous sommes en mesure, lorsque nous sommes éveillés à la pleine connaissance de notre force intérieure, de former notre vie entièrement selon notre volonté. »

La foi en soi rend libre et supérieur. Elle nous confère la sûreté dans le choix des moyens et la force de déplacer des montagnes ; elle nous permet de participer à l'aide d'en Haut. « Le ciel ne t'abandonnera pas si tu as confiance en toi. »

*
* *

Dans son « Histoire de la Civilisation » H. Th. Buckle arrive à la conclusion que « les forces humaines, pour autant que nous le montrent l'Analogie et l'Expérience sont illimitées. »

Cette affirmation nous invite à exiger de nous-mêmes et de la force en nous, de plus grandes choses : *si nous semblons faibles ce n'est qu'à nos yeux aveugles par une façon erronée de penser. Aux yeux de la divinité nous sommes armés de toutes les forces voulues pour maîtriser notre vie. Elle nous a destinés à être les seigneurs de la terre, les maîtres de l'Univers, les collaborateurs appelés à la réalisation du grand Tout.*

Notons toutefois que ce n'est pas notre petite personnalité humaine — la « *persona* », c'est-à-dire, le masque terrestre — qui est douée de ce pouvoir donné par le créateur, d'asservir le destin, mais l'élément éternel derrière ce masque, l'étincelle divine en nous qui est une partie de la divinité, du Tout, de la force issue de la force Divine. Il s'agit de distinguer entre les deux et de faire confiance à la plus puissante : la force en nous. Tout dépend de notre foi en cette force. Celui qui compte en permanence sur la force agissante en lui arrive peu à peu à la développer au point qu'avec son aide il peut surmonter n'importe quel obstacle. *Croire en soi signifie croire en l'esprit de la vie qui agit en nous et par nous,* et ne nous laisse jamais dans l'embarras. Cette haute croyance est, comme dit Herder, « ni savoir, ni intuition, ni simple espérance, ni désir ; c'est une calme certitude de l'invisible à la mesure du visible, une prise de possession de l'avenir » dont le germe est déjà en nous.

Arrière donc le manque de foi ! Ne soyons pas plus humbles que le petit gland qui fait confiance au cours du temps, pour devenir un puissant chêne. Serions-nous destinés à devenir plus petits que nous ne sommes !! Quelque chose d'infiniment grand sommeille dans l'homme, comme le chêne dans le gland, dans l'attente de son épanouissement, non pas un « surhomme » qui n'est que l'ombre prolongée de l'homme actuel, mais un homme-Dieu, un maître du destin et d'un monde tout pénétré de Dieu.

Maintenant déjà la force du « mille fois plus grand » est puissante en nous. Retirons-nous dans le silence et mettons-nous à l'écoute de notre être secret, en retenant notre respiration. Bientôt nous entendrons le murmure du fleuve de feu souterrain et apprendrons à libérer peu à peu la force endormie. Il nous faut pour cela diriger dorénavant notre regard sur tout ce qui nous rend meilleurs, plus courageux, plus vigoureux et plus grands, il faut nous répéter sans cesse : « *Je crois à ma grandeur, je crois fermement à la force en moi et à son aide toujours prête lorsque j'en ai besoin ! Grâce à cette force j'ai du succès en tout ce que j'entreprends !* » Lorsque les premières étincelles du fleuve de feu de la force intérieure ont jailli en nous, lorsque nous avons reconnu la force en nous comme centre indestructible de notre être et sa puissance sur le destin et les événements, nous savons que ce n'est pas notre être extérieur qui force le destin, mais notre *moi le plus secret,* et que notre vrai moi est le géant qui sommeille en nous.

Il s'agit donc maintenant d'éveiller ce « géant en nous » par la confiance que nous avons en lui, afin que sa force nous serve. Il s'agit de nous trouver nous-mêmes et de prendre conscience de notre unité avec notre moi intérieur, celui qui peut vraiment dire : « Je suis maître de moi-même et forgeron de mon destin. » Car ce Moi intérieur est le moyeu de la roue de notre destin autour duquel tout tourne, et dont tout dépend. Nous sommes immuables et invulnérables à tout ce qui est extérieur à nous et contre nous, dans la mesure où notre être et notre existence sont reliés à ce point central immobile.

« S'il est une foi capable de déplacer les montagnes c'est

bien la foi en notre propre force. » Car la foi en nous-mêmes augmente la sûreté de notre jugement en ce qui concerne nos décisions et nos actes. Cette sûreté augmente à son tour nos possibilités de succès. Or un premier succès en attire d'autres et suscite la confiance du monde qui nous entoure. Cette confiance fait que nous trouvons de plus en plus d'aides de toute sorte et que les obstacles de notre route disparaissent à vue d'œil.

C'est ainsi que l'échelle d'une vie réussie mène, échelon par échelon, vers le haut. Il s'agit simplement de mettre le pied courageusement sur le premier et, au lieu de regarder en arrière d'avoir confiance en nous-mêmes et de les gravir, l'un après l'autre jusqu'à ce que nous soyons arrivés au sommet. Plus grande est notre confiance en nous, plus rapidement nous atteignons le but. Partout et toujours se confirme la règle :

Crois en toi et tout s'inclinera devant toi !

Crois que tu es capable d'accomplir de grandes choses, et le monde entier les attendra de toi !

TU ES PLUS QUE TU NE PARAIS

Peut-être nombre d'entre vous ont-ils déjà expérimenté qu'ils sentaient en eux d'autant plus de forces qu'ils croyaient les posséder. A l'avenir ils reconnaîtront toujours plus clairement qu'il y a en eux infiniment plus de forces qu'ils ne s'en doutent, et qu'ils sont beaucoup plus grands, plus capables qu'ils ne l'ont jamais cru. Mais, on ne peut dire que peu de choses à ce sujet car ce qui n'est pas encore, ne peut avoir de nom.

Celui qui veut forger son âme devra s'interroger ici pour la première fois sur la richesse et la qualité de ses forces intérieures et attendre la réponse de son *Moi supérieur*.

Il se retirera pour cela dans le silence et s'interrogera sur ses réelles capacités et l'étendue de ses facultés, le soir avant de s'endormir, afin de recevoir, soit dans le silence, soit le matin au réveil, un conseil venant des profondeurs de son être. Il prendra conscience dans une brève intuition que telle ou telle qualité a besoin d'être développée, que telle ou telle force sommeille en lui et lui permettra, si elle est déployée, d'atteindre tel but. Il reconnaîtra qu'il ne saurait exiger trop de lui-même, qu'il est plus grand qu'il ne pense, et peut plus qu'il ne croit.

On sait que les gaz peuvent être comprimés sous un petit volume, mais, ils peuvent aussi se dilater indéfiniment. Il n'en va pas autrement des forces de notre âme. Elles sont plus étendues, plus grandes qu'elles ne paraissent, elles sont simplement comprimées dans le plus petit espace possible et leur déploiement est empêché, par notre façon de penser, mesquine, fausse et sans foi.

Mais dès que nous commençons à avoir confiance en nous-mêmes, à croire en notre force, toutes les énergies de notre âme rompent leurs digues, se dilatent, inondent notre être, répandent l'abondance dans notre vie et nous permettent de dire avec Walt Whitman :

« *Je suis plus grand, meilleur, plus riche que je ne le [pensais,*
Je ne savais pas que tant de Bien était en moi ! »

Telle est en effet la conviction fondamentale qui doit s'enraciner dans le cœur de l'homme : « Tu es plus que tu ne parais », et bientôt il pourra ajouter : « Et tu peux plus que tu ne croyais ! »

Ce qui nous prive de l'abondance c'est notre manque de foi et de courage, une conscience insuffisante de nous-mêmes qui nous fait nous incliner facilement devant le mépris du monde au lieu de nous rappeler que ce n'est pas l'instant présent qui est décisif, mais la qualité du but que nous nous sommes fixé et la certitude intérieure que l'homme est plus grand que son destin.

L'ambition d'occuper une situation plus haute flambe-t-elle en vous ? Essayez d'encourager cette ambition, de l'ennoblir, et d'employer sagement la force de cet élan. Il ne faut jamais réprimer le moindre signe de force de notre âme, mais mettre chaque aspiration au service de notre développement supérieur, transformer consciemment les énergies négatives en forces constructives, positives, et rehausser le niveau d'une ambition médiocre jusqu'au désir de réaliser un idéal toujours plus élevé.

L'art de vivre exige de celui qui forge son âme l'estime

de soi-même, c'est-à-dire ni sous-estimation, ni surestimation. Le bon forgeron spirituel, ne se sent ni inférieur ni supérieur aux autres, il n'est victime ni d'un complexe d'infériorité ni de supériorité.

La présomption et la confiance en soi sont opposées : la présomption n'est qu'une défense contre un complexe d'infériorité, une manière de dissimuler sa faiblesse intérieure. La confiance en soi, au contraire, résulte de la prise de conscience de sa vivante force intérieure et de son aide. Sachant que l'homme est plus qu'il ne paraît, elle se sent dans l'obligation d'aller de l'avant, de cultiver toujours plus de talents et de s'élancer après chaque victoire vers une autre plus importante encore.

*
* *

« *Un univers existe en nous* », dit Gœthe, *non moins grand que le cosmos qui s'étend autour de notre terre. Nous sommes plus profonds, plus puissants, que ne pensaient jusqu'ici le monde et nous-mêmes. Des milliers de forces attendent en nous leur épanouissement, l'exigent même, afin de nous porter au-delà de nous-mêmes et de nous mener vers une perfection toujours plus complète.* »

Pourquoi cela ? Parce que le fond spirituel du macrocosme, le Grand Tout, et du microcosme, l'Univers de l'Ame, est le même, car le centre de tous deux est l'Esprit de la Vie. Plus profondément nous pénétrons en nous, plus s'étend le domaine de notre conscience.

Nous pouvons être un ver de terre ou un dieu, c'est-à-dire beaucoup moins ou beaucoup plus qu'un être humain. Nous devenons le premier si nous n'obéissons pas à l'appel de l'éveil — le second, si nous obéissons au commandement de la Science de la Vie qui nous dit : rappelle-toi quotidiennement que tu es plus que tu ne parais ! Mets ton orgueil à libérer les forces qui sommeillent en toi. Détruis la néfaste illusion de « ne pas pouvoir » par la constante certitude que l'être humain peut toujours faire l'action juste, au juste moment.

Ne t'estime pas trop bas et n'assigne pas un terme à ta

valeur, car si haut que tu le places, il sera toujours au-dessous de ta véritable valeur.

Le Dieu en toi est au-dessus de toute évaluation, le parfait n'est pas mesurable par le périssable. Ton principe intérieur est parfait. Tu es destiné à révéler au-dehors ta perfection intérieure. « La Divinité, dit Gœthe, t'a pensé et établi parfait à l'origine. » Elle exige que tu révèles toujours plus lumineusement ta perfection innée par tes forces et tes actions.

Le vrai forgeron de son âme est conscient de cette divine obligation. Il ne se limite pas lui-même mais embrasse de sa volonté tout le cycle de l'existence. Il se dit : « Je suis un enfant de la Divinité, et la richesse du Grand Tout est mienne lorsque je me serai délivré de l'illusion de la pauvreté, du malheur, et aurai affirmé ma puissance. »

Nous pouvons obtenir de nous et atteindre tout ce que nous voulons, si nous abattons les barrières dressées par nous-mêmes qui nous séparent des richesses de la vie, si nous avons une confiance inébranlable et absolue dans la force en nous, si nous avons une haute idée de nous-mêmes, et affirmons que toute richesse est notre propriété éternelle.

Toutes les choses servent celui qui sait être leur maître. La plupart des hommes l'ignorent, c'est pour cela que rien ni personne ne les sert. La vie qu'ils « rêvent » n'est en vérité ni un rêve ni la vie. « La vie n'est pas un rêve, dit Feuchtersleben. Elle ne devient un rêve que par la faute de l'homme dont l'âme n'entend pas l'appel de l'éveil. »

LA CONFIANCE EN SOI APPELLE LE SUCCES

Ce n'est donc pas le manque de capacités qui barre le chemin du succès, mais bien la méfiance de soi, et une façon erronée de penser. On peut dire de cette méfiance comme de la crainte et du souci : non seulement elle paralyse notre force, mais repousse les choses et les circonstances favorables, et attire celles qui nous nuisent. Elle fait que les gens nous empêchent d'avancer au lieu de nous aider.

Nombre d'échecs sont dûs à l'illusion qu'il y a nécessairement des gens qui n'ont pas de chance, et qu'on fait partie de ceux-là. Penser ainsi c'est rendre sa « guigne » chronique.

Répéter sans cesse à un enfant qu'il est un imbécile, qu'il ne sait rien faire, qu'il finira mal, c'est poser la base de tous ses échecs futurs et détruire le germe de son bonheur. Toute éducation qui consiste à propager le mal dans le monde, et à tuer ce qui est bon et clair, est criminelle.

Redressons-nous ! Secouons toutes ces suggestions infiltrées dans notre âme, et apprenons à penser juste, à avoir confiance en nous, à croire à notre force intérieure, et à attendre de nous de grandes choses.

Il s'agit d'ancrer en nous la conviction d'être favorisés par la chance et de reconnaître que notre succès ne dépend que de notre attitude mentale. Ceci indique le moyen de mettre en *pratique* ce qui a été appris jusqu'ici : il s'agit d'adopter *consciemment* pendant toute une journée *l'attitude de la réelle confiance en soi*, et d'agir comme si nous étions déjà remplis de cette confiance illimitée, et convaincus que toutes les choses se modifient selon notre volonté. Que la conscience de notre force et de notre puissance intérieures s'expriment de façon vivante dans notre maintien, et dans nos gestes ! Conduisons-nous et agissons comme un homme qui sait ce qu'il peut, ce qu'il vaut, et ce qu'il veut. Notre comportement et nos actes doivent être francs et décidés. Notre respiration lente et mesurée, doit être l'expression de la conscience de notre force, de notre calme. Respirons comme un maître de la vie, qu'aucune discordance, aucune faiblesse ne peut toucher.

Veillons également à ce que tout ce que nous faisons soit l'expression joyeuse de notre confiance en nous-mêmes. Nous ne dirons donc plus jamais que nous sommes fatigués ou nerveux, soucieux ou malades, mécontents du manque de résultats ; nous affirmerons au contraire, en insistant, toutes les qualités que nous aspirons à développer en nous, nous penserons et parlerons de notre force, de nos capacités, de notre calme, de la solidité de nos nerfs, de notre santé et de notre chance en toute chose, en songeant toujours à la loi que nous enseigne la Nouvelle Science de la Vie, selon laquelle nous faisons apparaître ce que nous affirmons en pensées et en paroles.

Notre façon de parler, la tranquille sûreté et la fermeté de notre voix doit être l'expression de notre résolution intérieure. Dans cette attitude, nous ne songerons plus qu'à une chose :

marcher droit au but. Si nous nous croyons, en outre, capables d'atteindre des buts toujours plus élevés, nous arriverons à faire toujours plus, et mieux. Gœthe nous dit bien : « Pour rendre l'impossible possible jusqu'à un certain degré, l'homme doit s'efforcer audacieusemement de faire ce qui semble infaisable. »

Ne nous soucions pas de l'opinion des autres, ne nous laissons pas intimider par des gens envieux et sans foi, mais soyons notre propre boussole, et encourageons-nous toujours en nous disant : « Je maîtriserai aujourd'hui ma vie à tous égards grâce à la force qui est en moi ! »

Nous conserverons la même attitude les jours suivants ; elle deviendra peu à peu un penchant, et finalement une habitude. Ce qui était au début une simple manière de faire « comme si... » deviendra finalement un état d'esprit, ce qui n'était qu'imagination deviendra caractère acquis, et l'attitude de la confiance en soi, une seconde nature.

Et bientôt nous constaterons encore autre chose : le respect que nous témoigne notre entourage croît à mesure qu'augmente notre assurance, car l'opinion du monde sur nous est surtout déterminée par l'opinion que nous avons de nous-mêmes : que celle-ci s'améliore, et l'opinion de notre entourage fera de même, plus nous serons conscients de nos succès plus leur nombre augmentera. Il s'agit de mettre ce processus en mouvement pour que tout s'ensuive naturellement.

LA FORCE CREATRICE !

> « *Quel chef-d'œuvre que l'homme ! Qu'il est noble par sa raison ! que ses facultés sont illimitées.* »
>
> SHAKESPEARE.

Nous sommes créés à l'image de la Divinité : nous tirons par magie des choses du néant, nous animons la matière et changeons la face du monde. Nous devons apprendre maintenant, à le faire consciemment, en affirmant notre pouvoir, car notre force créatrice a besoin, pour se déployer, de *devenir consciente d'elle-même* par notre affirmation. Nous avons besoin d'états d'esprit productifs qui éveillent le courage, nous donnent de l'énergie et attirent le succès. Nous devons élargir la conscience de notre esprit et notre force créatrice s'éveillera dans la même mesure. Nous ne pouvons développer en nous que les forces dont nous prenons conscience en les affirmant. Toute pauvreté spirituelle, intellectuelle ou matérielle signifie qu'on n'est pas conscient de sa force, mais non qu'on en est dépourvu.

Ayons donc un premier aperçu du dynamisme intérieur de l'âme afin d'être en mesure de manifester avec succès nos forces intérieures. L'esprit en nous est la seule réalité qui *soit* et qui soit opérante, la seule vérité qui existe et qui gouverne. Sa puissance est supérieure à celle de la souffrance et de la maladie, car c'est l'esprit en nous qui nous guérit et nous rend forts. Alors que toute misère appartient au monde des apparences et disparaît avec lui, l'esprit en nous est l'être et la durée.

Mais comment découvrir cet esprit ? En nous retirant dans

le silence et en étant aux écoutes de notre moi intérieur, auquel nous nous unissons dans la contemplation, car l'esprit ne vient pas du dehors, mais du plus profond de nous-mêmes, et on ne le trouve pas hors de la vie, mais au contraire au milieu de la vie quotidienne ; nous pouvons, et nous devons le laisser agir en nous.

Nous ne pouvons saisir les choses matérielles du dehors. Mais nous pouvons en revanche saisir intérieurement ce qui conditionne notre vie spirituelle : l'esprit et Dieu — en nous unissant à eux. Chacun peut éprouver la réalité de l'esprit en lui, s'unir à lui, et épanouir ainsi en lui l'homme nouveau.

Dans la vie pratique nous ne parlons pas de l'esprit en nous, mais de notre « génie ». Notre but est d'éveiller en nous ce *génie engourdi* et de développer toute sa puissance. Chaque homme serait-il donc un génie ? Oui et non. La plupart des gens se trompent, ils se figurent que le génie s'éveille dans l'homme sans sa coopération, et lui permet d'avoir une production créatrice sans travail. C'est une façon de voir complètement erronée. Le génie et le travail sont en réalité inséparables. Le véritable génie est toujours accompagné d'un labeur assidu, de la vision d'un but défini, de l'affirmation du succès, et d'un mode d'agir et de penser correct. Le génie en tant que degré suprême du développement de l'esprit humain est l'apanage de tous ; mais il doit être *éveillé* par une façon de penser et d'agir convenables, par la persévérance et une constante *affirmation*. C'est justement la vivante affirmation de la suprématie de la force intérieure, la confiance concentrée sur les énergies libérées de l'âme qui confèrent au génie sa supériorité, alors que les forces créatrices de la plupart des hommes se perdent prématurément parce qu'ils ignorent leur existence, alors qu'elles auraient pu les mener à une vie forte et abondante.

Dans chacun sommeille un génie : chacun possède les forces qui pourraient lui permettre d'accomplir de grandes choses. Il doit surtout se garder de conclure à leur non-existence parce qu'elles sont restées inactives jusqu'à ce jour. Elles existent, il suffit de les utiliser d'une façon consciente.

L'homme de génie se distingue de l'homme ordinaire non parce qu'il a plus de dons et de forces, mais parce qu'il connaît mieux lui-même et ses forces intérieures, qu'il a affirmé sans cesse les forces de son âme et les a mises à l'épreuve sans réserve. C'est ainsi que le génie est devenu vivant en lui, alors qu'il sommeille chez la plupart des gens. Si nous désignons ce génie *comme le sens de ce qu'il y a d'essentiel dans les choses et les circonstances*, l'homme de génie est un homme « essentiel ». C'est un fait que le génie ne fait, ne pense et ne veut que ce qui est essentiel. Son regard pénètre la confusion de l'accessoire et saisit le nécessaire. La source de sa force est le calme et le silence. Chacun peut puiser à cette source en se tournant vers son moi intérieur. De nouvelles pensées s'éveillent dans notre cœur, dans le silence, de nouveaux points de vues nous apparaissent, des idées utiles surgissent tout d'un coup, de nouvelles possibilités de progresser se révèlent. Lorsqu'il s'ouvre à lui-même dans le silence et le calme l'homme se reconnaît comme un génie en puissance. Essayons de nous rapprocher, en une heure de calme, de ce génie en nous et de deviner quelque chose de son être. Qu'apprendrons-nous ?

Que le « génie » en nous est notre vrai moi, la lumière en nous. L'homme visible est son ombre matérielle, il en est le noyau, l'enveloppe. Le génie est l'éternel grand Soi, l'homme matériel n'est que le petit moi périssable.

Plongeons courageusement dans les profondeurs de notre être, nous nous sentirons alors saisis par une force que nous reconnaîtrons être le géant en nous, le « mille fois plus fort ». Ce géant en nous est le potentiel des vigoureuses forces créatrices dans les profondeurs de notre conscient, de notre subconscient, et de notre supraconscient, il est la volonté primordiale de nos ultimes profondeurs. Il est mille fois plus puissant que toutes les forces de l'homme matériel ; car celui-ci qui est notre conscience éveillée, bien qu'il soit ancré dans l'inconscient, est entièrement d'ici-bas, et de nature périssable, alors que le « géant en nous » est enraciné dans l'au-delà, dans le monde intérieur, dans l'Eternel, dans le Divin.

Pourtant, lorsque nous sommes dans le silence, aux écoutes de notre voix intérieure, nous voyons encore davantage que notre sort est relié dans les profondeurs de notre inconscient à tous les êtres vivants. Ainsi, les mêmes forces des profondeurs, les mêmes énergies créatrices, sont à la disposition de tous. Ce qui distingue les hommes entre eux c'est le meilleur emploi que l'un fera de ses forces intérieures, ce qui fera de lui un meilleur instrument de l'Esprit de la Vie.

Tout dépend de la bonne utilisation de ces géniales forces intérieures et de leur orientation harmonieuse. Si nous sommes maîtres de cet art, nous nous rendrons compte qu'une dépense de forces plus grande ne les diminue pas, mais au contraire les augmente sensiblement. *La loi de croissance* qui se manifeste ici devient compréhensible si nous comparons par exemple le domaine de l'inconscient universel à un terrain pétrolifère où les hommes de génie savent trouver l'endroit où de nouveaux puits de pétrole peuvent être forés. Les « puits de la profondeur » peuvent être forés en chacun, car chacun est le gardien de trésors incalculables. Il s'agit seulement de réaliser ces trésors, d'imposer courageusement des devoirs aux forces intérieures, et d'attendre d'elles toujours davantage. L'abondance est en nous, mais nous devons la faire fructifier dans notre vie par une façon adéquate de penser et d'agir.

Nous devons nous rendre compte de notre véritable grandeur. Nous nous voyons petits alors que nous sommes grands, nous nous croyons pauvres alors que nous sommes riches. Nous sommes pareils à des princes en exil qui errent sans se douter que leur royaume les attend. Nous n'avons qu'à nous éveiller à nous-mêmes. Remplaçons notre sentiment d'impuissance par la foi en notre génie et nous le réveillerons. Libérons le « géant en nous » ! Tout est en nous. Nous ne pouvons devenir que ce que nous sommes déjà et n'acquérir que ce que nous possédons déjà au fond de notre âme. Devenir veut dire se révéler à soi-même.

Il s'agit donc de nous identifier à notre moi intérieur, d'entrer en contact toujours plus étroit avec les profondeurs de notre moi, que ce soit dans le silence, ou la méditation, par le simple moyen d'un commandement à soi-même, ou encore en suivant d'une façon consciente les directives données dans le programme annuel de la Nouvelle Science de la Vie, grâce auxquelles notre génie assoupi se développe graduellement.

Les forces intérieures, une fois éveillées en nous, il s'agit, par une concentration consciente sur un but et un travail personnel, de susciter leur accroissement et leur plus haut développement, et en même temps de rester ouverts à l'afflux de forces nouvelles.

Plus grande est notre confiante certitude que le génie en nous viendra toujours à notre aide, plus cette aide sera parfaite. Il exige notre confiant abandon pour nous seconder et nous mener à la plénitude. *De même que la force du corps s'accroît par l'action, la force du génie en nous croît par l'affirmation.*

Nous pouvons avoir une totale confiance dans notre guide intérieur, car nous sentons toujours que lorsque nous sommes d'accord avec lui, la force en nous agit pour notre bien, nous sentons que nous ne sommes plus exilés et dans la détresse, mais à l'abri de notre foyer comme un enfant perdu qui retrouve sa mère ; alors l'aspect de notre vie se transforme et nous révèle que nous sommes des Dieux en devenir.

Celui qui est parvenu à cette unité avec son guide intérieur, et qui, parce qu'il est conscient de lui-même, se détermine lui-même, qui a reconnu « dans son propre moi le moi suprême de toute chose » et lui fait confiance, celui-là est sur le chemin de la béatitude, il a libéré en lui la force divine. Le génie en nous est notre véritable dynamisme, l'élément essentiellement actif de notre être. Il possède des forces et des capacités qui dépassent de loin tout ce que la psychologie et la métapsychologie ont découvert jusqu'ici. Il est force divine puisqu'il est une étincelle de la lumière originelle. Mais il est enchaîné par notre manque de compréhension, et par notre orientation vers les choses extérieures, alors qu'en nous tournant vers l'intérieur pleins de confiance, et en nous unissant à lui, nous le délivrons et révélons notre liberté et notre puissance.

CREATION D'UN ETAT D'ESPRIT PRODUCTIF

Nous amenons peu à peu la force créatrice qui sommeille en nous à se développer, par une prise de conscience quotidienne du génie en nous. Toute une série de procédés éprouvés sont en outre à notre disposition, pour éveiller nos forces intérieures afin de créer en nous un état d'esprit productif. Par « état d'esprit » nous n'entendons pas une humeur passagère, mais bien une attitude d'âme permanente qui tend à imposer le rythme de ses vibrations au contenu de la conscience. Ces états d'esprit sont un désavantage s'ils sont négatifs, un avantage s'ils sont positifs. Il s'agit donc de surmonter les négatifs et de cultiver les positifs, car ils stimulent notre volonté et notre activité.

Un état d'esprit positif est toujours fécond. Il y a des périodes dans la vie où le fardeau de l'existence nous semble plus léger, où le travail est pour nous une joie, et s'accomplit sans effort, où nos vibrations vitales sont d'une octave plus élevée que dans la vie quotidienne, et dans lesquelles nous nous sentons emportés par l'essor de notre vie.

La tâche que nous vous proposons consiste à transformer consciemment cet état d'esprit en habitude, car notre succès en dépend. Notre état d'esprit influence toujours pour ou contre nous, les êtres, les objets et les conditions autour de nous. Nous attirons à nous ce qui est conforme à notre humeur du moment, que ce soit favorable ou nuisible.

Si nous adoptons volontairement un état d'esprit créateur nous devenons créateurs. Les forces magnétiques de notre âme attirent toujours de nouvelles forces créatrices qui s'ajoutent aux énergies de notre conscience pour décider du succès de notre vie. La culture consciente d'états d'esprit productifs a en outre, comme résultat la suppression progressive d'états d'esprit négatifs. Le processus de cette transformation n'avance que lentement et ne va pas sans quelques rechutes, mais celui qui persiste sera largement récompensé de ses efforts.

Il serait peu sage et absolument inutile de réprimer violemment nos dispositions d'esprit, car celles-ci sont des forces qui veulent s'éprouver. Il s'agit plutôt de les faire servir peu à peu à maîtriser notre vie, comme on se sert des vents contraires pour avancer. Il s'agit de ne jamais céder à des états d'esprit négatifs, mais au contraire d'utiliser leurs forces à des fins utiles en observant la loi du moindre effort, et de les amener à des états d'esprit positifs.

La réelle maîtrise de cette pratique est de la plus haute importance, car non seulement notre bonheur, mais aussi la réussite de notre vie dépendent en grande partie de notre pouvoir de nous tenir éloignés des humeurs sombres qui paralysent notre force, d'être constamment d'humeur positive même si les circonstances semblent s'y opposer.

Plus le miroir de notre âme est limpide et orienté vers la lumière, mieux il réfléchira sur notre vie le succès et le bonheur. Notre état d'âme ne détermine pas seulement la mesure de notre force, il décide aussi du profit que nous tirons de nos expériences et de nos impressions, d'où résultent à leur tour, nos décisions.

Si notre état d'âme est pessimiste et nuageux nos évaluations et nos jugements seront aussi confus, ainsi que nos actes et nos décisions. Si notre état d'âme est ensoleillé, nos décisions, nos appréciations seront claires et réfléchies. Notre état d'esprit prédominant détermine aussi notre rapport magnétique avec les forces qui nous entourent. Si notre champ de forces rayonne des pensées de découragement, nous repoussons toutes les forces de bonheur dans les âmes et les objets autour de nous, mais attirons ce qui s'accorde à notre humeur négative : nous rencontrons des gens « tout aussi mal lotis » que nous, des maladies surviennent, des échecs s'annoncent. Si, en revanche, notre état d'âme est positif, confiant en soi, si nous affirmons la vie, toutes les forces créatives en nous et autour de nous s'accordent à notre volonté. Les circonstances, naguère nuisibles, tournent maintenant à notre profit, et tout se transforme en notre faveur. Notre état d'âme positif crée l'armature spirituelle d'une réalité nouvelle et meilleure.

Voici un certain nombre de *moyens éprouvés pour avoir un bon état d'âme,* qui nous aideront à vaincre la maussaderie et ensuite à créer en nous à tout moment un état d'esprit productif.

1. — *Chasser la mauvaise humeur par la respiration !*

Le plus simple de tous les moyens pour changer d'humeur consiste à faire quelques respirations profondes devant une fenêtre ouverte, ou en plein air. Le cours de nos pensées s'approfondit lorsque nous respirons plus profondément ; il devient plus calme et plus sûr, et ses capacités vitales plus grandes.

L'expérience montre que celui qui respire profondément devient plus réceptif à l'inspiration. Ainsi la respiration est pour le corps aspiration, et pour l'âme intuition.

La maussaderie et la fatigue, causées par le travail sont supprimées par l'exercice suivant : s'étendre de tout son long sur le dos, détendre son corps et ses pensées, se concentrer sur la respiration jusqu'à ce qu'elle devienne absolument régulière et rythmée. Ensuite, après avoir chassé tout l'air des poumons, aspirer consciemment et largement, et n'avoir que des idées d'harmonies, d'amour, de joie créatrice, et de joie de vivre. Puis retenir le souffle, rentrer la poitrine afin de pousser l'air vers le bas-ventre, ensuite rentrer le bas-ventre pour chasser l'air à son tour vers la partie supérieure des poumons. Recommencer encore une fois puis expirer lentement en expulsant en pensée toute maussaderie et inharmonie en même temps que le souffle.

2. — *Se mettre aussitôt à l'ouvrage !*

L'indécision est l'ennemi numéro un d'un état d'âme créateur, elle peut prendre même une forme maladive au point qu'on n'arrive plus à faire une démarche nécessaire, ou à écrire une lettre urgente. Rien n'est plus redoutable que ce relâchement de la volonté ; mais pourtant rien n'est plus facile à vaincre — par une façon de penser et de prévoir judicieuse, et en se mettant vivement et joyeusement à l'ouvrage.

Se sentir « mal disposé » pour un travail n'est le plus souvent qu'une forme de paresse dissimulée, une manœuvre dilatoire du paresseux en nous qui cherche à éluder la tâche qui lui incombe. Dans ce cas, le mieux est de se mettre immédiatement au travail, et sans plus réfléchir, d'entreprendre la besogne que nous avons sous la main. Faisons de ce manque de zèle une pierre de touche de notre volonté. Le travail nous semble vite plus facile de lui-même si nous nous y mettons comme s'il était *a priori* facile.

Deux forces se disputent toujours en nous la priorité : notre force créatrice et notre paresse. La force sur laquelle nous concentrons nos sentiments se réveille et grandit.

Pensons à notre force créatrice, affirmons-la, et agissons, et la force contraire s'affaiblira. En revanche, si nous nous laissons aller à notre paresse, si nous attendons au lieu d'agir, notre force créatrice se retirera de nouveau dans les profondeurs de notre âme.

Le mot d'ordre des vainqueurs n'est pas « demain » ou « une autre fois », mais bien « maintenant ». « Faites-le maintenant » exige de vous la « Nouvelle Science de la Vie », c'est un merveilleux moyen de dominer son humeur. Grâce à lui nous brisons les liens que nous nous sommes créés, et devenons libres et capables. Nul n'est plus loin du bonheur que l'oisif ! Allons, commençons !

3. — Faites comme si... !

L'expérience nous a prouvé que nous pouvons créer en nous un état d'âme souhaité en agissant *comme s'il était déjà là,* en exprimant par notre aspect et notre tenue, nos propos et nos façons d'agir, la situation désirée.

Nous nous plaçons entièrement dans les conditions physiques qui correspondent à un état d'esprit désiré, nous nous redressons, nous remontons les coins de notre bouche, et adoptons la physionomie propre à un état d'esprit créateur, nous faisons les gestes appropriés et tout ce qui est conforme à cet état d'esprit.

Pour rehausser notre humeur élevons volontairement la voix et la tête. Un état d'esprit déprimé va toujours avec une tête baissée et une voix étouffée. D'après la loi des effets psycho-physiques réciproques, nous pouvons, en changeant notre port de tête et notre façon de parler, opérer une transformation de notre comportement habituel, ainsi qu'un changement correspondant de notre état d'âme. Si en même temps nous avons devant les yeux le but vers lequel nous aspirons, en images attrayantes, si nous utilisons en outre le pouvoir des mots en nous donnant des ordres correspondants, nous arrivons rapidement à nous placer dans un état d'âme plus élevé, et à surmonter aisément nos difficultés de travail. Nous empoignons alors notre besogne *comme si* elle était facile et comme si nous étions d'humeur joyeuse.

4. — Mettre le corps en activité.

Un bon moyen pour chasser un état d'âme maussade, analogue au « faire comme si... », consiste à bailler à son aise, à s'étirer de tous ses membres, ce qui relâche tension et crispation, fait circuler le sang, et ranime la respiration et l'esprit. Se dresser ensuite sur la pointe des pieds, lever les bras en respirant profondément, joindre les mains derrière la tête en retenant le souffle. Puis tendre les bras en l'air et les laisser retomber, les muscles tendus, le longs des flancs en expirant profondément, et détendre les muscles.

Voici encore un autre stimulant : faire quelques mouvements de gymnastique faciles, tels que, pencher le torse, le tourner en tous sens, le redresser, ou bien balancer bras et jambes. Ensuite faire quelques pas, si possible en plein air, ou aller et venir chez soi six à dix fois de suite en gardant le corps droit et l'esprit concentré sur la respiration. Cette pratique donne plus d'agilité à la pensée.

5. — Savoir profiter du moment !

Si l'on n'est pas disposé à faire un certain travail, ne pas en conclure qu'il en sera de même pour un autre. Le meilleur délassement lorsqu'un travail a « fatigué » l'esprit est d'en entreprendre, aussitôt joyeusement, un autre que nous aimons tout spécialement. Après un bon moment d'activité donnée à ce travail intermédiaire, notre changement d'humeur est tel que nous pouvons reprendre courageusement notre besogne principale.

L'habitude de profiter immédiatement de toute velléité créatrice qui s'empare de nous n'est pas moins importante pour l'accroissement de notre capacité de travail. Il ne faut jamais laisser passer inutilement un tel état d'esprit, car c'est un appel à faire plus et mieux. Tout au moins, notons immédiatement les bonnes idées qui nous viennent, pour les utiliser le moment venu, car un état d'esprit, une fois passé, revient rarement et jamais sous la même forme.

6. — Eviter ce qui émousse l'esprit.

Nous arrivons à éviter maints états d'esprit stériles lorsque nous apprenons à fuir toute banalité, à ne pas nous laisser voler notre temps par des gens et des objets insignifiants, par des jaloux et des bavards importuns, mais à remplir, au contraire chacun de nos instants d'actes et de pensées qui nous élèvent, et à être toujours occupés par quelque chose qui intéresse notre avenir, et nous rend plus grands, meilleurs, plus forts, plus heureux et plus riches.

7. — Se taire plus souvent !

Savoir se taire est également un moyen précieux pour créer des états d'âme féconds, rechercher non seulement le silence dans la méditation mais aussi garder le silence sur ses projets, ses buts du moment.

Des propos inutiles représentent toujours une dépense de forces qui entraîne un affaiblissement du pouvoir créateur.

Par contre, garder la bouche close vers l'extérieur, et le cœur ouvert vers l'intérieur favorise l'élévation de l'état d'âme.

8. — *Se détendre !*

La *détente* aide aussi à surmonter plus facilement les états d'âme négatifs et à susciter une humeur positive. Dès que nous nous sentons d'humeur maussade détendons-nous. Nous supprimerons ainsi non seulement toutes les tensions du corps et de l'âme, mais nous neutraliserons en quelque sorte la cause de notre mauvaise humeur.

Il est bon d'arriver en le faisant à la sensation de chaleur et de poids dans les bras et les jambes. Nous nous concentrons entièrement sur la pesanteur des membres, leur immobilité, leur manque de force. Par là même nous ôtons tout pouvoir à la cause de notre maussaderie et d'autant mieux si nous concentrons, immédiatement après notre détente, nos pensées et nos sentiments sur une image positive, un grand espoir ou une joie anticipée.

9. — *Eveiller des réactions positives !*

Dans beaucoup de cas et pour des raisons extérieures il n'est guère possible de faire des exercices de détente pendant notre travail. Nous aurons alors recours, lorsque nous deviendrons conscients d'un sentiment négatif ou d'une mauvaise humeur, au simple moyen qui consiste à nous tourner immédiatement et consciemment vers des images contraires, positives et attrayantes.

Nous appellerons consciemment l'image positive dans le champ de notre conscience et l'y retiendrons quelques instants, jusqu'à ce que nous sentions que les vibrations de notre champ de forces sont devenues positives.

Plus vite nous nous opposons à un état d'esprit négatif, plus aisément il est surmonté. Il suffit, au moment où il survient, de détourner notre regard du négatif vers son opposé, le positif : vers de joyeux espoirs, d'agréables souvenirs qui exaltent notre cœur et le réjouissent. Mieux nous nous abandonnerons à la contemplation de telles images, plus persistant sera le changement de notre état d'âme. Toute joie est créatrice, elle éveille la confiance, celle-ci appelle la force, et la force crée la réussite.

10. — L'autocommandement.

L'usage correct de l'autocommandement nous rend en outre, de précieux services, car grâce à lui nous faisons de notre subconscient une aide pour atteindre au succès. Nous pouvons, par exemple, appeler la sérénité intérieure nécessaire à l'accomplissement d'un travail profitable, en nous asseyant devant une glace et en pensant ou en disant : « J'ai déjà eu beaucoup de succès et en aurai encore plus à l'avenir. Je suis en train de prendre un nouvel élan vers la réussite. Je suis justement bien disposé pour entreprendre cette tâche. J'en viendrai vite à bout. Tout me réussit, j'ai du succès. »

En même temps notre physionomie s'éclaire, notre visage reflète d'abord notre confiance en nous-mêmes, puis la conscience de notre force, et enfin la certitude de succès.

11. — Se concentrer sur son but.

Un autre moyen de se mettre en train est de se proposer un but. Si nous avons les yeux fixés sur un but précis, si nous ne voulons que lui, et commençons sans hésiter, il en résulte le plus souvent l'état d'esprit créateur nécessaire. Ainsi fait l'homme fort, qui se donne à lui-même son état d'esprit, qui est capable de s'occuper des semaines ou des mois d'un seul et unique problème, qui chaque matin accorde son âme à son travail, en affirmant son succès, et attend justement de son travail la régulation de son état d'âme.

Celui qui a vraiment étudié le problème de la vie, associe toujours la concentration sur son travail avec le sentiment de la réussite, et l'image de son succès. Une affirmation joyeuse augmente le rendement du travail, l'enthousiasme intensifie les vibrations du corps.

12. — Savoir se limiter !

Nous éveillons de la force et apprenons à maîtriser nos états d'âme, si nous éduquons notre volonté en nous refusant certaines choses que nous désirons ; nous augmentons ainsi notre potentiel de force intérieure.

Pensons à une balance : lorsque nous appuyons sur un plateau — celui de nos souhaits — l'autre, celui de notre pouvoir créateur, s'élève. S'accorder moins, c'est pouvoir davantage. Ceci a, bien entendu, des limites ; il faut l'appliquer avec mesure et pour un temps déterminé. Tout moyen dont on use avec excès devient inefficace. Il s'agit ici aussi de se rendre maître de l'art de conserver une humeur égale.

13. — *Se retirer dans le silence !*

Un moyen sûr pour accroître notre productivité est la solitude, la retraite dans le calme et le silence. De même que le Christ s'est retiré dans le désert pour rassembler ses forces nouvelles afin d'achever son œuvre de salut, l'homme doit se retirer dans la solitude avant d'entreprendre un travail important, afin de puiser de la force dans les calmes profondeurs de son être.

Notre lecteur a déjà appris dans le chapitre IX, la façon d'entrer dans le silence, de détendre ses pensées et de diriger ses antennes spirituelles de telle sorte qu'elles captent de nouvelles intuitions. Mieux il s'exercera à le faire, plus le poste récepteur de son âme deviendra sensible.

Trine indique le vrai moyen pour entrer en contact avec la source de toute chose. « L'inspiration vient à nous, mais elle n'entre en nous que si nous l'écoutons. Plus nous sommes ouverts intérieurement, mieux nous l'entendons. Nous touchons ainsi directement à la source de la sagesse, au centre de force de toute vie. Tout existe là. C'est à nous d'établir la liaison. »

VOUS POUVEZ PLUS QUE VOUS NE CROYEZ !

L'homme ressemble à un navire qui ne marche jamais qu'avec la moitié de sa puissance. Il vit avec une partie seulement de sa force ; il voit les choses plus difficiles qu'elles ne sont, et lui-même plus petit et plus faible qu'il n'est. Il se croit lourd et s'enfonce. Il se croit incapable et renonce. Il s'imagine étroitement limité et se heurte partout aux murs qu'il a dressés lui-même. C'est l'étroitesse de son esprit qui rend sa vie mesquine et sans joie et lui fait dire : « La vie m'a épuisé, brisé. Je ne suis plus bon à rien ! » Il s'agit d'anéantir cet esprit négatif, cette illusion, car notre esprit n'est pas épuisé parce que la vie l'a déçu, mais la vie, au contraire, nous a déçus parce que notre esprit était paresseux. La vie a refusé de nous livrer ses richesses parce que nous lui avons refusé nos meilleures forces. Nous avons désavoué en grande partie, notre pouvoir créateur, et la vie nous a désavoués à son tour.

La réalité qui nous entoure est l'œuvre de nos pensées. Elle n'est étroite et misérable que lorsque nous ne déployons qu'une partie de nos facultés. En vérité nous sommes plus que nous ne paraissons. Et plus nous avons confiance en nous, plus nous découvrons de nouvelles forces en nous. Nous pouvons par nous-mêmes rendre notre bonheur plus parfait que nous ne l'avons cru possible jusqu'ici.

Les « belles heures du bonheur » ne viennent pas à nous gratuitement, elles sont créées par nous. Non seulement il nous est possible, mais c'est notre destination de faire que chaque heure de notre vie soit une « bonne heure ».

Nous devons rejeter toute hésitation et toute crainte, nous devons avoir plus confiance en nous pour libérer des forces plus grandes. Personne ne doit croire que ses limites apparentes sont les limites réelles de son être, car l'esprit n'a d'autres limites que celles qu'il se pose à lui-même. Toutes les forces, talents, capacités sont en nous n'attendant que notre confiance pour s'épanouir.

Chacun de nous possède non seulement les capacités qu'il a prouvées jusqu'ici, mais encore bien d'autres qu'il ignore. Elles nous sont en général révélées lorsque le besoin s'en fait sentir. Mais nous pouvons aussi anticiper sur ce besoin, et chercher à éveiller et à développer nos forces latentes par une prise de conscience de nous-mêmes, au cours d'une heure de silence et de calme, et nous dire alors : « Je croyais jusqu'ici manquer de tel ou tel talent, mais je vois maintenant qu'il me manquait simplement le stimulant nécessaire, pour le développer. » Or, il est des *stimulants spirituels* qui ont le même pouvoir et la même efficacité que les forces du destin — les échecs et le besoin — et le plus puissant des stimulants d'une faculté, c'est de l'affirmer avec foi et de la mettre à l'épreuve courageusement, ce qui suffit pour mobiliser les forces de l'âme.

Il est certain que l'accroissement d'une faculté est limité mais ses limites sont infiniment plus étendues que la plupart des gens ne le croient. L'homme est en effet l'être le plus susceptible de culture qui soit et ses possibilités grandissent en raison directe de sa confiance en lui.

*
* *

Une de mes connaissances, un fonctionnaire, fut tiré il y a quelque temps de son isolement volontaire et désigné pour une certaine mission qui l'obligeait à prononcer souvent des discours. Il craignait beaucoup au début de voir tarir ses idées intéressantes. Familiarisé avec les règles de notre nouvel art de vivre, il prit la résolution de se fortifier lui-même dans cet art. Il commença par se rendre compte qu'il n'avait développé jusque-là qu'une partie de ses facultés et notamment celle qui consiste à développer à l'improviste, logiquement et d'une façon persuasive, une longue suite d'idées.

Il commença à affirmer méthodiquement et à réveiller ses capacités latentes en se donnant des ordres chaque soir, afin de stimuler ainsi l'éveil de sa force intérieure. Il éprouva au début quelques désillusions qui entamèrent pendant quelque temps sa confiance en lui-même. Mais comme il ne cessa jamais de se donner des ordres, les idées nouvelles triomphèrent finalement. Il retrouva sa confiance en lui et l'accroissement sensible de ses forces l'encouragea à affirmer, plus que jamais, ses capacités. Il exerçait en même temps, tous les jours, inlassablement ses forces nouvelles en leur imposant des tâches toujours plus importantes. Il augmentait son savoir et se risqua à exposer librement des suites d'idées plus importantes.

Au bout d'un an, l'affirmation de ses forces devint chez lui une habitude, et maintenant il lui est possible de maîtriser n'importe quelle tâche en se jouant, sans jamais se laisser arrêter par une difficulté. Il est un témoignage vivant de la vérité que : « Ce n'est pas ce que l'homme sait, mais ce qu'il veut qui décide de sa valeur ou de sa nullité, de sa force ou de sa faiblesse. » Il ne redoute plus aucune tâche, car il sait maintenant, grâce à sa propre expérience, que l'homme peut plus qu'il ne le croit.

La puissance de l'homme est plus vaste que son horizon. Si

nous sommes en harmonie avec les forces de la vie, nous rendons possibles maintes choses impossibles. Il faut pour cela que nous soyons *conscients* d'une façon vivante de notre force et de notre pouvoir et que nous nous souvenions à chaque instant de notre identité avec l'Esprit de la Vie et de l'abondance. Il est nécessaire en plus, de surmonter la myopie de notre âme, car c'est faute d'avoir une vision correcte des choses que nous ne reconnaissons pas les occasions d'utiliser nos forces avec succès. L'art de prendre la bonne « distance » avec les choses, de connaître soi-même et ses forces, et de savoir se déterminer soi-même, sera notre prochaine tâche importante.

PRENDRE CONSCIENCE DE SOI

> « *A partir de cette heure, je me déclare libéré de toute limite imaginaire.*
>
> *Je vais où bon me semble, maître absolu de moi.*
>
> *J'écoute ce que disent les autres, m'arrêtant, cherchant, approuvant, méditant paisiblement, toutefois bien résolu à me débarrasser de toute attache qui voudrait me retenir.* »
>
> Walt Whitmann.

Plusieurs voies se présentent à nous pour atteindre les profondeurs de notre moi intérieur. Nous laisserons de côté celles qui ne correspondent pas à notre degré de maturité actuelle, et aux buts pratiques de notre vie. Nous suivrons ici le chemin le plus simple, celui qui ne requiert aucune connaissance philosophique, ni préparation quelconque. C'est le chemin du dévoilement conscient de soi-même dans le calme et le silence, le chemin du dépouillement progressif de tout ce que nous reconnaissons ne pas être notre *vrai moi*, mais une simple apparence périssable, un chemin sur lequel nous avancerons jusqu'à ce que plus rien ne demeure que le *Moi,* la réalité, l'impérissable.

Choisissons pour cette prise de conscience de nous-mêmes une heure aussi calme que possible, de préférence un dimanche, loin de l'agitation quotidienne. Pendant cette heure nous nous retirons du monde extérieur, et de tout ce qui ne fait pas réellement, essentiellement, partie de nous. Nous devons pendant cette heure rentrer complètement « en nous » pour apprendre qu' « il y a en notre âme des profondeurs telles que le sceau du philosophe ne peut y atteindre. » Descendons en nous-mêmes jusqu'aux ultimes racines de notre force, d'où provient notre puissance créatrice. Nous voulons découvrir derrière la multiplicité et la variété de notre être, la dernière unité, notre patrie secrète, le lieu où s'élabore notre destin.

Une exaltation consciente de l'âme est nécessaire avant que nous entrions dans le silence et commencions notre prise de conscience proprement dite, afin que notre cœur, car tout dépend ici de la pensée du cœur, soit mûr et prêt à faire la démarche décisive vers l'intérieur.

Nous pouvons trouver cette exaltation en nous pénétrant de la vérité des paroles de Vivekananda : « L'homme qui peut dire : je me connais moi-même entièrement et complètement, a atteint le degré le plus élevé de l'échelle humaine. »

Savez-vous seulement combien de puissance et de forces sont encore cachées en vous ? Des millions d'années ont passé depuis que l'homme a paru sur notre planète, et pourtant il n'a révélé jusqu'ici qu'une infime parcelle de sa puissance. Qui peut donc affirmer que nous sommes faibles, ou que nous avons atteint le point final de notre évolution ! Qui peut prétendre que cette apparente faiblesse ne dissimule pas grandeur et puissance !

Savez-vous seulement tout ce qu'il y a en vous ? En vous est l'océan de la puissance et de la béatitude divines. L'esprit divin est la seule chose que nous devons écouter, et à laquelle nous devons obéir. Nous devons reconnaître et affirmer nuit et jour notre unité avec Dieu. Nous devons répéter sans cesse jusqu'à ce que cela soit incorporé à notre chair et à notre sang : « *Je suis ! Je suis l'étincelle divine, éternellement brillante, qui ne nait ni ne meurt, bienheureuse, omnisciente, toute puissante !* »

Pensons-y sans cesse, remplissons-nous de cette certitude libératrice et laissons-la diriger nos activités. Tous nos actes seront alors transformés, spiritualisés, ennoblis par la puissance de Dieu en nous. Car si l'homme est puissant, l'étincelle divine est toute-puissante. Pénétrez-vous de cette idée que la toute-puissance demeure en vous. Faites retentir le monde de l'annonce de cette vérité afin que soient anéantis la superstition et le scepticisme.

Répétez-le sans cesse à ceux qui se croient faibles afin

qu'ils reconnaissent leur puissance ! Appelez-les à secouer leur illusion de faiblesse, à s'éveiller à eux-mêmes, à se redresser, à révéler leur nature éternelle et à affirmer leur force intérieure. Dites-leur que c'est offenser Dieu que de se considérer comme de pauvres pécheurs. En secouant cette illusion ils éveillent la flamme divine en eux et deviennent les maîtres de la terre.

*
* *

Après cette méditation, retirons-nous dans le calme et le silence. Lorsque tout en nous aura fait silence, mettons au centre de notre conscience la tâche de nous trouver nous-mêmes.

Nous allons donc avancer dans cette voie, l'étudier étape par étape, jusqu'à ce que nous ayons saisi tout son enchaînement.

Lorsque je dis « Je », je n'ai d'abord qu'une notion vague de ce « je ». Je le ressens en premier lieu comme la somme de tout ce que je considère être à moi — corps, âme, esprit, sens, idées, sentiments, désirs, habitudes, connaissances, cœur, caractère — bref, tout ce que je suis à l'intérieur comme à l'extérieur, tout ce que j'ai, de visible et d'invisible, de conscient et d'inconscient.

Je veux mettre de l'ordre dans ce chaos.

Je séparerai d'abord tout ce qui est une expression extérieure de ce moi, de ce que je ressens comme « intérieur », essentiel, indivisible et propre à moi seul. Je me demanderai à propos de tout ce que je rencontrerai sur le chemin de mon moi intérieur : n'est-ce qu'une expression de moi-même, ou bien est-ce l'ultra profond, l'indubitable ? Je poserai d'abord cette question à mon corps, à ses sens. Après un bref examen, j'arrive à conclure que le corps et les sens ne sont pas mon vrai moi. Ils sont nécessaires à l'expression, la manifestation de moi-même, mais ils ne sont pas le moi réel. Si mon corps était mutilé, et que je perde plusieurs membres à la suite d'un accident, si quelques-uns de mes sens cessaient de fonctionner, je resterais pourtant moi-même, entier et intact. Mon corps se fait et se défait sans arrêt. Tous les sept ans il est complètement renouvelé jusqu'à la moindre cellule. Le corps de mon enfance n'est plus celui de mon âge mûr. Mais moi, je demeure toujours le même.

Mon corps et mes sens sont mes outils. Ils sont destinés à changer et à périr, mais moi je suis. C'est la première certitude qui s'éveille dans mon cœur lorsque je rentre en moi-même.

Je pose ensuite la même question à mes pensées et à mes sentiments. Après quelque réflexion, je me rends également compte, que ni les idées ni les sentiments ne sont le Moi. Ils ne sont pas identiques à moi, mais des moyens d'expression de moi-même. Je peux analyser mes pensées et mes sentiments, remonter jusqu'à leurs racines, et les modifier par moi-même. Mais mes pensées ne peuvent pas me saisir, m'analyser et me transformer. Je ne suis pas la pensée, le réseau varié des idées, inspirations, opinions, jugements, connaissances ; je ne suis pas non plus la faculté de penser, ni la mémoire, car je suis, et je sais que ma mémoire est forte ou faible, ou tout à fait affaiblie.

Les pensées et les sentiments sont mes outils. Moi, je suis l'artiste. J'ai des pensées, mais ne suis pas la pensée, ni une somme de pensées, je suis le Penseur.

En pénétrant plus profondément encore en moi, je demande à mon cœur : « Suis-je de la même essence que mes penchants, mes habitudes, mon caractère ? Et là encore j'arrive à la même conclusion : ni mes penchants, ni mes habitudes, ni mon caractère ne sont moi. Je puis les éduquer ou les réformer sans que ces changements me touchent. Je ne suis pas identique à ces expressions de moi-même. Elles sont mes créatures, mais non moi-même.

Mais je me demande encore : suis-je donc la volonté ? Et alors me revient à l'esprit les définitions des philosophes qui ont appelé la volonté tantôt le fondement de l'univers, la source de la conscience, l'essence profonde de l'être, l'objet en soi de la vie. Mais je ne me laisse pas induire en erreur. Je veux me rendre compte par moi-même, ne rien accepter de ce que l'esprit des autres considère comme vérité. Après un nouvel examen de conscience, je reconnais que la *volonté n'est pas non plus le Moi.*

La volonté est conditionnée, contrairement à mes sentiments, mes pensées et mes désirs, uniquement par moi-même. Mais la volonté n'est pas le Créateur mais un moyen de puis-

343

sance de mon moi. Ma volonté peut être forte ou faible, elle peut être active ou endormie, elle peut être dirigée vers un but, ou dispersée et elle peut se transformer. Tandis que moi, je suis toujours éveillé et pareil à moi-même. Je ne suis donc pas la volonté, ni la somme des aspirations de ma volonté, mais celui qui veut.

Je continue mon interrogatoire. Ne serais-je pas la conscience, celle qui se connaît elle-même, la somme, ou plutôt, le lien de mes états d'âmes et de mes expériences ? Mais ici aussi mon examen me permet rapidement de conclure que la conscience non plus n'est pas moi.

L'océan des images de la conscience est plus ou moins vaste, parfois il est paisible sous les rayons de la lune, parfois il est furieusement agité par la passion. Mais tout ceci n'est pas moi. Je ne suis pas cet océan dont la surface varie sans cesse, ni les profondeurs dans lesquelles il s'abîme. Je suis le créateur des images de l'océan de la conscience.

Ma conscience est la circonférence, dont je suis le centre. Je puis examiner l'une après l'autre, les images de ma conscience, et reconnaître qu'elles ne sont pas partie intégrante de mon être. Je puis les laisser couler à travers moi, jusqu'à la dernière, sans que rien en moi ne change. Ma conscience est un moyen, mais je suis le médiateur, elle est une propriété, une faculté de connaissance, mais non le connaisseur.

Ma conscience est un état, elle est le rapport que j'ai avec les choses du monde, mais non le Moi.

C'est moi qui détermine ce rapport. Je rassemble d'abord les données de ma conscience, j'y pense, je leur donne un sens, je conclus, je termine, je distingue et décide. Si je n'étais pas, il n'y aurait ni perception, ni jugement.

Je suis celui qui perçoit, le maître de toutes les perceptions, le voyant, le censeur et ordonnateur de tout état de conscience, celui qui apprécie, qui décide.

Après m'être rendu compte de tout cela, je poursuis mon chemin vers l'intérieur et continue à questionner : l'inconscient est-il moi ? Là aussi je reconnais, après un examen approfondi des caractéristiques de l'inconscient, que ce n'est pas le Moi. Car l'inconscient est, lui aussi, variable, tandis que moi, je suis l'invariable au milieu de toutes les variations.

L'inconscient est comme le conscient, une multiplicité temporelle, mais moi, je suis l'éternel-unique. Ma conscience et mon inconscient sont des masques et je suis derrière ces masques. Lorsque je les enlève, je demeure moi-même. Le conscient et l'inconscient sont un produit, non l'ultime réalité, et non le réalisateur.

Le Moi n'est ni la chose perçue, ni la perception, mais celui qui perçoit, le connaisseur, conscient de lui-même. Une dernière question surgit alors en moi : cette conscience de moi-même est-ce mon moi ? Une fois de plus je reconnais, en me scrutant profondément que la conscience de soi-même n'est pas non plus le Moi.

Si j'écarte tout ce que je reconnais être le non-moi, il ne reste apparemment en dernier lieu que la conscience de moi-même.

Ici apparaît la grande limite, au-delà de laquelle il ne reste plus rien à séparer de moi. Cette frontière marque-t-elle la fin de mes recherches ? Est-ce l'aurore qui rougeoie au-delà de la frontière, annonciatrice du soleil de mon éveil à moi-même ? Non, cette frontière ne me retient pas. Je la franchis et reconnais alors que la *conscience de soi* n'est pas le noyau, mais la dernière enveloppe, le masque le plus transparent.

Je laisse également tomber ce masque et m'avance, au-delà de ma conscience périssable, vers *l'être*.

A cet instant les premiers rayons du soleil intérieur s'élancent vers le ciel, et le soleil de la conscience d'être soi s'élève triomphalement de l'aurore de la conscience de soi.

Et maintenant s'éveille en moi cette connaissance libératrice : « Je suis au-dessus de tout ce qui est visible et invisible, de tout ce qui est conscient et inconscient. Je suis l'être, l'être transcendant, non soumis au changement, celui qui détermine tout changement ; je suis l'absolu, l'inconditionné qui conditionne toute chose. *Je suis celui qui est !* Je suis l'esprit flamboyant supérieur au destin, qui dispose du hasard, puissant en toute chose, la force intérieure, la force primordiale ! »

*
* *

Nous trouvons ainsi le *Moi* au-delà de notre conscience, la seule chose certaine parmi les choses douteuses, l'absolu, derrière le relatif, l'infini dans le fini, le Divin derrière l'humain.

Ce « Je suis » c'est le Penseur en nous, le génie, notre guide et aide intérieur, maître du sort et des événements. Et nous reconnaissons encore autre chose après avoir franchi les dernières frontières : c'est que le « Je suis » est le point où l'individuel et l'universel se touchent, que nous sommes la force, conformément à notre être intérieur, et que cette force émane d'une cause première que nous reconnaissons être Dieu, l'esprit de la Vie, la base des mondes, la force infinie universelle.

Et voici qu'au terme de notre examen de conscience, tombe le dernier voile de l'ignorance de nos yeux ivres de vérité, et que pareille à mille soleils s'élève en nous la connaissance : *Je Suis !* Je suis inséparablement uni au Divin.

Cette reconnaissance exaltante de mon unité d'essence avec le Très-Haut fait éclore en moi un courage renouvelé, et une confiance dont la flamme ne pourra plus s'éteindre. Je reconnais avec des sens nouveaux et plus lucides que tous les grands hommes de tous les temps ont vécu le même éveil, pour se trouver eux-mêmes, qu'en eux tous a jailli la force intérieure qui les a reliés à l'esprit dominant les mondes et au monde de l'esprit.

SOYEZ VOUS-MEME !

L'exigence : « Connais-toi toi-même ! » a pour corollaire inévitable : « Sois toi-même ! » Obéir à cette exigence est le commencement véritable d'une nouvelle orientation de la vie. La plupart des gens ont renoncé à eux-mêmes sans s'en apercevoir. Ils jalousent les autres et vivent ainsi dans les autres. Ils voudraient être heureux « comme les autres », riches « comme les autres ». Or, il est impossible d'être heureux tant qu'on aspire à être « comme les autres ». Celui qui ne s'efforce pas d'être lui-même, quitte la voie de sa vie propre et s'égare vers la misère et la souffrance.

Nous devons nous centrer sur nous-mêmes. Nous devons, au lieu de nous abandonner aux choses, les dominer en notre for intérieur. Nous devons occuper notre place dans le monde sans être un objet du monde. Nous devons nous mouvoir dans le monde, non comme l'eau dans le bateau, mais comme le bateau dans l'eau, sans laisser pénétrer en nous la vie extérieure, et sombrer en elle.

Le but de chaque vie est la *complète réalisation de soi-même* « être soi », c'est-à-dire l'expression et l'accomplissement parfaits de la destinée intérieure dont la vie est la base, que ce soit dans le domaine spirituel, social ou pratique.

Nous n'avons pas à nous aligner sur les autres, mais à suivre les lois de notre être et de notre devenir. Nous pouvons pour le faire, nous inspirer de nombreux exemples, mais nous ne devons pas nous perdre nous-mêmes par vénération de ces exemples. Celui qui se fie au jugement des autres plus qu'au sien propre renonce à son seul point d'appui certain et devient incapable de maîtriser sa vie par ses propres forces. *Celui qui compte sur les autres s'abandonne.*

Penser soi-même ! juger soi-même ! décider soi-même ! agir soi-même ! être soi-même ! Voilà ce qui importe. Il faut être son propre éducateur et son juge, son propre censeur, son propre légiste. Soyez vous-même ! « Soi-même » ce n'est pas l'homme extérieur, entre chaussures et chapeau, mais l'infini en nous, non le « Je » terrestre mais l'éternel « Je suis ».

Soyez vous-même, cela veut dire : retirez-vous en vous-même, retournez en vous aux sources de votre force, ne soyez, ni dans votre vie quotidienne ni dans votre vie intérieure, le reflet de pensées étrangères, mais une source de pensée, de volonté et d'activité personnelle.

Soyez vous-même ! c'est-à-dire, retirez-vous souvent dans le silence et le calme, car ainsi votre vie deviendra ce qu'elle doit être, une vie qui mène toujours plus haut. Conduire l'homme à lui-même est le sens original, et la tâche la plus noble de toute culture. Schiller dit : « La culture doit libérer l'homme et l'aider à réaliser pleinement l'Idée de l'homme. Elle doit donc le rendre capable d'affirmer sa volonté, car l'homme est l'être qui veut ! » Fichte considérait de même comme un devoir de la culture, « de mettre en œuvre toutes les forces afin d'arriver à l'indépendance complète vis-à-vis de tout ce qui n'est pas nous-mêmes, notre vrai moi. »

« Soyez vous-même » ! veut donc dire : soyez pleinement conscient de votre vrai « Je suis », et faites-en l'ordonnateur et le guide de votre vie. Aristote disait : « Ce qui est le plus conforme à la personnalité où à la nature de chacun est ce qu'il y a de meilleur et de plus salutaire pour lui. »

Celui qui peut vivre entièrement de lui-même et de sa force « ne ressemble, comme dit Gracian, en rien à l'animal, il ressemble pour beaucoup, au sage et en tout à Dieu ». Tel est le chemin vers le complet épanouissement de notre force créatrice, vers la source de nos possibilités illimitées. Là est la clef d'une vie réussie.

Nous devons nous exercer quotidiennement à prendre conscience de ce « Je suis », afin d'avancer dans notre réalisation personnelle, en nous répétant sans cesse ces brèves paroles si lourdes de sens : « Je suis », afin que leurs vibrations élevées accordent peu à peu chaque force de notre âme, et chaque cellule de notre corps au diapason de notre « Je suis » et les fassent monter à sa hauteur.

Pensons, sentons, disons, « Je suis », et agissons en tant que « Je suis ». Comportons-nous comme si nous étions déjà entièrement nous-mêmes, comme si c'était le « je suis » qui agisse à travers nous. La parole deviendra bientôt certitude, et la certitude deviendra force, et cette force un point d'appui, un asile de paix au-dessus de toutes les misères terrestres.

Je suis ! — c'est la protection la plus sûre que nous puissions trouver en ce monde, car « Je suis » est plus fort que le destin. Et c'est pour cela que nous devons, dès à présent, prendre pour sujet de nos méditations habituelles, ces pensées :

« Je suis libre, libéré de l'erreur, car je suis la sagesse ; libéré de la défaite, car je suis la victoire ; libéré de toute limite, car je suis moi-même l'illimité éternel ; libéré de la faiblesse, car je suis la force et la puissance ; libéré de toute obscurité, car je suis la lumière, le soleil.

Je suis libre, je ne suis lié par rien et à rien si ce n'est à la Volonté Divine qui est la suprême liberté.

CONDITIONS NECESSAIRES
POUR MAITRISER LE DESTIN

S'aider soi-même, par la connaissance de soi, tel est le but que nous devons atteindre. Mais la conscience de soi n'a de valeur que si elle engendre des actes, et s'il en découle la volonté de se diriger soi-même.

Mais avant que cette volonté s'éveille et puisse agir pour notre bien, il faut remplir encore quelques conditions nécessaires pour arriver à une maîtrise parfaite de soi et du destin, dont la plus importante consiste à se libérer consciemment de l'idée de possession. Ne croyez pas que vous soyez déjà libre parce que vous vous êtes trouvé et êtes résolu à être vous-même. Vous traînez encore, sans vous en apercevoir, nombre de chaînes derrière vous dont la plus lourde est l'attachement aux choses. Personne ne peut servir deux maîtres et être dévoué en même temps à soi et aux choses. Tant que nous en sommes esclaves, la plus grande partie de notre force ne se développe pas. Ce n'est qu'en nous tournant vers nous-mêmes, en considérant la force en nous supérieure à tout et en la faisant agir à travers nous que nous libérons des choses et devenons leur maître. Il s'agit également de changer d'attitude envers nos possessions, et de nous demander si nous posssédons nos biens ou si nos biens nous possèdent ?

La plupart des gens passent continuellement d'une dépendance à une autre : aujourd'hui ils dépendent du temps, demain leur bonheur dépend de la possession de telle ou telle chose, après-demain il dépend d'une personne, et presque toujours de l'argent. Ils sont constamment possédés par quelque chose. Ils ne se sont pas encore rendu compte que « nous dépendons toujours de ce à quoi nous sommes suspendus ! »

Il en est pour beaucoup de gens avec leur avoir, comme pour le singe qui voulait voler une poignée de riz que son maître avait mis dans une courge vide. A peine le singe eut-il le riz que le riz le posséda. La main tendue s'était introduite aisément dans l'étroite ouverture de la courge, mais le poing fermé ne pouvait plus en ressortir, et le singe n'était pas assez sage pour lâcher le riz.

Ne nous moquons pas du singe ! car la plupart d'entre nous n'ont pas encore appris, afin d'être libres, à se détacher des choses qu'ils possèdent, et qui en réalité les possèdent. Ils se cramponnent souvent à leurs biens jusqu'à ce que le destin les délivre douloureusement de cette obsession.

Que de choses nous avons amassées autour de nous croyant servir notre bien. Mais en réalité nous servons ces choses au lieu qu'elles nous servent : nous les collectionnons, les soignons, les époussetons, leur donnons la meilleure place dans notre foyer et dans notre cœur, leur consacrons notre temps, notre force, notre attention, et nous nous sacrifions parfois même pour ces objets inertes, qui n'ont d'autre valeur que celle que nous leur attribuons. Apprenons peu à peu à jouir de tout sans nous attacher. Les choses dont nous ne reconnaîtrons plus le pouvoir sur nous deviendront nos meilleurs serviteurs. Le vieil adage « *Toute chose est digne de me servir, mais aucune ne l'est assez pour être mon maître* », doit nous servir de ligne de conduite.

Le sage ne dépend de rien que de lui-même. Il est comme le pommier qui n'est pas attaché à ses pommes, ce sont ses pommes qui dépendent de lui, et lorsqu'on les cueille il n'est pas triste, il redresse au contraire ses branches et reprend de nouvelles forces pour refleurir la saison prochaine, et donner de nouvelles pommes à la vie.

Nous devons nous élever intérieurement au-dessus des choses qui veulent nous asservir, comme ce stoïcien qui répondit jadis à la foule terrorisée par un tremblement de terre et qui hurlait : « C'est la fin du monde ! » : « Tant pis pour vous, moi je peux m'en passer ! » Il n'était nullement ému par cette menace d'écroulement de toutes choses, car il ne se sentait ni lié, ni conditionné par celles-ci. Il avait trouvé en lui celui qui conditionne toute chose, son vrai « Je suis », et savait qu'en lui était la source de toute chose, que tout pouvait périr dans le tumulte des événements, car en lui était l'impérissable.

Nous sommes soumis à la loi du « meurs et deviens » et enchaînés de ce fait à la souffrance, dans la mesure où notre cœur est attaché aux objets périssables. Nous ressentons l'écroulement de nos biens comme s'il s'agissait de nous-mêmes, et nous en souffrons.

Nous ne possédons véritablement les choses que lorsque leur perte ne nous touche plus, parce que nous savons que nous sommes toujours unis avec ce que nous aimons. Nous vivons alors en elles et elles vivent en nous, nous grandissons avec elles, sans quitter notre point central.

Sans quitter notre centre ! c'est là qu'est la vigueur des forts. C'est de là qu'il faut se déterminer pour avoir du succès. Plus nous nous éloignons de nous-mêmes, plus notre vie est dure à supporter. Plus nous nous donnons aux choses étrangères à nous et notre moi intérieur, plus notre chemin est encombré d'obstacles.

Aussi pour achever notre prise de conscience de nous-mêmes prenons la décision à partir de maintenant, de tenir en main le gouvernail de notre vie, de déterminer nous-mêmes l'orientation de nos pensées et de notre vie, d'être nous-mêmes et assurés de notre union avec la force de l'Eternel.

Si nous possédons cette certitude nous avons la faculté de nous déterminer. Si nous sommes décidés à gouverner nous-mêmes notre vie, nous restons indifférents à l'écroulement des choses autour de nous, à la flétrissure de notre enveloppe physique et à la fuite du temps ; nous sommes remplis de cette conscience de la liberté que Walt Whitman, le Voyant, a chantée jadis dans ses *Chansons de la Grande Route* :

> « A pied et le cœur léger je vais devant moi,
> Bien portant, libre, le monde devant moi,
> La longue route brune devant moi
> Me mène où bon me semble.
> Désormais, je ne cours pas après la fortune ;
> Je suis moi-même la fortune. »

SE DETERMINER SOI-MEME

> « Le sentiment d'indépendance naturel
> est rehaussé par la conviction de s'être éle-
> vé par ses propres forces et sa volonté au-
> dessus de conditions modestes, de s'être
> éduqué et cultivé soi-même, de ne devoir
> ses mérites qu'à soi-même et de pouvoir
> maintenir et multiplier de tels avantages
> par des aspirations spirituelles élevées. »
>
> Gœthe.

La chose principale, dit Gœthe, est « d'apprendre à se gouverner soi-même ». Sans détermination de soi, pas de détermination de son succès. Qu'est-ce à dire ? Se déterminer justement c'est être capable de se gouverner soi-même, et c'est le résultat de la connaissance de soi. Dès que nous connaissons le noyau de notre être, nous commençons naturellement à tout ordonner par rapport à ce point central. Nous savons que l'étoile de notre destin gravite autour de lui et non de nous. Nous sommes destinés à être notre propre maître et par suite, l'ordonnateur supérieur de notre destin.

La pratique de l'autodétermination n'est nullement limitée à ce chapitre, tout l'enseignement qui va suivre concerne ce but élevé. Dans ce chapitre il s'agit seulement de poser les bases de certaines qualités qui faciliteront notre développement ultérieur : nécessité de conserver une humeur égale dans toutes les situations, d'éviter consciemment la colère ou la mauvaise humeur, et d'adopter un rythme vital étranger à la hâte et à la précipitation.

En un mot, le but de ce chapitre est l'harmonisation. La volonté de la vie est l'harmonie, soit l'accord parfait entre notre façon d'agir et de penser et les lois de l'existence. Etre harmonieux c'est être équilibré, et cela signifie en pratique, rester toujours calme, et maître de ses nerfs, adopter une juste attitude envers les objets et les circonstances, et déterminer nos succès d'une façon réfléchie.

La première condition d'une parfaite harmonisation consiste à conserver en toute occasion, une *humeur égale*, ce n'est pas seulement là une condition de supériorité dans la vie, mais aussi une disposition favorable au succès. L'égalité d'humeur s'apparente au courage. C'est avec raison que l'égalité d'humeur est placée dans la philosophie grecque à côté des vertus cardinales : la bravoure et la justice. L'égalité d'humeur passait chez les anciens Germains pour la plus royale de toutes les vertus masculines. La sérénité de l'âme, le calme pareil au lisse miroir de l'eau d'un fjord sous le soleil, la tranquillité du cœur était pour eux le signe distinctif de la maturité d'âme.

Conserver une humeur égale c'est garder son équilibre, ce qui signifie être plus forts que ceux qui perdent leur calme, qui ne sont pas stables et forts, mais instables et faciles à influencer. C'est aussi ne pas prendre immédiatement envers toute chose une attitude tranchante mais garder une sage réserve, et réfléchir avant de prendre parti : ne pas se laisser égarer par des arguments spécieux, mais laisser décider notre guide intérieur. Rester d'humeur égale ne veut nullement dire être indifférent. L'égalité d'humeur réagit positivement, l'indifférence ne réagit pas du tout. L'égalité d'humeur favorise le discernement, l'indifférence en manque souvent. L'homme calme est généralement le conseiller des agités. « Ecoute, regarde et tais-toi », conseille Gracian : « Vivre tranquillement c'est vivre longtemps, vivre agréablement c'est vivre doublement. Celui qui ne tient à rien est toujours comblé. Il n'y a pas de pire erreur que de tout prendre à cœur. »

Garder une humeur égale est la base d'une organisation rationnelle, ce qui veut dire éviter les pensées et les actes inefficaces, jeter tout ce qui est étranger à notre âme, ne pas se laisser accaparer, importuner, diriger, influencer par les autres, mais prendre ses décisions soi-mêmes.

Une sensibilité exagérée, qui prend à tort chaque vétille pour une humiliation ou une offense, est un signe d'étroitesse d'esprit. La tendance à réagir négativement sans raison est à la mesure de cette étroitesse d'esprit.

Par contre, celui dont l'humeur est égale domine son mental ; il est en mesure de voir plus clairement ce qui peut lui être utile ou non, de prendre des résolutions judicieuses, et d'agir pour le mieux. Ainsi, la sérénité de notre cœur et l'égalité de notre humeur ne sont pas des facteurs négligeables pour la prospérité de notre vie.

Ce que Gœthe glorifie dans la grandeur s'applique entièrement à l'égalité d'humeur : « Qu'est-ce que la grandeur ? Si ton cœur n'est pas plus grand que celui des autres, si tu n'es pas capable de te mettre tranquillement au-dessus des contingences qui inquiètent l'homme ordinaire, tu n'es, malgré tes rubans et tes décorations, qu'un homme ordinaire. » Seul atteint les plus hauts sommets celui qui ressent avec calme, pense largement, et agit avec grandeur.

Il faut comprendre cela, l'apprendre et s'y exercer. Mais voyons encore plus clairement les règles de cet art. Toute émotion, tout mouvement de l'âme implique une tension. Il dépend de nous que l'effet de cette tension soit positif et créateur ou négatif et nuisible. La plupart des gens se laissent dominer par leurs émotions, au lieu de les dominer. Ils s'irritent, s'emportent, *s'indignent*. S'indigner c'est se dépouiller de sa dignité naturelle, de sa meilleure arme, de sa force d'âme. L'indigné est désarmé et en proie à l'imprévu. Il ne reconnaît plus ce qui est nécessaire pour vaincre un mal, il se précipite et succombe.

L'homme ordinaire est l'esclave de ses émotions. Par conséquent, il n'est pas libre. Par contre, notre lecteur apprend à être maître de ses sentiments et à transformer ses états d'âme négatifs en états d'âme positifs. Cette tâche nous occupera cette semaine et les semaines suivantes.

Il existe des gens passés maîtres dans l'art de larder les autres de coups d'épingles afin qu'ils s'indignent et se désarment. il s'agit d'opposer une résistance d'acier à ces tentatives de toucher les endroits faibles de notre âme, il s'agit de conserver sa sérénité et son empire sur soi, de s'armer d'avance contre les attaques de la jalousie et de la méchanceté, de ne jamais se départir du sentiment de sa supériorité intérieure. Etre toujours calme, dit Gracian dans une de ses règles de vie, montre un homme au grand cœur. Car tout ce qui est grand est difficile à mouvoir. Il faut être entièrement maître de soi, et assez grand pour ne jamais découvrir son côté faible, que ce soit dans le bonheur, ou le malheur, mais s'imposer au contraire par la supériorité de son calme. Avoir des rapports avec les querelleurs c'est un peu comme jouer avec un chat. Il s'agit de savoir éviter adroitement ses griffes.

*
* *

« Veille à garder, dans les temps tourmentés, ton cœur d'humeur égale et sereine. » Il est plus facile de suivre ce conseil d'Horace si nous nous souvenons que les autres ne peuvent nous offenser que dans la mesure où nous nous laissons offenser par eux. L'homme est capable de se protéger contre les blessures et les offenses de l'âme par la rectitude de la pensée. Il suffit souvent de se donner un ordre pour apaiser les révoltes de l'âme, ou encore de se pencher sur les souffrances, bien plus grandes, de notre prochain, pour revenir à la raison.

Dans les prochains chapitres nous apprendrons, en outre, à examiner sérieusement le sens de tout ce qui nous atteint, et à ne pas répondre immédiatement à chaque impression par l'expression de nos sentiments, à ne plus être « hors de nous », mais à rester tranquillement « en nous », concentrés, conscients de notre force et de l'invulnérabilité de notre âme.

Regardez les sages, ils peuvent supporter beaucoup de choses, et même les insensés, autour d'eux. Ils nous enseignent que la moitié de la sagesse consiste à « pouvoir supporter ». Le sage ignore les sots — ou essaie d'en tirer quelque chose. La force que les sots emploient pour l'attaquer peut lui être utile pour enfoncer une porte fermée.

Si haineuse que soit la charge de l'adversaire contre lui, le sage se garde de troubler son esprit par des pensées ou des actions viles. Il prend soin que ses actes, même lorsqu'il se défend, servent le bien commun. Seul celui qui pense ainsi conserve l'avantage.

De même, celui qui pratique le Nouvel Art de Vivre se dit, si quelqu'un l'insulte : « Ce que celui-là pense de moi m'indiffère, si le Dieu en moi approuve ma façon d'agir », et se souvenant de l'ancienne maxime allemande : « Je ne fais pas plus attention à celui qui me déteste qu'à l'eau de pluie qui tombe du toit. Il a beau être jaloux de moi, il est bien obligé de supporter que Dieu me vienne en aide. »

Mais si quelqu'un a partiellement raison de nous critiquer, s'il touche un point sensible en nous, prenons-le en considération et disons-nous :

« Je suis seul responsable de mes pensées, de mes actions. Si je n'ai pas encore atteint mon idéal de perfection, c'est à moi de penser et d'agir plus droitement. Le jugement des autres m'incite à ressembler toujours plus à l'image idéale de moi-même ! »

Alors nous ne réagissons plus par la colère, la haine ou l'idée d'être offensés, mais par des pensées de reconnaissance, car celui qui nous rend conscients d'un défaut nous est utile. Ne jamais paraître surpris, mais exprimer plutôt un léger doute, afin d'inciter l'autre à en dire plus qu'il n'en avait l'intention. Un ennemi qui nous dit la vérité est plus utile à notre perfectionnement qu'un ami qui nous flatte.

On arrive à acquérir l'attitude d'âme convenable et à la conserver durablement, par d'autres moyens encore, et surtout par la méthode d'agir « comme si... ». Il s'agit de conserver en toutes situations l'attitude extérieure, que ce soit en face des petites contrariétés de la vie quotidienne ou bien des coups plus importants que nous réserve la vie, de surveiller toujours l'expression de notre visage et de ne jamais trahir nos émotions par notre attitude.

Si nous tenons bien en main les rênes de notre moi intérieur, notre extérieur s'apaisera également. Cette règle est tout aussi juste en sens inverse. En ayant toujours l'aspect détendu et l'humeur égale, en surveillant notre expression, nous dominons notre moi intérieur et devenons plus calmes. Quand nous considérons l'état désiré de constante paix intérieure comme étant nôtre et agissons en toute circonstance comme si une paisible égalité d'humeur était chez nous une habitude innée, nous éveillons notre confiance en nous-mêmes, nous fortifions notre pouvoir de nous déterminer et devenons intérieurement calmes et maîtres de nous.

Cette manière d'agir « comme si... » a des effets psychophysiques considérables dans la vie. Celui qui agit comme s'il n'avait pas de soucis, met en fuite bien des ennuis. Celui qui agit comme si rien ne pouvait le distraire, s'immunise peu à peu contre tout dérangement. Celui qui agit comme si rien ne pouvait le fâcher finit par ne plus être contrarié. Celui qui agit comme s'il était supérieur aux autres gagne le respect de beaucoup de gens. Celui qui agit comme s'il avait du succès en tout réussit plus facilement.

Voici encore quelques procédés utiles :

1. — Voici un exercice d'apaisement pour ceux dont le tempérament a besoin d'être freiné. Asseyons-nous pendant quelque temps, chaque jour à la même place, et à la même heure devant un miroir. Après avoir détendu notre corps et notre mental, dirigeons notre regard sur notre image réfléchie, et précisément sur la racine du nez entre les yeux. Ne faisons aucun mouvement et pendant que nous sommes assis, avec une immobilité de statue, nous diminuons au maximum et sans effort, l'intensité de notre respiration.

A mesure que notre respiration se ralentit, un sentiment de complète détente s'empare graduellement de nous, comme si de l'huile avait été versée sur la surface houleuse de notre âme. Nous pouvons alors passer à la méditation. Nous dirigeons nos pensées sur le sentiment agréable de la tranquillité du cœur, de la grande paix dont nous jouissons quelques instants dans une totale immobilité intérieure. La béatitude exige, pour durer, de l'immobilité.

Le sentiment de paix diminue au bout d'un moment. Nous pensons de nouveau à notre respiration. Aspirons et expirons profondément, et retournons à notre travail avec un sentiment accru de paix et de force. Au bout de quelques jours le calme commencera à régner en nous, nos gestes seront moins brusques et précipités, et notre travail prendra un rythme harmonieux.

2. — Des méditations sur la force peuvent aussi remplacer l'exercice précédent. Elles peuvent avoir pour thème la pensée suivante :

« Je suis un avec la force en moi. Elle me remplit complètement et transforme l'agitation et l'excitation en calme réflexion ; elle fait que j'atteindrai *mon* but sûrement et certainement. »

3. — Les ordres que l'on se donne le soir peuvent com-

pléter cette méthode. Concentrons-nous tous les soirs avant de nous endormir, sur la pensée suivante :

« Je me réveillerai demain matin frais et vigoureux, et je respirerai la force et le calme. Je suis toute la journée un centre de repos. Mon calme domine tout — ce que j'entreprends me réussit ! »

4. — L'habitude d'analyser tout ce qui nous trouble et nous met de mauvaise humeur, d'en discerner les éléments, et de reconnaître leur peu d'importance, peut nous aider à conserver notre sérénité. Cette façon consciente de disséquer ce qui nous incommode est souvent plus efficace que de nous en détourner. On se dérobe de cette manière à l'influence des huit causes qui troublent l'âme de l'homme ordinaire : gain, perte, réputation, déshonneur, louange, critique, bonheur et malheur.

5. — Schopenhauer indique, lui aussi, un moyen efficace : Mettre un frein à notre imagination ; ne pas lui permettre de nous représenter à nouveau en de vivantes images, les injustices, préjudices, pertes, offenses, manque d'égards, mortifications que nous avons subies, car nous réveillons ainsi les ressentiments et les colères assoupies depuis longtemps, et notre âme se ferme de nouveau.

Le Néo-Platonicien Proclus le dit déjà dans une de ses paraboles : « De même que dans une grande ville, le bas peuple vit côte à côte avec les nobles et les gens distingués, ainsi existe en chacun de nous, même chez le plus noble et le plus élevé des hommes, les instincts les plus bas, les plus vulgaires de la nature humaine, ou même animale. » Cette plèbe ne doit pas être encouragée à la révolte, ni même se montrer, car elle est hideuse à voir. L'imagination en est le démagogue. C'est elle qui fait que la plus minime contrariété, causée par les hommes ou par les choses, peut s'enfler jusqu'à être un monstre redoutable et nous mettre hors de nous, à force d'être couvée, grossie et peinte de vives couleurs. Il faut, au contraire, envisager toute contrariété très prosaïquement et de sang-froid, afin de la supporter facilement.

Nous terminons ces pertinentes réflexions par une ferme résolution :

« Je suis libéré de tout ce qui m'opprimait jadis. J'ai reconnu son impuissance, cela ne me touche plus. Je suis constamment tranquille et maître de moi, et je domine toute situation. Je suis égal à tout ce qui m'atteint et le maîtriserai ! J'aime et j'affirme tout ce qui me fait avancer, qui me rend libre, fort, meilleur, et multiplie mes succès. Je décide de ma vie, j'en suis le Roi et le Maître ! »

PLUS DE COLERE A PARTIR D'AUJOURD'HUI !

L'obligation de conserver une humeur sereine, est inséparable de la nécessité de maîtriser de plus en plus notre mauvaise humeur et notre irritation, car se fâcher rend toute chose plus déplorable. La colère a des effets nocifs : elle augmente la nervosité, dérègle le cœur, provoque des troubles digestifs, de l'agitation, fait monter la tension artérielle ; elle agit sur la respiration et sur certains centres nerveux et nous fait perdre la maîtrise de nous-mêmes. De toutes façons, la colère est mauvaise. Chaque minute de notre vie empoisonnée par la colère se traduit par une perte matérielle, car les sentiments de déplaisir qui accompagnent l'irritation, freinent de plus en plus nos possibilités de succès. L'irritation commence envers de petites choses, grandit et envahit nos tâches les plus importantes et nos décisions qu'elle pénètre de la sombre grisaille du découragement.

Se fâcher c'est s'affaiblir soi-même, car à ce moment-là les forces intérieures se retirent en profondeur. A cette dépression des forces intérieures correspondent une dépression de l'humeur et de l'activité, et un manque d'entrain résultent des erreurs et des revers. Au lieu d'amener les choses à nous servir, nous faisons qu'elles nous nuisent. Ce qui nous irrite s'attache à nos pas, et finalement les décisions que nous prenons dans un mouvement de colère se dressent contre nous. Celui qui s'irrite facilement fera bien de dormir avant de prendre une décision, car selon le proverbe, « La nuit porte conseil ». Ne faites rien poussés par la colère. Pourquoi s'embarquer au moment où la tempête est déchaînée ! Celui qui est hors de soi n'est pas en soi, il est incapable d'agir efficacement.

Se fâcher ce n'est pas seulement renoncer à sa raison et se laisser dominer par ses sentiments, mais se punir, en outre, pour les défaillances et les maladresses des autres. Celui qui se laisse dominer par la colère fait tout à contresens et prête aux choses la mauvaise humeur qu'il ressent. Dès qu'il devient maître de sa colère, il s'aperçoit avec étonnement que les mêmes choses autour de lui font tout à coup bonne figure et lui montrent le chemin du succès. Un stoïcien disait jadis : « Tout n'est qu'opinion, et ton opinion ne dépend que de toi-même. Chasse-la et tu seras libre, et comme le navigateur qui a contourné un promontoire, tu trouveras un temps clair et stable, et une mer calme et lisse. Supprime ta fausse opinion, tu as été blessé, tu supprimes la blessure ! »

Tout dépend de nous-mêmes. La colère à laquelle nous nous abandonnons provient de nous-mêmes et peut être surmontée par nous. Les motifs extérieurs sont sans importance. Une fausse attitude intérieure est le mal qui doit être vaincu. Donc, faites échec à votre emportement ! Soyez votre propre maître ! Qui garde la tête haute, garde aussi sa tête dans la bataille de la vie.

Mais, direz-vous, le meilleur des hommes peut être parfois irrité par l'injustice du monde autour de lui. Evidemment ! Il ne serait pas homme s'il ne l'était pas, mais contraire-ment à l'homme ordinaire, il restera maître de ses passions et cherchera plutôt à porter remède au mal et à apaiser si possible le conflit. Il change ainsi en bienfait un mal naissant, conduit dans des voies positives la force inhérente à la colère, et reste impassible en son for intérieur. Il ne réagit que s'il le veut et non selon le désir des autres. Jamais il ne s'abaisse jusqu'au niveau de son adversaire, mais reste sur les sommets d'où la défense est deux fois plus facile que l'attaque par en bas.

Vous pensez peut-être qu'un long chemin vous sépare de cet idéal ! Vous vous trompez ! car vous êtes déjà sur la voie, et la victoire est bien plus certaine que vous ne le croyez. Pensez toujours à votre résolution — Echec à la colère !

QUELQUES PROCEDES PRATIQUES POUR SURMONTER LA COLERE

La Nouvelle Science de la Vie vous propose quelques armes pour vous défendre contre les attaques ennemies susceptibles de provoquer votre colère :

1. — Cette défense commence par un examen approfondi de la vérité suivante dont il faut être bien convaincu :

Celui qui lutte contre un adversaire entièrement conscient de sa force, n'a pas l'avantage, car ce dernier s'est mis sous la protection des lois suprêmes, celles du destin et de la compensation. Et cela signifie que quiconque lui fait du tort sera puni par le destin. Cela semble présomptueux et dur sans l'être réellement. C'est simplement l'expression des lois spirituelles mises en action par celui qui pense et agit correctement. Son attitude spirituelle fait que les attaques ennemies non seulement échouent mais se retournent contre l'agresseur, et lui causent deux fois plus de mal.

Notez bien que cela n'est pas seulement valable pour « les autres », mais plus encore pour vous, lecteur de la Nouvelle Science de la Vie, car vous savez déjà que mettre ses forces intérieures au service de bas instincts, c'est courir le risque d'en être victime.

2. — Lorsque nous nous sentons sur le point de nous mettre en colère, le premier remède consiste à immobiliser immédiatement le mental : ne rien sentir, ne rien vouloir, ne rien dire, ne rien faire, pendant quelques instants ! en un mot se détendre complètement. La colère ne peut alors plus rien contre nous car elle est tension et ne peut subsister si nous sommes détendus.

Un peu plus tard, nous sommes capables de sourire de ce qui nous avait irrités tout à l'heure.

Peu à peu, nous en arrivons à pouvoir nous détendre instantanément en nous en donnant l'ordre : attention ! Immobilisons-nous intérieurement ! Ce qui a pour effet de nous fermer à la mauvaise humeur et à l'irritation. Nous pouvons aussi faire suivre cette détente d'une concentration sur des idées positives et mettre ainsi le reste de notre agitation au service d'une pensée créatrice.

3. — Jules César employait un moyen analogue lorsqu'il sentait monter en lui de la colère ou de l'agitation ; il fermait dit-on, les yeux et avant de répondre, comptait lentement jusqu'à 25. En l'imitant et si on essaye de sourire en comptant on s'avisera avant d'arriver à 25 que le sourire a triomphé de l'irritation. Compter lentement, aide grandement à la détente.

4. — .Un autre bon procédé est la respiration. L'irritation accèlère la respiration. L'homme paisible respire lentement. Si on ralentit consciemment sa respiration on calme aussi son humeur. Fermons les yeux dès qu'une colère nous envahit, expirons profondément et aspirons lentement en concentrant nos pensées sur l'idée : « Je suis calme et immobile comme les profondeurs de l'océan ! » et expirons ensuite lentement. Ceci doit être répété dix à douze fois.

5. — En cas de crispation nerveuse, nous emploierons un autre exercice respiratoire. Etendons-nous de tout notre long et décontractons notre corps et nos pensées ; respirons ensuite lentement et rythmiquement en rassemblant nos pensées sur ces impressions : « Je respire le calme, je suis calme, je respire la paix ! »

Nous pensons la première partie de la phrase en aspirant profondément, la seconde en retenant notre souffle, la troisième en expirant. Nous nous représentons en rejetant le souffle doucement, comment la paix s'étale autour de nous. Nous recommencerons cet exercice plusieurs fois, jusqu'à ce que nous nous sentions soulagés et détendus. Si l'on ne se donne pas d'ordre au cours de cet exercice, l'attention sera dirigée uniquement sur la respiration.

5. — Pour des perturbations encore plus violentes de notre état d'âme, telles que la colère et la fureur, nous nous calmerons par les exercices du diaphragme suivants : S'asseoir, le torse très droit. Expirer à fond par la bouche en expulsant de toute notre force l'air des poumons, puis aspirer aussi profondément que possible par le nez. Il faut que la partie inférieure du poumon soit remplie, puis pousser l'air vers le bas, jusqu'à ce que le bas-ventre en soit rempli et rebondi. Retenir l'air pendant quelques instants et le propulser légèrement vers l'estomac pour soulager le diaphragme. Puis expulser l'air lentement en penchant le torse en avant et se concentrer sur l'image que toutes les causes d'excitation ont été explusées et anéanties. Détendre complètement les muscles encore un peu contractés, et respirer.

Plus notre adversaire s'excite, plus nous devenons calmes, plus il s'emporte, plus notre volonté est ferme, grâce à l'exercice respiratoire de diaphragme. Notre volonté a déjà triomphé alors qu'il lutte encore avec lui-même.

7. — Un autre moyen éprouvé de changer d'attitude est de faire « comme si... » Nous ne devons pas nous lever d'un bond et nous agiter en tous sens pour extérioriser notre colère par des mouvements désordonnés, si nous voulons empêcher une émotion de nous envahir, mais nous obliger au contraire à rester assis ou même, si c'est possible, nous étendre.

Socrate avait coutume de dompter une colère montante en se parlant tout bas. Essayez-le. Parlez-vous doucement, paisiblement en baissant la voix plutôt qu'en l'élevant. Vous verrez que votre énervement sera vite apaisé par ce signe extérieur de calme.

8. — Nous fixer un but quotidien, nous empêche souvent de nous irriter. Nos accès de mauvaise humeur proviennent souvent du désordre, de la négligence, ou d'un manque de réflexion. Cette tendance à s'énerver disparaît d'elle-même avec l'habitude de se fixer un but. Une constante activité neutralise également la tendance à l'emportement. Car la colère et l'action positive sont incompatibles ! l'une exclue l'autre.

TRANSFORMATION DE L'AME

Voir du mal partout nous fait du mal, à l'estomac comme à l'âme. Voir du bien dans chaque chose, nous rend meilleurs, plus libres et plus grands.

Le lecteur de ce traité n'a rien d'un vieillard qui ne ressent plus rien. Il est jeune quel que soit son âge, et par conséquent plein de passions et d'aspirations au bonheur. Il a à la fois la jeunesse de l'âme et la sagesse de l'âge mûr. Il est un sage économe de ses forces qu'il cherche à mettre équitablement au service des fins les plus utiles. Il essaie même d'utiliser la force immanente à une irritation en la dissociant de sa cause, à quoi il arrive par la détente, — et de conduire cette force libérée dans des voies positives. Il se tourne consciemment vers des images positives et sensibles, et se consacre à une tâche intéressante. Il réagit donc, mais toujours d'une façon positive.

Nous apprenons ainsi à connaître une autre arme contre la colère, elle consiste à s'attacher avec ténacité à des idées positives opposées à l'esprit négatif, et à les retenir assez longtemps, jusqu'à ce que les idées négatives aient disparu de la conscience. Après nous être détendus, tournons toute notre sensibilité et notre imagination vers une pensée ensoleillée et joyeuse : un beau souvenir, l'image d'un être cher, d'une joie que nous attendons ou voulons donner à d'autres. Plus l'image intérieure sera attrayante, plus s'affaiblira l'influence des pensées négatives.

Le champ de la conscience ne peut contenir qu'*une* idée à la fois, et cette idée dépend de notre volonté. Ici aussi l'exercice est tout. Nous pourrons éviter par la méthode indiquée ici, trois maux qui suivent toujours un accès de colère.

a) Se laisser aller fâcheusement et sans retenue.

b) Reporter la colère que nous ne pouvons ou ne voulons pas faire subir à celui qui l'a causée sur d'autres personnes ou d'autres choses à notre portée.

c) Refouler sa colère, l'avaler à contrecœur, ce qui, telle une nourriture mal mâchée, ne manquera pas de produire des effets fâcheux, soit physiques soit psychiques.

La force libérée par la colère doit avoir un dérivatif et nous le lui donnons en dirigeant notre esprit vers un but positif.

Nous soutenons ce changement d'attitude en cultivant notre sens de l'humour. En prenant l'habitude de considérer le côté comique des choses irritantes, elles paraissent négligeables, on évite bien des colères et on les rend inoffensives.

A quoi bon se fâcher à propos d'incidents passés : la colère ne ressoudera pas le verre qui nous glisse des doigts et se brise à terre selon les lois de la physique. Prenez la chose en riant ; pensez aux éclats de verre qui, dit-on, portent bonheur ! Celui qui va de l'avant est toujours bien suivi !

Le sage ne se senl pas solidaire de ce qui le contrarie. Il empoigne la colère avant que la colère ne l'empoigne, et y voit une occasion de considérer avec humour le cours du monde. « On tue par le rire, disait Nietzsche, et non par la colère. Apprenons donc à sourire de ce qui pourrait nous fâcher. Si je puis sourire dans un an de ce qui me contrarie aujourd'hui, pourquoi ne pas en sourire tout de suite ? En l'essayant, je découvre la plupart du temps que c'est parfaitement possible et que le sens du comique me rend supérieur à la contrariété.

COMMENT AVOIR DE BONS RAPPORTS
AVEC LES GENS HARGNEUX, JALOUX ET HOSTILES

La colère est une vive sensation de déplaisir que nous causent des objets ou des circonstances extérieures ou d'autres personnes. L'homme primitif et l'homme ordinaire réagissent à cette sensation par le désir de procurer à leur auteur une sensation désagréable identique, l'enfant frappe la pierre contre laquelle il s'est blessé.

Cette réaction négative donne en effet sur le moment un plaisir qui surpasse le déplaisir, mais comme tout ce qui est négatif, donne aussitôt naissance à de nouveaux sentiments d'irritation. Un mal engendre une série de maux qui ne font qu'empirer.

Nous devons apprendre à reconnaître que peiner ou blesser celui qui nous attaque n'est un plaisir qu'en apparence, car nous ne pouvons faire du mal à autrui sans nous en faire à nous-mêmes.

Cela ne veut pas dire qu'il faille fermer lâchement les yeux — il faut au contraire les ouvrir plus grands que jamais, afin d'apprendre à repousser un désagrément avec succès. Ce n'est pas la colère qui doit occuper notre conscience, ni celui qui nous a offensés, mais bien le *but positif* que nous voulons atteindre, car en l'atteignant, nous désarmons en même temps notre adversaire.

Tant que nous fermons consciemment notre être intérieur aux pensées avilissantes nous sommes défendus contre toute influence du dehors. Un moyen très simple est de réfléchir à la force et à l'esprit de la vie qui réside en nous comme en celui qui nous insulte ou nous irrite.

Concentrons-nous sur la pensée que l'étincelle divine peut s'éveiller en notre adversaire comme en nous, et quelle peut transformer sa dureté de cœur en harmonie et en amour. Plaçons-nous avec toutes nos pensées et nos sentiments devant la conviction intérieure que la force de notre amour rayonne sur notre adversaire pour le transformer, peu à peu, intérieurement, le réconcilier, et le rendre d'humeur plus pacifique.

Faisons confiance à la puissance de la pensée à laquelle

l'homme d'humeur négative et intérieurement divisé, n'est pas capable de s'opposer, comme pourrait le faire un esprit positif et centré sur un but.

*
* *

Mais que faire si je suis sans cesse victime des tracasseries des autres, et si je ne me sens pas encore assez fort pour transformer leur volonté au gré de la mienne ?

Représentons-nous les choses de la manière suivante : lors d'une querelle entre deux hommes il se dégage une certaine « quantité de colère » que nous pouvons imaginer comme un fluide de nature maléfique, qui envahit notre être dans la mesure où nous nous y prêtons. Il s'agit donc de s'y refuser, de refuser de se mettre en colère, et de conserver sa liberté d'esprit.

Chacun pourra employer pour cela une méthode appropriée à son tempérament. L'essentiel est de s'élever spirituellement au-dessus de l'humeur irritable, de ne pas la reconnaître comme étant sienne, et de l'exclure de sa vie. Il faut rester enfermé en soi et personne ne pourra nous chercher querelle. La colère, l'irritation, l'emportement ne sont pas conformes à notre être intérieur. Elles ne nous appartiennent pas, ce sont des matières étrangères qui ne nous empoisonnent, que si nous renonçons volontairement à la puissance de l'autodétermination, dans l'ignorance de notre supériorité absolue.

Voici encore quelques courts préceptes pour nous préserver de la colère :

« Evitez les discussions avec des gens qui vous sont inférieurs et qui voudraient vous abaisser jusqu'à eux. »

Restez loin des gens querelleurs, au propre et au figuré. Ne faites jamais à votre adversaire le plaisir de vous montrer irrité. Faites la sourde oreille aux offenses qui dépassent les limites du bon goût. S'il vous semble nécessaire de prendre position, montrez que vous considérez l'abaissement de votre adversaire comme une plaisanterie, s'il ne vous comprend pas, faites-lui sentir au besoin que vous ne le prenez pas lui-même au sérieux. N'oubliez jamais que votre importance ne dépend pas de l'opinion des autres, mais de votre propre manière de penser et d'agir. Ne montrez jamais de l'irritation, même si quelque chose vous révolte à juste titre. Apprenez à maîtriser vos muscles, ceux de votre visage surtout. Évitez tous les signes extérieurs d'une manque d'empire sur vous-même. Le sage montre par sa souriante sérénité que son être intérieur est invulnérable. Il réagit toujours autrement que ne s'y attendait son adversaire, de sorte qu'il le domine parce que ce dernier est de plus en plus dérouté.

Et s'il vous arrive de faire une faute ou de vous tromper et que vous redoutiez la vengeance d'un calomniateur, essayez de vaincre par la « non-résistance ». Faites du temps votre allié. Chaque jour vous offre l'occasion de réalisations plus grandes et meilleures, et de mettre ainsi votre calomniateur dans son tort. L'action créatrice met celui qui l'accomplit tellement au-dessus des jaloux et des ennemis que leurs menées hostiles ne l'atteignent plus.

Afin de ne pas voir le mal là où il n'est pas et de bien interpréter les paroles ou les actions des autres, il faudrait, avant de réagir, essayer de se mettre à la place de ceux-ci, afin de voir les choses comme elles sont et non comme nous les montre notre passion. En essayant de saisir le motif d'un acte nous le comprenons mieux, nous pardonnons à son auteur et purifions ainsi notre âme de tout ressentiment.

Tâchons de considérer les offenses à la lumière de l'éternité. Un général de l'antiquité s'écria un jour à la vue de ses splendides troupes : « Quand on pense que pas un de ces hommes ne sera encore là dans cinquante ans ! » Est-ce bien différent en ce qui concerne nous et nos adversaires ? Notre vie ne dure qu'une seconde de l'éternité. N'est-ce pas notre devoir à tous, d'aider à ce que ces secondes fugitives soient aussi claires et joyeuses que possible ?

Plus notre point de vue est élevé, plus une contrariété devient insignifiante, et mieux nous nous rendons compte que le sens de notre existence c'est de devenir de jour en jour meilleurs, plus forts, plus heureux, plus parfaits. Nous serons d'autant mieux préparés à suivre le conseil de Larsen : « Promets-toi tous les matins d'être trop grand pour t'inquiéter de quoi que ce soit, trop noble pour te fâcher, et trop heureux pour t'encombrer de soucis ! »

NE RIEN BRUSQUER !

Apprendre à ne pas agir de façon précipitée, fait partie des exigences d'une détermination correcte de soi-même. Seul peut gouverner son destin celui qui est maître de soi et maître de son temps.

La hâte est toujours un signe de faiblesse. L'homme fort n'est jamais pressé. La hâte provient de la crainte d'arriver trop tard, ou de ne pas pouvoir éviter quelque chose, ce qui attire inévitablement la malchance... La hâte et la précipitation sont pires que l'inaction. Ce sont les signes d'un déclin des forces vitales et le résultat d'un manque d'organisation.

La hâte implique une tension sans relâche, qui conduit au surmenage, à l'épuisement de la force nerveuse, à la lutte, à la défaite. Une hâte aveugle a souvent détruit, au dernier moment, ce qui était sur le point de réussir. Celui qui brusque les choses dépasse facilement son but. Il ne sait pas éviter le danger qu'il a attiré lui-même par ses agissements irréfléchis. L'homme pressé court après son échec. La hâte est aussi une offense à notre humanité : elle nous empêche d'être bons et de faire le bien. De même que Dieu en nous est constamment disponible, lorsque nous nous adressons à lui dans nos peines, nous devons nous aussi avoir toujours le temps d'aider notre prochain.

SAVOIR S'ARRETER POUR REPRENDRE HALEINE !

L'automobiliste, s'il veut éviter un accident, doit être de plus en plus calme et sûr de lui à mesure qu'il va plus vite, nous devons faire de même au fur et à mesure qu'augmentent nos obligations.

Plus nous sommes pressés, plus nous avons besoin d'être calmes et recueillis. Nous voyons plus clairement notre but et les moyens d'y parvenir dans la détente et le recueillement. C'est le sens du vieux proverbe allemand : « Qui est pressé doit marcher lentement », et du proverbe chinois : « Si tu es pressé, fais un détour ».

« Profiter toujours du moment » et « avoir toujours le

temps », ne sont des contradictions qu'en apparence. Ces deux propositions réunies répondent en réalité au conseil que Carlyle adresse au créateur de grandes choses : « Pareil à un astre, agis sans hâte mais sans repos ! »

Pareil à un astre ! C'est là une idée maîtresse précieuse. Apprenons de l'immense nature le calme qu'elle apporte en toute chose, l'exactitude avec laquelle les soleils, les planètes et les mondes suivent leurs trajectoires — symboles de la réussite dans la sérénité.

Les étoiles semblent immobiles et pourtant elles se meuvent avec une inconcevable rapidité à travers les espaces infinis du Grand Tout. Elles obéissent sans hâte ni précipitation, toujours avec mesure et harmonie aux lois de leur formation.

Il faut apprendre non seulement à être plus tranquille, mais à ne jamais se montrer pressé ou agité. Il faut apprendre à éviter les mouvements brusques, à agir toujours comme si l'on était à tout instant maître de soi. Finalement on le devient.

Les gestes, les propos ne doivent être ni hésitants ni agités, mais être la vivante expression de la sérénité intérieure et de la victoire certaine. Notre attitude doit être toujours consciemment calme, égale, énergique, révéler l'assurance et l'esprit de décision. Nous devons nous rendre compte qu'un homme qui bouscule tout n'en impose jamais à personne, et ne réussit guère autour de lui. Il doit apprendre à attendre, car le temps est souvent le meilleur auxiliaire, et l'acte le plus intelligent consiste parfois à ne rien faire. Dans d'autres cas l'attaque par surprise est la meilleure défense. Il peut aussi être nécessaire de faire alterner les deux méthodes. Nous apprendrons à l'école de la vie à développer de plus en plus l'instinct de ce qui est nécessaire en toute occasion.

Mais cet instinct de l'acte opportun ne se développe pas dans la hâte. « Pour jouir des choses il faut se tenir au-dessus d'elles », dit Gracian. C'est le signe d'un grand cœur plein de patience que de n'être jamais pressé, ni bousculé, jamais dominé par des passions. On ne devient maître d'autrui que si l'on est maître de soi.

« Les gens réfléchis sont toujours les plus sûrs. Ce qui est bien arrive toujours assez vite ; ce qui se fait rapidement peut s'anéantir de même. Seule compte la perfection, seul dure ce qui est réussi. »

EDUCATION DU CARACTERE

> « *L'homme est l'auteur de ses propres conditions de vie. C'est son caractère qui modèle celles-ci pour construire son existence. Son pouvoir se mesure à cette puissance constructive. Avec les mêmes matériaux, l'un bâtit un palais, l'autre une chaumière. La pierre rencontrée en chemin est un obstacle pour le faible, pour le fort c'est un gradin pour s'élever.* »
>
> Carlyle.

L'enseignement donné jusqu'ici avait en vue de former un caractère accompli. Nous avons déjà appris que les pensées deviennent des actes, les pensées souvent répétées, des penchants, ceux-ci des habitudes, qui deviennent à leur tour des traits de caractère.

Gœthe dit : « Le caractère est une habitude de l'âme. Le caractère consiste en somme à faire toujours ce dont on se sent capable. » Et il parle de « caractère » « lorsqu'une personnalité hautement douée, persiste dans sa façon d'agir sans que rien ne puisse l'en détourner. » En réalité le caractère est la somme des traits particuliers, des habitudes, qui distinguent un homme d'un autre.

Avoir du caractère c'est faire les choses pour elles-mêmes jusqu'aux plus petites, avec la même conscience, comme si la plus infime d'entre elles était une épreuve importante ou bien la confirmation des plus hautes possibilités en nous.

A-t-on un caractère donné une fois pour toute, ou peut-il être modifié ?

Parfaitement, le caractère peut être réformé. Le mot caractère a le sens d'empreinte, de gravure. Nous naissons prédisposés à être « gravés », mais ce travail de « gravure » se poursuit tout au long de l'existence.

Pendant la jeunesse, il est plus facile de recevoir de nouvelles empreintes et d'effacer les mauvaises, mais l'éducation du caractère peut être poursuivie, avec succès, même à un âge avancé.

La conception que le caractère, les « dispositions naturelles » ne peuvent être modifiées, est apparue, depuis longtemps, comme une erreur. On sait aujourd'hui que le caractère d'une personne peut être largement modifié par un travail intérieur, car le caractère est le fruit certain d'un mode de penser. Si ce mode de penser, si l'attitude spirituelle changent, le caractère se transforme également peu à peu.

La théorie de l'hérédité immuable du caractère est, parmi tant d'autres, comme le montre Frik Kündel dans ses œuvres : « Une légende pessimiste créée par des esprits sans courage et ennemis des responsabilités. » Les défauts de caractère indiquent, d'après lui, soit des crises de croissance, soit un manque de développement qu'on peut très bien rectifier par l'éducation.

Nous pouvons fort bien modifier notre caractère, si nous prenons l'habitude de guider consciemment nos pensées. L'attention dirigée par la volonté et guidée par la raison, est capable d'éduquer l'esprit et les pensées et de les orienter vers un idéal élevé assez longtemps pour que celui-ci devienne une habitude. Les pensées et les tendances basses ou négatives disparaîtront en même temps de la conscience dans la même mesure.

Chaque trait de caractère peut être supprimé, transformé, ou accentué par l'éducation. Personne n'est obligé de rester tel qu'il est. La nature de l'homme est comme toute chose, mouvante, et son caractère est aussi une donnée au début de son auto-développement. Sa faculté de transformation est presque illimitée, aucun développement n'est définitif. Tout évolue constamment en hauteur, et chaque but atteint se révèle aux yeux du pèlerin des sommets comme une des nombreuses étapes vers une perfection toujours plus élevée.

Notre caractère n'est que la somme, ou plutôt le produit, des habitudes qui se sont enracinées en nous. Ici se trouve la clef de la transformation du caractère ; il s'agit de cultiver consciemment des habitudes de succès. Ce qui implique le développement de forces de caractère encore latentes.

De même que nous traçons d'avance en lui donnant un but, l'emploi de notre journée, nous devons fixer un but à notre caractère, qu'il pourra atteindre en déployant ses riches aptitudes. Toutes les possibilités de réactions existent déjà en germe dans notre caractère. Il ne s'agit donc plus que de stimuler leur développement, et de prendre de nouvelles habitudes de penser. Notre âme est pleine de bonnes tendances que nous pouvons ainsi cultiver, tandis que les tendances inférieures qui s'y trouvent encore sont détruites dans la même mesure, nous devenons ainsi plus heureux, plus libres et notre vie plus lumineuse et plus joyeuse.

Puisque toute l'éducation de la vie aboutit pratiquement à ce but, nous pouvons nous exprimer ici d'une façon succincte. L'éducation du caractère n'exige aucune condition spéciale ni aide étrangère. Nous devons renouveler notre caractère *nous-mêmes*, faire épanouir *nous-mêmes* consciemment, de l'intérieur vers l'extérieur nos forces constructives. Les paroles de Fichte s'appliquent bien ici lorsqu'il disait : « Personne ne peut *être* cultivé, chacun doit *se* cultiver lui-même, car toute attitude simplement passive est l'opposé de la culture. » Derrière tous nos défauts de caractère, se tient toujours notre moi. Notre libérateur ne peut donc jamais être que nous-mêmes.

La « Nouvelle Science de la Vie », différant en cela des autres écoles, ne forme pas le caractère par des moyens extérieurs, mais à partir du centre de notre être, par un travail intérieur. Ce « travail » comprend tout ce que nous avons déjà appris dans les chapitres précédents. Il s'agit de mettre de nouvelles habitudes à la place des anciennes, et cela en commençant par leur racine, c'est-à-dire, en renouvelant nos habitudes de penser. L'éducation du caractère est avant tout l'éducation de la pensée, car les traits de notre caractère ne sont que les empreintes de nos dispositions à penser d'une façon erronée ou juste.

Chaque pensée contribue à former notre caractère. Nous y travaillons inconsciemment du matin au soir. Ce que nous pensons le plus souvent devient peu à peu une tendance de la pensée, puis une habitude et finalement un trait de caractère. Chaque pensée est une pierre de l'édifice de notre caractère. Savoir cela nous oblige d'une part à contrôler sévèrement nos pensées, et d'autre part à placer notre but très haut. Dans ce domaine on arrive à peu de chose avec la violence, mais à tout avec de la patience et de la persévérance. Passons maintenant à la pratique.

BIEN CONNAITRE SON CARACTERE

Nous devons savoir d'abord dans quel sens nous voulons améliorer notre caractère. Ayons pour cela une idée claire et nette de sa nature, de ses tendances essentielles positives ou négatives.

Nous avons donc besoin, en premier lieu, d'un aperçu complet des forces et des tendances, bonnes ou mauvaises, de notre caractère. Nous avons appris dans le chapitre VIII à connaître avec certitude nos désirs. Nous appliquerons donc la première partie de cette méthode à la connaissance de notre caractère.

Nous commencerons par son examen systématique en inscrivant sur de petites fiches tous les traits et particularités de caractère qui nous viennent à l'esprit. Nous examinerons objectivement si c'est le courage ou la lâcheté qui dominent en nous, ou leurs dérivés : l'insouciance, la bravade, le fatalisme ou la peur de vivre ; si nous sommes maîtres de nous ou si nous nous laissons aller au gré de nos humeurs, si nous sommes réfléchis ou imprudents, si nous avons confiance en nous ou si nous en doutons, si nous avons le désir de progresser ou sommes indolents. Si nous sommes persévérants ou si nous laissons souvent un travail inachevé, si tout nous intéresse, ou si nous avons un penchant à la nonchalance et à la paresse d'esprit, si nous sommes naturellement joyeux ou plutôt chagrins, si nous aimons la vérité, ou préférons ruser avec elle, ou bien si nous manquons de franchise, si nous sommes secourables et serviables ou bien approuvons l'idée que « chacun est son propre prochain », si nous avons le sens de la camaraderie, ou si nous aimons faire cavalier seul sans contact avec notre entourage, si nous avons du tact et de la sensibilité, ou si nous sommes gaffeurs et sans égards, etc., etc. De cette façon, nous nous examinons entièrement et fixons nous-mêmes la valeur de nos traits de caractère.

Mieux nous nous rendrons compte clairement de nos forces négatives et positives, plus clair sera le programme de réforme de notre caractère et mieux nous y réussirons.

Il est inutile d'essayer de nous tromper nous-mêmes dans cette inspection, car chaque image trompeuse sera pour nous une source d'échecs. Une des conditions du succès est l'honnêteté envers soi-même. Une fausse vanité ne doit pas nous empêcher de prendre conscience d'un défaut, ni une fausse modestie nous retenir de faire d'une vertu une arme précieuse dans la lutte pour la vie. Nous devons savoir, en notant les particularités de notre caractère, que ce tableau n'implique pas un jugement définitif, mais n'a pour but que de nous donner un aperçu de nos forces. Nous n'avons donc pas besoin de trouver des raisons à nos faiblesses, de les embellir, de les excuser, voire même de les taire, — nous n'avons rien à sous-estimer ou à surestimer, car nous n'avons pas à nous censurer, mais à faire librement l'inventaire de notre caractère. Nous évitons, par cette attitude, des obstacles et des illusions volontaires.

LA TRANSFORMATION DU CARACTERE

Lorsqu'aucun trait de caractère ne nous vient plus à l'esprit, commençons à mettre de l'ordre dans nos notes. Classons les fiches en deux piles, à droite les qualités positives, à gauche les négatives. Nous classerons ensuite les différents traits de caractère selon qu'il paraît urgent de les cultiver ou de les éliminer, et nous inscrirons le résultat sur un tableau, divisé en deux colonnes, qui servira de base à notre plan de régénération.

Il s'agit maintenant de fortifier et de multiplier les dispositions positives et de diminuer ou de détruire les tendances négatives. Comment ? Par quel moyen ?

Considérons avant tout, en vue de la rééducation de notre caractère, le fait psychologique que deux forces opposées ne peuvent agir simultanément, et que lorsque l'une se développe et devient active, l'autre s'affaiblit d'autant. Nous arrivons ainsi à faire disparaître d'elles-mêmes les tendances négatives de notre caractère en cultivant les bonnes dispositions opposées. Mais nous devons nous garder là aussi de toute exagération. Le bien tourne en mal s'il est poussé trop loin.

La culture des traits de caractère positifs qui existent en nous, et de ceux qui nous manquent peut-être, se fait par leur affirmation quotidienne, et la mise en pratique des qualités que nous nous représentons comme hautement désirables et attrayantes. Il s'agit en outre de veiller à ce que le trait négatif opposé n'ait aucune occasion de se manifester. Il s'agit enfin de soutenir le trait positif désiré en développant les qualités qui lui sont apparentées et de faire en sorte que ce trait positif devienne une habitude naturelle. On arrive à vaincre ces traits de caractère négatifs en supprimant aussitôt toute idée correspondante, en la remplaçant immédiatement par une idée contraire positive.

On y arrive également en créant des images vivantes et riantes de traits de caractères positifs, et en cherchant à agir toujours guidés par ces images. On y arrive enfin en agissant consciemment comme si les traits positifs étaient déjà développés en nous.

Il est inutile de combattre directement nos traits négatifs : en nous occupant trop attentivement de nos défauts ils risquent d'être refoulés plus profondément dans le subconscient. Agiter l'eau sale d'un baquet ne la rend pas plus propre : il faut la remplacer par de l'eau claire !

En créant, dans la méditation, une image vivante de notre caractère, tel que nous le souhaiterions, nous l'idéalisons et le dotons de toutes les qualités requises pour maîtriser notre destin. En créant cette image idéale, nous formons pour ainsi dire l'armature spirituelle de notre caractère, laquelle se transformera peu à peu en réalité grâce à notre nouveau mode de penser et d'agir.

Nous mettrons toute notre imagination et notre sensibilité à créer une image riche et attrayante du caractère souhaité. Notre subconscient trouvera dans cette image une base pour répondre aux commandements que nous nous donnerons au cours de ce travail de réforme. Nous nous représenterons même les actions que nous accomplirons lorsque nous aurons acquis les qualités désirées, mais nous agirons en même temps comme si elles étaient déjà là, et nous saisirons toutes les occasions de les mettre en pratique dans la réalité.

Voici encore quelques règles à observer au cours de l'éducation de notre caractère :

Etre sincère et droit envers soi-même. Renoncer à toute mesquine vanité.

Etablir sans crainte le bilan moyen de soi-même et en tirer les conséquences profitables.

Ne pas prendre des moustiques pour des éléphants. Ne pas chercher chez autrui la cause de ses ennuis, mais d'abord en soi, la reconnaître et l'éliminer.

Reconnaître qu'on ne s'enrichit pas avec ce qu'on gagne, mais avec ce qu'on donne, avec ce qui sert autrui.

Faire plaisir quotidiennement au moins à une personne, ou rendre un service.

Ne pas se dire : « Ce sont là de petites choses ! » Tout ce qui est grand commence par être petit, — même un grand caractère !

EVEILLEZ LE HEROS EN VOTRE AME !

Vivre c'est lutter. « Dans ce monde, dit Schopenhauer, où les dés du sort sont en acier, il faut avoir une mentalité d'airain, être blindé contre le sort et armés contre le monde ennemi qui nous entoure. Chaque pas dans la vie nous est contesté. C'est donc le signe d'une âme lâche de reculer, d'hésiter, et de gémir dès que le ciel se couvre de nuages. Tant que l'issue d'une affaire risquée est encore douteuse et qu'il reste une possibilité de réussite, il n'est pas question d'hésiter, mais uniquement de résister. »

C'est là où diffèrent les caractères : le débile s'incline devant le destin, le lâche le fuit, l'intelligent l'utilise, celui qui maîtrise la vie le crée. Sa lutte contre le destin et les blessures que lui a infligées l'existence lui ont appris que la vie exige de la force et que le destin ne cède qu'à la force.

Il est inutile d'attendre qu'une aide étrangère nous sauve. Celui qui est décidé à vaincre engage la bataille lui-même, et ne cède pas avant d'avoir remporté sa victoire. « Si tu veux accomplir de grandes choses, tu dois avoir confiance en toi, lutter hardiment, loyalement et sans feintes. »

La Nouvelle Science de la Vie nous invite à développer par une affirmation et une activité constantes tout ce qu'il y a de grand et de divin en nous. Elle exige que nous fassions preuve de ce courage moral qui est bien plus héroïque que le courage physique, et qu'il s'agit de montrer, sur l'éternel champ de bataille du travail, de l'accomplissement du devoir, de la culture et du progrès.

Mais comment arrivons-nous à réveiller le principe divin de notre être, le héros dans notre âme ? Nous l'éveillons en méditant chaque jour sur l'image intérieure de nous-mêmes, tel que nous sommes en réalité et destinés à être depuis l'origine. Cette vision intérieure fait agir la loi d'attraction, à la condition toutefois que cette image idéale de nous-mêmes soit exempte de toutes faiblesses ou de défauts, et que nous agissions en même temps comme si les qualités contemplées intérieurement étaient déjà une réalité extérieure.

Celui qui ne parvient pas aisément à se concentrer sur l'image idéale de lui-même peut le faire par étapes en choisissant d'abord un grand exemple. « Chacun, dit Gœthe, doit choisir son héros sur les traces duquel il escaladera l'Olympe. » En s'efforçant de suivre cet exemple et de l'égaler, on éveille peu à peu le héros dans son âme, car nous attirons l'idéal que nous cultivons sans cesse en nous.

Délivrons-nous également de toutes ces absurdes hésitations dûes à l'illusoire idée de notre misère. Rendons-nous compte que l'homme est de nature, fort et courageux, que crainte et lâcheté sont le résultat d'une éducation faussée, et qu'il doit prendre conscience de son courage intérieur. L'esprit en nous est plus puissant que n'importe quel malheur menaçant.

Le lutteur sait bien que braver un danger c'est lui ravir son pouvoir. Celui qui en a fait l'expérience se rit de toutes les chaînes comme jadis Walt Whitman, lorsqu'il chantait :

« O vòlupté d'être moi ! ne s'incliner devant personne, n'obéir à aucun tyran de la terre !

« Marcher la tête haute, d'un pas élastique et souple,

« Affronter toutes les personnalités de la terre !

« O que je sois tant que j'existe, maître de la vie et non son esclave !

« Affronter la vie comme un puissant conquérant !

« Rien de ce qui vient du dehors ne me dominera jamais ! »

Ainsi en réformant son caractère, on forge son âme et celle-ci donne à son tour la force nécessaire de forger son destin. Toutefois, avant d'affronter la lutte pour la vie avec les meilleures perspectives de succès, nous avons encore quelques devoirs essentiels à remplir afin de perfectionner notre « armement ». Nous les verrons dans les prochains chapitres. Il s'agit, entre temps, de nous souvenir sans cesse de la vérité fondamentale que toute force et tout secours nous viennent toujours de l'intérieur, et en faisant nôtre la pensée de Herder : « Notre destin est uniquement la résultante de notre caractère. »

COMMENT SE DONNER DES ORDRES

> « *Qui joue avec la vie n'arrive à rien,
> qui n'est maître de lui-même demeure un
> valet.* »
>
> Gœthe.

La Nouvelle Science de la Vie n'éduque pas seulement le conscient, mais aussi l'inconscient en nous, car son but est de rénover l'homme tout entier, et cela n'est possible qu'en rénovant également l'homme en profondeur.

Un contrôle de l'inconscient par le conscient est indispensable pour éduquer l'homme complètement et le rendre capable d'affronter la vie pour accomplir un travail productif.

On compare avec raison l'homme à un iceberg flottant : la surface de la mer correspond au seuil du conscient, le septième de l'iceberg qui émerge, à la conscience lucide, les six-septièmes invisibles, à l'inconscient. Le domaine de l'esprit humain est donc infiniment plus vaste et « plus profond que ne le pense le jour ». La conscience de veille est la plus petite partie de l'ensemble de la conscience et nous n'avons exploré et appris à dominer qu'une partie minime et superficielle du vaste domaine de l'inconscient : celle que nous appelons le subconscient. Tous les sentiments, pensées et aspirations de la volonté dont nous sommes conscients ont leur source dans le subconscient. Il régit le domaine des instincts, des penchants, des habitudes, des passions, il détermine tous les réflexes automatiques de notre âme, et aussi l'expression consciente de l'activité mentale : la pensée logique, les conclusions, déductions, etc. Le subconscient est ce « quelque chose » qui collabore avec la pensée, nous donne la solution de nos problèmes, guide notre mémoire, hâte nos décisions, augmente ou diminue notre persévérance, détermine notre bien-être physique, jusqu'à la dernière cellule, et intervient également d'une manière décisive dans notre destinée.

Tout ceci montre la nécessité de l'éducation et de la maîtrise du subconscient, par lesquelles nous nous éduquons et transformons notre vie et notre destinée. Comment on y arrive en pratique sera montré plus loin. Au préalable, nous allons jeter un coup d'œil sur les principales caractéristiques du subconscient.

1. — Le subconscient est un serviteur crédule, dur d'oreille et plein de bonne volonté. Il admet tout ce qu'on lui dit, mais n'entend que les mots à effet et se met ensuite à réaliser avec persévérance ce qu'il croit avoir entendu. Il s'agit donc de nous exprimer clairement, nettement et sans équivoque.

2. — C'est par les sens que nous atteignons le plus sûrement notre subconscient, et ceci dans l'ordre de leur importance : ouïe, vue, toucher, odorat, goût. Dans les ordres qu'on se donne, la parole énoncée joue donc le premier rôle. Puis viennent la parole écrite, et ensuite la parole imprimée.

3. — Le subconscient est extrêmement ingénieux. Il cherche et découvre toujours de nouvelles possibilités d'exécuter un ordre au plus vite par la voie de la moindre résistance.

4. — Le subconscient ne dort jamais. Il est actif la nuit comme le jour, et il agit d'autant mieux que le conscient n'intervient par pour le troubler dans son opération.

5. — La force du subconscient s'étend bien plus loin que nous ne l'imaginons aujourd'hui. Non seulement toutes les fonctions corporelles sont soumises à son influence, mais il a un pouvoir transformateur dans le domaine de notre âme, et de là sur l'âme d'autrui, et, de plus sur les événements favorables ou défavorables à notre destinée.

Lorsque nous maintenons pendant quelque temps une idée dans notre *conscience* nous intensifions sa tendance immanente à se réaliser. Mais bien plus encore s'il s'agit d'une idée que nous avons suggérée à notre *subconscient* en nous donnant un ordre à nous-même, suivant la règle suivante :

Chaque pensée intégrée au subconscient en tant qu'ordre le transforme, et tend à se réaliser avec une force redoublée.

Le professeur Hans Driesch dit avec raison de l'homme qu'il ne vit que par et dans son imagination, et puisque nous avons reconnu que nous pouvons implanter des représentations en nous grâce à des suggestions, nous sommes obligés d'employer des suggestions pour faire progresser notre éducation éthique en implantant en nous des images éthiques positives.

Or toute « autosuggestion » est en général inconsciente et de sens négatif : on pense d'une façon erronée, on se concentre sur des soucis, des ennuis, des empêchements, et on s'affaiblit.

Celui qui apprend à vivre agit autrement. Il utilise cette arme d'une façon consciente et positive et dépasse ainsi ce qu'on nomme autosuggestion ce qui veut dire tout simplement qu'on se laisse influencer dans ses jugements ou ses sentiments par des images justes ou fausses. L'ordre conscient qu'on se donne à soi-même est reconnu par le conscient, éveille une bonne et utile idée que nous introduisons dans le subconscient, afin qu'elle agisse d'une façon continue, salutaire et utile à nos buts, sur nos pensées, nos sentiments, nos intentions ainsi que sur notre corps et notre âme. Les ordres qu'on se donne sont de la concentration appliquée.

Chaque pensée qui pénètre dans notre subconscient sous forme d'un ordre à soi-même, adhère à celui-ci et lui donne sa tonalité jusqu'à ce qu'elle soit évincée par une pensée plus forte et plus sensible. Elle se joint et s'associe à des pensées de même tendance et forme avec elles des complexes très efficaces.

L'image sentie d'un mouvement provoque ce mouvement. Celui qui se tient sur le rebord d'un toit ou d'une falaise et a le pressentiment, ou la crainte qu'il va tomber, tombe ! L'idée de la peur ressentie devient une réalité. Le bâillement ou le rire contagieux ne sont pas autre chose : la vue du bâillement ou le bruit du rire les provoquent. Cette règle est juste bien plus encore pour le commandement qu'on se donne. On peut dire que lorsque le subconscient a reçu de nous un ordre, il cherche et trouve le moyen de l'exécuter dans les limites du possible. Il s'agit ici de surmonter un obstacle dénué de fondement : nombreux sont ceux qui affaiblissent la force de leur commandement par la pensée : « Comment puis-je me donner l'ordre de croire ou me persuader que tout va bien pour moi, alors qu'en réalité tout va au plus mal ? Je ne peux pas me tromper moi-même ! »

C'est une erreur. Un auto-commandement n'est nullement une auto-tromperie car il est immédiatement suivi d'une réalisation intérieure, même si celle-ci ne devient pas tout de suite une réalité extérieure. Pourtant celui qui donne des ordres à son subconscient tout en nourrissant des pensées de doute, affaiblit l'efficacité de ses ordres par ses pensées contradictoires, et ne doit pas s'étonner s'il n'a pas de succès. Nous devons donc affirmer comme allant de soi l'exécution des ordres que nous nous donnons à nous-mêmes. Nous devons être entièrement pénétrés d'une idée afin qu'elle germe en nous, s'épanouisse, et devienne, par nous, une réalité dans notre vie.

Chacun connaît la loi de la physique qui dit que deux corps ne peuvent se trouver en même temps à la même place. Cette règle est également juste dans le domaine de la pensée. Il ne peut y avoir jamais qu'*une* idée à la fois dans le champ de notre conscience. Cette pensée se nourrit en nous de la force qu'on retire à la pensée opposée. L'auto-commandement par lequel certaines pensées sont retenues dans le champ de la conscience, est une sorte de construction spirituelle. Nous construisons, par des commandements répétés, l'armature spirituelle de notre réussite, qui doit devenir une réalité, d'abord intérieure et ensuite extérieure.

Il s'agit seulement d'apporter continuellement à notre subconscient les images de ce qu'il doit former, de nous voir toujours en pensée tels que nous voudrions être, et de voir également notre vie comme nous voudrions qu'elle soit.

Ces images mentales, constamment agitées, « filmées » dans notre cœur, tendent à transformer la réalité ainsi qu'il apparaît, lorsque nous commençons à mettre ces connaissances en pratique.

*
* *

Nous devons nous comporter en nous donnant des directives comme un maître envers un domestique bien stylé : nous donnons un ordre et reprenons aussitôt nos occupations, persuadés que le domestique exécutera immédiatement l'ordre donné. Il n'est pas nécessaire de surveiller davantage ce sûr et fidèle serviteur qu'est le subconscient.

Apprenons maintenant à connaître les conditions requises pour nous donner des ordres d'une façon efficace.

1. — *Choisir le meilleur moment !*

Nous pouvons nous donner des ordres à n'importe quel moment, à condition pourtant d'être détendus. Il s'ensuit que le moment le plus favorable est le soir, au moment de s'endormir, car ainsi l'auto-commandement pourra continuer à agir pendant la nuit en toute sécurité ou encore à l'instant du réveil, car la conscience de veille n'est pas encore assez lucide pour intervenir d'une façon gênante, et notre subconscient est encore réceptif à ce moment-là.

Le moment qui suit le déjeuner de midi n'est pas mauvais non plus lorsque nous sommes un peu assoupis par la digestion. Pourtant il est possible de se donner des ordres et de communiquer avec son subconscient à n'importe quel moment après quelques instants de calme détente. En ce qui concerne les commandements importants qui doivent être répétés pendant un certain temps, il est utile d'y procéder toujours à la même heure, et au même endroit.

2. — *Eviter toute contrainte !*

Les instructions que la Nouvelle Science de la Vie donne ici sont infiniment simplifiées, aussi n'avez-vous aucune raison de vous inquiéter de « bien faire ». Appliquez simplement ce que vous avez appris, et tout s'accomplira correctement. Donc, pas de crainte de fautes. Ne pas s'occuper de soi-même, mais du *but* qu'on s'est donné, et demeurer tranquille et sans souci !

Ne vous demandez pas non plus à chaque instant si l'amélioration souhaitée a déjà commencé. Le paysan qui fouillerait le sol pour voir si la semence a levé, ne ferait que troubler la croissance de la plante. Notre lecteur se voit en esprit, ayant déjà atteint son but, et y arrive ainsi bien plus rapidement.

Tout effort exagéré de la volonté est également à éviter dans l'auto-commandement. Celui-ci requiert sans doute de la volonté mais non un effort, c'est-à-dire, une contrainte. Car l'échec n'est pas loin de la crispation volontaire. Donc ne vouloir rien obtenir de force. On fait ce qu'on veut du subconscient avec de la douceur ; il veut être traité comme notre meilleur ami, il réclame notre amitié et notre confiance mais se révolte si nous voulons lui faire violence.

3. — Se détendre.

Nous devons être détendus et nous abandonner paisiblement aux images que nous nous représentons si nous voulons que notre commandement soit efficace.

Un isolement total du monde extérieur est très important à ce moment-là. Il faut se retirer dans une pièce tranquille, veiller à n'être pas dérangé, et que l'éclairage soit faible afin que rien d'extérieur ne détourne l'esprit.

Asseyez-vous ou étendez-vous commodément afin que vous ne sentiez plus votre corps. Enlevez tout ce qui peut le gêner : vêtements trop serrés, chaussures, etc.

Fermez ensuite les yeux et détendez tous les muscles comme cela a été expliqué dans le chapitre IX. Jouissez de cette sensation de complète détente et d'abandon au calme et au silence. De cet abandon résulte déjà une détente des pensées que nous pouvons favoriser en prêtant l'oreille à un bruit monotone quelconque : le tic tac d'une pendule, l'égouttement d'un robinet, le bourdonnement d'un ventilateur, le murmure d'un ruisseau, etc. Ou bien évoquez un agréable souvenir d'enfance agissant sur vous d'une manière apaisante. Dès que la détente est obtenue, il est facile de placer la représentation du but dans le champ de la conscience, et de l'y maintenir : c'est le moment de se donner des ordres.

4. — Commencer l'auto-commandement.

Transportez-vous en pensée dans une salle de cinéma. La surface blanche de l'écran est le champ de la conscience sur lequel notre volonté projette les images mentales qui doivent se réaliser. Tout est encore tranquille et l'on ne voit rien, mais voilà que commence la représentation du film intérieur sonore et en couleurs de ce qui doit devenir une réalité. Par l'autocommandement nous arrivons à sentir l'évidence et l'émotion de ce film intérieur.

De quelle manière doit-on se donner ce commandement afin de faire pénétrer la pensée aussi loin que possible dans les profondeurs du subconscient ? Voici quelques observations à ce sujet. Le commandement peut être simplement pensé ou prononcé soit à haute voix, soit tout bas, ou enfin simplement murmuré.

L'effet des commandements parlés est plus grand que s'ils sont simplement pensés. La parole articulée pénètre mieux dans le subconscient surtout chez un débutant dont les pensées sont parfois vagabondes. Il ne faut pas s'efforcer de retenir les idées qui vous fuient, il suffit de s'en détourner et de répéter son commandement un peu plus haut.

Si vous reconnaissez qu'il n'est pas nécessaire de parler tout haut, parlez plus bas, à un rythme normal mais en accentuant légèrement les mots à effet tels « santé », « force », « succès ». Comment composer le commandement lui-même sera exposé dans le prochain paragraphe.

Combien de fois faut-il le répéter ? L'effet du commandement est plus énergique si on le répète plusieurs fois. Chaque fois la pensée pénètre plus profondément dans le subconscient, y prend un peu racine, et finit par communiquer ses propres vibrations au monde qui l'entoure et à y exercer des effets correspondants.

5. — *Ne pas intéresser seulement les oreilles, mais aussi les yeux.*

Lorsque c'est possible, nous ne nous bornerons pas à exprimer notre commandement par la parole, nous l'inscrirons en même temps sur une feuille de papier où nous pourrons le relire souvent, surtout le soir avant de nous endormir. Plus nous intéresserons de sens à notre commandement, plus rapidement son effet se fera sentir.

Les commandements importants qui concernent la transformation de notre caractère, notre travail, ou notre succès dans la vie, seront inscrits sur des cartons et placés bien en vue à l'endroit où nous nous tenons le plus souvent, dans une chambre à coucher, ou un bureau. S'ils ne sont pas destinés à être vus par les étrangers plaçons-les dans notre portefeuille ou notre porte-monnaie, où ils se rappelleront sans cesse à notre attention. Détendons-nous lorsque nous jetons les yeux sur ces cartons, fermons les yeux et redisons-nous la pensée à voix basse tout en voyant en esprit devant nous, l'image de l'inscription.

6. — *Ne pas parler seulement, mais sentir !*

Il faut que l'accent soit mis sur la sensibilité dans l'auto-commandement, et qu'il soit chargé à bloc de volonté !

Pourquoi de nuisibles pensées de crainte se réalisent-elles souvent si rapidement ? Parce qu'elles intéressent fortement notre sensibilité. Un morceau de plomb tombe plus rapidement à terre qu'une feuille de papier, les pensées positives doivent être encore plus lourdes de sens et chargées de joie que les négatives, afin de pénétrer plus vite, — comme le plomb, — dans les profondeurs du subconscient. Nous devons sentir d'une façon vivante la vérité de notre commandement, souhaiter ardemment la venue de ce qui est affirmé, le charger de la force de notre désir et de notre volonté, et sentir et agir, comme si la chose désirée était déjà une réalité ! L'imagination de l'homme qui réussit prend d'avance possession de son but.

Il est nécessaire pour cela que le commandement soit « visualisé ». Tous les sens doivent y participer, l'homme doit se donner entièrement à l'image intérieure, richement colorée de son but.

L'auto-commandement doit être aussi instinctif : nous devons y mettre toute notre passion et tout notre amour. Il doit être rempli de la certitude du succès.

L'auto-commandement doit en somme mettre l'accent sur la joie. Car plus une image est joyeuse et attrayante, plus le subconscient l'accepte volontiers. N'immobilisons pas une pensée, mais tournons autour d'elle avec intérêt en accentuant sa valeur : le champ de forces de la pensée positive qui attire ce à quoi nous aspirons, s'étend d'autant plus, et nous devons le ressentir avec une joyeuse émotion.

7. — *Croire à la réalisation et l'attendre*

L'auto-commandement doit s'exprimer avec conviction. Nous devons croire totalement et indiscutablement ce que nous affirmons. Le doute doit se briser contre cette certitude intérieure.

Le subconscient n'exécutera jamais un ordre si nous ne croyons pas fermement à sa réalisation. Pour le chien courant, aussi, il y a ordre et « ordre » ! C'est le ton de la voix qui en décide. Le chien obéit volontiers s'il sent que l'ordre est donné dans l'attente certaine de son accomplissement immédiat. Mais il ne viendra pas si je lui donne l'ordre de venir en pensant en même temps : « À quoi bon, il ne viendra pas ! » Le subconscient n'écoute pas seulement les paroles mais leur intonation.

L'auto-commandement doit aller de soi. Nous donnons un ordre à notre subconscient avec la confiance absolue qu'il sera exécuté.

7. — L'auto-commandement associé au « Faire comme si... »

L'auto-commandement doit avoir un sens actif. L'image qui le représente doit être vivante, active, avoir une valeur dans le présent. Nous accompagnerons donc autant que possible ce commandement d'activités qui lui correspondent ou de gestes qui le soulignent. Par exemple, si nous souffrons d'une douleur physique aiguë, disons-nous : « Je suis tranquille et fort ! » et passons et repassons la main doucement sur l'endroit douloureux, ou encore, croisons les mains et respirons rythmiquement.

Il faut, de plus, observer ceci : on doit retourner à la vie quotidienne après s'être donné un commandement en se désintéressant complètement de celui-ci, et en ne s'occupant plus que des tâches de la journée, car il va de soi que le subconscient fera de son côté ce qui lui incombe.

Afin de ne pas troubler le travail du subconscient, prenons pour règle de ne jamais parler des commandements que nous nous donnons à moins que cela ne soit nécessaire. Chaque parole inutile au sujet de nos intentions amoindrit la force de réussite de notre commandement. On peut en parler si l'on en éprouve le besoin, lorsque le résultat est obtenu. Mais plus sage est celui qui se tait au sujet de ses buts et de ses voies.

9. — Comment se formuler correctement un ordre.

On établit d'avance le *contenu* d'un commandement, en suivant les règles que voici :

1. — *Se faire une image bien claire de son but :* cette image

idéale que nous désirons réaliser doit se tenir devant nos yeux intérieurs, nettement tracée, vivante et positive.

2. — *Abréger le plus possible* : l'auto-commandement doit être aussi court et simple qu'il se peut, et facile à retenir. Il faut qu'il résume l'essentiel en une ou deux courtes phrases.

3. — *Précision absolue :* le commandement doit être si net de tout sens équivoque, qu'un enfant puisse le comprendre et le suivre. Il ne doit donc pas s'exprimer « en général », mais toujours s'adapter à un cas précis. Avant une importante discussion, au lieu de nous dire : « Je suis sûr de moi et tranquille », nous devons plutôt dire : « Je suis spécialement sûr de moi et tranquille, aujourd'hui ; ma volonté s'imposera, car je suis le plus avisé et le plus réfléchi. »

Ou bien plaçons-nous en pensée dans la situation prévue : « Dès que je vois untel, la conscience de moi-même et la certitude de ma victoire s'éveillent en moi, le sentiment de ma force et de ma supériorité ne me quitte pas tant que je suis avec lui. Je dirai et ferai exactement ce qu'il faut pour assurer mon succès. Je suis et resterai fort et victorieux ! »

4. — *Forme positive :* l'auto-commandement quel qu'il soit doit être positif. Seul ce qui est positif est créateur : c'est « la parole qui devient chair. »

Ceci est très important : nous ne devons jamais mentionner ce que nous ne désirons pas. Comme nous l'avons déjà dit, le subconscient entend mal. Si nous nous disons : « Je n'ai pas mal à la tête », il entend « mal à la tête » et s'occupe de cette image. Disons plutôt : « Je me sens frais et dispos », et le subconscient provoquera des sentiments de vitalité et de détente. Suivons donc la règle qui consiste à ne jamais mentionner dans l'auto-commandement ce que nous voulons écarter, mais seul ce que nous voulons obtenir ou atteindre.

Ne nous concentrons donc pas sur l'idée de nous débarrasser d'un état de chose indésirable, mais bien sur celle de réussir ce que nous souhaitons. Les mots de « pas » et de « rien », et des préfixes négatifs comme « in » et « de » et « des » doivent être éliminés de notre commandement. S'il a une forme négative, c'est qu'il comporte une crainte, ce qui le rend inefficace.

Dans la pratique donc, au lieu de dire : « Ma crainte diminue de jour en jour, » on dira : « Mon courage augmente quotidiennement, et au lieu de : « Je ne suis plus souffrant et de mauvaise humeur», on dira : « Je suis joyeux et bien portant ! »

Au lieu de : « Je n'ai plus de douleurs, » disons, selon le cas : « Je me sens mieux d'une minute à l'autre », ou « Je suis calme et tranquille. » Au lieu de « Ma timidité disparaît, » disons en nous détournant de ce défaut : « Je suis calme, sûr de moi, et fort. » Celui qui est sujet au vertige doit dire : « Ma démarche est sûre et légère. » Au lieu de : « Ma peur de l'examen disparaît : « Je suis bien tranquille, et certain de réussir. » Au lieu de dire « Je ne bégaie plus, » dites : « Je parle couramment et bien. » etc.

Dans les cas où il est difficile de trouver une formule positive, exprimons notre confiance dans la force en nous. « Toute la force voulue pour maîtriser la vie est en moi ! La force en moi est mon secours ! » Ou encore : « Dieu en moi veut mon bien ! »

5. — *Mettre l'accent sur l'actualité du commandement*. Le commandement doit être exprimé « au présent » autant que possible. Si nous disons « quelque chose *sera* meilleur, » l'écho du subconscient répond : « Peut-être bien, mais quand ? » et ne bouge pas. Mais si nous disons par contre : « Cela va mieux », le subconscient s'empresse d'agir dans le sens de l'ordre.

6. — *Forme personnelle*. Exprimer son commandement avec son vocabulaire personnel, son style personnel, et ne pas « copier » servilement les exemples cités : toute expression étrangère à votre personnalité serait mal reçue par le subconscient.

Parfois on peut aussi se parler à soi-même, ou parler à son subconscient comme on parle à un enfant. Exemple : « Tout va beaucoup mieux que cela n'en a l'air. Tu n'as vraiment pas besoin de te surmener, pour faire du bon travail. Tu as déjà mené à bout tant de choses, celle-ci marchera aussi. » On encourage de cette façon son subconscient jusqu'à ce que le principe de ce qu'il doit accomplir soit bien mis en évidence. Cette méthode a souvent donné de bons résultats.

Il faut s'exercer sans cesse à pratiquer l'autocommandement jusqu'à ce qu'on soit bien familiarisé avec la méthode, car quelques rares commandements ne suffisent naturellement pas à transformer le conscient. Un constant usage de l'autocommandement est nécessaire pour extirper les mauvaises herbes que sont les idées fausses. Le succès est lié à sa *répétition*. Une parole isolée est pareille à un flocon de neige sur le flanc d'une montagne, il en faut un grand nombre pour faire une couche de neige qui devient toujours plus épaisse et plus lourde, et finit par se détacher et descendre dans la vallée, Les commandements constamment répétés, agissent comme cette avalanche qui s'enfle dans sa course, devient plus puissante, et brise finalement tout sur son passage. Les premiers succès apparaissent très vite, les effets bienfaisants d'une transformation positive de l'état de l'âme se font bientôt sentir. Il s'agit d'utiliser immédiatement chaque petit succès pour accentuer le poids de l'autocommandement et se dire :

« Le premier succès est atteint. Je me suis mis en marche. Les succès suivants seront de plus en plus faciles ! »

FAITES « COMME SI... »

Une constante réciprocité d'effets se produit au sein de l'ensemble, ou symbiose, corps-âme-esprit. Non seulement l'esprit forme le corps, mais l'attitude du corps et ses activités, ont une influence sur l'attitude spirituelle et les états d'âme.

Utilisons cette situation avec le « Faire comme si... » On n'entend pas par « faire comme si... » un quelconque art de feindre, mais simplement l'art d'affirmer activement ce que nous voudrions réaliser dans nos pensées, nos sentiments. Cela peut nous aider à venir à bout des choses difficiles, comme si elles étaient aisées et à maîtriser notre vie comme si cela était facile.

La plupart des gens appliquent inconsciemment, d'une façon négative cette méthode du « faire comme si... » Ils agissent comme s'ils étaient faibles, malades, et avaient besoin de secours, comme s'ils étaient de pauvres diables qui ne peuvent rien par eux-mêmes, comme s'ils étaient incapables de faire ceci ou cela, et leur vie se déroule en conséquence.

Tout autre est celui qui apprend à vivre. Il agit consciemment comme s'il était fort et à la hauteur de n'importe quelle tâche. Il éveille ainsi en lui les forces dont il a besoin pour

accomplir la tâche qu'il a courageusement entreprise. Le
« faire comme si » est donc d'une grande valeur pratique dans
la vie, il incite à l'action, à l'active réalisation de nos désirs,
et augmente notre courage.

Le « faire comme si » a été, bien des fois déjà, le point de départ d'œuvres éminentes. Comment est-ce possible ?

De même que nos sentiments influencent nos actes, ceux-ci
influencent à leur tour nos sentiments. Il a été prouvé par
des expériences, comment des gestes violents réagissent sur
l'attitude intérieure, comment des mouvements doux calment
l'âme, comment le fait de serrer simplement le poing rend bel-
liqueux. Il suffit parfois d'imiter une voix mélancolique pour
réveiller en soi un état d'âme correspondant. Baissons la tête et
notre courage tombe en même temps. Levons la tête fièrement
et l'âme se redresse du même coup. Prenez une expression qui
corresponde à un sentiment quelconque et vos sentiments
changeront dans le même sens. On devient ce qu'on fait semblant d'être.

Nous pouvons donc transformer un état d'âme fâcheux en
un état d'âme agréable en prenant l'attitude extérieure qui
correspond à un état d'âme positif. Agissons comme si c'était
déjà le cas. Nous voyons cela chez un bon acteur dont le
rôle devient le caractère. Il n'agit pas seulement comme si
il était un roi, un intrigant ou un amoureux, mais à ce moment-là, il a le sentiment de l'être réellement.

Nous pouvons l'observer davantage encore chez les détraqués
nerveux. Ils se mettent à pleurer lorsqu'ils désirent quelque
chose, et bientôt ils éprouvent une vraie douleur, un réel chagrin. Ils n'arrivent plus à se débarrasser des spectres qu'ils
ont appelés.

Rendons-nous nettement compte de la loi qui agit ici : de
même que chaque pensée tend à se réaliser, toute attitude que
nous adoptons consciemment et sans crispation tend inversement à modifier notre état d'âme. Plus joyeux d'autre part,
est notre « faire comme si » plus rapidement notre moi intérieur s'adapte à nos activités. Nous apprenons ainsi un autre
moyen de donner plus de portée à nos commandements : nous
augmentons l'efficacité d'un ordre en traduisant par des actes
l'idée à réaliser, c'est-à-dire, en agissant comme si l'idée était
déjà une réalité.

Cela implique la suppression de la mauvaise humeur qui

menace de nous envahir, par l'adoption d'une attitude extérieure correspondant à un sentiment de joyeuse allégresse.

Plus intensément, plus consciemment nous adoptons la nouvelle attitude extérieure comme naturelle, plus rapidement et plus « organiquement » nous nous plaçons dans ce nouvel état d'âme. Observez comme la plupart des gens sont assis — affaissés sur eux-mêmes, le dos arrondi comme un croissant de vieille lune : leur mentalité correspond à leur attitude, elle est veule, courbée, craintive et perplexe. Redressez-vous gaillardement, effacez les épaules, gonflez la poitrine, rentrez le ventre. Immédiatement vos pensées se mettront au garde-à-vous, deviendront courageuses, intenses. En se tenant droit, on redresse son âme en même temps que son dos.

L'homme triste qui arrive par hasard dans une réunion de gens joyeux et qui, par politesse, fait semblant d'être gai, oublie bientôt sa tristesse. Celui qui est de mauvaise humeur et se comporte, en remontant les coins de sa bouche, comme s'il était gai, ou sifflote un air joyeux, change rapidement d'humeur.

L'homme facilement énervé ou agité, qui, consciemment, se comporte, se meut, parle comme s'il était un homme calme et réfléchi, qui pense constamment à la dignité de sa situation, devient à la longue réellement posé et réfléchi.

Von Sales donne aux têtes chaudes, le conseil suivant : « Habituez-vous à parler doucement, à aller et venir sans vous hâter, à faire tranquillement tout ce que vous faites, et vous constaterez que votre caractère explosif sera maté au bout de deux ou trois ans. Mais n'oubliez surtout pas d'agir et de parler calmement même lorsqu'aucune inquiétude n'est en vue et que vous n'avez rien à craindre, par exemple, lorsque vous allez vous coucher, vous lever, vous asseoir pour causer avec quelqu'un ; car alors l'habitude d'un comportement réfléchi ne vous abandonnera plus, même si un sujet d'irritation se présente. »

Celui qui se fatigue facilement doit adopter l'allure de l'homme infatigable. En nous asseyant nonchalamment à notre table de travail notre façon de penser devient nonchalante. Mais si, au contraire, nous avons un sursaut d'énergie avant le travail et prenons l'air triomphant, nous suscitons en nous une attitude mentale qui stimule à son tour notre entrain au travail, notre résistance à la fatigue, et l'efficacité de notre action.

Celui qui redoute le travail doit se comporter comme s'il s'était imposé lui-même l'obligation provenant de la vie et du travail professionnel. Il s'élève par là au-dessus de la nécessité, et transforme un « Je dois » en un « Je veux ». Le travail se fera ainsi plus joyeusement, plus facilement et avec plus de succès. S'il l'accomplit en outre, comme si son œuvre devait faire le bonheur du monde entier, il ajoutera un peu d'éternité à son activité et fera de son travail une source secrète de bonheur pour lui et pour les autres.

Le « faire comme si » est souvent d'un merveilleus secours pour des époux qui ne s'entendent pas, mais qui ne veulent pas se séparer à cause de leurs enfants, ou pour d'autres raisons. Peu importe que tous deux emploient cette méthode ou l'un seulement. L'un d'eux commencera à se comporter comme s'il aimait son conjoint de tout son cœur. Au bout d'un an leur union peut être complètement transformée et devenir parfaitement heureuse.

Le malade qui a répondu jusqu'ici plaintivement : « Ah ! cela va de nouveau plus mal ! » aux questions inquiètes de son entourage dira à partir de maintenant, sans tenir compte de ce qu'il ressent : « Cela va mieux merci ! » et bientôt : « Je me sens mieux portant que jamais ! » et se sentira, sous peu, aller vraiment mieux.

Celui qui n'a pas de succès, mais agit courageusement comme si son idéal était sur le point de se réaliser, en fait plus sûrement une réalité. Il agira comme s'il était fort, heureux, couronné de succès, et déjà maître de son existence.

Il réveille et fortifie ainsi son assurance intérieure ; de celle-ci résultera à son tour la faculté d'agir opportunément en posant les bases de ses succès futurs.

LE SUBCONSCIENT AUXILIAIRE DU SUCCES

Alors que le conscient dépend des sens et a des limites, le subconscient est indépendant et illimité. Ses frontières sont en tout cas bien au-delà du champ de notre conscience de veille.

Le subconscient a une mémoire incomparable, qui conserve

les plus petites choses comme les grandes, et les garde à notre disposition.

Il voit, entend, et ressent cent fois plus que l'appareil de mesure le plus perfectionné. Il enregistre les sons, il est psychomètre, il ressent les états d'âmes des autres. Il est difficile de lui cacher quoi que ce soit. Il y a plus de savoir caché dans les profondeurs de notre subconscient que dans le conscient de tous les sages et dans toutes les encyclopédies du monde. Le subconscient est le sol nourricier de toutes les connaissances, inspirations, intuitions et forces créatrices qui jouent un rôle décisif dans l'activité de l'homme de génie aussi bien que de l'homme quelconque. Il voit l'envers des choses, nous donne des conseils qui s'avèrent par la suite, excellents, suggère au commerçant de nouvelles perspectives de gain, à l'écrivain de nouvelles idées, au technicien des inventions utiles, inspire à l'homme d'état des projets hardis, et donne à chaque créateur des forces nouvelles pour atteindre son but. De lui provient la force de réaliser les désirs, en lui sont les germes de nos actes. Il sent le danger avant que notre moi conscient en soit averti. Il nous prévient, nous protège, et nous aide en mille occasions.

Heureux donc celui qui peut dire : « Je règne sur mon subconscient, et sur les trésors de son savoir et de ses capacités ! »

Henri Poincaré, entre autres a fait des rapports sur l'extraordinaire collaboration du subconscient. Il a constaté maintes fois que la solution d'un problème de mathématiques spécialement ardu lui venait « soudainement à l'esprit avec une certitude absolue ». Il s'assurait ensuite par des calculs compliqués que la solution donnée par son subconscient était rigoureusement exacte. Il expliquait cela par l'hypothèse que le subconscient avait préparé d'avance, avec la plus grande rapidité et une exactitude parfaite, les calculs nécessaires à la solution du problème.

De pareils faits sont très fréquents. Cela prouve qu'il vaut vraiment la peine d'essayer de mettre son subconscient avec ses nombreuses capacités et ses forces, au service d'une vie réussie.

Une foule d'idées surgit continuellement en notre for intérieur. Nous n'avons qu'à intervenir et nous saisir *rapidement* de l'idée qui nous intéresse avant qu'elle ne disparaisse. Il est donc à conseiller de prêter davantage attention aux « idées » qui nous viennent tout à coup, de les noter dès que nous en devenons conscients, même si leur sens n'apparaît pas tout de suite. Plus nous prenons l'habitude de noter ces idées soudaines, plus leur nombre augmentera.

En outre nous nous efforcerons, de plus en plus, de faire de notre subconscient un auxiliaire actif dans la lutte de la vie. Voici un moyen pour y arriver :

Retirons-nous chaque jour à la même heure, que nous choisirons à notre gré, pendant cinq à dix minutes, dans une chambre tranquille. Asseyons-nous à une table, posons devant nous un bloc-notes et un crayon, fermons les yeux, détendons-nous, et recueillons-nous dans le calme et le silence.

Dès que nous serons détendus intérieurement, prenons le crayon en main et regardons notre papier blanc ; laissons le flot de pensées du subconscient atteindre librement la conscience. Nous pouvons accélérer ce processus par un commandement : « Mon subconscient, donne-moi maintenant la solution de mes problèmes et de mes soucis. Suggère-moi de bonnes idées et de nouvelles connaissances. »

Le résultat de cette méthode sera un afflux, d'abord lent et hésitant, mais de plus en plus abondant d'idées utiles. Nous inscrirons ces idées pêle-mêle, comme elles viennent, sans nous soucier si elles ont un rapport quelconque entre elles. Au début l'ensemble de ces notes n'aura que fort peu de valeur pratique, mais avec l'exercice, le subconscient s'adaptera à cette façon de s'exprimer : bientôt, il choisira de lui-même ce moyen pour nous suggérer des observations, des conclusions, des connaissances utiles ; des choses oubliées depuis longtemps et qui sont justement importantes pour nous, nous reviendront à l'esprit ; des relations jamais aperçues entre les choses nous apparaîtront et éclaireront des points restés obscurs jusque-là ; des idées d'une portée profonde, des aperçus de possibilités futures, nous arriveront de plus en plus souvent.

Nous pouvons aussi poser le bloc-notes et le crayon sur notre table de chevet et donner l'ordre à notre subconscient en nous endormant, de nous faire connaître au réveil une solution recherchée, ou de nous éveiller dès que la question sera résolue afin de nous permettre de la noter rapidement.

Il faut encore observer ici quelque chose d'important : le

subconscient travaille d'autant mieux que le conscient le trouble moins par son intervention. La seule chose qu'il accepte volontiers, quelle qu'en soit l'ampleur, ce sont les données de travail, tout ce qui se rapporte au problème à résoudre : les lectures faites à ce sujet, les notes que nous avons prises sur la question, et auxquelles nous ajoutons le X inconnu qui est à trouver par le subconscient. Nous agissons comme si cet X était tout naturellement connu de lui.

Plus nous mettons à la disposition de notre subconscient de connaissances concernant notre affaire, plus sûres seront ses conclusions.

Nous n'avons pas besoin d'attendre toujours le lendemain pour connaître la solution, nous pouvons l'obtenir sur-le-champ. L'ordre à notre subconscient sera alors le suivant : « Donne-moi la solution immédiatement. » Le subconscient n'est pas soumis aux conditions de temps et d'espace comme le conscient. Il peut en quelques instants accomplir le travail mental de plusieurs jours, ou de plusieurs semaines. Celui qui s'est déjà trouvé en danger de mort sait la rapidité foudroyante et la netteté de la pensée subconsciente.

Mais voici encore une dernière exigence du subconscient, si nous désirons son aide. Nous devons lui témoigner une confiance illimitée, nous devons le considérer comme notre plus fidèle ami et collaborateur et le traiter en conséquence, car le subconscient est infiniment sensible. Il réagit à toute pression, à tout mouvement hostile par une opposition. Nous n'obtenons rien de lui par la contrainte. Plus nous nous efforçons de lui arracher quelque chose, par exemple, un mot sorti de notre mémoire, plus la solution semble nous échapper. Détendons-nous dans ce cas, cessons de le presser. L'opposition cessera de son côté, et ce que nous n'avons pas retrouvé malgré tous nos efforts, nous reviendra à l'esprit sans la moindre peine.

Il est adroit d'exprimer déjà, dans nos commandements, notre confiance en notre subconscient. Traitons-le comme un serviteur de choix, très indépendant, toujours plein de bonne volonté et conscient de son devoir, toujours poli et aimable, mais qui suppose chez son maître de la noblesse d'esprit et de comportement à son égard. Nous pouvons alors avoir les meilleurs rapports avec lui.

Ou mieux encore. Traitons notre subconscient comme un gnome serviable. Chacun a connu, dans son enfance, l'histoire

des petits gnomes qui accouraient la nuit venue, pour terminer dans la maison ou l'atelier, la cuisine ou la cave, les travaux inachevés, et prenaient soin d'apporter aux braves gens
l'aide qu'ils méritaient.

Notre subconscient fait de même : il termine pendant la
nuit, le réseau de pensées que nous avons laissé inachevé et
nous présente le lendemain matin la solution cherchée en un
tout harmonieux.

VINGT-TROISIÈME SEMAINE

DOMINATION DE LA SENSIBILITE

> « *Il n'est pas difficile de maîtriser des sentiments qui n'effleurent l'âme que superficiellement ; mais pour garder l'âme libre lorsque la passion agite toute la nature sensible, il faut une capacité de résistance infiniment supérieure à toutes les forces naturelles.* »
>
> SCHILLER.

Au cours de la semaine précédente nous avons acquis un nouvel auxiliaire que nous voulons utiliser consciemment à notre développement : le Subconscient. Il est possible, avec son aide, de commander à des énergies que nous ne pourrions dominer d'aucune autre manière. Commençons par l'éducation des sentiments qui jouent trop souvent un rôle décisif dans la lutte pour l'existence, car les sentiments dirigent nos pensées, à moins que *nous* ne le fassions consciemment et volontairement.

La première tâche consistera cette semaine à nous débarrasser de tout ce qui empêche le contrôle de la sensibilité, comme les inhibitions psychiques, les sentiments d'infériorité et les troubles nerveux. Car, les actions manquées et les échecs découlent de sentiments et de passions mal dirigés.

Est-il possible de tenir en bride les sentiments ? Certes. Et comment ? Par une attitude correcte à leur égard et par l'exercice.

Nos sentiments peuvent être positifs ou négatifs, agréables ou désagréables, et, suivant le cas, ils agissent comme stimulants ou inhibitifs. Les uns comme les autres peuvent dominer l'homme au point qu'il en perde la maîtrise de lui-même.

Nous appelons « *Affects* » les émotions particulièrement vives, qui naissent brusquement et s'apaisent tout aussi rapidement : ce sont des sentiments concentrés qui ont un retentissement dans l'organisme et nous poussent à des actions correspondantes. Etant donné que notre bien-être physique dépend largement de nos sentiments, et que chaque *affect* agit vivement sur les glandes, la circulation du sang, la tension musculaire, etc., nous avons toutes raisons de surveiller nos sentiments et de les orienter consciemment dans la bonne voie. Plus grande est notre émotivité, plus elle exige de domination de soi-même.

En elles-mêmes, ces énergies sensibles ne sont ni utiles ni nuisibles : tout dépend de ce que l'homme *en fait* : des souffrances ou des joies. Il importe d'observer ici que maîtriser ses sentiments ne consiste pas à les réprimer, mais à les cultiver, à les employer sagement pour élever le tonus de la pensée, de la volonté, de l'action. Il ne suffit pas d'être capable de passions, il faut en être maître, suivant la parole de Habicht : « Au fond, nous n'avons pas besoin de combattre nos passions, mais seulement de les faire servir au Bien, au Vrai, au Beau. »

Pour notre lecteur tous les sentiments sont des forces qu'il cherche à utiliser à son avancement intérieur ou extérieur. Il cultive par conséquent, en tant que forces, les sentiments positifs qui augmentent sa joie de vivre et son succès, et, par l'affirmation correcte, il transforme en leur contraire tous les sentiments pénibles qui l'arrêtent. Il en est des sentiments comme des pensées, dont Keysler a dit : « Les pensées sont comme des chevaux sauvages, aussi beaux et forts que redoutables ; si tu ne sais pas la manière de les tenir, ils bondissent soudain et t'emportent là où tu ne voudrais pas être. Mais qui les domine est à peu près maître de lui ; il sait employer ses forces comme il se doit, au moment favorable. »

En fait, tout sentiment, toute émotion, tout instinct peut être une force d'impulsion vers un bon but. Il importe de dompter le torrent des passions comme on se sert du courant électrique, dans un but constructif.

Mais comment s'y prendre ? Nous commencerons par dominer nos émotions positives, nos sentiments agréables, au lieu de les extérioriser, comme nous l'avons fait jusqu'ici, dans des attitudes, des mouvements, des propos, des gestes divers. Nous traiterons de la même manière nos sentiments de déplaisir, ce qui aboutit à cultiver son égalité d'humeur.

Il s'agit ensuite de diriger vers le Bien les émotions contenues, et pour cela de freiner les sautes d'humeur, la tendance à s'y laisser-aller. Suivre en cela la Règle d'Or : avoir envers les autres l'attitude que nous voudrions leur voir adopter envers nous.

Il est également nécessaire de veiller aux écarts de l'imagination. On s'abstiendra de stimulants artificiels comme ces lectures trop excitantes qui sont des caricatures de la véritable vie sentimentale. On évitera de même les efforts excessifs tant physiques qu'intellectuels. Si on s'habitue en outre à s'observer constamment, surtout lorsqu'une émotion nous envahit, on restera plus facilement maître de soi-même.

Mais le moyen le plus important, associé avec ceux que nous avons déjà appris à connaître, reste l'emploi judicieux de « l'autocommandement ». La simple méthode suivante est un précieux auxiliaire pour apaiser rapidement toute agitation émotive :

A l'instant où l'on prend conscience de cette agitation il faut s'étendre, fermer les yeux, joindre les mains au-dessus du plexus solaire (creux de l'estomac) et concentrer ses pensées et ses sensations sur le rythme paisible de la respiration. En expirant on se représente formellement qu'on chasse la cause de l'excitation, et en aspirant on appelle à soi le repos et la paix. Il est recommandé de prononcer à voix basse et très lentement les mots : « Paix — Paix — Paix. »

Il faut veiller pendant ce temps, à ce que la respiration soit lente et rythmique. A chaque sorte d'émotion correspond une façon de respirer : si on régularise, ralentit et rythme consciemment le souffle précipité et saccadé qui correspond à un sentiment négatif, on apaise de ce fait l'excitation.

Cette éducation de soi-même se parfait par l'emploi de méthodes psychologiques qui favorisent le développement de sentiments et d'attitudes positives. Dans ce but nous emploierons avec succès la méthode du « Faire comme si », laquelle éloigne rapidement les sentiments déprimants et stimule d'autre part l'éveil de sentiments positifs, toniques et exaltants.

Ainsi, lorsque nous sommes saisis par un sentiment d'irritation, nous nous mettons à parler tout haut, les traits de notre visage se crispent, nos mouvements se précipitent, notre corps se raidit. Si nous nous mettons aussitôt à « faire comme si » nous étions maîtres de nous-mêmes et calmes, notre expression se transforme : notre voix baisse de ton, nos gestes sont plus mesurés, un aimable sourire détend notre visage et notre crispation générale est résolue. En peu d'instants notre irritation est apaisée, et ne trouvant plus de soutien dans nos dispositions elle ne tarde pas à disparaître.

C'est ainsi que nous pouvons exercer et éduquer notre sensibilité et arriver peu à peu à commander à nos sentiments comme à nos pensées. Chaque émotion étant accompagnée de gestes, de mouvements particuliers, il est possible de découvrir et de faire consciemment les contre-gestes qui accompagnent les émotions opposées et auront pour effet de susciter ces dernières. Il nous faut seulement prêter attention à l'attitude physique qui accompagne un état d'âme négatif et convertir préventivement notre attitude en l'attitude contraire pour ôter à cet état d'âme sa base vitale. Le plus souvent le sentiment négatif est ainsi tué dans l'œuf.

Laissons donc courir les coursiers ardents de notre âme — non dans la direction où ils voudraient nous entraîner, mais dans celle que nous avons choisie nous-mêmes. Ce maniement de commutateurs réussit au bout de quelques essais, et une fois qu'on l'a bien en main, ce moyen est infaillible.

Vis-à-vis de ses concurrents, de ses adversaires ignorant cette méthode de conversion des sentiments, notre lecteur acquiert une réelle supériorité. Car il n'est plus à la merci de ses émotions, et celui qui apprend à maîtriser ses propres sentiments commence aussi à exercer son influence sur la sensibilité des autres.

ABOLITION DES INHIBITIONS PSYCHIQUES

Au fur et à mesure qu'on avance dans la maîtrise de ses sentiments on progresse aussi dans l'abolition des inhibitions et conflits irrésolus qui se trouvent dans le subconscient, c'est-à-dire des tensions et des oppositions provenant de désirs inconscients fortement sensibilisés.

Il va de soi, ici aussi, que la résolution des tensions et des inhibitions peut être obtenue par l'affirmation consciente et la mise en œuvre d'une aspiration positive opposée, à la condition, toutefois, que nous ayons livré un combat sans merci au doute paralysant et à l'irrésolution, ennemis de notre succès. Tant que nous sommes divisés par le doute, notre vie va à reculons.

Au cours de notre enseignement, bon nombre de refoulements et d'obsessions ont disparu d'eux-mêmes, sans que nous ayons eu à les combattre tout spécialement. Ces vieux fantômes ne peuvent subsister dans le domaine de la nouvelle méthode de pensée. Nous apprendrons à en vaincre d'autres dans les semaines à venir. Mais il est encore nécessaire de dire ceci :

Par la pratique de « l'autocommandement » et du « faire comme si » nous avons acquis deux moyens pour opposer à une inhibition existante une représentation positive, pour éveiller nos forces intérieures, les intensifier, les multiplier, jusqu'à ce que soit brisée la puissance du complexe négatif. La condition du succès c'est que la représentation positive soit fortement accentuée d'un sentiment de plaisir.

Aussitôt que point en nous la sensation de l'obstacle intérieur il nous faut tourner toutes nos pensées, tous nos sentiments et notre vouloir vers la pensée positive opposée, et nous précipiter littéralement sur une représentation agréable ; plus cette représentation est positive, mieux elle anéantit les pensées accessoires qui peuvent surgir ; nous plaçons l'image riante de notre but dans le champ de notre conscience, et du fait qu'augmente la force de notre but idéal, celle de l'obstacle tend à disparaître. Nous arrivons ainsi progressivement à vaincre l'inhibition.

Lorsqu'une pensée fâcheuse ne se laisse pas écarter, essayons de la faire entrer dans le réseau de nos pensées constructives et, en l'intégrant, de lui donner une valeur positive. De même qu'un gouvernement neutralise l'opposition en faisant entrer son chef au sein du gouvernement, on arrive souvent à vaincre et à opérer la transmutation d'un élément de désordre en l'acceptant consciemment et en l'introduisant dans notre cadre actuel de pensées et de volontés. Nous faisons ainsi de la pensée gênante un auxiliaire utile sans qu'elle puisse nous détourner de notre but positif.

Mais le simple moyen de la relaxation complète suffit souvent à faire disparaître les sentiments négatifs. Par exemple, les accès de dépression qui reviennent fréquemment et résistent à notre commandement, cèdent rapidement à la détente complète. Cette détente obtenue, entrons dans le silence et prenons conscience de notre liberté intérieure vis-à-vis de toutes les entraves du monde. Affirmons et sentons profondément :

« La force qui est en moi me libère et brise tous mes liens ! Je suis libre de tout ce qui me sépare de moi-même, car je ne fais qu'un avec le Dieu qui est en moi, avec la force calmante et libératrice de l'Aide intérieure. Je suis libre ! »

Ensuite poursuivons l'exercice de l'examen de notre moi, commencé dans la 19ᵉ semaine, afin de reconnaître, et d'extirper nos inhibitions intérieures et nos sentiments d'infériorité. Il s'agit d'amener jusqu'à la conscience claire tout ce qui, dans l'inconscient, reste obscur et nous tourmente.

Cette *désintoxication de soi-même* sera plus profitable si nous la pratiquons pendant un certain temps tous les jours à la même heure, en donnant une demi-heure à cet exercice. Durant cet examen, qui est en quelque sorte un entretien que nous avons avec nous-mêmes, nous avouons nos angoisses, nos craintes, et finalement nous nous reconnaissons libres et éprouvons notre liberté intérieure. C'est une sorte de contemplation de soi-même en vue de sa *propre libération*. Non pas une réflexion suivie : mais nous laissons les souvenirs et les associations de pensées se présenter librement, et cet exercice amène progressivement à la lumière de la conscience les plus intimes émotions de l'âme.

Etant donné que dans une telle exploration de soi, nous n'avons pas à nous découvrir devant les autres, nous prenons aussi conscience de nos vilains côtés et de nos refoulements. Mais il ne s'agit pas ici de les trouver bien ou mal, ni de porter un jugement quelconque sur nos sentiments les plus secrets, d'approuver ou de désapprouver les complexes que nous découvrons, — il s'agit seulement d'en trouver les racines afin de les extirper, de les mettre à jour, — en nous libérant nous-mêmes.

Si donc, au cours de notre examen, nous nous sentons soudainement gênés, contraints, si nous butons sur un obstacle, nous ne devons pas nous y arrêter, mais avancer sans crainte, car notre chemin nous conduit toujours vers une plus grande liberté, vers plus de force intérieure. Nous pouvons ici nous abandonner totalement.

Nous laissons venir devant notre œil intérieur tout ce qui nous a angoissés auparavant et qui est relié à des souvenirs récents ou lointains. Nous pérégrinons, en nous entretenant avec nous-mêmes, à travers le vaste domaine de notre âme, par dessus monts et vallées, bois et prairies, attentifs à reconnaître chaque aspect du paysage intérieur. Nous prenons ainsi conscience de régions encore ignorées ; l'histoire de notre vie se déroule avec le défilé de nos souvenirs, parmi lesquels les résidus négatifs se dissolvent et s'évanouissent.

Sur la carte de notre âme, les « taches blanches » des territoires inconnus disparaissent, il ne subsiste pas d'ombres — et notre âme est de plus en plus désintoxiquée.

Celui qui estime ne pouvoir se passer d'un « médecin de l'âme » peut avoir recours à un psychothérapeute qui l'aidera, par la même méthode, à se libérer. Naturellement, sous la direction d'un praticien expérimenté la « désintoxication » sera plus rapide et plus complète. Dans les cas courants, nous pouvons remplacer le psychothérapeute par du papier et un crayon : nous notons, au cours de notre exploration, chaque observation frappante, chaque idée ou souvenir imprévu, chaque impression surgissant en nous.

Commençons cet examen sans aucun programme arrêté, en nous laissant purement guider par l'enchaînement des souvenirs, et notons les points saillants. Les notes ainsi amassées au cours des exercices serviront de base à des examens ultérieurs plus poussés et nous empêcheront de tourner en rond dans nos recherches.

En progressant nous ne tarderons pas à observer que nos *rêves* de la nuit deviennent plus vivants et qu'au réveil nous en restons mieux conscients. Nous pouvons, avec fruit, prendre ces rêves comme point de départ pour d'autres explorations dans le paysage de notre âme, en suivant, sans idée préméditée et sans contrainte, les souvenirs qu'éveille spontanément la vision du rêve. Des *relations* de faits se présentent d'elles-mêmes à la conscience, que nous trouvons d'abord angoissantes ; ensuite nous sentons qu'elles sont libératrices, parce que la prise de conscience des racines d'une inhibition a pour effet de la résoudre. Il nous arrive de nous souvenir d'une expérience pénible, d'une impression douloureuse ayant créé une inhibition, et cette réminiscence n'a pas pour effet de la réactiver, mais au contraire de défaire le « nœud » qui nous angoissait. En nous comprenant nous-mêmes nous jetons le fardeau que nous traînions jusqu'ici et nous sentons libérés.

Nous devinons le sens de certains blocages, en en découvrant le fond et l'arrière-fond. Chacun d'eux a quelque chose à nous apprendre, mais il n'a plus de raison d'être, dès l'instant que nous en avons compris la leçon ; dès que le contact avec nous-mêmes est rétabli, il disparaît. Toute prise de conscience des causes d'une tension représente une libération et une détente.

Déjà au cours de notre promenade dans notre monde intérieur les inhibitions perdent de leur pouvoir. En éclairant les coins obscurs de l'âme, la lumière de la conscience affaiblit les germes morbides qui ne peuvent prospérer que dans les ténèbres de l'inconscient. En mettant à jour la racine d'un mal, nous le tuons, tout comme un arbre périt lorsqu'il est déraciné et séparé du sol nourricier. Le sentiment de notre état d'inhibition décroît dans la mesure où nous nous connaisons nous-mêmes, où nous pénétrons plus avant en nous-mêmes, et, dans la même mesure, augmente le sentiment de notre force intérieure et de notre sécurité.

Il arrive que des obstacles se dressent devant nous au cours de nos explorations : un mur, une crevasse ou un torrent nous empêchent d'avancer. Nous ne ferons rien pour abréger la pause et ne tenterons pas de forcer ces obstacles ; nous resterons dans un *silence attentif* en pensant :

« Ce qui me barre la route s'écartera de soi-même. Car cela cherche une solution et je le libèrerai. L'idée me viendra subitement. »

Ce silence attentif n'est pas un laisser-aller dans la passivité. Il est positif et actif. Alors de notre for intérieur surgit un message. Nous laissons ce « *quelque chose* » penser en nous et nous guider. Souvenons-nous des contes de fées : dans le domaine magique, dès l'instant qu'on connaît le « nom » du mauvais esprit, son pouvoir est anéanti. De même, lorsque nous connaissons la cause d'une inhibition, elle est résolue et disparaît comme par enchantement.

C'est ainsi que toute force d'opposition, tout obstacle paralysant provient de notre non-connaissance. Là où pénètre la lumière de la connaissance de soi, s'évanouissent les fantômes de la nuit. Cette prise de conscience se produit parfois spontanément lorsque, détendus, nous suivons la chaîne de nos souvenirs. Soudain, nous nous sentons allégés, comme lorsqu'on ouvre une fenêtre dans une pièce fermée.

Peu à peu tout ce qui est oublié, tout ce qui était tombé dans l'inconscient surgit à la lumière du jour ; ce qui était sorti depuis longtemps de notre mémoire, mais dont nous nous ressouvenons, nous conduit à la libération. En comblant les lacunes du souvenir nous faisons reculer les inhibitions et leur ôtons la possibilité de se reformer ; un jour enfin nous pouvons nous dire avec bonheur : « Je suis vraiment libre ! Plus rien ne m'oppresse ! »

COMMENT VAINCRE LES SENTIMENTS D'INFERIORITE

Tout ce qui vient d'être dit pour venir à bout des inhibitions est également valable pour surmonter le « complexe d'infériorité », le « miko » (1). Nous entendons par là des représentations négatives qui touchent notre sensibilité et qui, enrichies de pensées similaires, exercent une grande influence dans l'inconscient.

Tout homme possède des « mikos », mais tout dépend de la façon dont il se comporte à leur égard : suivant qu'il essaie de les combattre et échoue, ou bien qu'il les surmonte et les fait servir à son ascension.

Les « mikos » poussent les uns au pessimisme, les autres dans des sectes où se groupent des individus pareillement affligés de ces complexes. Mais, où qu'ils s'évadent par doute de soi-même, toujours ils sentent des dangers, même là où il n'y en a pas. L'existence est pour eux comme un sentier étroit bordé de précipices et qui peut cesser à chaque instant...

En réalité, toutes ces angoisses qui paralysent la volonté et

---

(1) Faute d'une abréviation française nous conservons l'abréviation allemande, formée des lettres initiales de l'expression : « *M*inderwertigkeits-*K*omplexen » (complexe d'infériorité). (N.d.T.)

l'esprit de décision et conduisent le tourmenté à faire précisément ce qui est le plus préjudiciable à son bonheur, n'ont pas de raison d'être, car ses angoisses sont créées par lui-même ! L'inquiétude qui tourmente l'âme du malheureux n'est en soi rien de saisissable, c'est un pur néant, une non-conscience de sa force intérieure, autrement dit une vue erronée des choses.

Si paradoxal que cela paraisse, l'homme qui souffre de *mikos* est en réalité très riche de forces intérieures et pour cette richesse il est à envier plutôt qu'à plaindre. « Plus grand est l'homme — a dit Kierkegaard — plus son angoisse est profonde. » Il s'agit seulement de remettre dans la bonne voie les forces de l'inconscient et de les faire servir à son perfectionnement.

Pour rendre ceci plus clair, disons que la mésestime de soi-même se rencontre le plus souvent chez les individus dont les forces psychiques dépassent de beaucoup celles de la moyenne des hommes. Leur sensibilité plus grande les incite à estimer leurs propres moyens plus faibles que ceux des autres, à surestimer ces derniers, à se tromper sur leur propre richesse intérieure et à méconnaître leur supériorité incontestable en face des difficultés à vaincre.

Si cette force intérieure n'existait pas il n'y aurait pas non plus le *miko*, qui en est la contrepartie. Leur subconscient ne produirait pas cette infirmation de soi-même s'il ne se sentait fort. Précisément avec leurs *mikos* ces individus peuvent être les hommes les plus courageux et les plus capables ! Et ils ont fait le premier pas en suivant l'enseignement de notre Art de Vivre ; ils ont déjà pris parti pour la victoire et l'issue n'est pas douteuse : ils vaincront !

Les *mikos* sont des indices de force ! Celui qui les considère ainsi et qui, en se retirant dans le silence, se confie à son Guide intérieur, apprend bientôt à les transformer en sentiment de sa valeur et en conscience de sa force. Il découvre que celle-ci est plus puissante que tous les obstacles du monde et que cette force, en tant qu'émanation de la Force universelle ne saurait lui faire défaut. Il lui voue une confiance totale — et cette confiance anéantit ses *mikos*.

Mais la force puissante qui sommeille en nous, ne peut nullement se déployer par elle-même. Ou bien elle s'éveille sous la pression de la nécessité, ou bien nous la suscitons consciemment et la faisons agir avant que le destin n'intervienne.

Du fait que nous suivons cette dernière voie, nous nous dégageons de nos *mikos* ou bien nous en faisons un tremplin pour notre ascension. Notre lecteur trouvera dans son *miko* un stimulant pour son action, un tremplin pour atteindre un plus grand pouvoir. Celui qui, en quelque point de son activité n'est pas satisfait de lui-même, montre par là qu'il est conscient de pouvoir faire mieux et davantage. Celui qui se dit en serrant les poings : « Maintenant, on va voir ce dont je suis capable ! », celui-là tient la clé de sa délivrance.

Ce qui est capital, c'est toujours la manière dont nous considérons notre « indignité ». L'un souffre de sa petite taille, l'autre y trouve un prétexte pour affirmer ses capacités supérieures — tel Napoléon !

TELS NOUS NOUS JUGEONS, TELS NOUS DEVENONS !

Sentir avec justesse, c'est faire de nécessité vertu, faire une force de ses faiblesses, et de ses *mikos* un talent éminent. La même pointe qui nous a blessés peut aussi servir de stimulant.

Dans l'Art de Vivre le *miko* n'est pas réprimé, mais neutralisé et transmuté en une force constructive.

L'expérience nous apprend qu'un *miko* prend d'autant plus d'importance qu'on s'occupe davantage de lui ou qu'on le combat *directement*. Notre enseignement apprend à le combattre *indirectement ;* il dirige le regard sur les forces positives opposées, les active et les intensifie. Dans la même mesure le *miko* perd de son pouvoir. On détruit les complexes négatifs en cultivant des complexes positifs.

Dans un certain sens l'Art de Vivre enseigne ce que la psychothérapeutique moderne appelle des « compensations ». Compenser veut dire équilibrer : équilibrer une déficience sur un point par une aptitude supérieure sur un autre, développer une force égale ou supérieure opposée à une certaine faiblesse.

L'organisme physique procède automatiquement à ces compensations : la faiblesse ou la carence d'une certaine fonction ou d'un organe est équilibrée et compensée par le développement d'une autre fonction ou l'hypertrophie d'un organe. Il en est de même de l'âme : maintes grandes œuvres sont le résultat de « surcompensations ». Bien des hommes souffrent de *mikos* à cause d'une mauvaise vue, d'une ouïe défectueuse, etc. Notre lecteur procède autrement : ces déficiences deviennent pour lui une facilité de concentration plus grande. Dans le domaine intellectuel, professeurs, artistes, médecins, inventeurs, qui furent affligés de pareils « défauts » ont réalisé des œuvres remarquables.

Edison qui était dur d'oreille depuis son enfance, prétendait que sans cette infirmité il n'aurait jamais pu apporter dans son travail la concentration nécessaire. Les exemples de ce genre sont nombreux. Si le déploiement de l'individu est freiné du côté extérieur, il se produit un développement d'autant plus intense des forces intérieures.

Il est donc erroné de réagir par un *miko* à une « infirmité » corporelle, — à laquelle du reste il est souvent possible de porter remède. L'homme voué au succès réagit à tout par des capacités supérieures qui compensent dix fois son insuffisance. Il importe toutefois ici, de se garder des excès, qui « entretiennent » parfois le *miko* au lieu de l'abolir. Il importe seulement de prendre l'habitude de réagir positivement.

Un autre moyen de venir peu à peu à bout d'un *miko* est d'enrichir volontairement son savoir : cherchez à approfondir vos connaissances professionnelles, prenez des notes, tenez-vous au courant de la littérature spécialisée ; apprenez au besoin, pour vous créer un avantage de plus, la sténographie, la machine à écrire, des langues étrangères, etc. L'étendue de vos connaissances est le point de départ d'une production supérieure. Elle rehausse le sentiment de votre valeur, laquelle éveillera une plus grande considération chez les autres, et, en conséquence, il vous sera confié plus de responsabilité, ce qui se traduira à son tour par une amélioration de votre situation et une augmentation de vos revenus.

Plus de savoir donne plus de compréhension ; plus de compréhension donne plus de liberté, et plus de liberté signifie : plus de succès ! Savoir est pouvoir et le pouvoir tue les *mikos*.

COMMENT GUERIR SOI-MEME SES TROUBLES NERVEUX

L'éducation de l'âme qui a été exposée jusqu'ici est en même temps une éducation des nerfs et, de ce fait, la base d'une capacité de travail supérieure. Avoir une « bonne résistance nerveuse » est tout d'abord une question d'entraînement personnel. C'est indiquer aussi la voie pour surmonter ses troubles nerveux. Personne ne peut aussi bien résoudre ses problèmes que l'intéressé. Il lui suffit d'ouvrir les yeux, pour découvrir qu'il est simple et facile, sans s'infliger à soi-même des tortures et des exercices pénibles, d'éveiller les bonnes forces qui sommeillent en lui et vaincre ses troubles nerveux. Il suffit seulement de dire *oui !* sans réserve à sa nouvelle orientation positive intérieure. Il suffit de reconnaître que l'Esprit qui habite en nous est toujours sain et que nous le sommes aussi dans la mesure où nous nous sentons unis à lui et avons confiance en son aide.

« Une peine — a dit le sage grec Démocrite — que l'âme paralysée ne peut vaincre, s'évanouit sous l'examen de la raison. » L'homme du XXe siècle en proie à mille angoisses : peur de l'échec, du malheur, de la vie, de la maladie et de la douleur, du dédain de son supérieur et de son subordonné, de son entourage, de la solitude, de la mort, de mille choses réelles ou imaginaires... cet homme-là n'ira pas loin avec la recommandation de Démocrite. Car ses angoisses affectent plus sa sensibilité que toutes les considérations raisonnables et, partant, elles sont plus fortes, d'autant plus que les complexes négatifs ont déjà proliféré dans l'organisme ; angoisses et obsessions se sont matérialisées sous forme de troubles tels que : palpitations de cœur, asthme, bégaiement, crampe des écrivains, rougeurs et sueurs intempestives, troubles de la vue ou du cœur, tremblements, insomnies, trac, etc. Ce sont des automatismes psychiques négatifs qui exigent déjà des méthodes énergiques de traitement.

La contrainte de la volonté n'est pas ici une solution. Une tension ne peut être abolie par une autre tension, qui au contraire l'aggrave. Plus nous combattons une inhibition par la violence, plus elle est récalcitrante et le combat apparaît sans issue.

Lichtenberg a dit : « Lorsque une défaillance nerveuse a atteint le point où il est impossible de prendre la décision de commencer un traitement pour l'améliorer, alors l'homme est perdu ». Mais ce n'est jamais le cas, sinon la plupart des inhibés seraient perdus. En réalité chacun peut se libérer par ses propres forces de ses entraves personnelles, — et l'asservissement à des modes de penser étrangers est toujours en définitive un asservissement à soi-même et doit être traité comme tel.

Comment faire soi-même ce traitement psychique ?

En premier lieu et avant tout il ne faut pas *tendre* son esprit vers une idée quelconque, mais le *détendre*, en joignant à la relaxation un exercice de respiration et en s'abandonnant au rythme de cette respiration paisible :

« J'aspire la paix et la force. Une énergie nouvelle traverse toutes les cellules de mon corps et s'étend dans mon âme. Je suis repos ! Je suis paix ! Je suis force ! »

Lorsque nous sommes parvenus à la détente complète et que le flot des pensées contradictoires s'apaise, nous commençons, sans y astreindre notre volonté, à amener dans le champ de notre conscience, l'image agréable du succès désiré ou celle d'une faculté à développer, avec le sentiment que cette force positive que nous sollicitons en nous va s'épanouir comme une plante dans un terrain favorable.

Dès cet instant le trouble nerveux lui-même ne nous intéresse plus ; nous l'oublions, comme on oublie l'argent qu'on a dépensé pour ne songer qu'à celui qu'on doit recevoir. Nous utilisons la méthode du self-commandement pour cultiver en nous la semence positive, jusqu'à ce qu'elle produise des fleurs, puis des fruits. Nous affirmons notre confiance en nos forces secrètes et les encourageons ainsi à se déployer.

En même temps, nous pouvons nous consacrer de mieux en mieux à notre travail quotidien en y apportant plus d'amour qu'auparavant ; nous essayons de faire de notre travail un sport et de notre profession une vocation. De cette manière nous oublions d'attacher trop d'importance à nos troubles nerveux. C'est une bonne chose car ces troubles psychiques ont en effet la fâcheuse tendance de se faire d'autant plus sentir que nous nous en occupons davantage, tandis qu'ils tendent à disparaître lorsque nous n'avons pas le temps de nous en soucier.

Revenir sur un mal c'est lui conférer du pouvoir sur nous-mêmes ! Il s'agit donc avant tout de tenir en bride son imagination. Lorsqu'un enfant tombe et qu'il commence à pleurer parce qu'il a une bosse, la mère avisée lui montre aussitôt une belle image qui accapare son attention ; les larmes cessent aussitôt et le mal est oublié. — Nous employons la même méthode pour remédier aux douleurs, aux insuffisances vitales. Mais, plus nous réfléchissons à notre fragilité, plus nous cherchons à nous protéger douillettement, et plus nous devenons sensibles et vulnérables aux coups du sort.

Ici il est nécessaire de s'endurcir soi-même. Car les nerfs, comme les muscles, se raffermissent par l'exercice, par le service quotidien que nous exigeons d'eux. C'est une erreur de croire que la fatigue physique ou intellectuelle puisse produire des troubles nerveux ; ils proviennent seulement d'une attitude mentale erronée pendant le travail, et bien plus encore de l'oisiveté et de la tendance à se dorloter qu'elle favorise.

Celui qui porte toute la responsabilité de sa propre vie et qui « ne peut se permettre d'être malade », celui-là reste en bonne santé. Mais lorsque, pour une raison quelconque, la nécessité d'être en bonne santé est moins urgente, nous nous laissons plus facilement aller et nos nerfs deviennent plus sensibles, notre résistance aux réactions fâcheuses de l'organisme diminue. Il est inutile d'entrer ici dans les cas particuliers. Voici seulement deux procédés :

Lorsque nous nous sentirons nerveux ou agités, couchons-nous, les bras étendus et fermons les yeux. Détendons-nous. Commençons à aspirer et expirer profondément en pensant « repos » et « force ». Puis retenons notre souffle, en poussant l'air en bas de la poitrine. Aussitôt tous les muscles du corps se raidissent et nous nous concentrons sur cette pensée :

« Je suis fort. Mes nerfs sont calmes et forts. Ils sont vivifiés par la force intérieure ! »

Ensuite respirons de nouveau à fond, ce qui détend les muscles et, en pensée, laissons notre corps s'appesantir et s'assoupir. — Exercice à répéter plusieurs fois.

En cas d'épuisement et de surmenage, faisons le même exercice de respiration, sauf que l'air ne doit pas être poussé vers le bas, mais disons intérieurement en retenant notre souffle : « Je suis ! » et en expirant : « Je suis force ! » Nous sentons alors formellement la force intérieure affluer dans tous nos membres.

Personne ne doit renoncer, car si impossible que cela paraisse, chacun peut éprouver de façon vivante que la voie tracée ici de l'éducation personnelle, est susceptible de le tirer du découragement et de la détresse. Comment ? En se servant consciemment de la plus grande puissance qui soit sur cette terre : la force qui est en nous, émanation de la force universelle.

DOMINATION DE LA SENSUALITE

> « *De la puissance qui asservit tous les êtres, se libère l'homme qui se domine lui-même.* »
>
> Gœthe.

Par la domination de notre sensibilité, s'accroît notre pouvoir sur les sens. Mais ici apparaissent certaines résistances intérieures qui freinent la joie de vivre et l'expansion de soi-même. Il existe des rapports intimes entre la sensualité et la réussite dans la vie ; c'est pourquoi il est indispensable de suivre aussi dans ce domaine la Voie du juste milieu que la nature nous montre elle-même.

Il n'est de pire esclavage que celui des sens, car le « profiteur » de la vie ne se rend pas compte que c'est la vie qui profite de lui, — et le rejette lorsqu'elle n'a plus besoin de lui.

Celui qui gaspille ses forces d'une manière aussi sensuelle que dépourvue de sens ne doit pas s'étonner si son existence n'est pas une réussite. Pas de succès durable sans concentration et sage utilisation de toutes les forces du corps, de l'âme et de l'esprit. Comment devenir maître de sa vie si on est l'esclave de ses sens !

Mais comment acquérir l'empire sur soi-même, la domination des sens, qui distingue le Sage ? Est-ce même possible ?

Il est en notre pouvoir, soit de céder à un désir, à un appétit sensuel, soit de canaliser la force qui cherche ainsi à s'extérioriser vers une autre voie en l'employant à une besogne constructive. Car toute énergie créatrice, qu'elle soit de nature sexuelle ou intellectuelle est une force positive qui augmente, si elle est justement employée, notre capacité de réussite.

Mais, dans ce domaine également, la contrainte de la volonté ne donne pas le moindre résultat. La véritable victoire s'obtient sans combat. Celui qui fait des efforts pénibles pour réprimer sa sensualité éprouve bientôt la véracité de cette parole de Gœthe : « Nos passions sont comme des phénix : aussitôt brûlées, elles renaissent de leurs cendres ».

Nous ne tomberons pas dans cette illusion et nous ne chercherons pas à réprimer nos instincts, mais nous tenterons au contraire de les ennoblir en *éduquant notre sensualité par l'intériorisation.*

Nous pouvons observer que chez les grands chefs et les hommes de premier plan, la nature charnelle se subordonne, consciemment ou inconsciemment, à un idéal ou à une tâche élevée. Nombre d'entre eux sont familiarisés avec la méthode qui consiste à sublimer l'énergie élémentaire des sens en force spirituelle, méthode que nous allons exposer. Mais auparavant il importe de nous libérer des idées erronées concernant l'érotisme.

La véritable honnêteté appelle les choses par leur nom, mais elle est en même temps circonspecte vis-à-vis de la sensibilité et de la douleur. Ainsi elle libère l'inhibé, intensifie son sentiment vital et le rend apte à goûter et à donner le bonheur.

Elle se refuse aux angoisses et aux inhibitions, suscitées par une morale conventionnelle ennemie de la vie, ou que des éducateurs ignorants des choses de l'âme — et qui souffrent peut-être de refoulement non liquidés — créent inconsciemment chez la jeunesse.

Car c'est la fausse éducation reçue à l'école ou dans la famille qui est la principale responsable de la plupart des erreurs, des misères sexuelles. Au lieu d'être expliquée sainement, la sexualité est représentée comme un domaine interdit, haïssable, un côté humiliant de la nature humaine, et devient ainsi une source infinie d'angoisses et de souffrances. Les instincts naturels sont reniés de bonne heure comme des tentations coupables ; cette fausse estimation amène à lutter contre sa propre nature ; la lutte conduit à la défaite et celle-ci aux refoulements et aux inhibitions qui sont à l'origine de troubles nerveux, comme l'impuissance et la frigidité, ou d'autres maladies du corps et de l'âme.

Il est franchement criminel de susciter dans l'âme sensible d'un enfant de l'angoisse devant les « suites terribles » d'erreurs sexuelles passagères qui sont sans importance par elles-mêmes. Cette graine d'angoisse ne prospère que trop bien dans l'âme asservie par la crainte ; les conséquences redoutées des « péchés de jeunesse » deviennent plus tard des façons de penser et de sentir génératrices d'erreurs. Il s'agit ici des « satisfactions solitaires », habitude que la plupart des enfants et des adolescents ont eue durant un certain temps pour y renoncer ensuite et que des éducateurs aussi ignorants que maladroits traitent injustement de danger et d'infamie.

Ces « hommes éclairés » prétendent ainsi prévenir les maladies infantiles qui peuvent parfois se prolonger dans l'adolescence. Leur intention est louable, mais le moyen qu'ils emploient ne vaut rien : c'est un mensonge, et ceux qui les écoutent deviennent des névrosés. Ici comme partout, la vérité est plus profitable. Et la vérité est que la « satisfaction solitaire » n'entraîne aucune suite fâcheuse, épuisement nerveux, débilité intellectuelle, faiblesse de la mémoire ou de la volonté ; ces états sont plutôt l'effet des pernicieuses suggestions de directeurs de morale incompréhensifs.

Celui qui parle des effets nuisibles ou même des dangers de cette « habitude » montre qu'il n'a aucune connaissance des choses, ni en physiologie ni en psychologie. Nous tenons pour erroné et contre-indiqué de transformer à l'aide de contre-vérités, un mal qui disparaît presque toujours de lui-même en une source d'angoisses chroniques et de maux durables comme des inhibitions. Le fait est que ce penchant n'a rien de pathologique ; c'est un processus naturel qui est rarement aboli par les interdictions et les menaces et qui, par contre, prend fin rapidement avec une direction intelligente, une sage orientation vers le jeu ou le sport, ou en faisant dévier l'activité de l'enfant vers une intéressante occupation manuelle ou intellectuelle. L'habitude se perd rapidement et une fois perdue ne revient presque jamais.

Là où l'on peut déceler effectivement des conséquences de troubles précoces de la sexualité, un médecin de l'âme pourra presque toujours provoquer une évolution salutaire. Il importe seulement de se persuader que le trouble n'est pas physiologique. Le Dr Aschaffenbourg, de Cologne, spécialiste des maladies nerveuses, a affirmé avec insistance de même que d'autres neurologues qu'il ne connaissait pas de maladie résultant des habitudes de « satisfaction solitaire » et que cette erreur sexuelle passagère ne pouvait entraîner aucune modification du cerveau ou de la moelle épinière, c'est-à-dire aucune lésion inguérissable.

Les troubles fonctionnels qui peuvent se présenter sont les effets d'un sentiment de culpabilité suggéré à l'enfant par une fausse éducation, les effets d'une « mauvaise conscience » et de l'*angoisse* devant de prétendus désordres de santé. Lorsque les choses sont vues sous leur vrai jour, que les idées fausses sont extirpées, l'angoisse disparaît et avec elle le sentiment de culpabilité qui tourmente souvent l'enfant durant des années.

Disons-le encore une fois : chacun peut perdre cette habitude rapidement et être libéré de ses conséquences, prétendues ou réelles.

Pour les enfants, on peut employer avec un succès rapide la méthode de la suggestion murmurée pendant leur sommeil. Pour l'adulte l'autocommandement aura les mêmes résultats. — Ce serait une erreur de croire que la volonté n'y parvient pas. Il suffit de réfléchir qu'un mal s'affaiblit et disparaît dès l'instant qu'on se reconnaît plus fort que lui ; et on ne tardera pas à se rendre compte que par l'emploi quotidien de ce commandement : « Je suis maître de moi-même, et je ne fais que ce qui me rend fort », le penchant diminue et disparaît. On veillera en même temps à ce que les énergies créatrices qui demandent à être mises en œuvre soient dirigées vers un autre domaine ; on se fixera un but élevé, on se consacrera à un travail absorbant, on fera du sport, on lira des ouvrages distrayants ou instructifs et lorsqu'une impulsion sexuelle surgira on fera instantanément appel à une image attrayante mais éloignée du domaine sensuel. Et enfin on développera en soi le sentiment du véritable amour. Car l'amour abolit les misères sexuelles.

Inutile d'ajouter que celui qui aspire à s'élever doit éviter tout libertinage, même en imagination, car, tout excès amoindrit la faculté de concentration, le pouvoir d'attraction, la résistance aux obstacles et la réalisation de nos aspirations. Le pouvoir de concentration est plus faible parce que la pensée est distraite et colorée par les images érotiques ; le pouvoir d'attraction souffre de la perte de tension de notre magnétisme personnel, la persévérance se relâche parce que l'excitation de la pensée lui fait perdre de vue le but unique, et l'idée positive du succès souffre de la perte d'énergie, conséquence de tout excès, qui rend l'individu las et triste, insatisfait et incertain.

Mais comment éviter les écarts de l'imagination et des sens ? Comment dominer l'instinct ? Nous allons montrer dans le paragraphe suivant une méthode sûre pour s'aider soi-même Celui qui la suit aura plus de joie de sa victoire sur la sensualité qu'il n'en aurait de se dépenser en excès. Un nouveau sentiment de puissance s'éveillera en lui et au lieu de s'épuiser à combattre ses instincts, il se dépassera lui-même.

La plupart des grands hommes de tous les temps étaient maîtres de leurs énergies sensuelles. Ils ne les gaspillaient pas, car ils savaient que cette domination des sens augmentait leur force créatrice. Ils étaient continents sans être des ascètes méprisant le monde. La continence n'est pas nuisible ; ce qui peut nuire c'est l'idée fausse qu'on s'en fait et qui peut avoir des conséquences fâcheuses, mais correctement comprise, elle est une source infinie de bienfaits et d'énergie.

Il s'agit en dernier lieu d'observer la Règle d'Or dans la vie sexuelle : « Tu dois faire tout ce qui embellit ta vie et qui correspond à la loi d'harmonie, sans faire aucun mal ni aux autres, ni à toi-même. »

MAITRISE DES SENS

Le sage domine sa sensualité, non en la combattant et en la réprimant, mais en opérant sa métamorphose. Ainsi il conserve et multiplie sa force vitale au lieu de la gaspiller. Il atteint cette maîtrise sans abolir sa sensibilité et seulement par une orientation correcte de ses énergies sensuelles.

L'expérience montre que les instincts réprimés surgissent de nouveau, tôt ou tard, sous une autre forme. La sensibilité ne supporte aucune tyrannie. Le tyran est vaincu par la force qu'il veut vaincre ; le sage est fortifié par celle qu'il tient en laisse, qu'il transporte sur un plan plus élevé et laisse se déployer à nouveau. Cette transmutation de l'instinct sexuel en énergie d'un niveau plus élevé, depuis son origine biologique jusqu'à sa forme psychique et spirituelle, n'est nullement difficile. Car les forces sensuelles peuvent aussi bien servir à la procréation qu'à la création dans une sphère supérieure. Toute sublimation de force sensuelle signifie pour nous une intensification de notre force vitale, d'une part, et d'autre part de notre énergie créatrice mentale, c'est-à-dire, que dans l'ensemble elle augmente notre force d'épanouissement.

La maîtrise de la sensualité est avant tout une question de pensée juste. Nourrir continuellement sa pensée d'images sensuelles, provoque un afflux de sang plus abondant dans les organes sexuels, et leur surexcitation cherche à se satisfaire. Si nous dirigeons consciemment nos pensées vers des images agréables, mais éloignées du domaine érotique, les sens s'apaiseront.

Plus notre pensée et nos sentiments sont absorbés par notre travail, notre profession, une tâche, un sport ou un jeu — ou même un « dada » — moins les impulsions sexuelles ont prise sur notre conscience, et par conséquent sur notre organisme. Ces impulsions n'ont d'autre force que celle que nous leur prêtons par notre complaisance à les écouter. Plus nous y pensons plus elle nous dominent. Si nous lui refusons l'accès de notre mental, l'instinct se tient tranquille.

Plus nous sommes accaparés par la poursuite d'un but élevé, moins l'érotisme a de pouvoir sur nous et plus facilement les énergies sexuelles tendent à se transformer en force spirituelle. Voilà donc le moyen de surmonter instantanément toute impulsion sensuelle, vu que notre conscience n'est toujours occupée que d'*une seule* pensée à la fois, et que cette pensée si elle est de forte tonalité affective, tend à supplanter les autres et à les affaiblir. Il nous appartient, lorsqu'une impulsion sensuelle se fait jour, de nous tourner immédiatement vers une représentation opposée pleine d'attrait et de la maintenir jusqu'à ce qu'elle remplisse de ses vibrations tout le champ de notre conscience.

Lorsque des excitations sensuelles se produisent pendant le sommeil ou en rêve, il faut se donner le soir avant de se coucher un ordre en conséquence. Pratiquée pendant quelque temps cette méthode suffira en général pour remédier à cet état fâcheux :

« Je dormirai tranquille et sans rêves ; toutes les forces de mon corps et de mon âme serviront à accroître mon énergie. »

Les souvenirs d'expériences érotiques, susceptibles d'exciter les sens, seront amortis par la même méthode. Il s'agit toujours de regarder en avant et de nous concentrer sur notre idéal à réaliser, de nous voir tels que nous voulons devenir, c'est-à-dire maîtres de nos sens et de l'affirmer.

Nous n'avons pas besoin de nous décourager, en cas de rechute, la victoire est à nous si nous persévérons dans la voie que nous nous sommes tracée. L'orientation positive de notre pensée devient une habitude et finalement le subconscient repousse de lui-même les suggestions sensuelles indésirables. L'habitude devient une seconde nature, et nous sommes désormais protégés contre les pensées érotiques par une sorte de bouclier spirituel.

Sur le plan physiologique l'observation des quelques règles suivantes aidera grandement à maîtriser la sensualité :

1. — On évitera dans son régime l'excès de viande et d'œufs, en donnant la préférence aux légumes et aux fruits. On évitera aussi les excitants : alcool, tabac, café, épices.

2. — On mangera sans excès et on s'assurera des digestions régulières.

3. — On se procurera un sommeil régulier, en évitant tout ce qui amollit : les lits de plume ou les couvertures trop épaisses.

4. — On se couchera tôt et on se lèvera tôt, on évitera les siestes dans la journée. On dormira non pas couché sur le dos, mais sur le côté droit ou gauche.

5. — En s'endormant, on aura soin que la dernière pensée consciente soit une pensée dirigée vers un but et non une représentation sensuelle. On sautera du lit aussitôt le réveil.

6. — Le vêtement ne sera pas trop épais, et les sous-vêtements seront aérés. En dehors des bains de propreté, on pourra pratiquer pendant quelque temps une ablution froide quotidienne, après laquelle on se frictionnera avec un linge rude.

7. — On se concentrera journellement sur ses projets et son travail, en évitant tout ce qui excite l'imagination : les lectures suggestives, les images équivoques, les films scabreux les lieux et les hommes qui attisent la sensualité... Celui qui a maîtrisé ses instincts peut ensuite sans inconvénient se trouver dans l'atmosphère du plaisir, il n'en est plus troublé.

8. — On ne perdra pas de vue le danger des maladies vénériennes, en se souvenant qu'un moment de plaisir douteux serait trop cher payé par une vie de souffrances physiques !

Et maintenant passons à la

Méthode de transmutation

proprement dite, à l'art de convertir les forces sexuelles en énergie spirituelle. « Transmutation » veut dire conversion et conversion veut dire changement d'état.

Les forces sexuelles ont une double fonction : d'une part, elles servent à la reproduction et d'autre part à exalter l'énergie vitale et créatrice. Les forces que nous ne gaspillons pas sont réabsorbées par le corps et élèvent notre tonus vital et notre efficacité d'action.

Or, nous pouvons accentuer ce processus de reconversion, de métamorphose de la force sexuelle en énergie cérébrale, en intensité de rayonnement magnétique, et arriver ainsi à fortifier notre santé et à conserver plus longtemps notre jeunesse.

Nous n'avons pas à faire ici à un phénomène de chimie biologique mais à un processus psycho-somatique. De même, que par des commandements appropriés nous pouvons obtenir une accélération ou un ralentissement fonctionnel des glandes à sécrétions internes, réciproquement une modification dans le fonctionnement des glandes sexuelles et hormones correspondantes produit son effet sur notre attitude mentale et notre capacité de travail.

Cette transmutation se produit de deux manières, l'une directe et l'autre indirecte. La véritable transmutation et la plus importante est la transmutation directe :

Nous cherchons un endroit calme et nous nous étendons, nous fermons les yeux et nous relaxons complètement, corps et mental.

Aussitôt que le mental est paisible, nous commençons à respirer lentement, posément, rythmiquement. Lorsque la respiration est bien rythmée, nous dirigeons notre pensée vers le bas-ventre en nous représentant comment les forces créatrices des glandes sexuelles jaillissent et affluent dans cette partie du corps, de même que les eaux de la terre se rassemblent dans un bassin.

Puis nous posons la main droite sur le plexus solaire (région du nombril) et la main gauche sous la nuque et concentrons de nouveau notre attention sur notre souffle. En aspirant nous poussons le souffle dans le bas-ventre en nous représentant que l'air se sature en quelque sorte des énergies qui sont amassées là. Nous retenons le souffle un bref instant, sans faire d'effort, puis nous poussons l'air en haut des poumons et nous nous représentons de façon aussi visuelle que possible comment ces énergies créatrices, véhiculées par l'air sont transportées jusqu'au cerveau.

Nous expirons ensuite lentement avec l'idée consciente que les énergies parvenues au cerveau, et absorbées par lui, sont transformées en force spirituelle et que notre cerveau et nos nerfs sont revitalisés.

Nous répétons cet exercice de 10 à 20 fois et nous sentons de mieux en mieux chaque fois comment l'excédent des forces sexuelles conduites et assemblées dans le réservoir du cerveau, y sont transformées. Le résultat est d'autant plus rapide que nous nous représentons d'une manière plus vivante et sensible cette montée de l'énergie dans notre corps et que nous la sentons formellement. Nous devons sentir que la force créatrice, issue en quantité presque illimitée du domaine des sens et dirigée dans le domaine de la vie mentale, se répand dans tout l'organisme psycho-somatique pour le rénover et le tonifier. L'opération de la transmutation est faite par le subconscient. Nous avons la possibilité de soutenir ce travail du subconscient en lui proposant des tâches précises pour employer les forces ainsi regagnées : augmentation de la capacité de travail, de la mémoire, de la volonté, etc.

Tout ce processus de transmutation doit avoir lieu lorsque les muscles sont parfaitement détendus et la respiration bien paisible. On éprouve rapidement après quelques instants un changement bienfaisant.

Les natures très sensuelles feront cet exercice quotidiennement pendant la première semaine, de préférence le soir ; la semaine suivante, tous les deux jours, ensuite trois fois par semaine, et finalement deux fois. Pour la plupart des individus, il suffit de deux fois par semaine. Lorsque l'automatisme psychique est une fois enclenché, la sublimation des forces se fait de plus en plus facilement et ses résultats favorables apparaissent rapidement. En dernier lieu, il suffit d'une impulsion de la volonté pour que la conversion se fasse.

Nous pouvons aussi employer cette méthode avec profit lorsque nous nous sentons surmenés et déprimés. Nous nous rechargeons ainsi de forces nouvelles et nous rendons compte que cette transmutation est une véritable fontaine de Jouvence pour notre cerveau et notre système nerveux.

La transmutation est également efficace lorsqu'une excitation sensuelle s'empare de nous. Nous ne disons plus à notre sensualité : « Eloigne-toi ! » mais nous l'accueillons : « Tu es la bienvenue puisque tu fais partie de ma force ; tu me serviras et m'aideras ! » Du reste, la pensée qui doit nous guider dans cette transmutation est à peu près celle-ci :

« Je suis maître de moi-même et je dirige mes forces sensuelles vers les hauteurs ! »

Une fois cette transmutation achevée, il s'agit de goûter consciemment la victoire sur ses passions et la plénitude des forces acquises en se disant : si j'avais cédé à mon impulsion sensuelle, mon plaisir serait déjà fini, tandis que je sens ma force intellectuelle multipliée et mon efficacité plus grande.

Il s'agit ensuite d'entreprendre aussitôt un travail, et autant que possible, celui qui nous était apparu difficile jusqu'ici : on constatera alors avec joie comment on en vient à bout plus facilement. La force tenue en laisse et transformée produit aussitôt un travail utile.

La transmutation est alors vraiment terminée ; car la force vivante ne se contente pas d'être éclusée. Elle veut agir, elle veut créer. En nous attelant à une nouvelle besogne nous sentirons vivement combien la haute tension de nos forces favorise notre travail et nous permet de faire aujourd'hui mieux et plus qu'auparavant. Nous évitons aussi d'accumuler inutilement des forces qui tôt ou tard chercheraient à se décharger par d'autres voies.

TRANSMUTATION INDIRECTE

Nous élevons notre productivité lorsque nous mettons au service de notre tâche toute les forces latentes de nos désirs et de nos aspirations. En soi toute « concentration » d'énergie augmente la faculté créatrice de l'homme, mais surtout la concentration des forces sexuelles par la continence de nos pensées et de nos désirs sensuels. L'énergie ainsi collectée sert au déploiement de capacités plus élevées dans tous les domaines : artistique, industriel, politique, intellectuel, ou autres.

Par le fait qu'on se refuse certaines choses et qu'on laisse ses désirs inassouvis, l'énergie concentrée comme dans un accumulateur augmente notre tension mentale et notre force d'action.

Cette chimie psychique n'est pas le fait de chacun ; mais celui qui la pratique, en même temps qu'il va résolument vers son but, celui-là accomplit des choses extraordinaires. Car la domination de l'appétit de jouissance et de la sensualité est toujours accompagnée d'une augmentation des facultés et du talent. C'est ce que Nietzsche a exprimé dans ces paroles : « Tu dois donner un but élevé à tes passions ; elles deviendront alors tes vertus et tes amies. »

C'est par là que l' « artiste » de la vie se distingue de l'homme ordinaire : la sensualité que celui-ci refrène avec angoisse et transforme en refoulement, le premier en opère la transmutation en nouvelles forces mentales et physiques. Nombre de sportifs savent aussi pratiquer cette méthode, consciemment ou inconsciemment, par la continence qu'ils s'imposent.

La transmutation indirecte se fait inconsciemment chez ceux dont les pensées et les sentiments sont dirigés vers un but élevé et qui ont une grande tâche à accomplir. Non seulement toutes leurs forces spirituelles sont mises à contribution mais, automatiquement, leurs forces sexuelles sont attirées dans le domaine mental, de sorte que leur sensualité se domine d'elle-même, et que les instincts se subordonnent de plus en plus à la direction de la volonté.

L'apparence d'un homme suffit à montrer s'il tient ses forces en laisse, ou non ; il paraît de dix ans plus jeune qu'il n'est en réalité. Mais cette jeunesse du corps n'est pas le seul résultat de la transmutation : toutes les forces de l'unité psycho-somatique se trouvent intensifiées : la santé est meilleure ainsi que la résistance aux maladies ; l'harmonisation du mental s'accompagne d'un magnétisme personnel plus accentué, ainsi que d'un véritable embellissement du corps et du visage qui attire la sympathie des autres.

L'homme se reconnaît peu à peu maître de ses sens et libre. Son assurance et son efficacité augmentent. Il se développe selon un rythme vital plus élevé, dans lequel la sensualité est subordonnée au vouloir de l'esprit, et devient un moyen d'expression de la beauté et de l'amour. Cette domination des plus puissants instincts de la nature procure plus de joie et de sentiment de puissance que l'abandon à leurs impulsions, joie de se sentir supérieur à un appétit qui nous emportait jusqu'ici dans un torrent de sensations et nous abandonnait complètement vaincus.

En même temps qu'augmente notre domination sur nous-mêmes augmente aussi notre bonne influence sur les autres. Alors qu'on s'éloigne involontairement du faible sensuel, nous attirons automatiquement les autres, gagnons peu à peu leur considération, leur amitié, leur bon vouloir, leur assistance dans notre lutte pour la vie.

Nous ne stagnons plus dans le marécage obscur de nos désirs sensuels ; notre esprit s'est élevé dans le royaume solaire de l'amour, où l'éternelle inclination vers l'autre sexe est dirigée par notre vouloir intime. Nous ne connaissons plus le manque de scrupules de ceux qui sont esclaves de leurs sens ; nous développons notre faculté de comprendre mieux le mode de sensibilité des autres ; nous ne sommes plus celui qui demande mais toujours celui qui accorde et nous devenons plus heureux en donnant du bonheur.

LA VERITABLE HYGIENE DE L'ESPRIT

> *« Cherche à vivre continuellement dans*
> *de grandes pensées et à mépriser les mes-*
> *quineries ; en général, c'est ce qui fait pas-*
> *ser le plus facilement par-dessus les peines*
> *et les soucis de la vie quotidienne. »*
>
> Hilty.

L'hygiène véritable de l'esprit consiste tout d'abord à donner un accent joyeux à nos pensées, à nos actions et à nous tenir éloignés de tout ce qui éveille une idée de déplaisir. Nous pouvons observer que lorsque nos forces sont joyeusement mises en œuvre, elles croissent régulièrement au lieu de diminuer.

Il faut que nous trouvions matière à nous réjouir dans tout ce que nous faisons et projetons. La joie est le flot qui nous porte le plus vite en avant. Il s'agit donc avant tout de faire de la joie une habitude.

L'hygiène véritable de l'esprit consiste en somme à créer des habitudes positives. Par la *création consciente d'habitudes favorables,* nos bonnes dispositions, nos aptitudes, nos talents se développent de plus en plus, tandis que nos tendances fâcheuses et nos obstacles intérieurs sont surmontés et anéantis.

Nous entendons par « habitude » la tendance à agir dans le sens de la moindre résistance. Il est à remarquer que le mot habitude a souvent une nuance péjorative. Probablement parce que pour la plupart des hommes c'est la pente de la facilité qu'ils suivent à leur détriment plus qu'à leur avantage, et qu'ils ont acquis plus de fâcheuses habitudes que de bonnes.

Pourtant avec la même énergie nous pouvons prendre des habitudes utiles au lieu de nuisibles, nous sensibiliser à tout ce qui est avantageux et nous cuirasser contre ce qui nuit à notre avancement ; nous pouvons rendre facile le travail le plus ardu et remplacer l'habitude « Je ne peux pas » par « Je peux » : bref nous pouvons orienter nos inclinations dans le sens de la ligne de notre succès.

Toutes les habitudes sont enracinées dans le subconscient et formées par la répétition des mêmes pensées et des mêmes agissements. Par la maîtrise de soi nous avons donc le moyen de créer des contre-habitudes. Car à l'origine il y a toujours une pensée ; sa répétition continuelle crée une inclination, puis une coutume et enfin une habitude ; celle-ci devient une seconde nature et finalement notre nature déterminante.

Toute action, décidée d'abord volontairement et exécutée consciemment, devient de plus en plus inconsciente et de plus en plus facile si elle est répétée maintes fois. Elle retient de moins en moins l'attention de la pensée, jusqu'à ce qu'elle se fasse presque machinalement, sans intervention de la conscience vigile. Nous avons alors atteint ce que nous désignons par « automatisme psychique positif ».

Cette acquisition de nouvelles habitudes est facilitée par le fait que chaque phénomène psychique tend à se répéter. Il n'est donc nullement difficile de nous accoutumer aux traits de caractères positifs nécessaires à notre succès dans la vie.

La formation d'une habitude positive commence avec la création d'une image mentale attrayante de la qualité à développer. Nous concentrons notre attention sur cette image et commençons en même temps à agir *comme si* nous possédions déjà la qualité nouvelle. Plus l'image est vivante devant nous et mieux nous agissons en conformité avec elle, plus profonde et persistante est l'impression produite sur notre inconscient. Tout comme un muscle est fortifié par l'exercice. En conséquence, comme on l'a dit plus haut, la participation de la conscience est de moins en moins active, tandis que celle de l'inconscient l'est davantage jusqu'à ce que ce dernier ait complètement pris en charge la nouvelle habitude et en ait fait un automatisme.

Une excellente habitude à prendre pour notre réussite est celle d'affirmer le bon côté de toute chose et de tirer le meilleur parti de tout. Il y a toujours quelque chose d'utilisable dans un mal, il suffit d'en voir le bon côté et d'être résolu à en profiter. Même de nos erreurs passées nous pouvons tirer avantage et faire après coup d'un échec un succès.

Une autre habitude avantageuse est celle de savoir se taire. La puissance du silence est l'arme du sage et du triomphateur. Tous les hommes forts et créateurs ont grandement estimé l'exercice du silence et su s'en servir.

Se taire c'est se recueillir, concentrer ses forces en vue d'un but et multiplier ses chances. Celui qui sait être silencieux devient plus attentif à sa voix intérieure et pénètre mieux aussi les motifs de ses semblables. La réserve et la discrétion vont de pair avec le silence. Celui qui sait se taire, conserve ses armes, et reste vainqueur. Chaque parole retenue multiplie notre pouvoir d'attraction ; chaque parole inutile est susceptible d'éveiller l'envie dans notre entourage et de nous entraîner, hors du courant paisible des choses dans la mêlée, là où des forces hostiles s'opposeront à nous. Celui qui pratique le Nouvel Art de Vivre prendra en ceci conseil de sa voix intérieure qui lui inspirera à quel moment il est opportun de dire ceci ou cela, de parler ou de se taire.

En matière d'argent surtout il convient d'être très réservé. Celui qui parle trop ouvertement et en détail de ses affaires pécuniaires et de ses entreprises ne devra pas s'étonner de rencontrer de plus en plus de difficultés, qui n'existaient pas auparavant. Des propos imprudents ont conduit plus d'un homme à la ruine. Dans la balance de notre destin, notre langue est l'aiguille qui la fait pencher dans un sens ou dans l'autre.

Notre lecteur avisé ne se laissera pas non plus inciter, par l'apparente franchise de son interlocuteur, à dévoiler ses intentions au-delà de ce que chacun doit en savoir. Il opposera le même aimable sourire aux manifestations d'envie ou de confiance des autres. Celui qui sait se taire aussi bien sur les affaires des autres que sur les siennes, évite par avance une multitude d'obstacles.

On n'exposera pas non plus ses projets tant qu'ils n'ont pas abouti. Tenir ses intentions secrètes accroît leurs chances de réalisation. « Tout succès considérable — dit Mulford — repose sur le secret ; sinon la malveillance travaille consciemment ou inconsciemment contre nous. Bien des hommes ont vu leur bonheur anéanti par des confidences intempestives ». Parler de ses projets c'est éparpiller ses forces, s'éloigner de son but, et s'exposer sans défense aux pensées hostiles d'autrui. Une fois le but atteint alors on peut en parler ! Mais il s'agit en même temps de bien se pénétrer de l'idée que l'afflux de la plénitude ne cesse jamais, et de cette vérité que chaque succès en appelle d'autres !

En s'appuyant sur un premier succès, il convient d'en attendre d'autres comme allant de soi, d'adopter la mentalité et l'attitude du victorieux, afin que le courant de la fortune ne cesse d'affluer vers vous.

La réussite est comme une échelle sans fin ; qui a saisi le premier échelon n'a qu'à grimper plus haut d'un air triomphant ; d'autres succès ne manqueront pas de se présenter, et de même l'aide de l'entourage.

COMMENT PERDRE SES MAUVAISES HABITUDES

Celui qui veut avancer doit regarder du côté de la lumière ! Ce faisant, il tourne le dos à l'ombre et à la faiblesse. Quitter de mauvaises habitudes se fait surtout en cultivant des habitudes opposées souhaitables.

Un défaut n'est pas surmonté si nous en combattons les symptômes, mais en nous attaquant à ses racines, c'est-à-dire à un mode de penser erroné. La meilleure manière de le faire est de lui opposer consciemment un mode de penser correct.

Combattre de mauvaises habitudes d'après les méthodes préconisées par les moralistes et les pharisiens est inutile. Les interdictions ne servent ici à rien, pas plus que les moyens violents. On fera mieux d'observer la simple règle du Christ : « Ne résistez pas au mal ! »

Le moyen le plus simple est de remplacer un mal par un bien. L'homme *prend* plus facilement une habitude qu'il ne la *perd*. La bonne habitude que nous cultivons est comme l'eau pure que nous versons sans arrêt dans un vase contenant de l'eau souillée : en débordant, l'eau entraîne peu à peu toutes les impuretés contenues dans le vase et finalement l'eau qui reste dedans est parfaitement limpide : la mauvaise habitude a disparu.

Toute mauvaise habitude peut être ainsi chassée. Même une tendance fâcheuse d'origine très ancienne ou innée est considérablement affaiblie par ce moyen. Quelques exemples éclaireront ce qui a été dit à ce sujet et rendront plus facile cette méthode de s'aider soi-même :

Vous êtes facilement emporté et étourdi, comment vaincre cette tendance ? Vous pouvez déjà répondre vous-mêmes à la question : en vous attachant à penser de façon réfléchie et à agir calmement après mûre délibération. Vous commencez par prendre l'attitude de l'individu pondéré et, même en cas d'urgence, parlez et comportez-vous comme si vous étiez l'incarnation même de la sérénité et de l'assurance. Ce que vous pensez et ce que vous faites ainsi, vous le devenez peu à peu, jusqu'à ce que la nouvelle attitude extérieure soit intériorisée et devienne une habitude.

Ou bien avez-vous tendance à trouver en tout, sujet à lamentation ? — Si vous êtes une femme, pensez à votre apparence ! L'habitude de vous plaindre creuse les rides et vieillit prématurément le visage, tandis que l'habitude de tout accueillir avec le sourire embellit et rajeunit — en même temps que tout paraît plus facile ! — Si vous êtes un homme, réfléchissez à ces paroles de Gracian : « En se plaignant des injustices subies, la plupart des hommes en font lever de nouvelles. En cherchant des consolations et des soutiens ils éveillent la malignité ou le mépris. Plus avisé est celui qui, en rendant publiquement hommage aux bienfaits qu'il a reçus d'un autre homme l'oblige à les renouveler. Ainsi on retient ses amis et on se garde de ses ennemis ».

Parmi les mauvaises habitudes on peut aussi compter l'envie et l'avarice. Toutes deux conduisent à l'appauvrissement de l'âme et finalement à la pénurie économique. Suivons le conseil de Gœthe : « Réfugions-nous dans l'amour si nous sommes tentés d'envier avant que les maux que nous souhaitons aux autres ne surgissent dans notre propre vie ! »

Il est également nuisible de vouloir ignorer ses mauvaises habitudes. Ce ne sont souvent que des peccadilles, mais les connaître et les abolir serait avantageux pour nous. Il en est de ces misères comme d'un bouchon retenu au fond de la mer par un petit obstacle. Il suffit d'un choc léger pour que le bouchon se détache et vienne aussitôt à la surface. Il faut s'observer soi-même et prêter attention aux critiques des autres. Il n'est pas de défaut qui ne puisse être vaincu : ce qui était jusqu'ici une source secrète de mécontentement peut devenir à partir d'aujourd'hui une occasion de réussir.

Les habitudes les plus profondément enracinées, soit vices ou passions, peuvent être vaincues de la même manière. L'ivrogne se servira surtout de l'autocommandement pour éveiller en lui la tendance à la sobriété ; il nourrira sans cesse cette pensée positive :

« Je suis maître de moi-même et de mes désirs ; je ne ferai aujourd'hui que ce que je veux et qui est profitable à mon corps et à la conduite de ma vie ! »

Le fumeur invétéré se servira aussi avec fruit de l'autocommandement. Si sa passion est profondément ancrée, il pourra faire précéder l'ordre positif par une autosuggestion de déplaisir qui aidera à relâcher la racine de son vice ; par exemple : « Ce tabac a un goût affreux ; chaque fois que j'en tire une bouffée, il devient plus horrible ». Quelque temps après il se donnera un ordre positif, comme ci-dessus : « Je suis maître... » Il convient en outre de penser, de sentir et de se comporter dorénavant comme si on avait maîtrisé sa passion.

Observons à ce sujet que la première impulsion positive que nous nous donnons doit être aussi énergique et résolue que possible, et qu'à partir de ce moment nous ne devons nous permettre aucune infraction à la règle adoptée.

Un mal ne peut être aboli progressivement : il doit l'être d'un seul coup et pour toujours. En voulant nous déshabituer peu à peu, nous donnons à notre vice trop de possibilités d'agressions nouvelles ; en nous permettant des exceptions à la règle, nous signons un compromis avec notre vice et finalement retombons sous son empire.

Mais si nous rompons nos liens d'une main ferme, et radicalement, les premiers jours de lutte seuls sont pénibles et ensuite la tyrannie du vice s'affaiblit de plus en plus.

Au fond, perdre une mauvaise habitude consiste seulement à prendre la bonne habitude de penser juste, à se donner des ordres en conséquence, à faire son devoir ; c'est enfin une question de temps. Tout dépend de la persévérance que nous mettons à poursuivre notre but.

LA PERSEVERANCE TIENT LIEU DE GENIE

Nous avons appris au cours de la 18ᵉ semaine que le génie n'est pas un don que chacun peut trouver en naissant dans son berceau, mais qu'il est une disposition latente dans l'âme de chacun, disposition qui attend seulement d'être éveillée et développée.

Si ce développement ne s'est pas fait encore, nous ajouterons la persévérance et la fidélité aux forces de l'âme déjà éveillées. Suivant la voix populaire, la persévérance vaut mieux que le génie. En fait, le génie sans persévérance ne va pas loin, la persévérance sans génie peut beaucoup ; les deux réunis peuvent tout. Et nous avons alors l'équation :

génie + assiduité = grande œuvre.

Un génie sans persévérance est semblable à une comète qui traverse la vie comme un trait de feu, mais il est aussi inconsistant et éphémère que la comète. Le génie avec la persévérance ressemble au soleil : il suit sa trajectoire tranquillement à travers l'existence, ne brille pas seulement pour lui-même mais pour les autres, et dispense à tous lumière, chaleur et vie.

C'est ainsi qu'il faut comprendre le mot d'Edison : « Le génie est fait de 99 % de transpiration et de 1 % d'inspiration », à quoi Schwab, le roi américain de l'acier ajoute : « Pour ma part je n'ai pas grande confiance dans le soi-disant génie inné. Qu'on me donne un homme résolu à travailler aussi longtemps que sa tâche l'exige, à sacrifier ses loisirs pour étendre ses connaissances, qui s'efforce avec zèle, soit avec ses mains soit avec sa tête, pour dépasser ses concurrents : j'attacherai plus de prix à cet homme qu'à un prétendu génie ».

Celui qui forge son âme sait déjà qu'il importe moins de frapper adroitement sur l'enclume que de frapper continuellement. L'endurance remplace d'abord le génie, et le suscite ensuite, le génie ne manque pas à vrai dire mais sommeille seulement. La concentration persévérante sur un but ou une tâche éveille le sens subtil de possibilités nouvelles, et cette voie que suit l'homme assidu le conduit à des résultats surprenants.

Il n'est pas de succès durable sans persévérance. Que d'hommes se mettent à une tâche avec un enthousiasme qui promet de grandes choses ! mais lorsque des obstacles se présentent, leurs forces diminuent, leur intérêt fléchit, leur vision du but devient plus floue ; ils laissent leur travail « en plan », d'abord de temps à autre, puis l'abandonnent complètement — pour en commencer un autre qui leur semble plus attrayant — au moment peut-être où ils allaient récolter le fruit de leurs premiers efforts.

L'endurance est surtout nécessaire lorsque le résultat est encore incertain et qu'il y a des obstacles à surmonter. Le persévérant n'est pas celui qui abandonne cinq minutes avant la fin, laissant un autre un peu plus persévérant que lui grimper sur son épaule et, comme en se jouant, décrocher la timbale qu'il avait visée lui-même !

Avancer sur une route unie n'est pas un tour de force. Mais rester égal à soi-même à travers l'orage, tenir quand même lorsque la vie nous empoigne durement, sans perdre un instant la foi en la victoire : voilà ce qui distingue le victorieux de la masse des vaincus.

Au moment de l'épreuve il suffira souvent de se souvenir de la vieille sentence : « Lorsque tu commences à sentir que tes forces s'épuisent et que le découragement va t'envahir, fais face et ressaisis-toi ! car la victoire n'est pas loin ! »

Cette pensée a réconforté bien des hommes dans des moments critiques et ils n'ont jamais oublié cette expérience.

Nous pouvons développer la persévérance par les mêmes moyens que les autres habitudes positives en l'affirmant, et en nous y exerçant jusque dans les plus petites choses. Nous nous apercevrons vite que c'est une vertu payante.

ACCROITRE SA CAPACITE DE TRAVAIL

> « *L'humanité peut être privée de tout, on peut tout lui ôter sans attenter à sa dignité, à moins qu'on ne lui ôte la faculté de se perfectionner.* »
>
> Fichte.

Nous voici presque à la fin du premier semestre de notre enseignement d'un Nouvel Art de Vivre en s'éduquant soi-même. Cette dernière semaine sera consacrée à l'acquisition d'un pouvoir indispensable dans la lutte pour la vie : le pouvoir d'augmenter sa capacité de production que nous étudierons en détail dans le prochain semestre.

Pour achever de forger notre âme afin de pouvoir forger notre destin il est nécessaire de savoir remédier à la dispersion de l'esprit, qui nuit à sa puissance d'attention. Nous entendons par « dispersion de l'esprit » l'incapacité de concentrer son attention sur un point et le vagabondage de la pensée. Ce peut être le résultat de la fatigue physique ou cérébrale, mais peut provenir aussi d'un manque d'habitude du recueillement. Dans le premier cas, il est nécessaire de faire des exercices de relaxation, dans le second il est indispensable d'éduquer méthodiquement la faculté de se concentrer.

Les pensées se dispersent surtout sous le coup d'une forte excitation, le meilleur moyen est alors de s'exercer au calme et à l'égalité d'humeur. Si la distraction est la conséquence d'une tension excessive de la volonté on a recours à la détente. De même lorsqu'on fait des efforts excessifs pour se concentrer on obtient le résultat opposé : l'éparpillement des idées, et là encore la relaxation est le meilleur remède à y apporter. Après quoi le recueillement est facile.

Il ne faut pas confondre la « dispersion » que nous avons ici en vue avec ce qu'on appelle la « distraction des savants », qui est, au contraire, un signe d'extrême concentration. L'esprit du savant, de l'artiste, de l'inventeur, est si complètement absorbé dans son objet qu'il est incapable de prêter attention aux choses sans importance pour lui, de la vie quotidienne et de les retenir.

Comment dominer la tendance à la dispersion d'esprit ? Le plus sûrement, en ne nous *efforçant* pas de la vaincre à tout prix. Celui qui se contraint à se recueillir voit bientôt ses pensées se mettre à tourbillonner comme un essaim d'abeilles. — Le vrai recueillement suppose au préalable la relaxation, à la suite de quoi la mémoire s'ouvre sans effort et nous apporte la collaboration indispensable au travail que nous avons en vue. De même que la lueur d'une lampe de poche suffit à éclairer un sentier étroit et à nous faire éviter les obstacles, nous dirigeons librement notre pensée sur notre travail et, guidés par le projecteur de notre conscience, avançons précisément dans la direction voulue. La tendance à la distraction disparaît d'elle-même en s'habituant à ce mode de penser.

Plus étroit est le champ lumineux de notre projecteur, plus vive est la lumière répandue sur notre objet. Plus grand est l'intérêt que nous apportons à notre travail, plus sûrement nous échappons aux distractions.

Un autre bon moyen est de se fixer quotidiennement un but. Celui qui le fait depuis de longs mois ne doit plus être sujet aux distractions. Le lecteur assidu qui a appris, au cours du semestre, à vaincre les tendances et les défauts nuisibles à son progrès et a modifié ainsi son « climat » vital, ne sera plus victime du vagabondage de ses pensées.

On trouvera enfin un précieux auxiliaire dans la respiration consciente. La distraction accompagne toujours une respiration mal réglée. De même que la pensée agit sur la respiration, celle-ci agit à son tour sur la pensée : nous pouvons donc en quelque sorte « expulser » la distraction avec le souffle, de la manière suivante :

Se mettre debout, bien correctement. Fermer les yeux. Détendre son corps et son mental. Puis, se concentrer sur la respiration, expirer à fond en chassant consciemment toutes les causes de distraction et d'inharmonie. Aspirer lentement, concentrer sa pensée sur la force et le calme. Retenir le souffle en pensant fortement qu'on est bien recueilli et se fixer un moment sur cette pensée. Expirer de nouveau lentement. Répéter plusieurs fois cet exercice. Il est important que la respiration soit aussi rythmée et naturelle que possible, ce qui conduira d'autant plus rapidement au repos de l'esprit et au recueillement, lequel permet de se concentrer totalement sur son but.

ACCROISSEMENT DE L'ENERGIE MENTALE

La vie est en tout et en tous. Même la mort est le germe d'une vie nouvelle. Mais il y a vie et vie. Elles se distinguent l'une de l'autre par leur niveau de conscience. Et c'est ce niveau qui décide de l'efficacité d'une vie.

Plus un être est conscient, plus son esprit est vif, plus grande est son efficacité d'action. Puisque, grâce aux méthodes que nous avons apprises ici, nous sommes capables de nous charger de nouvelles radiations d'énergie, nous avons la possibilité d'étendre notre champ d'activité toujours plus largement et par là de multiplier nos chances de réussite.

Un moyen précieux d'élever le tonus de l'esprit est l'enthousiasme ressenti pour un idéal élevé. L'être incapable d'enthousiasme est facilement abatttu tandis que le cœur ardent a des ailes. Celui qui veut vaincre doit être inspiré. L'exaltation est l'esprit qui mène à l'accomplissement. Elle prend sa source dans la foi ardente en un but, elle suscite notre pouvoir de tension et de résistance contre les obstacles qui se dressent devant ce but.

Nombre de ceux qui ont conquis une place prépondérante dans la vie ont confessé que l'enthousiasme fut leur seule méthode de réussite, celle qui leur permit d'accomplir des œuvres exceptionnelles. « L'enthousiasme est la mère des grandes œuvres », a dit Schiller. Toute œuvre d'art, toute grande action est une inspiration enthousiaste qui a pris forme dans la réalité.

Ce que nous voulons trouver dans les choses, nous devons d'abord l'y mettre. Si nous n'y mettons rien, si nous ne les spiritualisons pas par le souffle de notre ardeur, nous ne pouvons attendre qu'elles nous servent et comblent nos désirs. Seul l'enthousiasme nous fait franchir les écueils sur lesquels se brise le manque d'exaltation.

Peu d'hommes sont capables de s'exalter, c'est pourquoi ils ont peu de succès. De la même manière que nous avons appris à éduquer en nous des qualités, facteurs de réussite, nous devons méthodiquement nous habituer à être toujours enthousiastes à l'égard de quelque chose.

Nous devons nous échauffer pour les choses que nous voulons réaliser. Il semble effectivement que la réussite dans toute entreprise soit conditionnée par une certaine « température » psychique qui, bien que latente et invisible, se manifeste dans la réalisation visible. C'est l'enthousiasme précisément qui fait monter cette température.

Le feu de l'exaltation « brûle » aussi les obstacles ; mais surtout il nous fait franchir aisément le « point mort » que comporte toute élaboration d'une œuvre, et le sentiment de mécontentement qui surgit à ce moment-là s'efface bien vite pour nous rendre à la joie de créer. L'élan pris au début de notre travail ne risque plus de retomber s'il est soutenu par les vibrations de l'enthousiasme.

Celui qui a pris l'habitude de travailler dans l'enthousiasme ne s'aperçoit pas de la fuite du temps. Son cœur reste jeune, comme son visage. L'exaltation a maintenu en lui la tension de ses forces, de telle sorte que son cœur, son cerveau et sa main concourent harmonieusement à la réalisation de son œuvre. Il trouve dans son ardeur le courage de chercher de nouvelles voies, jusqu'à ce qu'il ait trouvé la meilleure. Elle lui révèle des possibilités nouvelles là où l'homme sans flamme ne voit rien, doute de lui, et attend la leçon des faits.

Plus nous nous passionnons pour une tâche, plus nous en découvrons le côté intéressant et utile. Mieux nous le voyons, mieux nous sommes assurés du succès de notre entreprise.

Afin d'éveiller en nous et de maintenir la flamme de notre enthousiasme, il faut nous fixer des buts de plus en plus élevés. Il ne sera pas inutile en outre, de lire la biographie et les livres des hommes au cœur de feu, qui se sont enflammés pour de grandes causes. Ensuite nous agirons toujours comme si nous étions pleins d'enthousiasme, remplis d'intérêt pour notre travail, participant de cœur à ce qui nous occupe, l'esprit toujours en éveil et attentif aux aspects, aux possibilités nouvelles que nous n'avions pas aperçus jusqu'ici. Tout notre être deviendra ainsi une affirmation enthousiaste de la réussite et le rayonnement de notre personnalité en portera témoignage.

Heureux donc celui que son ardeur à la tâche éveille de bon matin ! Il vaincra, si grands que soient les obstacles et si nombreux que soient les envieux et les détracteurs de son œuvre. Car, plus chaud est notre enthousiasme, plus étendu est notre rayonnement, plus nombreuses sont les aptitudes qui se font jour en nous, se déploient et nous assurent une plus grande influence autour de nous.

L'enthousiasme est contagieux ; sa flamme allume des foyers semblables dans les âmes apparentées. L'orateur, inspiré par son sujet, empoigne ses auditeurs et leur communique la même ardeur pour ses idées, et la même volonté pour les réaliser.

Que ce soit dans le domaine économique ou dans la vie en général on recherche de préférence les hommes capables de s'enthousiasmer pour leur tâche, car chacun sait que le succès court après eux. Ce n'est pas l' « employé » typique qu'on désigne à un poste important mais le collaborateur susceptible de prendre un intérêt vivant à l'entreprise et capable de lui insuffler un nouvel esprit : l'esprit ardent de création.

L'enthousiaste fait de son travail professionnel sa « marotte » préférée. Faire de son travail un sport présente en effet de nombreux avantages : le premier est une énergie accrue et une ouverture d'esprit plus grande pour tout ce qui concerne notre profession. Nous réalisons bientôt sans effort des travaux plus considérables, et ce résultat éveille en nous le désir de faire encore davantage. C'est là où gît le secret du triomphateur : oser toujours plus.

Dans cette attitude d'esprit, et malgré un travail intensif, le surmenage n'est pas à craindre. Car il n'y a surmenage que lorsque le travail est fait sans plaisir.

Notre travail commence à devenir un sport lorsque nous réfléchissons que ce que nous avons peut-être fait jusqu'ici machinalement, nous le faisons mieux maintenant, plus adroitement, plus simplement et plus parfaitement. Cette réflexion suffit à rendre notre besogne plus attrayante et les meilleurs résultats obtenus augmentent encore notre entrain au travail et l'élasticité de notre ressort.

L'homme reste généralement à la surface de son être. Ce n'est que dans les rares moments d'enthousiasme qu'il est relié aux forces cent fois supérieures qui sont en lui. Nous sollicitons ces forces de l'inconscient par la même méthode que nous avons déjà enseignée, pour travailler dans la joie. Les sources profondes jaillissent peu à peu, les eaux de la vie montent et inondent notre âme de leurs bienfaits. Aux heures d'exaltation s'ouvrent les portes de nos trésors secrets. Le supraconscient et l'inconscient vibrent à l'unisson, nos forces physiques et spirituelles agissent avec une précision et une efficacité insoupçonnées et presque surhumaines. L'esprit travaille avec une rapidité et une agilité merveilleuses, et de même, les forces physiques paraissent multipliées. Les facultés intuitives et les sens affinés décèlent les relations cachées des choses et nous sommes capables alors de prendre des décisions et des mesures qui se révèleront plus tard être des solutions géniales.

Il s'agit de faire un état durable de cette haute tension psychique et spirituelle d'un moment exceptionnel, et de faire de cette exception une règle.

Nous verrons dans les semaines suivantes les directives nécessaires à ce sujet. Nous apprendrons à entrer en liaison de plus en plus souvent et consciemment avec la source de la force en nous, et à vivre enfin complètement unis à elle.

VIVRE PLUS INTENSEMENT

L'homme ordinaire oscille sans cesse, durant sa journée de travail, entre une foule de sensations agréables et désagréables. Le baromètre de son humeur monte et descend au gré du moindre nuage et saute du « variable » à « pluie ».

Il en est tout autrement de celui qui pratique le Nouvel Art de Vivre : son baromètre se tient plutôt au-dessus de la moyenne et indique une bonne humeur égale. Il a pris l'habitude de réagir positivement aux choses et aux événements et d'en faire ainsi une source vive de joie au lieu d'un marécage de mauvaise humeur.

Il a appris à maîtriser la colère, à étouffer la crainte dans l'œuf, à écarter la douleur, à éviter la fatigue, à changer en leur contraire souci et inquiétude, à éviter les échecs. Il a reconnu que la courbe quotidienne plaisir-déplaisir dépendait de lui-même et il a appris à en déterminer volontairement le cours.

Il sait que ce ne sont pas les causes puissantes de malaise qui abattent les hommes, font baisser leur tonus vital, mais justement les petites contrariétés quotidiennes. C'est pourquoi il apprend tout d'abord à dominer celles-ci et avant tout les sensations physiques qui influencent grandement le sentiment et la joie de vivre.

Toute notre journée est traversée de petites sensations de plaisir ou de déplaisir. C'est pourquoi celui qui est initié au Nouvel Art de Vivre pratique consciemment la conversion des petites contrariétés en forces positives afin d'en faire des impulsions actives qui favorisent son succès et illuminent son existence.

Au cours des derniers millénaires l'humanité s'est progressivement détournée du côté ensoleillé de la vie et de son aspect joyeux pour n'en voir que le côté sombre. Maintenant un mouvement de retour en arrière s'esquisse sérieusement et la tendance s'affirme à rechercher le soleil de la vie pour faire de toutes choses et du travail lui-même une source de joie. Notre lecteur suit intelligemment cette voie qui consiste à profiter méthodiquement de l'alternance habituelle plaisir-déplaisir pour faire de son existence une plénitude de joie.

Il a déjà commencé à développer des habitudes positives de penser ; il lui suffit de suivre cette méthode avec persévérance pour être un jour immunisé contre les sensations déprimantes et n'avoir plus que des réactions positives. La méthode d'auto-éducation enseignée ici conduit automatiquement à ce but élevé et à lui donner un sentiment de plénitude vitale.

Dans la mesure où nous déployons nos énergies intérieures notre vie s'enrichit, elle devient plus parfaite et plus substantielle. Avec le sentiment que nous avons maintenant commencé à vivre dans la note juste, nous avons terminé le premier semestre de notre enseignement et en suivant la même voie dans le prochain semestre nous en tirerons un profit plus grand encore. Ne cessons donc jusqu'à la fin de l'année de méditer sans cesse ce qui suit :

« Je me réjouis de mon existence. Je ne vois en tout que le beau côté des choses et en fais le meilleur usage. Les choses et les événements qui se trouvent sur mon chemin, deviennent tous les auxiliaires de mon ascension. Tout ce que j'entreprends me réussit ! »

Celui qui accorde ainsi son âme quotidiennement à ce diapason élevé, augmente en même temps son pouvoir d'attraction sur les hommes, les choses, les circonstances propres à favoriser son essor. Le bénéfice de cette prise de position n'est pas seulement d'ordre subjectif ; il se traduit aussi visiblement par plus de vigueur et de santé, par une production supérieure, et finalement par plus de profit matériel. Muni de cet enseignement, notre lecteur sait employer ses forces mieux que son concurrent, il obtient plus de résultats avec un moindre effort ; il sait tirer de lui-même, de son travail, de son milieu, de sa vie, plus de joie et de bonheur, plus de puissance et plus de succès !

*
* *

Nous voici arrivés à la fin de la première partie de notre enseignement d'une Nouvelle Science de la Vie. Les premières étapes qui furent parfois ardues, sont dépassées ; le chemin qui nous reste à faire est plus facile et plus récréatif, bien qu'il exige encore certains efforts de la part du pèlerin !

Vous comprenez maintenant pourquoi l'éducation de soi-même doit précéder l'apprentissage de la vie. Le philosophe stoïcien l'a déjà dit : « Il ne suffit pas de vouloir lire et écrire, pour le faire, si on ne l'a tout d'abord appris : il en est de même de l'art de vivre ». Vous aurez observé que notre nouvelle Science de la Vie fait appel à tous les domaines du Savoir actuel, mais ces connaissances sont formulées de la manière la plus simple, afin que chacun puisse en faire son profit et s'élever sur les hauteurs de la vie quelle que soit la base d'existence d'où il est parti. L'utilité de notre méthode se prouvera dans notre manière de vivre.

La seconde partie de notre enseignement a pour objet l'art de *forger sa destinée*, qui fait immédiatement suite à l'art de forger son âme et qui est beaucoup plus intéressante que la première partie consacrée surtout aux principes, dont nous allons voir maintenant l'application. Faisons donc un second pas dans l'Art de Vivre et passons du gouvernement de nous-mêmes au gouvernement de notre vie, de la maîtrise de nos forces intérieures au maniement conscient des forces du monde extérieur !

FIN DU PREMIER SEMESTRE

TABLE DES MATIERES

FIN DU PREMIER SEMESTRE

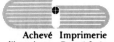

Achevé   Imprimerie
d'imprimer   Gagné Ltée
au Canada   Louiseville